LA FRANCE

DES ORIGINES À LA GUERRE DE CENT ANS

FERDINAND LOT

FV ÉDITIONS

TABLE DES MATIÈRES

LE CHANGEMENT DE DYNASTIE.
LES QUATRE PREMIERS CAPÉTIENS

REDRESSEMENT DE LA ROYAUTÉ

PHILIPPE AUGUSTE ET LOUIS VIII

SAINT LOUIS ET PHILIPPE III

PHILIPPE IV LE BEL ET SES FILS

LES INSTITUTIONS

LES CLASSES SOCIALES : LA NOBLESSE ; LES GENS DE LA VILLE ; LES GENS DE LA CAMPAGNE

LA VIE ÉCONOMIQUE

L'ENSEIGNEMENT : LES UNIVERSITÉS

LA VIE INTELLECTUELLE

LA VIE ARTISTIQUE

LA FRANCE AVANT LA FRANCE : LA GAULE INDEPENDANTE

Les écrivains qui ont traité de l'histoire de France n'ont eu longtemps aucune idée de l'origine du pays dont ils avaient la prétention de retracer la destinée. Ils la faisaient naïvement commencer avec un petit chef franc nommé Clovis. Ils se croyaient eux-mêmes des Francs, des « François », comme ils disaient. Les problèmes de géographie, d'ethnographie, de langue, d'institutions, de mœurs, d'économie, qui s'imposent à nous au début de toute entreprise historique, leur échappaient entièrement.

Il n'y a pas beaucoup plus de deux siècles qu'une grande découverte commença à se faire jour. On entrevit, d'abord confusément, puis, au siècle dernier, de plus en plus clairement, que la France avait existé avant la France.

Toutefois, même aujourd'hui, il persiste dans l'esprit d'un grand nombre de nos contemporains d'étranges ignorances. Combien est-il de Français qui se rendent vraiment compte qu'ils ne sont ni Francs ni Latins!

Au début de notre exposé, il importe donc de soulever un certain nombre de questions et d'y répondre.

I

LE CADRE GÉOGRAPHIQUE

L'histoire de France se déroule dans un cadre géographique qui nous est familier. Les Romains appelaient *Gallia* le pays compris entre les Pyrénées, la Méditerranée, l'Océan, les Alpes et le Rhin. Il leur paraissait aussi bien déterminé par la nature que l'Italie ou l'Espagne.

Il semblerait donc que géographiquement France et Gaule out dû être termes équivalents, et que le contenu humain qui remplit ce cadre l'ait rempli toujours et jusqu'aux bords. Historiquement il n'est rien de plus faux. Les cadres géographiques et le contenu ethnique ne coïncident jamais complètement. Même les pays qui paraîtraient voués par leur structure même à l'unité raciale et politique ne l'ont jamais connue dans le passé. Quoi de plus caractéristique que l'Italie, pour ne prendre qu'un exemple. Sa forme semble conditionner l'unité. Or, au point de vue ethnique, c'est le pays le plus composite de l'Europe : pour ne parler que des populations historiquement connues, il a été peuplé de Ligures, d'Ibères, d'Ombro-Latins, de Vénètes, de Messapiens, de Gaulois, enfin de Toscans, peuple venu d'Asie Mineure.

Il en va de même de la Gaule. Les peuples historiques qui nous sont connus pour l'avoir habitée et y avoir laissé des descendants sont, pour l'Antiquité, des Ligures, des Ibères, des Celtes, des Belges, des Grecs, des Romains. D'autre part, l'élément le plus nombreux, les Celtes, a largement dépassé le cadre de la Gaule. Aux V-VIe siècles avant notre ère, les Celtes occupent l'Espagne du Centre et du Nord, l'Italie du Nord, l'Allemagne occidentale et méridionale, la Bohême et la Moravie, la vallée du Danube jusqu'à son embouchure, enfin les îles Britanniques. Écrire leur histoire serait donc prodigieusement excéder le cadre de l'histoire de la Gaule.

2
LA POPULATION ET LE PEUPLEMENT

Mais, d'autre part, ce serait une autre illusion que d'imaginer au point de vue ethnique la Gaule comme une marqueterie de peuples, comme ce fut le cas de l'Italie avant qu'elle eût passé tout entière sous l'autorité d'un de ses moindres peuples, si l'on considère le territoire qu'il occupait, celui des Latins. Si la Gaule n'apparaît pas habitée par une seule et même population, une des races qui l'occupent, celle des Celtes, prédomine et de beaucoup. Au temps où César en fit la conquête, les Ibères ne s'étendaient pas au nord de la Garonne et n'atteignaient même pas le cours de ce fleuve. Les Ligures étaient confinés entre la Durance et la Méditerranée : encore étaient-ils mêlés de Celtes depuis le VIe ou le VIIe siècle avant notre ère. Les Celtes occupaient tout le reste, c'est-à-dire les 11/12 de la superficie de la Gaule (639.000 kil. carrés).

César nous dit, il est vrai, que les Belges, établis entre la Seine et la Marne au Rhin, différaient des Celtes proprement par la langue, et que la plupart se disaient issus des Germains. Il se trompe très certainement et a mal compris les renseignements qu'on lui fournissait : les Belges venaient de Germanie. Ils avaient passé le Rhin vers le IVe siècle. La toponymie, l'onomastique, enfin le physique de leurs descendants, les Wallons de Belgique, les Picards, les Champenois, les Lorrains, les gens de l'Ile-de-France (à droite de la Seine) ne laissent aucun doute sur leur celticité. Ils constituaient seulement, avec les Helvètes un peu plus tard, le dernier ban celtique évacuant l'Allemagne, sous la poussée des Germains devenue irrésistible.

Cette constatation est primordiale. Les ancêtres des Français, dans une énorme majorité, constituaient en Gaule une unité ethnique.

Ce fait a été contesté. Il y a environ un demi-siècle, d'ingénieux philologues français ont imaginé, en se fondant sur des suffixes de noms de lieu, que les

Ligures avaient d'abord peuplé la majorité de la Gaule. S'ils avaient manié prudemment cette méthode, on eût pu concéder que les Ligures s'étaient étendus à une époque extrêmement reculée au delà des limites où les textes antiques nous les montrent confinés. L'imagination a fait dévier ces savants à tel point que leurs hypothèses sont aujourd'hui déconsidérées.

D'autres ont imaginé que l'arrivée des Celtes en Gaule était relativement récente. Elle se placerait seulement vers le VIᵉ ou le VIIᵉ siècle avant notre ère. Ils se seraient superposés à des populations antérieures, qu'on qualifie, faute de mieux, de néolithiques. Les Celtes auraient constitué une classe aristocratique de guerriers.

Cette supposition, qui ne s'appuie sur aucun texte, est sans doute le résultat d'une erreur qui persiste encore dans nos manuels, sur le physique des Celtes. Ils auraient été grands, blancs de teint, blonds, comme leurs voisins les Germains. Or les Français modernes ne ressemblent nullement à ce portrait. Ils sont de taille moyenne (la moyenne européenne de 1 m. 65). Les cheveux et les yeux sont généralement bruns ; de même leur teint, quoique plus blanc qu'en Italie et en Espagne. Ils ont la tête ronde (brachycéphale) et non allongée (dolichocéphale), comme les Germains, du moins sous l'aspect conventionnel qu'on prête à ces derniers.

La méprise est étrange. D'abord il est ethniquement impossible qu'une aristocratie, même conquérante, conserve un type physique radicalement différent de celui de la masse de la population au bout d'un si grand nombre de siècles. Ensuite le portrait des « Gaulois » est imaginaire. Ni Polybe, qui a vu les Gaulois d'Italie au IIᵉ siècle, ni César qui a connu chaque jour ceux de la Gaule Transalpine ne font d'allusion à leur physique, chose bien étonnante s'il avait été celui qu'on dépeint de nos jours. Quant aux représentations figurées (statues, bas-reliefs) de l'art hellénique et romain, outre qu'elles ne renseignent pas sur le teinte elles sont conventionnelles et s'appliquent à tous les Barbares indistinctement, Gaulois, Daces, Germains. Il est, par contre, une représentation, celle-là réaliste, au Musée du Capitole, dite le « Gladiateur mourant », qui figure en réalité un guerrier gaulois se perçant de son épée pour ne pas subir l'esclavage. Elle est caractéristique : la tête est celle d'un jeune paysan français. Au reste, des témoignages assurés prouvent que les Gaulois n'étaient en majorité ni blonds, ni grands. Un auteur grec nous apprend qu'ils obtenaient la couleur blonde, ou plutôt rousse, qu'ils affectionnaient pour leur chevelure, au moyen d'une préparation de leur invention : ils n'avaient donc pas cette teinte naturellement. Un empereur fou, Caligula, voulant faire figurer dans une fête triomphale une victoire imaginaire sur des Germains, imagina de prendre des figurants gaulois, mais il dut faire un choix parmi eux pour avoir des gens de taille appropriée.

En vérité, si le Français contemporain vent se représenter l'aspect de ses ancêtres, il n'a qu'à regarder autour de lui ou à se mirer dans la glace.

Non moins hasardé que le portrait conventionnel des Gaulois est l'hypothèse que les Celtes ne seraient entrés en Gaule que vers le VIIᵉ ou le VIᵉ siècle, alors que commence ce que les préhistoriens appellent la civilisation de la

Tène, qui — tous sont d'accord sur ce point — constitue le second « âge du fer » et caractérise le monde celtique. Mais on tombe d'accord aujourd'hui que ce second âge du fer n'a pas brusquement succédé au premier âge du fer, dit de « Hallstadt », mais le continue. Or le premier âge commence vers le Xe ou le XIe siècle. Le monde celtique couvrait alors la majorité de l'Europe centrale, et il n'existe aucune raison pour se refuser à admettre qu'il occupait aussi la Gaule.

La Gaule, terre d'élection pour la culture des céréales, non moins que pour l'élevage du bétail, a dû solliciter les conquérants dès un âge reculé. C'était le passage obligé pour ceux des Celtes qui ont peuplé les Iles Britanniques, et à plus d'une reprise. Or la différence accentuée qui existe entre le celtique de l'Irlande d'une part, le celtique de la Grande-Bretagne et de la Gaule de l'autre, est une preuve certaine d'une scission politique entre Celtes, remontant à une date très lointaine, peut-être quinze ou vingt siècles avant notre ère.

Est-ce à dire qu'il n'ait rien subsisté des populations antérieures? Il y a quelque chose de séduisant, de touchant, dans la pensée que nous descendons, an moins en partie, des plus anciens habitants de la Gaule, des Aborigènes. La chose n'est pas impossible. Mais n'oublions pas que, trop souvent, les Barbares procédaient au refoulement, ou à l'extermination des indigènes dont ils prenaient la place. Ainsi ont fait les Germains à l'égard des autres Barbares. Ce qu'on connaît de la sauvagerie et de la cruauté des Celtes de l'Antiquité fait craindre qu'ils n'aient agi de même.

Au reste le problème peut ne pas exister. Les Celtes ont pu être fixés en Gaule de toute antiquité : en ce cas, ils se confondraient avec les mystérieux « Néolithiques ».

Ce qui demeure des observations qui précèdent, c'est cette constatation primordiale : l'immense majorité des habitants de la Gaule appartient à une seule race, la race celtique. Par « race », il ne faut pas entendre une race « pure » elle n'existe nulle part —, mais un ensemble de traits physiques qui, en dépit d'innombrables variétés et sous-variétés, distingue une masse d'hommes des masses voisines. Les Gaulois, comme les Français actuels, se ressemblaient plus entre eux qu'ils ne ressemblaient aux Italiens (au sud du Pô), aux Ibères, aux Germains ; ou, si l'on préfère, ils différaient moins entre eux qu'ils ne différaient de leurs voisins. Les apports subséquents, comme nous verrons, ne modifièrent pas sensiblement la composition ethnique du peuple français, du moins à l'ouest et au sud d'une ligne allant des Vosges à Liége et de Liége à Calais.

Sans doute tenons-nous la clef du problème de cette unité française, qui ne se manifestera qu'à une époque tardive. Les Français du moyen âge se détesteront de province à province et se combattront furieusement. Puis, à mesure que les vicissitudes historiques auront réuni ces provinces antagonistes sous une même autorité, le rapprochement s'opérera, non instantanément certes, mais sensiblement plus vite que dans les pays voisins. Les gens des diverses régions apercevront entre eux des ressemblances que voilaient les luttes de leurs princes et comprendront qu'ils sont plus proches les uns des autres qu'ils ne croyaient. Ce grand fait ne pourrait s'expliquer sans un même substrat ethnique. Si la Gaule avait été peuplée par un nombre sensiblement égal de Celtes, d'Ibères, de Ligures, de Romains, de Germains, l'existence même d'une histoire de France eût été impensable.

3

L'UNITÉ POLITIQUE DE LA GAULE

Une unité ethnique n'implique nullement une unité politique, pas plus que l'unité politique n'implique l'unité ethnique.

La Gaule, dès qu'elle affleure à l'histoire, apparaît divisée en un grand nombre de peuples.

On devine que leur nombre (soixante pour la Gaule « chevelue » au Ier siècle avant notre ère) avait été moindre jadis. Les Volkes établis, les uns à Toulouse, d'autres à Nîmes, avec ceux qui restaient en Allemagne ou étaient établis en Asie Mineure, avaient certainement formé un très grand peuple deux ou trois siècles auparavant. Les Boies, dont quelques traces subsistaient autour de Bordeaux et entre la Loire et l'Allier (?), avaient dominé un instant en Allemagne. Leur gros occupait encore le quadrilatère qui a gardé leur nom : Bohême (Boi-hemum). Les Aulerkes du Nord-Ouest, avant d'être cassés en quatre morceaux, avaient formé une unité. Parmi les Belges, de même. Néanmoins, si haut qu'on remonte, même en imagination, les Celtes ne semblent pas avoir jamais formé, pas plus que les Germains, les Slaves, les Finnois, un seul peuple.

A défaut d'unité politique, il y a eu chez les Celtes, du moins ceux de Gaule et de Grande-Bretagne, un vif sentiment de communauté ethnique, religieuse, morale. Entre les nobles de tous les peuples gaulois il y a droit de mariage. Ils se disent « proches », « consanguins ». Ils ont des traditions communes sous forme de récits où sont racontés les exploits des ancêtres. Ils sont fiers de leur renommée de vaillance. Religieusement ils ont un sanctuaire commun, dans le pays des Carnutes, en Orléanais, et le sanctuaire est considéré comme le centre géographique, l'ombilic, de la Gaule, ce qui est vrai si l'Aquitaine ibérique en est exclue. Là les prêtres gaulois, les druides, se réunissent chaque année et prononcent leurs jugements, car on vient à eux de toutes parts. L'unité n'est donc pas seulement religieuse, elle est d'ordre moral, car ces jugements ne peuvent être que des arbitrages.Il y a donc eu une celticité, analogue à l'hellénisme des Etats grecs.

L'apogée du monde celtique se place aux IVe et IIIe siècles avant notre ère.
Maîtres de la Gaule et des Iles Britanniques, les Celtes dominent la moitié de
l'Espagne, le tiers de l'Italie, la majeure partie de l'Allemagne actuelle, la vallée
du Danube jusqu'à l'embouchure. Ils vont même jusqu'aux bouches du Dniester. Ils fondent un Etat en Asie Mineure.

La ruine vint rapidement. Les successeurs d'Alexandre les matent en
Orient. Dans l'Europe centrale, les Celtes reculent sans cesse devant les Daces,
les Illyriens, les Germains. La conquête romaine anéantit leur domination dans
la vallée du Pô et en Espagne. Au IIe siècle, si les débris des Volkes, des Boies
avec les Helvètes, se maintiennent péniblement en Allemagne, la masse des
Celtes continentaux est désormais confinée en Gaule. La Gaule est le refuge et
le centre du monde celtique.

Dans la Gaule même la décadence se prépare. Les divers peuples luttent
furieusement pour l'hégémonie. Elle passe au IIe siècle des Bituriges aux
Arvernes. Ceux-ci commandaient alors à tous les peuples de la Celtique, de
l'Océan aux Alpes. Leurs rois déploient un faste extrême et leur orgueil
s'exalte. Cette grandeur s'effondre en un instant. Marseille, menacée par des
tribus ligures et celtiques, avait appelé Rome à son secours. Ce fut un prétexte
pour Rome de commencer la conquête du pays. Le roi des Arvernes, Bituitos,
appelé par ses clients les Allobroges (habitant la région entre le Rhône, la
Drôme, le Léman et les Alpes), voulut tenir tête aux Romains. Il fut battu sur le
Rhône, puis fait prisonnier par trahison (121). La région comprise entre les
Alpes et le Rhône, puis entre ce fleuve et les Pyrénées et le cours majeur de la
Garonne, tomba au pouvoir de Rome. L'hégémonie des Arvernes était brisée.
Leurs rivaux, les Hédues d'entre Saône et Loire, avaient conclu avec Rome une
alliance. Elle témoigne des rivalités et des haines inexpiables qui séparaient les
peuples celtiques.

Il est probable que la chute de l'empire arverne explique le succès de la
première des grandes invasions germaniques en Gaule, celle des Cimbres et
des Teutons, qui commença vers l'an 109. Si les Belges parvinrent à contenir les
Barbares, les Celtes furent incapables de leur résister en rase campagne et
durent s'enfermer dans leurs forteresses. La délivrance vint de l'armée
romaine de Marius, qui écrasa les Teutons sous Aix-en-Provence (102), puis les
Cimbres, auxquels s'étaient jointes deux tribus helvétiques, à Verceil (101).
Mauvais présage! Délogés de l'Europe centrale, les Celtes sont menacés d'être
envahis par les Germains dans leur asile même, la Gaule.

4
PERTE DE L'INDÉPENDANCE

L'invasion cimbro-teutonique n'était que le premier épisode des convulsions ethniques qui agitaient la Germanie. Une forte partie de la grande confédération des Suèves quittait les bords du Havel et de la Sprée pour gagner le Rhin. Vers l'an 70, les émigrants furent amalgamés par la forte personnalité d'Arioviste. Plus que jamais le monde celtique était menacé par l'éveil du monde germanique. Ses divisions le livraient à l'ennemi. Le peuple des Séquanes, établi dans le Jura et la Haute Alsace, s'estimait opprimé par les Hédues (d'entre Saône et Loire). Les Séquanes étaient les « clients » des Arvernes, mais comme on vient de voir, l'hégémonie de ceux-ci avait disparu en 121. Les Séquanes eurent l'idée funeste d'appeler à leur aide Arioviste. Dans une bataille livrée en une localité dite *Admagetobriga*, les Hédues furent écrasés et perdirent la plus grande partie de leur « Sénat ». Les Séquanes ne gagnèrent rien à leur victoire : ils durent livrer à leurs terribles auxiliaires le tiers de leur territoire, l'Alsace certainement. De nouveaux venus, les Harudes de la péninsule du Jutland, originaires de Norvège, étant arrivés, Arioviste exigea de ses obligés un nouveau tiers de leur territoire. D'autres Suèves menaçaient les Trévires sur le cours moyen du Rhin, les Usipètes et les Tenctères inquiétaient les Ménapes sur le cours inférieur. La conquête de la Gaule par les Germains commençait.

Pour comble de malheur, un grand peuple celtique, les Helvètes, qui avait cru trouver un refuge contre l'attaque des Germains dans le pays compris entre le Rhin, le Jura et les Alpes, se sentant menacé, projetait d'aller s'établir sur la côte de l'Atlantique. La Celtique était incapable de tenir tête à cette double invasion.

Cette menace motiva l'intervention de César, nommé gouverneur de la Gaule cisalpine. Il s'en prit d'abord aux Helvètes. Ceux-ci, pour gagner la Saintonge qu'ils voulaient occuper, devaient traverser, donc fouler, soit la *Provincia*, qui allait Jusqu'à Genève, soit, par le Jura, passer sur le corps des Ambarres de la Saône et des Hédues, alliés de Rome depuis l'an 121. Une seule rencontre suffit pour obliger les émigrants à rentrer en Helvétie (an 58).

Restait Arioviste. César prétend que ce fut à la supplication même des peuples de la Celtique qu'il se décida à attaquer le chef des Suèves. Malgré ses rodomontades, Arioviste fut vaincu par César dans la haute Alsace et mis en fuite (14 septembre 58). Le vainqueur laissa cependant une partie des envahisseurs sur la rive gauche du Rhin, les Tribokes en Basse Alsace, les Némètes et les Vangions autour des villes actuelles de Spire et de Worms. Ces petits peuples se celtisèrent, puis se romanisèrent et ne donnèrent plus d'inquiétude. De même, les Ubies, installés un peu plus tard à l'endroit où s'élèvera Cologne.

Quels étaient les desseins du sauveur de la Celtique? Au lieu de regagner la *Provincia*, il établit son armée chez les Séquanes pour y passer les quartiers d'hiver. Il avait compris que la Gaule, divisée, en proie à des convulsions politiques et sociales, n'était plus dangereuse et il se résolut à en faire la conquête.

Cette conquête demanda environ huit années. César eut à lutter contre les Belges (en 57), les cités armoricaines à la tête desquelles était celle des Vénètes. Après la soumission des peuplades septentrionales belges (Morins et Ménapes), la Gaule parut « pacifiée ». Mais il fallut au conquérant la préserver de nouvelles menaces des Germains (Usipètes, Tenctères, Sicambres, Ubies). Puis, pour couper les liens intimes qui unissaient les Belges de la Gaule et ceux de Bretagne, il entreprit une campagne d'intimidation dans la Grande île (55-54). Mais à son retour, il eut à faire face à un soulèvement belge des Eburons, des Nerves, des Trévires, et dut le réprimer. Les Belges ayant fait appel aux Germains, César passa le Rhin et fit une démonstration contre les Suèves. Au retour, il extermina les Eburons, dont le chef Ambiorix parvint à s'échapper.

Cependant la situation politique ayant rappelé César en Italie, une conjuration se forma en Celtique. Le signal de la révolte fut donné par le massacre des marchands romains installés à *Genabum* (Orléans). L'âme de la conjuration fut Vercingétorix. Son père, l'Arverne Celtillos, avait aspiré à la royauté sur la Gaule entière et avait péri sur le bûcher, victime de ce mouvement aristocratique qui avait aboli la royauté dans presque toute la Gaule pour lui substituer l'anarchie. Jeune homme, il s'était laissé gagner par le parti romain qui minait la défense. Quand il voulut secouer le joug étranger, il ne rencontra que de l'opposition chez les grands de sa cité et dans sa propre famille et fut chassé. Ses partisans, qui le saluèrent du titre de roi, furent des gens de la campagne que César traite de misérables et d'aventuriers. Le jeune chef lança des appels à la révolte chez les Sénons, Parises, Poitevins, Cahorsins, Tourangeaux, Aulerkes, Limousins, Angevins, et aux « populations de l'Océan » ; il imposa même son autorité par la terreur et força les Bituriges à se joindre à lui. Son bras droit, Luctère, lui gagna les Ruthènes, les Nitiobriges (Agenais), les Gabales (Gévaudan) et, un instant, menaça Narbonne et la *Provincia*.

César quitta l'Italie vers janvier 52 et remonta au Nord jusqu'à Sens. De là, par *Vellaunum* (Villon, près Montargis) il gagna Orléans, seul endroit où il pût trouver un pont sur la Loire. Il le passa, après avoir massacré la population et brûlé la ville, et entra en Berry. La tactique de Vercingétorix était habile, harceler l'armée romaine et lui couper les vivres en dévastant tout sur son passage. S'il l'avait suivie jusqu'au bout, il eût peut-être réussi. Mais il se laissa attendrir par les Bituriges, qui le supplièrent d'épargner *Avaricum* (Bourges), qui passait pour la plus belle ville de la Gaule. Malgré des prodiges de valeur, la ville fut emportée, grâce à l'artillerie (balistique) romaine, et la population massacrée. Vercingétorix dut reculer jusqu'à Gergovie. César crut pouvoir emporter d'assaut la place et échoua. Pour comble de malheur, les Hédues, jusqu'alors fidèles, indispensables alliés en raison des secours en vivres qu'ils fournissaient aux armées romaines, firent défection. C'est dans leur capitale, le Mont-Beuvray (Bibracte), que se tint l'assemblée qui unit les délégués de la Gaule entière, exception faite des Rèmes, Lingons et Trévires, qui gardèrent la neutralité. Les Séquanes eux-mêmes se joignirent à Vercingétorix.

Pendant ce temps, Labiénus avec quatre légions était demeuré à *Agedincum* (Sens). La petite cité des Parises, Lutèce, dans une île de la Seine, était une position stratégique importante. Le Romain voulut l'occuper. Elle était défendue par des contingents gaulois sous le commandement de l'Aulerke Camulogène.Après avoir inutilement tenté de franchir la Seine vers son confluent avec l'Essone (près de Corbeil), Labiénus réussit à passer de la rive droite sur la rive gauche en aval de Lutèce, et à tuer le vieux chef gaulois. Mais Lutèce avait été incendiée par les Gaulois, et les Bellovakes, au Nord, s'agitaient. Labiénus regagna Sens, puis fit sa jonction avec César, revenu d'Auvergne, probablement dans la vallée de l'Yonne (mai 52).

Cependant la *Provincia* était menacée par les cités celtiques voisines. César crut prudent d'y aller chercher une position de repli. L'armée romaine fut rejointe, sans doute dans la plaine de Dijon, par l'armée gauloise. Vercingétorix commit la faute d'engager la bataille. Les Gaulois avaient pleine confiance dans leur cavalerie, la seule arme qui gardait chez eux quelque chose de leur valeur passée. Mais César avait pris la précaution de prendre à son service des cavaliers germains. Ceux-ci, débouchant par une attaque de flanc, mirent en fuite la cavalerie gauloise. Privée de sa vraie force, l'armée gauloise battit en retraite vers la forteresse d'Alise (*Alesia*) sur le Mont-Auxois. Vercingétorix y mit une garnison d'élite, et renvoya la cavalerie avec mission de provoquer un soulèvement général pour venir dégager les assiégés. Mais il commit la faute suprême de s'enfermer dans la place, au lieu de rester en dehors, ce qu'il avait fait devant Gergovie.

Le Mont-Auxois était trop fort pour être enlevé d'assaut. César usa du répit de quelques semaines nécessaire à la réunion de l'armée de secours pour faire exécuter deux lignes parallèles de levées et de tranchées formidables. Les efforts des assiégés et de l'armée de secours se brisèrent contre ces obstacles infranchissables. Vercingétorix dut capituler (septembre 52). Après six années de captivité, il figura dans le cortège triomphal de César, puis eut la tête tranchée.

L'indépendance de la Gaule avait pris fin. Cependant il y eut des peuples qui ne comprirent pas. Parmi eux les Bellovakes (Beauvaisis). Ils se considéraient comme supérieurs aux autres peuples celtes et belges, et capables de tenir tête aux Romains. Ils n'en furent pas moins, eux et leurs alliés, Atrebates (Artois), Ambiens (Amiénois), Caletes (Caux), Veliocasses (Vexin), Aulerkes (Evreux), obligés de se soumettre (printemps de 51).

Des tribus, jusqu'alors presque indifférentes aux soulèvements de leurs compatriotes, éprouvèrent le besoin de bouger quand tout était perdu. Ainsi les Andes (Angevins) sous le Dumnacos, les Senons sous Drappès, les Cadurkes sous Lucterios. Les débris de ces insurgés s'enfermèrent dans une forteresse du Quercy, *Uxelloduxum* (Le Puy d'Issolu). La soif put seule avoir raison de leur résistance. César laissa la vie aux assiégés, mais leur fit couper les mains. Le conquérant parcourut alors la Gaule du nord au midi, puis du midi au nord. C'est seulement quand il se fut rendu compte que rien ne bougeait plus qu'il quitta le pays et rentra en Italie poursuivre le cours de ses destinées (50).

La soumission totale de la Gaule après le départ de César demanda encore un quart de siècle. Les Ibères d'entre Garonne et Pyrénées n'avaient pas pris part aux guerres d'indépendance. Les Belges eux-mêmes n'avaient prêté qu'un maigre concours à Vercingétorix. Ils s'agitèrent quand il fut trop tard. Agrippa, Carinus, Nonius Gallus durent diriger plus d'une expédition contre les Ibères et contre les Belges (Morins et Trévires). Enfin, en l'an 27, Valerius Messala après sa troisième campagne contre les Ibères, obtint les honneurs du triomphe. Cette année marque vraiment la fin de la conquête romaine. Aussi Octave, qui reçoit le titre d' « auguste » commence-t-il l'organisation réelle du pays au cours de son troisième séjour en « Narbonnaise » et de son quatrième (de 16 à 13).

Les raisons du succès de César dans la conquête de la Gaule ne sont pas difficiles à déterminer. Il n'y eut jamais, sauf en l'an 52, trop tard, de cohésion entre les peuples de la Celtique et de la Belgique. Quantité étaient divisés par des rivalités inexpiables et, parmi eux, certains peuples préféraient la domination étrangère à la prédominance d'un peuple frère, mais rival. Les Hédues, les Rèmes, les Lingons furent fidèles à César. Et puis, dans chaque cité existait un parti romain : le défaitisme se rencontrait dans les têtes du parti aristocratique formant le Sénat. La Gaule, quand César entreprit sa conquête, était, en effet, en proie à des convulsions politiques et sociales qui la déchiraient. La royauté avait été abolie presque partout par une aristocratie opprimant les classes inférieures, écrasées de dettes et réduites presque à l'esclavage. Au Ier siècle avant notre ère, la Gaule semble comme la préfiguration fantomatique de l'anarchie féodale du Xe siècle de notre ère. L'orgueil aveuglait aussi ces peuples, fiers de leur passé. Les Bellovakes, les Trévires, d'autres encore, s'imaginaient qu'ils abattraient à eux seuls les armées romaines. Ils ne se rendaient pas compte de l'infériorité de leurs forces. Depuis que la masse de la population avait cessé de se livrer à des expéditions de conquête et s'était fixée au sol, l'infanterie se composait de paysans de faible valeur guerrière. Comptait surtout au combat la cavalerie, montée par les nobles, mais cette cavalerie ne pouvait faire de charges sérieuses, n'ayant ni selle, ni étriers, ni chevaux ferrés. Elle se trouvait dominée par la cavalerie germaine qui semble avoir été plutôt une infanterie montée. Enfin la supériorité numérique que César attribue à ses ennemis est des plus contestable. Les chiffres que donne le conquérant, même de bonne foi, sont d'une fausseté criante. Deux ou trois exemples il prétend avoir fait 40.000 victimes à *Avaricum*, et l'emplacement occupé alors par la ville (Bourges) ne peut contenir le quart de ce nombre. Vercingétorix se serait enfermé à Alésia avec 80.000 hommes ; or le plateau d'Alise, qui a une centaine d'hectares, ne peut contenir que 25.000 hommes au maximum. Avec les Germains, mêmes exagérations : il chasse en un clin d'œil 4000.000 Usipètes!

En dépit de la rapidité de la romanisation, tout sentiment d'indépendance n'était pas éteint dans l'aristocratie. En l'an 21 de notre ère, deux personnages de la noblesse gauloise, l'Hédue Sacrovir et le Trévire Florus, se révoltèrent. En même temps, les Andecaves et les Turons, inertes au siècle précédent, s'agitèrent. Ces insurrections furent aisément étouffées. Ce qu'il en faut retenir, c'est que Sacrovir fut soutenu par les paysans hédues et aussi que les révoltés, portant tous deux le gentilice Julius, avaient servi dans l'armée romaine, étaient « citoyens romains », enfin que Sacrovir souleva les étudiants hédues qui se formaient aux lettres latines aux célèbres écoles d'Autun. Le goût de la civilisation et la romanisation n'étaient donc pas incompatibles avec un sentiment national gaulois.

Les troubles qui marquèrent la fin du principat de Néron auraient peut-être permis à la Gaule, du moins à la Gaule belge, de reconquérir son indépendance. Quand les débris de l'armée romaine, cantonnés sur le cours inférieur du Rhin, eurent été massacrés, à l'instigation du Batave Civilis, les Belges et même, parmi les Celtes, les Lingons, jadis partisans inébranlables de Rome, se mirent en révolte ouverte. Les chefs, gaulois et germains, portaient des noms romains, servaient dans l'armée romaine, ne concevaient comme forme de gouvernement que l'Empire. Il n'importe : ils retournaient contre Rome les leçons qu'elle leur avait données. Le Trévire Julius Classicus fit jurer à ses soldats fidélité, non à l'Empire romain, mais à l'*Empire des Gaules*. Le vieux rêve d'impérialisme qui hantait les Gaulois depuis Ambigatos n'était donc pas éteint. Même au lendemain de la prise d'Avaricum, Vercingétorix se vantait de créer « une volonté commune de toute la Gaule », après quoi, « l'univers entier ne pourra résister » aux Gaulois.

En même temps, le clergé druidique, vu de mauvais œil par Rome, soufflait le feu, prédisait que « l'empire des choses humaines était promis aux nations transalpines », et lançait des prophéties annonçant la fin de la domination étrangère. Parmi les gens des campagnes, on perçoit une agitation. Quelques milliers de paysans se joignent au Boie visionnaire Mariccos, qui se proclame dieu avec la mission d'affranchir la Gaule.

Le revirement ne tarda pas. Les Rèmes prirent l'initiative d'une sorte de congrès pour décider de la conduite à tenir envers Rome. Le parti de la rupture faiblit. Le chef de l'armée romaine envoyée en Gaule par l'empereur Vespasien pour rétablir la situation, Petilius Céréalis, acheva de disloquer la conjuration. Il montra que la disparition de l'autorité romaine ranimerait entre les cités gauloises les guerres incessantes du passé et risquerait de livrer le pays aux ambitions des Germains. Finalement, seuls les Trévires persistaient dans leur attitude. Ils furent battus et leurs chefs passèrent le Rhin pour chercher un refuge chez les Germains.

L'année 70 marque la fin de l'opposition à l'autorité romaine. Cette date est vraiment fatidique. A partir de ce jour, l'aristocratie gauloise fut entièrement ralliée à l'Empire et se sentit toute romaine. La classe des druides, persécutée, disparut. Quant au peuple, nul ne sait ce qu'il éprouva.

LA GAULE ROMAINE

Les Huns au combat contre les Alains, J.N Geiger, 1873

1
SON UNITÉ.

Le problème qui se pose tout de suite devant nous, c'est de savoir si, conquise, la Gaule a conservé une certaine unité ou si elle n'a été qu'une expression géographique.

Nous avons vu que la Gaule indépendante n'avait pas connu d'unité politique réelle, mais qu'elle avait une sorte d'unité religieuse et juridique, une unité de culture, du moins dans ses parties celtiques, et elles constituaient la grande majorité du pays.

Chaque peuple vivait de sa vie propre et il y avait beaucoup de peuples. En dehors de la *Provincia*, on en comptait une soixantaine. La politique romaine ne chercha nullement à les détruire. Au reste, il fallait se concilier et ceux qui avaient été « alliés du peuple romain » et, parmi les vaincus, ceux dont la puissance réclamait des ménagements. De là le caractère fédératif de l'administration donnée au pays soumis. Les institutions politiques et le droit privé des vaincus furent même respectés en tant qu'ils ne contrariaient pas l'intérêt du vainqueur. Mais, à mesure que les souvenirs de l'indépendance passée s'effaçaient, à mesure que la romanisation gagnait en profondeur, les institutions publiques et le droit privé du vainqueur l'emportèrent. Chaque *civitas* (ce mot s'entend de la peuplade et non de la ville chef-lieu) imite l'organisation d'Italie. A la tête, un Sénat ou *curie*, recruté dans la classe noble ou riche. Comme organes, des *duumvirs* (ou des *quatuorvirs*), sorte de petits consuls, des édiles, des prêteurs. L'autonomie locale se poursuivit de la sorte à travers les siècles, et lorsque l'Empire devint chrétien, l'évêché se modela sur la *civitas* et ses limites demeurèrent, dans la majorité des cas, intactes jusqu'en 1790.

Le groupement des *civitates* en provinces (cinq, puis sept, finalement dix-sept) pour les besoins de l'administration (à la tête de chacune fut un *praeses* ou gouverneur) est d'intérêt secondaire et il ne survécut aux invasions que sous sa forme chrétienne, chaque province ayant constitué une métropole, dite archevêché depuis le IXᵉ siècle seulement.

On commettrait cependant une erreur considérable si on s'imaginait que pendant les cinq siècles que dura la domination romaine, la Gaule ne fut qu'une juxtaposition de provinces et de cités. La politique romaine s'appliqua, au contraire, à renforcer son unité, on pourrait même dire à la créer, et cela dans son propre intérêt. Le culte de Rome et d'Auguste fut organisé méthodiquement, non seulement pour chaque cité, mais pour l'ensemble des peuples soumis. Chaque année, les délégués des soixante cités de la Gaule jadis indépendante se réunissaient devant un autel dressé au confluent de la Saône et du Rhône, en vue de la vieille forteresse celtique de *Lugdunum*, dèvenue colonie : le quartier actuel de Fourvière à Lyon. Ce nouveau centre d'une religion politique fit disparaître le sanctuaire des Carnutes, mais maintint sous une autre forme l'unité spirituelle de la Gaule. En même temps cette assemblée eut quelques prérogatives politiques, celle notamment de pétition à l'empereur et d'accusation contre les gouverneurs.

C'est que, pour les Romains, la Gaule était une individualité géographique. Les mers, les Pyrénées, les Alpes la délimitaient à vue d'œil. Au Nord-Est, le Rhin, qui ne deviendra une artère commerciale et culturelle que fort tard, au moyen âge, était encore considéré comme une barrière contre la Barbarie donnée par la nature. Il ne faut donc pas nous étonner que, même à l'époque romaine, on pourrait dire, surtout à l'époque romaine, la Gaule fût regardée comme une unité.

L'administration de ce grand pays (639.000 kilomètres carrés) était lourde. A la fin du IIIᵉ siècle, on eut l'idée de le diviser en deux : une partie méridionale, comprenant la vallée du Rhône et l'Aquitaine (portée jusqu'à la Loire dès Auguste) ; une partie septentrionale comprenant ce qui restait de la Celtique, la Belgique, les deux marches de Germanie. Chacune de ces deux parties ou diocèses fut désignée par sa capitale ; la première fut dite Viennoise, la seconde Lyonnaise. Mais cette bipartition administrative n'affecte pas l'unité foncière de la Gaule.

D'autre part, elle devint, aux IVᵉ et Vᵉ siècles, la pièce maîtresse de la défensive de l'Empire en Occident, quand celui-ci se fut scindé en deux préfectures du prétoire. La Gaule donna son nom à la « préfecture », qui comprenait, outre ce pays, l'Espagne et la Grande-Bretagne. La présence du préfet, parfois de l'empereur, à Trèves, à portée du Rhin, qu'il fallait défendre des Germains, fit de cette ville la vraie capitale de la Gaule dans la seconde moitié du IVᵉ siècle.

2

LA ROMANISATION

La domination romaine fut-elle acceptée ou subie par la masse de la population de la Gaule?

Il est significatif que les révoltes furent rares, sporadiques, de faible durée.

Les sentiments de la masse de la population nous sont inconnus. Des deux classes dirigeantes, les druides et les nobles, la première fut naturellement hostile. Aussi Rome, se fondant sur l'horreur inspirée par les sacrifices humains, s'appliqua à la détruire. La seconde, au contraire, sauf chez des rares peuples de la Belgique, se rallia et très vite. Déjà César avait eu plusieurs peuples, tels les Hédues, les Rèmes, les Lingons, les Séquanes, comme auxiliaires. D'ailleurs c'est un phénomène général dans l'histoire de l'humanité que l'aristocratie s'accommode toujours du conquérant quel qu'il soit. Les nobles gaulois, poussés par la politique du conquérant, se laissèrent gagner par l'attrait de la civilisation romaine, qu'on goûtait surtout dans la vie urbaine, d'où le développement, la transformation des villes. Ils apprirent la langue et la littérature latines. Les analogies étroites dans le vocabulaire et la grammaire, entre le celtique continental et le latin, facilitèrent l'acquisition d'une nouvelle langue. Ils se parèrent de noms latins et recherchèrent le titre de « citoyen romain ». Les habitants de la *Provincia* furent gratifiés de cette faveur dès la première moitié du Ier siècle de notre ère ; l'ensemble des gens de Gaule, avec le reste du monde romain, le fut par le célèbre édit de Caracalla en 212. A partir de ce moment la population de la Gaule se considéra comme « romaine ».

Les institutions de Rome s'introduisirent tout naturellement, mais par imitation volontaire, car si l'Empire exigea une obéissance absolue, le versement de l'impôt, des recrues pour l'armée, il n'imposa ni sa langue, ni même son droit privé. La romanisation se fit d'elle-même, et elle fut totale.

Rome ne dépensa rien pour la Gaule. Elle paya avec l'impôt des peuples soumis l'entretien de l'armée qui gardait le Rhin et protégeait l'Empire ; elle fit creuser le port militaire de Fréjus ; elle construisit des routes dans un intérêt avant tout stratégique. Mais les monuments « romains », amphithéâtres, théâtres, cirques, thermes, les remparts mêmes des villes furent élevés aux frais des cités ou par de riches particuliers. Les architectes et ingénieurs, venus d'Italie ou peut-être de Grèce au début, furent ensuite des indigènes. L'expression « monument romain », qu'on applique à tous les débris qui nous sont restés, doit donc s'entendre « monument construit pendant la période romaine », et non monument édifié nécessairement par les Romains.

Au reste, ceux-ci étaient peu nombreux en Gaule. On est porté à imaginer une colonisation italienne, plus ou mains intense, du moins dans le sud de la Gaule. Le nombre des *colonies* fondées par Rome semble appuyer cette hypothèse. Mais il convient de remarquer que ce sont des colonies honorifiques dont le titre n'implique, par conséquent, aucun apport ethnique étranger. Au contraire, dans la *Provincia*, on ne trouve pas moins de deux douzaines de colonies véritables, de droit romain ou latin. Les premières sont peuplées de vétérans citoyens romains, les secondes, plus nombreuses, de troupes auxiliaires, italiennes ou non. Même dans le Sud, la ville qualifiée *colonie* n'est pas exclusivement peuplée de vétérans. Elle garde sa population antérieure.Nîmes, Béziers, Toulouse, Arles, etc., sont de très vieilles cités. La « colonie » n'est pas, le plus souvent, établie dans une ville neuve. Elle ne saurait donc transformer de fond en comble l'ethnie locale. Au reste, César ayant levé une partie de ses légions dans la Gaule cisalpine, ses soldats n'étaient pas en réalité des Latins, mais des Celtes et des Ligures romanisés. Comme la population urbaine ne persiste pas au delà d'un petit nombre de générations, la ville ne se conserve que par l'afflux des campagnes. Ce n'est donc pas par le sang, mais par la culture que Rome a transformé la Gaule.

D'abord elle lui a fait perdre sa langue, c'est-à-dire son âme. Elle n'a pas usé de violence. La fascination qu'exerce la force sur les vaincus, l'attrait des belles-lettres pour les esprits distingués, enfin l'octroi de plus en plus large des droits de citoyens romains aux Gaulois ont suffi à leur faire oublier leur idiome pour la langue du vainqueur.

Le passage de l'idiome celtique ou des idiomes celtiques — car il y avait naturellement des dialectes — a été facilité par les analogies entre le celtique continental et brittonique et le latin. Le celtique est, en effet, une langue indo-européenne, sœur du latin, du grec, du germanique, du lithuanien, du slave, de l'arménien, du perse, du sanskrit.Mais, dans cet ensemble, il forme avec le latin, plus précisément l'ombro-latin, un groupe rapproché et par le vocabulaire et par la structure grammaticale seul, ce groupe possède, par exemple, le datif-ablatif en *-bus*, le futur en *-bo*, un déponent et un passif en *r*, etc. Le Gaulois, qui déclinait en sa langue *rix*, pluriel *riges*, n'avait aucune peine à comprendre *rex*, *reges*. Disant *carabo* « j'aimerai » (de la même racine que le latin *carus* « cher »), il comprenait aisément *amabo*. Des mots usuels, comme « père », « mère », « frère », les noms de nombre, des noms d'animaux étaient si proches qu'on passait facilement d'une langue à l'autre. Les concordances étaient si apparentes que les Gaulois n'ont pas dû, pour apprendre le latin, éprouver beaucoup plus de difficulté qu'un paysan moderne pour passer d'un patois roman au français officiel.

Au reste, la disparition de la langue nationale ne s'est pas opérée subitement. Très rapide dans les villes, elle a été lente dans les campagnes, où le celtique semble avoir persisté trois ou quatre siècles après la conquête romaine.

En tout cas sa disparition était achevée à la fin de l'Empire. Le nombre de mots celtiques conservés dans le vocabulaire du latin de Gaule est insignifiant. Toutefois il n'est pas impossible que, en adoptant le latin, les gens de Gaule lui aient imprimé quelques particularités de leur prononciation. La chose paraît certaine pour le son *u*, qui n'existe ni en Espagne ni en Italie, sauf dans la Gaule cisalpine, exception significative.

La participation de la Gaule « chevelue » aux lettres latines fut lente à se manifester. Il faut descendre jusqu'aux IVe et Ve siècles, c'est-à-dire jusqu'au Bas-Empire, pour rencontrer des œuvres de quelque valeur. Le rhéteur Ausone écrit son poème sur la Moselle (fin IVe siècle). Rutilius Namatianus, dans son « Retour », célèbre la grandeur et les bienfaits de Rome, déjà bien déchue cependant (416). Dans les derniers jours de l'Empire un grand seigneur, Sidoine Apollinaire, un Arverne (mort vers 480), compose des poèmes, des épîtres, des panégyriques. Ce ne sont pas de grandes œuvres : elles sont infectées de rhétorique. Les écoles publiques, encore florissantes jusqu'au milieu du Ve siècle, Autun, Toulouse, Bordeaux, etc., sont, en Gaule comme ailleurs, des écoles de mauvais goût. Leur enseignement tient, du reste, du lycée plutôt que de l'université.

Mais il ne faut pas oublier non plus que, passé le milieu du IIe siècle, l'Italie est absolument stérile en écrivains. Les seuls auteurs qui comptent à la fin du IVe siècle et au début du Ve, l'historien Ammien Marcellin, le poète Claudien, sont des Orientaux de Syrie ou d'Egypte.

La littérature chrétienne en latin brille, il est vrai, mais grâce à des Africains, Tertullien, saint Cyprien, saint Augustin, grâce à un Illyrien, saint Jérôme, à des Espagnols, tel le poète Prudence ou l'annaliste Orose. La Gaule n'y est pas étrangère : elle donne saint Hilaire de Poitiers, surtout Sulpice-Sévère, dont la *Vie de saint Martin* jouit d'une vogue immense, le prêtre déclamateur Salvien, etc. Dans l'ensemble, la Gaule tient une place honorable, mais non éclatante.

Pour l'art, la contribution de la Gaule romanisée à la civilisation générale est d'un faible intérêt, sauf pour les arts dits « mineurs » (verrerie, céramique, émaillerie).

Son apport le plus intéressant doit être cherché dans l'outillage agricole et la technique industrielle. Les Gaulois ont trouvé la charrue à deux ou même à quatre roues, la grande faulx. Ils ont inventé des outils nouveaux, telle la tarière en spirale. Ils ont été des ouvriers habiles en charronnerie (ils ont inventé le cabriolet et d'autres formes de voitures), en boissellerie (ils ont trouvé le tonneau). Ils ont excellé comme tisserands et cordonniers. La botte celtique, la *caliga*, le mantelet ou *saga*, par exemple, furent adoptés par les Latins. L'ingéniosité de la population et sa curiosité avaient, du reste, frappé Grecs et Romains.

3

ÉTAT SOCIAL ET ÉCONOMIQUE

Les bases de la vie sociale de la Gaule indépendante ne furent pas bouleversées par la conquête romaine. La royauté, déjà en pleine décadence, acheva de disparaître. L'aristocratie, ne rencontrant plus d'obstacle, développa sa puissance économique et sociale. Sa puissance foncière fut consolidée par l'inscription sur les registres du cens du nom du propriétaire gaulois. Il est possible qu'il ne fût jusqu'alors que l'administrateur des biens d'une communauté rurale, un chef de petit clan. C'est du moins ce que le régime social de pays celtiques, tels que l'Irlande médiévale peut faire supposer, non sans quelque témérité. Mais, administrateur ou non, le noble gaulois fut désormais, lui et sa postérité, considéré comme propriétaire du fonds. Il prit de bonne heure un nom latin, lequel fut consigné sur la matrice du cadastre, au cours du premier siècle de notre ère. Comme la population parlait encore celtique, le suffixe *iacus* fut accolé au nom latin du propriétaire. Ces noms subsistent encore aujourd'hui. Les paroisses, qualifiées municipalités ou communes à la Révolution française, conservent les noms des anciens domaines seigneuriaux de l'époque gallo-romaine et de l'époque gallo-franque. La forme de ces noms de villages varie selon les régions. Les domaines de Sabinus, d'Albinus, de Victor deviennent respectivement Savignac, Albignac, Vitrac dans le midi de la France, Savignat, Aubignat, dans le nord de l'Auvergne, Aubignieu, Vitrieu dans la région lyonnaise, Savigné (ou Sévigné), Aubigné, Vitré au nord-ouest, Savigny, Aubigny, Vitry au nord et au nord-est. Les noms de lieu de ce genre se comptent par milliers en France. Ils nous conservent donc les noms des premiers propriétaires gaulois romanisés inscrits sur les registres du fisc romain. Les limites des communes rurales contemporaines nous en conservent aussi les dimensions, car le « finage » n'a pas changé, le plus souvent, au cours des âges, lorsque le domaine particulier du propriétaire — seigneur ou villa — est devenu une paroisse, un village au sens actuel.

Le sort de la population paysanne qui mettait en valeur le domaine ne nous est pas connu sous le Haut-Empire. On a dit que, à l'époque de la conquête romaine, il était ou était devenu misérable, en raison du fardeau des dettes contractées envers les nobles. Il n'y a pas de raison d'imaginer qu'il se soit amélioré sous les Romains, quand la noblesse fut consolidée dans sa propriété foncière.

Sous le Bas-Empire, le paysan gaulois eut la même destinée que les autres paysans du monde romain. Pour éviter la désertion des campagnes, Rome attacha le fermier libre au sol. Mesure inexorable et fatale, la vie économique reposant sur l'agriculture, la vie politique et la sécurité publique sur des finances alimentées avant tout par l'impôt foncier.

Le fermier ou *colon* ne fut pas légalement réduit en servage. Il était lié au sol lui-même et non au propriétaire du sol. Cultivateur, il accomplissait un vrai service public dont le responsable était le propriétaire. Aussi ce dernier n'avait-il pas le droit d'éliminer le colon : celui-ci, attaché à la terre, tenait la terre. Pas davantage le propriétaire n'avait le droit d'augmenter le fermage, en nature, ou en argent, et la main-d'œuvre ou corvées du colon. La « coutume » du domaine était comme une loi rurale. La situation du colon sous le Bas-Empire et à l'époque franque, en contre-partie de lourdes charges, présentait donc des garanties appréciables.

Une transformation dans la manière d'exploiter le sol devait consolider la situation du colon. A une époque inconnue, remontant peut-être à la période de l'indépendance, en tout cas antérieure au IIIe siècle de notre ère, le domaine ou *villa* apparaît divisé en deux parties, la première que se réserve le propriétaire-seigneur pour l'exploiter directement, l'autre qu'il divise en parts (en latin *mansi*, d'où le français *mas* dans le Midi, *meix* dans le Nord) confiées chacune à un tenancier, le colon. Cette portion n'est pas faite de terres contiguës, mais de parcelles dans chacune des trois zones de culture ou soles du domaine : l'assolement est, en effet, triennal — et le restera en France jusqu'au milieu du XIXe siècle, c'est-à-dire que le champ affecté au blé ou au seigle ne porte une récolte qu'une année sur trois, ne donnant qu'une récolte légère la seconde année, restant en friche, la troisième pour laisser le sol « se reposer ».

4

LES TEMPS DIFFICILES

La Gaule jouit longtemps des bienfaits de la civilisation latine, dont le principal fut la sécurité, la protection contre la poussée germanique. Il est vrai qu'elle paya cher ces bienfaits par la perte de ses libertés et par un despotisme impitoyable, étouffant toute spontanéité. Au IIIe siècle vint l'invasion. La pression germanique avait repris dès le principe de Marc-Aurèle, mais le danger était alors sur le cours moyen du Danube, en Orient aussi, où Rome devait affronter une civilisation rivale, celle de l'Iran. Au IIIe siècle la Gaule, à son tour, est menacée, puis envahie et dévastée.

De nouvelles peuplades germaniques apparaissent, ou plutôt d'anciennes peuplades ou groupes de peuplades sous des noms nouveaux, les Alamans, les Francs. Les premiers sont les Semnons qui, de la vallée de l'Elbe, passent dans la vallée du Main, menacent la Gaule dès 236. Ils dévastent l'Helvétie et poussent même en Italie, mais ne peuvent s'y maintenir (270).

Les Francs se divisent en trois groupes 1° les *Saliens*, établis dans les Pays-Bas actuels, dans la région de l'Yssel qui a gardé leur nom : Salland ; 2° les *Ripuaires*, qu'on trouve sur le cours inférieur et à droite du Rhin, formés par les débris des anciens Bructères, Chamaves. Amsivares, Chattuares, Tuhantes, Tenctères ; 3° enfin les antiques *Chatti* de la Hesse, avec les Usipiens, sont considérés également comme Francs.

Au milieu du IIIe siècle (en 253 ou 257) les Francs envahissent la Gaule qui est sauvée par un usurpateur, Posthume, proclamé empereur par l'armée du Rhin (fin de 257). Ses monnaies portent comme légendes *Restitutor Galliarum*, *Salus provinciarum*. L'épouvante fut telle que quantité de trésors durent être enfouis en terre à cette époque. Les ravages des Germains sont datés par des monnaies qu'on exhume de temps à autre.

Le principat de Posthumus, celui de Tetricus, son successeur, ont été qualifiés d' « empire gaulois », par des historiens du siècle dernier, mais ce sont des rêveries. Ces empereurs sont purement romains de culture et de tendances. Ils défendent la Gaule pour sauver Rome.

Tetricus fit sa soumission à Aurélien (273) qui périt peu après, victime de ses propres soldats (janvier 275). La Gaule redevint aussitôt la proie des Barbares. Le nouvel empereur, Probus (275‑282), réussit à le délivrer.

Un tournant décisif se produit dans la vie urbaine de la Gaule. Les Germains avaient dévasté et détruit les villes. Il fallut procéder à leur reconstruction. On l'opéra en restreignant le périmètre de l'enceinte pour les villes dont les remparts avaient été détruits. Pour celles qui n'étaient pas fortifiées et s'étalaient librement dans la campagne, on construisit un réduit où la population s'entassa. Ces opérations s'effectuèrent avec une extrême rapidité, par suite de la permanence du danger barbare. Pour les soubassements des remparts, on prit les matériaux à portée de la main, offerts par les ruines des temples, des théâtres, des basiliques, même des stèles funéraires et des bornes milliaires. L'espace ainsi enclos est très limité. En dehors de quelques cités du Midi et des villes ou camps de la région rhénane, elle dépasse rarement une quinzaine d'hectares (Rouen, Nantes, Troyes, etc.) et souvent moins : 9 à Paris, Rennes, Tours, Grenoble ; 5 à Senlis, Auxerre ; 5 à Périgueux. Les plus grandes villes ont 25 hectares (Orléans), 32 (Bordeaux), 36 (Sens). Reims, avec 60 à 65, est une cité géante : elle peut renfermer 15.000 à 20.000 habitants, alors que les autres n'en peuvent compter que 5.000, 4.000, 2.000 ou moins encore. Et comme il ne s'est pas constitué de faubourgs avant l'onzième siècle ou le douzième, on voit que la vie urbaine, à laquelle est liée intimement la civilisation, a été chétive pendant une énorme période qui ne comprend pas moins de sept siècles.

A partir de la fin du IIIe siècle, bien que pendant deux tiers de siècle la Gaule n'ait pas été envahie par les Germains, elle a vécu d'une vie inquiète. L'empereur, que ce soit Maximien, Constance Chlore, Constantin, Constance II, ne quitte pas la frontière. Quelquefois il passe le Rhin et exécute quelques démonstrations sans résultat durable. En 350 enfin, à la faveur des rivalités de Constance II et de Magnence, les Germains franchissent le Rhin et s'emparent de quarante-cinq places fortes. Constance II laisse à son parent Julien (en novembre 356) une situation comme désespérée. Cependant Julien réussit à sauver Autun assiégé par les Alamans et à reprendre Cologne aux Francs. Néanmoins il passe l'hiver à Sens, bloqué par les Alamans. L'année suivante, il réussit à rejeter les Chamaves au delà du Rhin, mais il doit se résigner à abandonner aux Francs Saliens la Texandrie (le Brabant hollandais actuel). C'est vraiment l'installation des Francs sur le sol romain. Il est vrai qu'ils y sont admis comme fédérés tenus de défendre le pays contre d'autres envahisseurs.

L'exploit le plus célèbre du défenseur de la Gaule est sa victoire près d'*Argentoratum* (Strasbourg) en août 358 : avec 13.000 hommes seulement il remporte une victoire éclatante sur une coalition de 35.000 Alamans. Mais, après le départ de Julien pour l'Orient, tout recommence. En janvier 366, les Alamans marchent contre Reims et Paris, mais ils sont battus en route. Le péril est si grand que la défense de la Gaule doit être prise en mains par le nouvel empereur, Valentinien. Il a affaire non plus seulement aux Alamans et aux

Francs, mais à un peuple originaire de la Scandinavie, les Bourguignons ; établis dans la Silésie au IIIe siècle, ils l'abandonnent pour la vallée du Main, où ils entrent en conflit avec les Alamans encore plus qu'avec l'Empire.

Gratien, fils et successeur de Valentinien, renouvelle les exploits de Julien : à *Argentaria* (près Colmar), il écrase la tribu alamanique des Lentiens (378). Inquiétés par les Bourguignons, les Alamans se tiennent dès lors à peu près tranquilles.

Il en va de même des Francs à partir de 368. On constate qu'ils entrent en masse au service de l'Empire romain. Quelques-uns, ainsi Mérobaude, Mellobaude, Bauto, Arbogast, y feront une brillante carrière, les conduisant parfois jusqu'au consulat. Ils commandent les armées dites romaines qui ne sont plus composées à cette date que de Barbares et de quelques corps de Gallo-Romains du Nord-Est. Il est à relever que, dans la lutte contre les Germains, même les Francs, ces généraux francs, devenus citoyens romains, se montrent d'une dureté implacable. Somme toute, à l'extrême fin du IVe siècle, en dehors de la pauvre et marécageuse Texandrie, il n'existe aucun établissement germanique, soit franc, soit alaman, soit bourguignon, sur la rive gauche du Rhin. La situation de la Gaule semble enviable, en comparaison de celle de l'Orient, même de l'Italie.

5

PÉNÉTRATION ET INSTALLATION DES BARBARES

LA DISLOCATION.

Et cependant la Gaule était à la veille de sa dislocation définitive. Le 31 décembre 406, des peuplades venues du centre de l'Europe, de Pannonie, formées de Suèves, de Vandales Asdingues, de Vandales Silingues, d'un peuple caucasique, les Alains, franchirent le Rhin, se répandirent dans toute la Gaule et la mirent à feu et à sang. Aucune résistance en rase campagne n'est signalée. Les villes elles-mêmes sont emportées, notamment les villes du Rhin et la capitale, Trèves.

L'explication de ce phénomène étrange doit être cherchée dans la situation générale de l'Empire.Le généralissime de la partie occidentale qui la défendait au nom d'un débile, l'empereur Honorius, Stilichon, l'avait dégarnie de troupes. En 397, il avait dirigé l'élite des troupes de Gaule en *Africa* (Tunisie) pour réprimer la révolte de Gildon. En 402, et sans doute aussi en 406, pour délivrer l'Italie d'Alaric et de Radagaise, il avait retiré d'autres troupes. La Gaule n'était plus défendue que par les « fédérés » au service de Rome, Francs, Alamans, Bourguignons. Il faut leur rendre cette justice qu'ils tentèrent d'empêcher le passage du Rhin, mais ils furent bousculés par les hordes suèves, vandales, alaniques. Puis, lorsque celles-ci se furent écoulées en Espagne (automne de 409), quand la Gaule fut incapable de les nourrir, ils s'installèrent sur la rive gauche du Rhin, les Alamans en Helvétie et en Alsace, les Bourguignons à Worms et à Mayence, les Francs Ripuaires à Cologne.

Rome, qui luttait avec peine contre les Visigoths d'Alaric, qui la prendra en 410, était hors d'état de les chasser. Et même les usurpateurs venus de l'île de Bretagne, comme Constantin III et son fils Constant, ou après eux, Jovin, sans forces réelles, recherchèrent et obtinrent l'appui des Germains contre Honorius. Ils échouèrent finalement (413) et l'autorité de la cour de Ravenne fut rétablie en Gaule.

Autorité désormais précaire. Non seulement il fut impossible de faire repasser le Rhin aux Germains, mais, au Midi, Rome introduisit un germe de décomposition. Pour se débarrasser des Visigoths, après la mort d'Alaric, elle leur avait concédé la Narbonnaise (412). Sans doute ces gens installés comme « fédérés » reconnaissaient officiellement l'autorité romaine. Sans doute leur nouveau chef, Ataulf, à moitié romanisé, époux de Placidie, fille du dernier des grands empereurs romains, Théodose, rêva de mettre la force gothique au service de l'Empire, mais il fut assassiné. Sans doute son successeur, Wallia, emmena les Visigoths en Espagne (416), mais ce fut l'Empire lui-même qui les rappela au Nord des Pyrénées et les installa, cette fois, dans la vallée de la Garonne (418). Sans doute l'administration romaine subsistait et les cantonnements des Germains ne différaient guère de ceux des soldats romains. Mais ces gens gardèrent leurs lois, leur langue, leur chef : ils demeuraient donc, de fait, un corps étranger dans l'Empire et, comme la suite le démontrera, inassimilable.

Rome eut cependant l'illusion qu'elle avait repris en mains la conduite des affaires en Gaule. Honorius releva en cette année 418 la tradition de l'assemblée générale de la Gaule, dont le but était de porter au trône les doléances des « provinciaux » contre leurs oppresseurs, si haut placés furent-ils, tels les gouverneurs de province, tel même le préfet du prétoire des Gaules. Toutefois le choix du siège de l'assemblée et des provinces convoquées donne à penser. Le lieu ne fut pas Lyon, encore moins Trèves, dévasté trois fois par les Francs depuis le début du siècle, mais Arles, à l'extrémité sud de la Gaule. Et seules les « sept provinces » du « diocèse » méridional furent convoquées : les deux Narbonnaises, la Viennoise, les Alpes-Maritimes, les deux Aquitaines, la Novempopulanie. Encore les gouverneurs de cette dernière et de l'Aquitaine Seconde furent-ils autorisés à se faire représenter. Est-ce à dire que le Nord, les « dix provinces» (les quatre Lyonnaises, les deux Belgiques, les deux Germanies, la Grande Séquanaise, les Alpes Pennines) fussent considérées comme perdues pour Rome? Certes non, à cette date. Mais on a pu juger vaine — parce que impraticable — leur convocation à Arles.

La Gaule du Nord se débattait, en effet, dans une confusion inouïe. Non seulement Francs, Alamans, Bourguignons gagnaient du terrain, mais les côtes de la mer du Nord, de la Manche, de l'Atlantique étaient infestées par les pirates saxons qui fondaient même de petits établissements autour du cap Gris-Nez, de Boulogne, de Bayeux, et aussi à l'embouchure de la Loire.

Fuyant les déprédations de ces Saxons, de leurs parents, les Jutes et les Angles qui s'installaient sur les côtes orientales de l'île, et aussi des Scots d'Irlande qui occupaient l'Ouest, les Bretons s'emparaient de l'extrémité occidentale de la Gaule, de la péninsule armoricaine à laquelle ils ont laissé leur nom : Petite Bretagne, Bretagne.

Depuis 408 environ, les cités armoricaines, c'est-à-dire les *civitates* bordant la mer de l'embouchure de la Garonne à l'embouchure de la Seine, prennent une attitude séditieuse, chassent leurs gouverneurs et forment une sorte de ligue se gouvernant elle-même.

Ce mouvement d'ordre politique, dont on sait peu de chose, paraît se conjuguer avec une reprise de la *bagaude*, véritable mouvement social qui sévissait en Gaule depuis la fin du IIIe siècle, pour le moins. La bagaude (mot sans doute celtique) s'entend d'une troupe de gens qui, désespérés par la rapacité de l'administration romaine, ou par l'oppression des grands propriétaires, se mettent hors la loi et tiennent la campagne comme des brigands. Constamment étouffée, la bagaude renaîtra sans cesse au cours des IIIe, IVe, Ve siècles.

La Gaule se serait disloquée dès le début du règne du successeur d'Honorius (mort en 423), son neveu Valentinien III, qui lui succéda à l'âge de cinq ans, si un rude personnage, Ætius, ne s'était imposé au nouveau règne.

La défense de la Gaule absorba longtemps le meilleur de son activité. Il fit lâcher prise aux Visigoths qui, sous la conduite d'un chef se parant du titre royal, voulaient mettre la main sur Arles (425), ce qui ne les empêcha pas, dix ans plus tard, d'essayer de s'emparer de Narbonne.

Au Nord, Ætius remporta des succès sur les Ripuaires (428). Il porta des coups décisifs aux Bourguignons qui voulaient s'étendre au delà de Worms et de Mayence. En 436, leur roi Gundahar et toute la famille royale périrent. Ætius, qui avait passé sa jeunesse comme otage à la cour du khan des Huns, Rugila, avait conservé des relations avec ce peuple.

Depuis un siècle, l'Empire n'avait plus dans ses armées que des mercenaires barbares. Ætius combattait avec des troupes de Huns. La légende des *Niebelungen*, qui ne nous a été transmise que par un poème postérieur de huit siècles, a tout brouillé, transformant les Huns au service d'Ætius et de Rome en compagnons d'Attila.

Peu après Ætius décida de débarrasser les régions rhénanes des Bourguignons ; en l'an 443 il transféra les débris de ce peuple dans la *Sapaudia* (Savoie). L'année précédente il avait déjà établi des auxiliaires Alains dans la région de Valence.

Ces Barbares, ainsi que les Visigoths, jouissent du régime que les textes contemporains appellent l'*hospitalité*, régime qu'on a longtemps mal compris, mais qui, au fond, est très simple. L'administration romaine installe sur certains domaines des grands propriétaires gallo-romains, mais non sur tous, des chefs germains avec leur suite armée. Le Barbare, comme dit le texte latin (*barbarus*), a droit aux deux tiers des terres et au tiers des esclaves du domaine qui lui est assigné. Cette proportion s'explique : ce *Barbarus* a droit au tiers des esclaves parce qu'il n'a que le tiers de la réserve seigneuriale (*indominicatum*) du domaine ; s'il a les deux tiers des terres, c'est que ces terres sont des tenures de colons (fermiers attachés au sol), qui sont d'un moindre rapport. Le revenu est, en fait, partagé par moitié entre le propriétaire et l'hôte.

Au reste, celui-ci n'est pas propriétaire de sa part : il en a une jouissance héréditaire. Le *Barbarus* ne peut vendre son lot (sors) sans la permission de son consort romain, propriétaire légal, qui a droit de préemption. Ce système étonne. Il eût été si simple d'affecter à un chef étranger et à sa bande une terre en pleine propriété. Mais, à l'époque où le régime de l'hospitalité se substitua à celui du billet de logement et dé la fourniture de vivres par les magasins de l'Etat, les Germains sont encore fédérés au service de l'Empire, non des conquérants.La complication a été certainement voulue. On a cru nouer ainsi des liens entre indigènes et nouveaux venus en les assujettissant à une exploitation rurale en commun. Le résultat n'a pas répondu aux intentions. Les fédérés se consolidèrent dans leur lot. Ayant la force en mains, il n'est pas douteux qu'ils en abusèrent au détriment de leurs consorts romains. Néanmoins il faut reconnaître à ce régime de l' « hospitalité » — nom significatif — le mérite d'avoir évité aux pays où il fut pratiqué les spoliations brutales de la conquête, d'avoir ménagé les transitions et préparé la fusion des populations.

6
L'INVASION DES HUNS.

Au milieu du siècle il se forme au cœur de l'Europe, en Pannonie, un orage qui faillit envelopper Gallo-Romains et Germains dans un commun désastre. Le khan tatare des Huns, Attila, décida d'entrer en Gaule, décision étrange au premier abord. Il faisait déjà trembler l'Empire romain en Orient. S'il voulait abattre l'Empire en Occident, il n'avait qu'à l'attaquer en Italie où il n'eût rencontré que peu de résistance. Peut-être s'en est-il pris à la Gaule parce que là seulement existait la seule et dernière forteresse qui pût faire obstacle à sa domination en Europe, celle des Visigoths.

Le prétexte allégué par Attila fut que les Visigoths étaient ses esclaves, descendants des fugitifs qui, en 376, après la destruction de l'empire gothique établi dans l'Ukraine actuelle, avaient passé le Danube et s'étaient réfugiés sur le sol romain.

Après avoir préparé son expédition à l'automne de 450 en Pannonie (Autriche et Hongrie actuelle), Attila passa le Rhin, probablement vers Neuwied, et enleva Metz, la place la plus forte de la Gaule depuis la ruine de Trêves (nuit de Pâques, 7 avril 451). Suivant la voie romaine de Metz à Reims, Châlons, Troyes, Sens, il vint mettre le siège devant Orléans dont la prise lui aurait ouvert l'Aquitaine. La ville n'avait d'autre défense qu'une garnison d'auxiliaires Alains, commandés par un personnage peu sûr. La situation paraissait désespérée. Ætius se tenait à Arles. Il était au plus mal avec le roi des Visigoths, et lui ni Théodoric, au début, ne semblaient avoir conscience du danger qui les menaçait. L'évêque d'Orléans, *Anianus* (saint Aignan) se rendit à Arles pour supplier Ætius de délivrer la ville. Un grand seigneur d'Auvergne, Avitus, ancien préfet du prétoire des Gaules, réussit à concilier le Romain et le Goth. Il était grand temps. Quand les alliés arrivèrent en vue d'Orléans, en juin, la place allait être emportée ou même était déjà emportée. Les forces d'Attila étaient certainement diminuées, car il se mit en retraite, en reprenant la voie romaine. Il ne put atteindre Troyes. A l'ouest de cette ville, aux *campi Mauriaci* (sans doute représentés par le village disparu de Moirey), il fut contraint de livrer bataille. Le récit de cette journée fameuse est dû à un écrivain latin d'origine gothique ou alanique, Jordanès, écrivant au siècle suivant. Il est donc peu sûr et dramatisé et les effectifs sont monstrueusement exagérés. L'état des routes, l'absence de service d'intendance, l'épuisement des régions traversées rendaient impossible la conduite de nombreuses armées. De part et d'autre on n'engageait que quelques milliers d'hommes, surtout des cavaliers. Il est à remarquer que dans l'armée d'Attila la majorité était constituée par les sujets germaniques du khan, Ostrogoths et Gépides. Du côté « romain », il n'y avait que des Alains, des Francs, des Bourguignons, des « Armoricains », surtout des Visigoths. Le succès fut dû à ces derniers, mais il fut chèrement payé par la mort du roi Théodoric. Au reste, Attila, battu plutôt que vaincu, put regagner la Pannonie. L'année suivante, il s'en prit à l'Italie, puis ne tarda pas à mourir, et son empire, qui allait de la Forêt-Noire jusqu'à l'Oural, se décomposa aussitôt.

On a tenté de rabaisser l'importance de la bataille sous Troyes. Bien à tort. Jamais le monde asiatique n'a pénétré si profondément dans l'Europe. Au milieu du XIIIe siècle, la terrible invasion des Mongols ne dépassera pas la Hongrie, la Bohême, la Silésie. Aux XVIe et XVIIe siècles, Vienne sera l'ultime limite atteinte par les Turcs. La victoire romano-germanique sur une domination tatare est une grande date dans l'histoire du monde, ne fût-elle que symbolique.

7

FIN DE L'AUTORITÉ ROMAINE

La défaite d'Attila en Gaule ne devait pas affermir la domination romaine en ce pays. Ætius périt victime des soupçons de l'empereur Valentinien III (21 septembre 454), qui lui-même fut assassiné par deux serviteurs fidèles de la victime (16 mars 455). Ætius était le seul homme capable de prolonger la vie de l'Empire en Occident. Lui disparu, la décadence de Rome se précipite. Le chef des quelques troupes germaines qui subsistaient à son service, en Italie, un Germain lui-même, Rikimer, prolongea quelque peu l'agonie de l'Empire.

Un instant la Gaule donna un empereur en la personne d'Avitus, sénateur originaire d'Auvergne. Il fut porté au trône avec l'appui des Visigoths, mais ni l'Italie ni Rikimer ne voulaient de lui : il fut battu près de Plaisance (octobre 456) et revint mourir dans son pays natal.

Le dernier empereur romain qu'ait connu la Gaule fut Majorien, désigné par l'empereur de la partie orientale de l'Empire, Léon. Plein de bonne volonté, rempli d'illusions, il se crut de taille à rétablir la situation en Gaule, en Espagne, en Afrique. En 458 il quitta l'Italie et passa en Gaule avec quelques troupes. Le roi visigoth était en train d'opérer la conquête de l'Espagne sur les Suèves, soi-disant au nom de Rome. Quant aux Bourguignons, la Savoie ne suffisant plus à leur entretien, ils s'étendaient sur la vallée du Rhône. A Lyon, ils trouvaient des complicités. Majorien s'installa à Arles. Depuis deux tiers de siècles la Gaule n'avait plus vu d'empereur, du moins « légitime ». Lyon demanda grâce, l'alliance (*fœdus*) fut renouvelée avec les Bourguignons et les Visigoths (printemps de 459). L'empereur rassuré voulait gagner l'Afrique par l'Espagne. Sa flotte fut anéantie à Carthagène (mai 460). A son retour en Italie il fut attiré traîtreusement par Rikimer et décapité (9 août 461).

A partir de ce moment, avant même la disparition de l'Empire d'Occident

(476), la souveraineté romaine de la Gaule est fictive. Morceau par morceau le pays tombe au pouvoir des rois germains qui l'occupent.

Il demeura, il est vrai, un dernier représentant de l'idée romaine, de la *Romania*, en Gaule, Ægidius, mais coupé de l'Italie et haï de Rikimer, parce qu'il refusait de reconnaître les fantoches que celui-ci élevait au trône impérial. Il tenta, mais vainement, de sauver Narbonne et la Septimanie dont s'empara le roi des Visigoths, Théodoric II (463). Cependant, se portant au Nord, il battit et tua près d'Orléans le frère de ce roi, Frédéric. Fait significatif, Ægidius, ce général romain, n'avait que des auxiliaires germains, des Francs, à son service. Il mourut inopinément en 464.

Dès lors, rien ne peut arrêter l'expansion visigothique. En 466 Théodoric II est assassiné par son frère Euric. Dès le début, celui-ci rejette la fiction de la souveraineté romaine. Il entend gouverner de sa propre autorité.

Il était maître de la vallée de la Garonne et de la Septimanie (le futur Languedoc). Il veut le Berry. Il s'en empare après avoir battu quelques milliers de Bretons armoricains que l'Empire avait pris à son service (469). Il atteint la Loire. Il ne la franchit pas, arrêté par le successeur d'Ægidius, le comte Paul. Alors il s'en prend à l'Auvergne. Deux grands seigneurs du pays, en l'absence de forces romaines, Ecdicius et Sidoine Apollinaire, fils et gendre de l'empereur Avitus, arment leurs serviteurs et défendent Clermont. Mais vers 475, Euric se fait céder l'Auvergne par l'empereur Julien Nepos. Entre temps il a achevé la conquête de l'Espagne aux dépens des Suèves. Au moment où l'Empire d'Occident s'évanouit, en 476, Euric est maître de l'immense région qui va de la Loire aux colonnes d'Hercule, à l'extrémité de l'Espagne.

Témoignage frappant de la fin de l'autorité romaine dans la Gaule du Sud et du Centre, la dernière constitution impériale reçue en ce pays ne dépasse pas l'année 463.

Le prestige de Rome était tellement ruiné que la royauté gothique de Toulouse trouva des partisans même chez les plus hauts personnages des Gaules, tel l'ancien préfet du prétoire Arvandus, tel le plus haut fonctionnaire des finances, Seronatus.

De leur côté les Bourguignons, après la mort tragique de Majorien, reprirent leur marche en avant. Ils s'installent à Vienne, à Lyon, à Valence, jusqu'à la Drôme (463), jusqu'à la Durance (vers 471). La crainte des Visigoths les empêche d'entrer en Provence. Du côté du Nord ils s'étendent également. Les Alamans avaient réussi à s'emparer de la plus grande partie de l'Helvétie et commençaient même à s'infiltrer dans le Jura. Ils occupaient Besançon, puis Langres. Les Bourguignons réussissent à les chasser de ces villes et à les refouler à l'est du lac de Neuchâtel. Néanmoins, en comparaison des Visigoths, leur puissance était faible, par suite notamment des partages et dissensions entre leurs rois. Ils le savaient et tant qu'ils le purent ils affectèrent de ne pas rompre tout à fait avec Rome ; même après la chute de l'Empire en Occident (476), ils conservèrent des relations avec la nouvelle Rome, Constantinople. Cependant, même dans les régions de la Gaule qu'ils occupaient, la législation romaine disparut peu après 465.

En dehors des Visigoths et des Bourguignons, aucune domination étrangère n'était vraiment forte. En Armorique, les Bretons, immigrés de l'île, n'occupaient encore que l'extrémité de la péninsule. Non seulement Rennes et Nantes, mais Vannes, étaient hors de leur atteinte. Ils pouvaient s'infiltrer le long des côtes jusqu'à l'embouchure de la Loire, mais comme cultivateurs soumis à l'autorité romaine, puis franque. Très résistants dans la défensive, ils n'avaient pas de force offensive, incapables d'exécuter, en dehors de leur nouveau pays, autre chose que des expéditions de pillage.

Il n'y a pas lieu de s'arrêter sur les Anglo-Saxons qui n'occupaient qu'un canton du Bessin, ni sur les Alains, disparus, sauf en trois ou quatre petites localités.

Quant à la « Ligue armoricaine», formée par les populations gallo-romaines, réduite sans doute à la contrée située entre la Loire et la Seine, on ne sait, faute de documents, ce qu'elle était devenue.

Quand Euric mourut, à Arles, en 485, laissant un fils héritier des ambitions de son père, Alaric II, il semblait que la Gaule allait tomber sous l'autorité de ce roi, sinon entièrement, du moins pour la plus grande partie. La conquête de la région entre Loire et Seine était fatale et le royaume des Bourguignons n'était pas de taille à pouvoir résister longtemps. Seule la destinée du Nord-Est, de la Seine au Min, pouvait paraître incertaine.

Tout semblait présager que Toulouse allait être le siège d'un empire gothique comprenant la majeure partie de la Gaule et l'Espagne. On ferait mieux, du reste, de parler d'un empire romano-gothique, car les Visigoths, peu nombreux, ne formaient qu'une infime partie de la population. Leurs princes, connaisseurs des lettres latines, entourés d'administrateurs indigènes, se seraient rapidement romanisés dans le milieu qu'ils aimaient, le Midi de la Gaule.

Brusquement la roue de la Fortune tourne. Il se produit un de ces accidents historiques qui bouleversent toutes les prévisions. L'accident qui va changer le cours des destinées et déplacer l'axe du pouvoir en Occident a pour nom Clovis.

8

LA MAINMISE DES FRANCS SUR LA GAULE

C'est à eux qu'était réservé l'avenir. Et rien dans leur passé ne faisait présager leur fortune. Aux III\ :sup:`e` et IV\ :sup:`e` siècles ils avaient dévasté la Gaule, mais ils avaient été rejetés sur la rive droite du Min et, à la veille de la grande invasion de 406, ils étaient encore sur la rive droite du fleuve, sauf le groupe des Saliens de Texandrie (Brabant hollandais). A partir de cette date ils s'installent sur la rive gauche, puis s'étendent dans toutes les directions. Les textes manquent pour suivre pas à pas leurs progrès. Il est probable que le peuplement du cours inférieur de la Moselle est dû au groupe des Hessois (*Chatti*), niais la chose n'est pas bien assurée. Les Ripuaires (Bructères) s'étendent à l'Ouest de Cologne à la Forêt Charbonnière, laquelle courait non de l'est à l'ouest, comme on l'a cru, mais de Landrecies à Bruxelles et au delà, formant une barrière épaisse. Au Sud, ils atteignent le cours moyen de la Moselle. Au Nord, leurs parents, les Chattuares, s'établissent entre le Rhin inférieur et la Meuse, les Chamaves dans le Veluwe et le Sallant (Hollande) délaissés par les Francs Saliens, les Tuihantes en Over-Yssel, région qui a gardé leur nom : Twente (en Hollande). Vers 470, Trèves, ruiné à maintes reprises, semble encore aux mains d'un Germain romanisé, Arbogast, mais le texte qui nous l'apprend, une lettre de Sidoine Apollinaire, nous fait savoir aussi que « la pompe de la langue latine est abolie dans les terres belgiques et rhénanes ». Après ce personnage, Trèves tombera au pouvoir des Ripuaires.

Cependant ce ne sont pas les Ripuaires qui joueront un grand rôle politique. Cette fortune est réservée aux Saliens.

Cette peuplade, longtemps modeste rameau des Chamaves, établi dans l'Over-Yssel (Hollande), dans le canton qui a gardé leur nom, Sallant, quitte cette région pour l'île des Bataves (le Betuwe actuel), entre le Lek et le Wahal, vers la fin du III\ :sup:`e` siècle. L'autorité romaine laisse faire. Au milieu du IV\ :sup:`e` siècle, Julien leur cède, au sud du Wahal, le pays auquel ils donnent comme nom

Testerbant « pays du Sud », alors pauvre région de bruyères et de marécages, séparée de la Meuse (vers Ruremonde) par le marais du Peel. C'est le Brabant hollandais actuel.

Naturellement les Saliens ne s'en contentent pas et cherchent à s'étendre. Ils passent à gauche de l'Escaut. Ils occupent aussi la région à l'ouest de la Forêt Charbonnière. Tout cela au temps où l'autorité romaine subsiste encore en théorie.

On suit difficilement leur marche en avant. Majorien, le futur empereur, surprend un roi des Francs Saliens, Chlodion, et le met en fuite à Helesmes. La position de cette localité est révélatrice : elle est à mi-chemin entre Tournai et Cambrai. Malheureusement la date de l'événement est incertaine. On propose d'habitude les environs de 430. Il s'agit plutôt d'une époque postérieure à la mort d'Ætius (454). En dépit de cette défaite Chlodion étendit son pouvoir jusqu'à la Somme. Il est le premier roi Salien qui soit connu. Quant à Mérovée qui donnera son nom à la dynastie, on ne sait de lui que son nom.

Cependant toute relation avec l'Empire n'était pas rompue, en dépit des empiétements des Saliens. Childéric, fils de Mérovée, apparaît encore comme prince « fédéré ». Il a reconnu l'autorité d'Ægidius et la préface de la *Loi Salique* a gardé le souvenir du « dur joug des Romains ». Childéric apparaît à la bataille d'Orléans, livrée aux Visigoths en 463, aux côtés d'Ægidius. Il est l'auxiliaire du comte romain Paul et enlève la ville d'Angers surprise par des pirates anglo-saxons qu'il chasse des îles de la Basse-Loire (469). Enfin il écrase les Alains revenus d'une expédition de pillage en Italie. On ne sait plus rien d'assuré de ce personnage. En 1653, sa tombe fut retrouvée dans les fondations de l'église Saint-Brice, à Tournai. On y découvrit avec des bijoux et ses armes (son épée est conservée au Musée du Louvre), des pièces de monnaie impériales. Aucune n'est postérieure au règne de Zénon (474-491) et à celui de l'usurpateur Basiliscus (475-476). Comme, d'autre part, son fils Clovis est mort le 27 novembre 511, après trente années de règne, la fin de Childéric se place en 481 ou 482.

A cette date, dans le nord de la Gaule, Tournai, Cambrai, Térouanne, sans doute aussi Vermand (Saint-Quentin) sont, comme le Brabant et la vallée de l'Escaut, au pouvoir des Francs Saliens, obéissant à trois ou quatre petits rois apparentés. Mais il convient de remarquer que le peuplement franc est terminé. Aucune des villes qu'on vient de nommer n'est et ne sera jamais de langue francique, dialecte bas-allemand dont l'évolution a abouti au flamand actuel. Elles demeurent de langue latine vulgaire. Elles appartiennent au dialecte « roman », qui donnera naissance plus tard au picard et au wallon. La limite linguistique part de Liége, ou plutôt d'un point entre Visé et Maestricht et court dans la direction Est-Ouest jusqu'à la mer du Nord, qu'elle atteint à droite de Calais, laissant à la *lingua romana* Liége, Nivelles, Renaix, Tournai, Ath, Aire, Lille. Les positions respectives des deux idiomes n'ont quasi point bougé depuis lors.

LA GAULE FRANQUE

Clovis et Clotilde, A.J Gros, 1811

1

CLOVIS.

Au moment où disparaissait de fait l'Empire romain en Occident, les Francs Saliens semblaient donc avoir épuisé leur force d'expansion, ce qui n'est pas pour surprendre, vu la faiblesse numérique de cette peuplade.

La fortune des Saliens va connaître, au contraire, un développement prodigieux sous l'impulsion d'un adolescent dévoré d'ambition, le fils de Childéric, nommé Chlodowech, en germanique « glorieux » (chlode) « combat » (vech), dont le nom a été défiguré à l'époque moderne par les historiens en Clovis, forme ridicule ne correspondant à rien. Dans la langue parlée il a abouti en français à Louis par les étapes successives de Hlodoveus (époque carolingienne), Lodoveus, Loeïs ou Looïs (en trois syllabes).

Quand il eut atteint sa vingtième année, en 481, Clovis s'en prit à Syagrius, fils d'Ægidius. Ce dernier des Romains se tenait à Soissons avec une poignée d'hommes. L'Empire était mort en Occident. Que pouvait-il représenter? On se le demande. Pour le Franc, c'était un « roi des Romains ». Comme il était faible, c'était une proie. Cependant le petit roi de Tournai n'était pas de taille à se mesurer à lui seul contre lui. Mais, avec l'aide de deux roitelets saliens, il en vint à bout (486). Syagrius s'enfuit chez les Visigoths. Clovis réclama le fugitif. Alaric II le livra et, par cette faiblesse, manifesta que son autorité était peu solide et qu'il avait peur des Francs.

Au cours des années qui suivirent, Clovis s'employa à unir l'ensemble des Saliens sous son autorité en supprimant les rois, ses parents. Il mit la main, sans qu'on sache rien du détail, sur la Gaule septentrionale jusqu'à la Loire à l'Ouest, jusqu'à la Meuse à l'Est.

Cependant, vers l'Est et le Sud-Est, les Francs rencontraient des puissances germaines rivales, celles des Alamans et des Bourguignons. Clovis se créa des intelligences en Bourgogne en épousant Clotilde, fille du roi Chilpéric, que le roi régnant, Gondebaud, était accusé d'avoir fait périr.

Les vrais rivaux des Francs étaient les Alamans. Ecartés de Langres, de Besançon, du Jura, par les Bourguignons, ils convoitaient le Rhin sur ses deux rives jusqu'au cours inférieur. Ils se heurtèrent aux Francs Ripuaires qui les battirent à Zulpich (*Tulpiacum*) près de Cologne, un peu avant 496. En cette année, sans qu'on sache pourquoi, la guerre éclata entre eux et les Saliens. La bataille, très disputée, se changea en déroute pour les Alamans. Les vaincus durent avoir recours contre la fureur exterminatrice du Franc à l'intervention du puissant roi des Ostrogoths d'Italie, Théodoric.

Vainqueur du seul rival vraiment redoutable, Clovis fit un acte politique dont la portée ne saurait être exagérée : il se convertit au christianisme sous sa forme catholique romaine. Jusqu'alors les Francs et leurs chefs étaient demeurés des païens obstinés. Cependant des influences féminines s'employaient à la conversion du roi, celle d'une sœur qui était arienne, celle de la reine, qui était catholique. Celle-ci l'emporta. Deux versions avaient cours au VIe siècle sur la cause prochaine de la conversion ; l'une voulait que ce fût un vœu de Clovis au moment où la victoire allait tourner du côté des Alamans, l'autre que ce fût la vue des miracles de saint Martin, lors d'une visite (secrète) à son tombeau, à Tours. Quoi qu'il en soit, Clovis fut baptisé par l'évêque métropolitain de Reims, Rémy. Quelques milliers de guerriers francs suivirent l'exemple du chef, pour lui complaire. Ce fut un coup de maître. Les princes germains qui dominaient l'Occident, Visigoths, Ostrogoths, Bourguignons, Vandales, étaient chrétiens, mais de confession arienne. Une haine profonde séparait catholiques et ariens et aucune réconciliation n'était possible entre les envahisseurs et les indigènes. L'épiscopat catholique était persécuté, quelquefois atrocement, par les rois ariens. Il cherchait de toutes parts un protecteur. Ce protecteur, le « nouveau Constantin », fut le jeune roi des Francs. La seule force sociale qui subsistait dans la débâcle du monde romain, c'était l'épiscopat. L'avoir pour soi, c'était s'attirer le bon vouloir des populations « romaines » de Gaule, non seulement sur le territoire acquis aux Francs, mais sur les pays soumis aux Goths et aux Bourguignons. A partir du baptême de Clovis, un « grand nombre des habitants des Gaules désirèrent ardemment avoir les Francs pour maîtres », nous dit l'historien de ces temps, Grégoire de Tours.

Clovis crut qu'il pourrait s'infiltrer en Bourgogne, partager le pays avec un frère du roi Gondebaud. Celui-ci, vaincu, courut s'enfermer dans Avignon. Clovis l'y assiégea, mais sans succès et, quand le Franc fut rentré chez lui, Gondebaud reprit toute son autorité. Sa conversion au catholicisme lui eût valu l'appui de ses sujets romains. Il ne put se décider à sauter le pas, mais « il institua des lois plus douces pour qu'on n'opprimât pas les Romains ». Clovis usa à son égard d'une fourberie consommée. Il fit sa paix avec lui dans une entrevue au sud d'Auxerre et l'amena à une alliance contre les Visigoths. Une autre entrevue, sous Amboise, avec Alaric II, fut certainement destinée à endormir les soupçons du Goth. Le concours des Francs Ripuaires, encore indépendants, fut acquis. On devine enfin que la politique byzantine poussait le Franc à attaquer le royaume goth de Toulouse. Théodoric l'Ostrogoth vit le danger, mais ses efforts pour coaliser les petits peuples de Germanie contre le Franc furent vains.

En 507, sous prétexte d'organiser une sorte de croisade contre les Goths ariens, Clovis attaqua avec ses alliés. Le succès fut foudroyant. Alaric II fut vaincu et tué à Vouillé, près de Poitiers ; la capitale, Toulouse, fut emportée ; même la Septimanie, entre le Bas-Rhône et les Pyrénées orientales, fut un instant au pouvoir des Francs et des Bourguignons.

A son retour, Clovis alla porter ses offrandes sur le tombeau de saint Martin. Il y trouva une ambassade byzantine qui lui remit le diplôme de consul. Il s'habilla à la romaine, ceignit le diadème, puis jetant l'or et l'argent au peuple, parcourut à cheval l'espace compris entre la basilique de Saint-Martin et la cathédrale de Tours. Des historiens modernes ont voulu voir dans cette cérémonie une consécration légale du pouvoir de fait exercé par Clovis sur la majorité de la Gaule. Le souverain idéal, l'empereur, résidant à Constantinople, qui n'avait pas renoncé à son autorité, quoique fictive, sur l'ensemble de l'ancien empire romain, aurait abandonné de la sorte l'exercice de son pouvoir au roi franc, et dès lors celui-ci cesserait d'être un usurpateur. Ce sont là des billevesées de théoricien. Le consulat (honorifique) est une décoration que l'Empire conférait à des barbares et dont ceux-ci étaient friands, comme les diplomates et hommes politiques d'aujourd'hui. Rien de plus. Jamais les rois Francs n'ont reconnu à Byzance la plus légère prééminence. Ils n'ont même pas autorisé en Gaule l'usage de la codification de Justinien. S'ils ont battu monnaie au nom des empereurs d'Orient, c'est que cette monnaie seule avait cours dans le commerce méditerranéen ; la monnaie franque au nom de l'empereur est une sorte de contrefaçon. Au reste, au siècle suivant, les rois mérovingiens, pour les appeler ainsi — mieux vaudrait dire *mérovéens* que de les affubler en français d'un suffixe allemand — battent monnaie en leur nom.

Après ce triomphe inespéré, Clovis alla se fixer à Paris, qu'il ne quitta plus jusqu'à sa fin. Son dernier succès fut de se faire reconnaître roi par les Ripuaires de Cologne.

C'est pendant cette période qu'il fit rédiger la loi de son peuple, la « Loi Salique ». Ce n'est pas un code, mais un simple tarif de « composition », c'est-à-dire d'indemnité à payer par les délinquants pour apaiser la vengeance (la *faida*) de la victime et de sa famille. La vraie loi, la coutume, demeurait orale.

En cela Clovis imitait les rois goths et bourguignons. Euric et Gondebaud avaient fait rédiger, en latin naturellement, les lois de leurs peuples respectifs. Leurs sujets romains ayant leurs lois, ces souverains n'avaient pas en principe à s'en préoccuper. Cependant, après la chute de l'Empire, ils crurent utile, pour les besoins de la pratique, de codifier des abrégés des constitutions impériales, des écrits des jurisconsultes, enfin du code Théodosien. Alaric II s'employa, un an avant sa fin, à constituer un *compendium*, la « Loi romaine des Visigoths », dite aussi et très justement *Bréviaire d'Alaric*. Gondebaud fit de même, à la même époque, en Bourgogne. Mais il n'y eut pas de « Loi romaine des

Francs ». La chose eût été inutile, le *Bréviaire* étant suffisant pour l'ensemble des « Romains » de Gaule. Le dernier acte de la vie de Clovis fut la convocation à Orléans, en juillet 511, d'un concile où figurèrent la moitié des évêques de ses Etats. L'analyse des actes de cette assemblée synodale montre que le roi songeait aux besoins spirituels de cette Aquitaine qu'il venait de conquérir, mais aussi à consolider l'autorité de ces évêques auxquels il devait tant. Le concile d'Orléans marque le début en France de 1' « alliance du trône et de l'autel ». Clovis mourut à Paris le 27 novembre 511, âgé seulement de quarante-cinq ans. Il fut enseveli dans la basilique construite par lui en l'honneur des apôtres Pierre et Paul sur la « montagne » qui prendra bientôt le nom de sainte Geneviève.

La personne même de Clovis est inconnue. Ambitieux, vaillant, rusé, féroce, bon politique! Ces qualités et ces défauts se retrouvent chez une infinité d'autres chefs de guerre de tous les temps, de tous les pays. L'œuvre d'unification de tous les petits Etats francs sous une même autorité, puis la conquête de la Gaule aux dépens des autorités romaines (Syagrius) ou germaniques (Gondebaud, Alaric) émanent de son initiative personnelle. Laissées à elles-mêmes, les tribus franques se seraient bornées à piller leurs voisins, à s'entre-déchirer aussi.

L'Etat créé par Clovis semblait donc tenir à sa seule personne. Encore le mot « Etat » est-il inexact, prématuré. Il s'agit d'une domination et, en apparence, très fragile, d'autant que son créateur, mort jeune, laisse de Clotilde trois fils mineurs.

Et cependant le « royaume des Francs » a survécu. Pendant quatre siècles il a dominé l'Europe occidentale, puis il a donné naissance à des nations, France, Allemagne. Clovis a donc été, sans qu'il s'en soit jamais douté, à coup sûr, une grande force historique. Est-ce faire preuve de témérité que d'avancer que la profonde raison de la survie et de la durée du « royaume des Francs », c'est qu'il répondait à un besoin d'union, non seulement entre les Francs, mais entre l'ensemble, beaucoup plus considérable, des populations indigènes de la Gaule ?

Quand des populations habitant une région bien déterminée de la terre, rapprochées par la langue, les mœurs, le droit, n'ont pas eu d'unité politique ou l'ont perdue, il est impossible qu'elles trouvent en elles-mêmes la volonté et les moyens de s'unir. L'histoire montre qu'elles n'y arrivent, et inconsciemment, qu'en se serrant autour d'une force étrangère.

Tel va être le cas de la Gaule, qui ne reprendra d'unité de gouvernement et de culture qu'en se transformant en France.

Au lendemain de la mort de Clovis, nul péril intérieur ne menaçait sa famille. Les Alamans avaient été si rigoureusement traités qu'ils ne bougeaient plus. Rien à craindre du côté des Visigoths. Ils n'avaient pas jeté de racines profondes en Gaule, étant trop peu nombreux, et leur armée avait dû être grossie de contingents gallo-romains, d'Auvergne notamment. Ils conserveront en Gaule la Septimanie, grâce à l'appui de Théodoric, mais ce sera tout. Rien à craindre non plus de compétiteurs saliens ou ripuaires : Clovis avait pris soin de tous les supprimer!

Le danger véritable eût été dans les dissentiments des trois fils du conquérant et de Clotilde. Mais ils étaient mineurs. Un autre fils, l'aîné, Thierry, né d'une autre femme que Clotilde, ayant déjà fait ses preuves comme guerrier, s'imposa et imposa la concorde.

2

LES FILS ET PETITS-FILS DE CLOVIS

Constituer un véritable Etat avec un souverain unique à sa tête ne vint à l'esprit de personne.Cette notion, 1' « Etat », qui nous est familière, n'entrait pas dans la tête des envahisseurs et elle ne se dégagera vraiment pas avant la fin du moyen âge.L'autorité, le *regnum*, est considérée comme un patrimoine qui se partage selon les règles du droit privé. Le roi défunt laisse quatre fils : on fera quatre tas de dimensions sensiblement égales. A l'aîné sera attribué le lot dangereux, celui qui fait face aux peuples de Germanie, qu'il faut surveiller. Les villes chefs-lieux de ces quatre morceaux de royaume, Paris, Orléans, Soissons, Reims, sont à proximité. l'une de l'autre, pour l'entr'aide, en cas de péril. On remarque que les rois mérovingiens abandonnent le pays franc pour résider en territoire gallo-romain, où ils trouvent évidemment la vie plus agréable. Quant à l'Aquitaine, ils se la partagèrent.

Une guerre atroce contre les Thuringiens, habitant alors à l'extrémité de l'Allemagne, la répression d'une révolte de l'Auvergne, enfin la conquête de la Bourgogne sur le roi Sigismond, qui, bien que catholique, fut supplicié, puis sur le frère de la victime, Godomer (en 534), prouvèrent que les fils de Clovis étaient dignes de leur père pour la vaillance, et aussi la cruauté et la fourberie. Au milieu du VIe siècle, ce qui restait de peuples en Germanie reconnaît l'autorité des Francs. Les Saxons leur payent tribut en nature, les Bavarois prennent leur souverain comme roi.

L'ambition des Mérovingiens se tourne aussi du côté de l'Espagne et de l'Italie.

En Espagne, ils n'obtinrent aucun succès durable. Le roi Childebert ne rapporta comme trophée du siège de Saragosse (556) que la tunique de saint Vincent, relique insigne pour laquelle il bâtit dans les prés, au midi de la cité de Paris, le monastère appelé longtemps Saint-Vincent, puis Saint-Germain-des-Prés. Les Mérovingiens ne purent même pas enlever la Septimanie aux Visigoths.

En Italie leurs efforts furent réitérés. En 539, en 594 ils descendent dans la péninsule, vendant leur concours aux Ostrogoths et aux Byzantins et les trahissant tour à tour. Le fils de Thierry, nommé Thibert, eut même le dessein de pousser à travers les régions danubiennes, jusqu'à Constantinople, mais il mourut jeune, en 548.

L'ambition des rois francs ne se limite nullement, on le voit, à la Gaule. La Germanie, l'Espagne, l'Italie sont envisagées comme des proies. Finalement elles réussissent à leur échapper.

Il n'y a pas lieu de s'arrêter sur l'histoire intérieure des Mérovingiens. De politique il n'en existe pas. Ce sont des intrigues ou des crimes hideux perpétrés entre frères, entre pères et fils, entre oncles et neveux.

En 561, par suite de la disparition de ses frères, un des fils de Clovis, Clotaire Ier, réunit entre ses mains l'ensemble du *regnum Francorum*, mais il meurt en 563. Le partage recommence, comme un demi-siècle auparavant. Le défunt laisse quatre fils. De nouveau quatre tas. Le demi-siècle qui suit voit s'accentuer les rivalités entre frères. Chose beaucoup plus grave, des partis se constituent autour des princes et les populations embrassent les querelles affreuses de leurs souverains. Des oppositions durables, des haines tenaces se forment entre régions franques au cours de cette période. Tout cela est gros de danger pour l'unité et la force du royaume des Francs.

Les rivalités de frère à frère furent attisées par les reines, Frédégonde, femme de Chilpéric, et Brunehaut, femme de Sigebert. Les incidents les plus dramatiques furent l'assassinat de Sigebert (575) à l'instigation de Frédégonde, puis, dix ans après, celui, plus mystérieux, de Chilpéric. L'arbitre fut alors le roi Gontran, tantôt débonnaire, tantôt cruel, favorisant alternativement ses jeunes neveux, Childebert, fils de Sigebert, Clotaire, fils de Chilpéric. Il avait promis son héritage au premier qui le recueillit (en 592) ; mais le fils de Sigebert mourut jeune en 595.

Il laissait deux fils, Thibert et Thierry, sous la régence de leur grand'mère Brunehaut. Mais l'aîné, Thibert, auquel était échue la région dite Austrasie, chassa sa grand'mère, qui se réfugia en Bourgogne auprès de Thierry. Les deux jeunes rois se haïssaient furieusement. Thibert fut vaincu par son frère, puis fut assassiné (612). Mais le vainqueur mourut l'année suivante.

Malgré son jeune âge il laissait plusieurs enfants. Brunehaut voulait élever au trône l'un d'eux. Mais l'aristocratie, dont le pouvoir ne cessait de grandir, tant en Bourgogne qu'en Austrasie, était excédée. Elle livra la vieille reine au fils de Chilpéric, Clotaire II, qui la fit périr, ainsi que les enfants de Thierry II. De nouveau l'unité du *regnum* fut rétablie (613).

Il était temps. Les discordes entre rois avaient affaibli la puissance des Francs. Les tentatives de Gontran pour enlever aux Goths la Septimanie ne réussirent pas. Une peuplade d'Espagne, les Basques ou Gascons, fuyant la domination visigothique, passa les Pyrénées occidentales (vers 580), et s'installa entre les montagnes et la Garonne, dans l'ancienne Novempopulanie, qui perdra son nom pour prendre celui des envahisseurs, bien que ceux-ci n'aient pas dépassé l'Adour dans leur peuplement. Les expéditions franques dirigées par les envahisseurs échouèrent piteusement. Les Bretons établis dans le fond de la péninsule armoricaine étaient depuis Clovis sujets des Francs, sujets indisciplinés. Dans la seconde moitié du siècle, ils pillent sans cesse les régions de Rennes et de Nantes. Vannes apparaît comme un îlot gallo-franc au milieu des populations bretonnes qui s'infiltrent jusqu'à la Vilaine, même jusqu'à l'embouchure de la Loire. Les expéditions envoyées contre les chefs bretons aboutissent à des désastres.

Du côté de l'Italie surgit un danger nouveau. Les Lombards, venus de Pannonie, non contents de s'installer dans la Péninsule, passent les Alpes et arrivent jusqu'au Rhône. Mais ils furent refoulés, et même le roi Gontran, pour couvrir l'entrée de la Gaule, installa les Francs à Aoste et Suse. Enfin le jeune roi d'Austrasie s'allia avec les Byzantins contre les Lombards, mais ses expéditions n'eurent aucun succès. Après sa mort (595), les Francs renonceront pour un siècle et demi à leurs projets sur l'Italie.

Du côté de la Germanie et de la Pannonie, la situation s'avéra très grave à partir de l'année 568, qui vit l'arrivée au cœur de l'Europe d'une peuplade tatare venue d'Asie, les Avars. Tout de suite ils menacent la Germanie. Le roi d'Austrasie accourt. Il est battu, fait prisonnier, mais peut se racheter (vers 568). Trente ans après, sa veuve, Brunehaut, dut encore payer à prix d'or la retraite des Barbares.

Infiniment plus grave que des revers passagers ou des déceptions d'ambition fut la décomposition interne du *Regnum*. Si l'unité fut rétablie, le pouvoir monarchique subit une atteinte qui se révélera bientôt comme irréparable.

3

ORGANISATION DE L'ÉTAT MÉROVINGIEN

D' « institution », au sens profond du mot, à vrai dire, il n'y en a qu'une seule : la monarchie. L'Etat franc n'a d'autre fondement que la volonté de puissance d'un roi salien et de ses successeurs. Il ne représente même pas une conquête véritable. Maître de la Gaule du Nord, Clovis et ses fils abattent des dynasties rivales, gothique et bourguignonne. Ils ne s'en prennent pas à la masse de la population. Ils la laissent vivre de sa vie propre. Ils captent même sa sympathie par l'intermédiaire de l'épiscopat.

Nul privilège politique pour une race plutôt que pour une autre. Le roi prend à son service, récompense ou punit qui lui plaît, sans avoir égard même à la condition sociale, car il emploie, à l'occasion, des gens de basse naissance. Il ne tient compte que de son intérêt et n'obéit qu'à son caprice. De barrière légale à ses fantaisies il n'en existe pas. Seule la crainte d'encourir la colère de Dieu, ou plutôt celle de saint Martin, le grand thaumaturge, peut mettre un frein à son despotisme.

De son passé germanique la royauté mérovingienne n'héritait pas de pouvoirs aussi exorbitants, loin de là. En l'assemblée du peuple, entendez des hommes libres, résidait en principe la souveraineté et le roi n'était pas beaucoup plus qu'un chef de guerre. Ce fut l'extension même des Francs qui amena la perte de toute liberté, en mettant le chef infiniment au-dessus de son peuple, et aussi en coupant ses attaches avec la terre des ancêtres. Le roi ne réside plus en terre « salique », à moins d'y être obligé par une circonstance fâcheuse. Sans doute il ne perd pas le sentiment de son origine et il s'intitule uniquement « roi des Francs ». Mais, en fait, il vit surtout au milieu des gens de la Gaule romaine. C'est parmi les indigènes qu'il choisit la majorité de ses hauts fonctionnaires, les comtes.

Qui plus est, il en vient très vite, dès les successeurs immédiats de Clovis, à recruter son armée chez les indigènes, non moins que chez ses compatriotes. Les contingents Francs étaient, en effet, trop peu nombreux pour les vastes desseins de leurs rois. A l'imitation des souverains visigoths et bourguignons, les Mérovingiens imposèrent le service militaire à tous les hommes libres de leur Etat, quels qu'ils fussent et à leurs frais. Il en résulta fatalement que, de bonne heure, les armées dites franques se composèrent en majorité de Gallo-Romains. Même dans le royaume appelé Austrasie (à partir du VIIe siècle), les armées ne furent nullement exclusivement germaniques, car ce royaume comprenait non seulement les régions rhénanes et meusiennes, mais la Champagne, mais la Touraine, le Poitou, l'Auvergne, une partie de la Provence.

Rien d'étonnant si la cour du roi est bilingue, si les diplômes et actes législatifs du souverain sont en latin, y compris la Loi Salique et la Loi Ripuaire. Le roi lui-même s'intéresse au latin littéraire, classique, et parfois s'efforce d'y exceller.

Pour organiser et maintenir son autorité le roi prend des instruments de tous côtés, sans se soucier le moins du monde de leur Marque d'origine.

Dans les régions du Nord et du Nord-Est, que les Francs, Saliens ou Ripuaires, ont occupées et germanisées de race, de langue, de coutumes, le roi laisse les choses en état. Mais ces régions ne forment que la moindre partie de la Gaule, pas même la sixième. L'organisation romaine subsiste dans les 5/6 du pays. Une organisation simplifiée. Plus d'empereur, de préfet du prétoire, de vicaires des deux diocèses, de gouverneurs de provinces ; plus d'administration financière, du moins normale. Mais il reste une cellule, comme indestructible, la « cité » (*civitas*).

Ce qu'on appelle ainsi, ce n'est pas une ville, c'est l'antique peuplade gauloise dont Rome a respecté les limites, le plus souvent, et à laquelle elle a laissé pendant longtemps un semblant d'autonomie. Sans doute les prérogatives judiciaires et financières de la cité ont subi de rudes atteintes au cours des deux derniers siècles de l'Empire. Sans doute la classe des curiales, a été écrasée d'impôts. Tout de même la cité vit, quoique d'une existence larvée. Quand l'Empire est devenu chrétien, il l'a prise comme cadre de son organisation religieuse. A chaque cité est affecté un évêque, et cela sera de grande conséquence. Quand le petit sénat local disparaîtra ou se réduira à rien, l'évêque sera le protecteur, l'église cathédrale, le centre de ralliement de la population. C'est que le prélat n'est pas seulement pasteur d'âmes sa fortune — il est toujours pris dans l'aristocratie foncière —, celle de l'église lui permettent d'être économiquement le soutien de ses ouailles. Puis, quand le roi franc se fait chrétien, seul l'évêque jouit auprès de lui de quelque autorité.

La cité, identique à l'évêché, offre un cadre tout préparé pour l'organisation nouvelle. Chez elle le roi place un homme de confiance, décoré du titre de « compagnon » (*comes*, d'où *comte*) du prince. On né s'embarrasse pas d'une savante division de pouvoirs. Le comte est à la fois administrateur et juge — alors c'est tout un —, collecteur d'impôts, commandant du continent armé du pays. Le souverain ne s'alarme nullement de cette concentration de pouvoirs. Il se sent et se sait absolu. Sa volonté ou son caprice donne ou retire les pouvoirs comtaux, comme il lui plaît. Les comtes sont choisis le plus souvent parmi les Gallo-Romains ; quelquefois ils sont de condition médiocre : ce sont des affranchis.

Le système financier romain reposait avant tout sur l'impôt foncier, puis sur les impôts de classe. Il va sans dire que les rois Francs entendirent le faire jouer à leur profit. Ils n'y réussirent jamais qu'imparfaitement. L'impôt foncier était fondé sur la *jugatio* et *capitatio*, qui exigeait des renouvellements fréquents de cadastre et des dénombrements de personnes. Les Mérovingiens se montrèrent vite incapables de faire fonctionner la machine. A dire vrai, ils ne semblent pas avoir eu de véritables fonctionnaires de finances. Et il est possible que la machine fût déjà détraquée par les événements tragiques du siècle précédent au moment où ils saisirent le pouvoir. Quant à l'impôt personnel, sous forme de « capitation », jugé pour cela déshonorant, ils ne purent le lever chez les Francs qu'en provoquant des résistances farouches.

Pour l'organisation de la justice, au contraire, on étendit l'usage germanique du *mall*. Si l'audience était publique, la sentence du magistrat romain, aidé d'assesseurs, était formulée à l'écart du public et secrète. Désormais la sentence émane d'un corps de notables, choisis parmi les hommes libres, les « prud'hommes » (*boni homines* en latin, *rathineburgs* en germanique). Cette sentence doit être parfaite par l'approbation de l'assistance des hommes libres du pays. Le rôle du comte consiste à présider les débats et à faire exécuter le jugement.

Cette organisation s'est imposée par la force des choses et non en vertu d'une disposition légale. Les Francs ne se sont jamais établis en masse en « Neustrie », mais ils étaient disséminés un peu partout, dans les vallées de la Meuse, de la Moselle, de l'Oise, de l'Aisne, de la Somme, de la Marne, de la Seine. Pour régler les conflits entre eux et les indigènes ou les nouveaux venus d'autre race, des tribunaux mixtes étaient indispensables. Le système du *mall* dut être adopté par les Gallo-Romains d'autant plus nécessairement que les tribunaux supérieurs ayant disparu avec les gouverneurs de province, force était de laisser le soin de juger aux notables de la cité gallo-romaine, qu'ils fussent ou non encore des *décurions*, c'est-à-dire des membres du petit sénat local. Le *mall* mérovingien apparaît donc comme la fusion d'une institution germanique et d'une pratique indigène.

L'administration centrale, s'il est permis d'user d'une expression aussi ambitieuse, se résume dans le service du prince.

Il est nécessaire qu'il y ait des bureaux (*scrinia*) pour la rédaction des ordres du roi, l'expédition des faveurs. Il en faut aussi pour vérifier les comptes des agents du fisc. La cour est donc remplie d'employés dits « notaires » (c'est-à-dire « scribes » ou « chanceliers »), dirigés par des chefs, les *référendaires*. Ce personnel, composé de Gallo-Romains, du moins au début, a hérité des traditions bureaucratiques de l'Empire.

Le produit des impôts s'entasse sous forme de lingots d'or dans une chambre (*camera*). Le « trésor » est gardé et administré par des chambriers (*camerarii*), commandés par des « chambellans » (*cabicularii*) attachés à la personne du roi. Le service de bouche regarde le chef des « échansons » (*pincerna* en latin). Le service de l'écurie est confié à un « comte de l'étable » (*comes stabuli*), d'où connétable, d'origine romaine, ayant sous ses ordres des « valets de chevaux », ou maréchaux (du mot germanique *marischalk*).

Des aumôniers et confesseurs, des médecins et chirurgiens, enfin des amuseurs, bouffons et jongleurs, sont attachés à la cour.

Ce personnel, nombreux et turbulent, est surveillé par le sénéchal (du germanique *sinischalk*, « l'ancien des valets »).

Cette cour est d'un entretien dispendieux et exige une administration compliquée. A la tête est le « majordome » (*major domus*), que nos manuels appellent si drôlement « maire du palais ». Ses attributions sont celles du *curopalate* impérial.

Les débats nés à la cour, soit entre gens de cour, soit entre ceux-ci et gens du dehors, sont tranchés par un tribunal central, dit *tribunal du palais*, présidé par un très haut personnage, le *comte du palais*. Etre jugé par cette cour est une grande faveur et le roi peut y évoquer des causes qui réglementairement seraient justiciables du mall.

Cette administration « centrale », comme nous disons, n'a pas de centre. Le « palais » se déplace avec le roi qui circule sans cesse, transportant tout son monde de domaine (*villa*) en domaine.

Le « palais » rassemble des gens de toute race, de toute langue, de toute condition. Seul compte le service personnel du roi. Les gens qui lui sont particulièrement attachés jouissent d'une valeur légale supérieure au reste de la population. Le tarif de leur personne ou « prix de l'homme » (*ver-geld*) est triplée par rapport à celui de leur condition sociale.

Parmi ces dévoués il y a la garde armée. Le roi, comme son ancêtre en Germanie, a une *truste* de fidèles, d'où le nom d'*antrustions* ; ceux qui sont de race romaine sont dits « convives du roi ». Mais, au fond, tous les gens qui vivent à la cour sont des fidèles : ils ont dû, dès leur adolescence, prêter au souverain tin serment particulier, différent de celui qui lie l'ensemble des sujets : ils se sont « *commendes* », et ce terme implique des obligations d'une tout autre force qu'une « recommandation » moderne.

Le roi Franc du VIe siècle a vraiment les apparences d'un despote à l'orientale. Il en a, du reste, les mœurs. Il se fabrique un trône. Il se pare de titres à la manière impériale : « Notre Grandeur, Notre Sublimité. » Il se fait appeler « seigneur » (*dominus*). Il vit dans le luxe et l'étale.

Fausse grandeur! Souillé de crimes, vautré dans la débauche, inaccessible à tout idéal de gouvernement, le Mérovingien demeure un grossier parvenu.

Il n'est pas aimé. Le seul ressort dans une pareille société étant l'intérêt, la fidélité des « dévoués » s'achète à prix d'or ou par des concessions de terre en pleine propriété. Elle est vouée à la ruine.

Cependant tant que dura l'élan conquérant des armées franques, tant que ces armées furent commandées par le souverain en personne, la monarchie fut redoutable, tant à l'extérieur qu'à l'intérieur. Elle donna rapidement des signes de fatigue quand les minorités succédèrent aux minorités. Il ne pouvait en être autrement dans un Etat où le pouvoir est purement personnel, sans assises profondes.

Un rival secret du pouvoir monarchique se développa à ses dépens, puis l'étouffa, la classe aristocratique.

4

AFFAIBLISSEMENT ET DISPARITION DU POUVOIR MONARCHIQUE

Rien ne faisait présager l'ascension de l'aristocratie. Chez les Francs il n'y avait plus de noblesse de classe, alors qu'elle se poursuivait chez d'autres peuples germaniques. Chez les Gallo-Romains existait, au contraire, une noblesse de fait, la classe dite « sénatoriale », composée de grands propriétaires fonciers, issus de familles jouissant du titre de sénateur de Rome, tout en n'exerçant pas les fonctions — et pour cause. Très riche et très peu nombreuse, cette classe jouissait d'un grand prestige sur les populations indigènes. Cependant, sous Clovis et ses premiers successeurs, il n'est pas de distinction légale entre les hommes libres, point de ces privilèges dont l'hérédité engendre une « noblesse ». Seul le service particulier du roi met un homme au-dessus des autres, et ce service étant personnel n'est pas nécessairement héréditaire.

Cependant la tendance des gens bien en cour est de pousser leurs enfants à occuper les mêmes charges qu'eux-mêmes et à jouir des mêmes faveurs. Elle est généralement couronnée de succès. Une hérédité ou quasi-hérédité de fonctions est inévitable. Si le souverain élève qui lui plaît, en fait son intérêt est de s'entourer des plus hautes familles de son royaume, c'est-à-dire de gens appartenant à la classe sénatoriale.

Au regard des Francs la faveur du roi vaut à ses fidèles de larges concessions de terres. Il se crée donc une aristocratie de fait, sinon de droit, chez les Francs, formée de propriétaires fonciers. Enfin d'assez bonne heure il y eut des unions matrimoniales qui confondirent les intérêts et les prétentions des deux races.

Ce sont les gens de cette classe qui emplissent la cour, source de toute faveur et de toute dignité aussi bien ecclésiastique que laïque, car le roi s'arroge le droit de désigner les évêques comme il fait des comtes. Le *palais* du Mérovingien n'est pas moins « tentaculaire » que la cour de Louis XIV.

Entre ces gens de cour, malgré des compétitions inévitables, existe une solidarité. Elle s'explique en grande partie par l'habitude de confier le jeune homme de haute famille à un grand personnage de l'entourage du roi auquel il est « commendé ». Dès l'adolescence, ceux qui deviendront les principaux personnages de la société, tant ecclésiastique que laïque, se connaissent Les liens qui se nouent entre eux ont quelque affinité avec ceux qu'on forme au collège ou au régiment.

Cette solidarité entre gens du palais présente un avantage précieux. Faute d'institutions véritables, un Etat mené seulement par un pouvoir personnel risquerait de s'écrouler pendant une minorité ou en cas de défaillance physique du souverain. Mais le *palais* est là, dirigé par des gens qui ne sont pas seulement des fonctionnaires ; mais des grands propriétaires dont l'autorité plonge ses racines dans le pays.

Malheureusement il y a plusieurs *palais*, deux, trois, quatre, selon les circonstances. Alors aux rivalités des rois et des reines s'ajoutent celles des grandes familles composant chacun de ces palais. Au sein de chaque palais les compétitions s'accentuent. Le fidèle (*leude*) qui s'estime lésé ou mal récompensé porte sa « fidélité » au prince rival. Il est puni par la perte de ses biens propres ou de ceux qu'il tient de la munificence du roi. Parfois aussi, le souverain, voyant partout la trahison, confisque à tort et à travers, sur les plus légers soupçons. D'où des haines inexpiables contre la personne royale.

L'autorité militaire du souverain commence à s'affaiblir. Sans doute les descendants de Clovis continuent pendant plus d'un siècle à se mettre à la tête de leur armée. Mais ils ne peuvent être partout à la fois. La nécessité de contenir les Bretons, les Basques, en Germanie les Thuringiens et les Saxons, la soif de conquête en Italie, les obligent à confier des forces importantes à des personnages supérieurs aux comtes, les *ducs*. Ceux-ci se multiplient dans la seconde moitié du VIe siècle et deviennent aussitôt indispensables et redoutables. En eux le *palais*, dont ils sont issus, puise une force nouvelle.

Enfin, l'intendant du palais, le *majordome*, le « maire », prend le gouvernement de toute cette cour, sans qu'on sache pourquoi, et lui imprime une unité de direction.

Quand le fils unique de Chilpéric, Clotaire II, réunit (613), contre toute prévision, l'ensemble du royaume entre ses mains, on peut croire que l'Etat allait sortir de la période de sanglante confusion où il se débattait depuis quarante ans et que la monarchie allait reprendre son ascendant. Pure illusion! le roi savait bien qu'il devait le trône aux trois « palais » de Neustrie, d'Austrasie, de Bourgogne, et qu'il était à leur merci. Dans un édit rendu en 616, il accorda aux grands la conservation ou la restitution de leurs biens et le droit de choix des « juges » en chaque province.

La royauté mérovingienne jeta un dernier éclat sous Dagobert, son fils (629-639), personnalité de premier ordre. Dans ses tournées à travers le royaume, il terrorisa l'aristocratie. Il se fit respecter des Bretons, des Gascons, de ses sujets de Germanie. Il imposa sa volonté aux Visigoths d'Espagne et aux Lombards d'Italie. Mais il mourut âgé seulement de trente-six ans. S'il eût vécu, peut-être eût-il réussi à prolonger l'autorité royale. Lui disparu, les forces de dislocation qui minaient le *Regnum* se déchaînèrent.

5

LUTTE DE LA NEUSTRIE ET DE L'AUSTRASIE

L'antagonisme entre l'Est (Austrasie) et l'Ouest (Neustrie) s'était tellement accentué que les Austrasiens avaient exigé un roi particulier, un des fils du souverain. A partir de ce moment on peut dire qu'il y a deux Etats rivaux et même ennemis, l'Austrasie d'une part, la Neustrie, à laquelle s'était unie la Bourgogne, de l'autre. Les chefs des deux Etats ne sont plus désormais les rois, qui tous meurent jeunes, mais les « maires du palais ». Ceux-ci puisent leur force dans leur richesse territoriale et dans l'attachement, obtenu à coups de faveurs, de leurs « recommandés ». La rivalité des deux parties du monde franc est moins une rivalité de race car l'Austrasie arrive jusqu'à la Brie et comprend toujours le centre de la Gaule, et une partie du Midi — que la rivalité de deux bandes de profiteurs qui se disputent les ressources et les faveurs de l'Etat.

Pendant presque tout le siècle la Neustrie mène le jeu incontestablement. Presque chaque fois les Austrasiens, lorsqu'ils en viennent aux mains avec leurs frères de l'Ouest, sont battus.

Des maladresses mettent pour un temps en fâcheuse posture la famille la plus en vue de l'Austrasie, celle d'Arnoul de Metz, unie étroitement par mariage à celle de Pépin, maire du palais d'Austrasie au temps de Dagobert. Grimaud, fils de Pépin, voyant Sigebert III sans enfants, voulut lui faire adopter son propre fils auquel on donna pour nom Childebert : les Mérovingiens portent en effet des noms qui sont la propriété de la famille et que nul n'a le droit de prendre. La reine d'Austrasie ayant eu un fils par la suite, Dagobert, Grimaud s'empara de l'enfant et l'envoya secrètement en Irlande. L'usurpation ne dura pas longtemps. Grimaud avec le prétendu Childebert III fut pris et mis à mort par les Neustriens (vers 667). Les Pippinides furent écartés du pouvoir pour une vingtaine d'années.

En Neustrie et en Bourgogne, sous un roi fictif, Clotaire III, fils de Clovis II et petit-fils de Dagobert, un personnage d'une ambition et d'une cruauté extra-ordinaires, même pour ces temps, Ebroïn, exerce un pouvoir despotique. A la mort du fantoche Clotaire III (673) Il eut l'imprudence de vouloir lui donner un successeur de sa propre autorité. Il excita un soulèvement général. Les grands de Neustrie et de Bourgogne comprirent que le « maire » était devenu pour eux plus dangereux que le roi. Ils appelèrent à régner chez eux le jeune frère du roi défunt, Childéric II, roi d'Austrasie. L'unité du *Regnum* se trouva ainsi rétablie. Pas pour longtemps. Childéric II s'installa à Paris, comme les Mérovingiens faisaient toujours en ce cas. Le jeune prince s'imagina qu'il allait gouverner à la façon de ses ancêtres. Il fut assassiné à la chasse, près de Paris (675). Ce fut le dernier Mérovingien qui tenta de régner.

Redevenu le maître, Ebroïn redoubla de cruauté. La manifestation la plus célèbre en fut le supplice et la mort (en 677 ou 679) de l'évêque d'Autun, Leodegarius. La pitié populaire transforma en saint ce prélat agité et brouillon : quantité d'églises ont été consacrées à ce « saint » : saint Léger.

En Austrasie, Dagobert II, revenu d'Irlande, eut le sort de son cousin Childebert II : il fut assassiné à la chasse. Lui aussi, bien qu'il passât pour un fort méchant homme, a été sanctifié par le peuple (679). Alors un petit-fils de Pépin I et neveu de Grimaud, Pépin II, dit le « Moyen » par les historiens modernes, reprit le pouvoir en Austrasie. Un accord entre lui et Ebroïn était impossible. Les Austrasiens rencontrèrent les Neustriens à *Lucofao* (le Bois du Pays en Laonnois). Une fois de plus ils furent vaincus, et Pépin prit la fuite (680). Mais, peu après, Ebroïn fut assassiné (681 ou 683).

Les Neustriens se divisèrent sur le choix de son successeur. Pépin en profita pour reprendre la lutte et, cette fois, à Tertry (près de Saint-Quentin), il fut vainqueur (687). Il fit preuve d'un grand sens politique. D'une part il conserva l'unité apparente et comme symbolique de l'Etat franc en reconnaissant comme roi unique le fantôme Thierry III. D'autre part il comprit l'imprudence qu'il y aurait à vivre auprès de lui, en Neustrie il ne se dissimulait pas que les Neustriens le haïssaient et que ses partisans d'Austrasie ne lui pardonneraient pas de les quitter pour s'établir dans la région parisienne. Il laissa donc un « maire » à la Neustrie-Bourgogne, mais en lui imposant une de ses créatures, puis un de ses fils. Lui-même regagna la région de la Basse-Meuse, d'Aix à Nivelles, d'où il tirait ses ressources et où vivaient ses dévoués, ses fidèles, qu'on va bientôt appeler des *vassaux*.

ACCESSION DES CAROLINGIENS

L'histoire des Mérovingiens s'arrête véritablement ici. Instruit par le malheur de son oncle Grimaud, Pépin II ne prend pas le titre royal. Il préfère mettre sur le trône une suite de fantoches qu'il est inutile de nommer, mais il se réserve à lui-même tout l'exercice du pouvoir.

Il était grand temps. Le *Regnum Francorum* croulait de toutes parts. Longtemps soumis aux Francs, les Alamans relevaient la tête et, sous des ducs énergiques, s'étaient rendus indépendants. Il fallut plusieurs expéditions (de 709 à 712) pour les remettre, et imparfaitement, sous l'hégémonie franque. Du moins, à cette époque, ils achèvent, ainsi que les Bavarois, de se christianiser véritablement.

Un peuple germanique, longtemps inoffensif, devient un voisin incommode, les Frisons, qui occupent les côtes de la mer du Nord, des bouches de l'Escaut à celles du Weser. Ils débordent vers le Sud enlevant aux Francs Utrecht et Duurstedt sur le Lek (le Rhin). Ils sont d'autant plus dangereux que leurs princes sont des ennemis farouches du christianisme. Il fallut des années de luttes et de négociations pour refouler les Frisons et amener leur prince, Radbod, à laisser évangéliser ses sujets par l'Anglais Willibrord (695). Pépin dut conclure une alliance de famille pour arriver à ses fins : un de ses fils épousa une fille du païen.

Pépin semble avoir échoué d'un autre côté, du côté de l'Aquitaine. Etrange destinée de ce pays! Il ne dépassait pas ou n'atteignait même pas la Garonne au temps de la conquête romaine. Auguste pour affaiblir la Celtique et aussi pour égaliser la superficie des « provinces » entre lesquelles il partagea la Gaule, avait étendu ce nom jusqu'à la Loire. Puis l'Aquitaine antique en avait été détachée (vers le IIIe siècle) et appelée Novempopulanie, de telle sorte que le nom d'Aquitaine s'appliqua à la région d'entre Garonne et Loire, pour laquelle il n'avait en réalité aucun sens. Cette région le garda cependant, d'autant que la Novempopulanie perdit son nom au VIIe siècle pour prendre celui de Gascogne, tiré des Basques ou Vascons qui la dominent, bien qu'ils n'en peuplent qu'une faible partie, au-dessous de l'Adour.

On a vu que la domination visigothique, qui dura moins d'un siècle, ne laissa aucun vestige dans ce pays. Après sa chute et la mort de Clovis, on eût pu croire que l'Aquitaine serait en entier ou presque le partage d'un de ses fils. Il n'en fut rien. Les Francs n'étaient pas nombreux et ne le furent jamais assez pour fonder des établissements au sud de la Loire. Leur force était dans la région romano-germanique du Nord et du Nord-Est. Aussi l'Aquitaine ne fut-elle jamais considérée par eux comme autre chose qu'une annexe. Chacun des rois en prit un morceau et, sans se soucier en quoi que ce fût de la géographie. C'est ainsi qu'en 567, Sigebert, outre l'Auvergne, obtient la Touraine, le Poitou, les cités d'Aire et de Labourd, dans les Landes, de Conserans dans les Pyrénées ; Gontran a Saintes, Angoulême, Périgueux, Agen. Chilpéric obtient le Limousin, le Quercy, le Toulousain, Bordeaux, Bazas, Dax avec le Béarn, le Bigorre, le Comminges. Ce qui est plus surprenant encore, c'est que les habitants prennent part avec ardeur aux luttes fratricides de leurs princes et se battent les uns contre les autres. L'Aquitaine n'a donc aucune unité. C'est une simple expression géographique.

Les choses changèrent entièrement d'aspect à la fin du VIIe siècle. Pour défendre l'Aquitaine contre les Vascons, et aussi contre les Goths de Septimanie, Dagobert avait constitué en faveur de son frère Charibert une « marche » avec Toulouse pour centre. Après la mort de Charibert, ce commandement militaire subsista, confié à un duc franc auquel des pouvoirs étendus furent nécessairement accordés. L'un d'eux, nommé Loup, disposant de forces vasconnes et ralliant à lui les mécontents, se rendit maître de la plus grande partie de l'Aquitaine, mais il fut assassiné à Limoges (vers 676). Le silence se fait ensuite sur ce qui se passa. Toujours est-il que, à partir du début du VIIIe siècle, l'Aquitaine est de fait détachée du *Regnum Francorum* et apparaît au pouvoir de ducs dont les noms (Eudes, Hunaud, Gaifier) sont, du reste, d'origine franque. Pépin a peut-être dirigé une expédition contre Eudes, mais elle n'eut pas de succès durable.

7

SOULÈVEMENT ET SOUMISSION DE LA NEUSTRIE

S omme toute, Pépin « le Jeune », comme dirent les contemporains, le Pépin d' « Héristal » des livres modernes, apparaît comme la préfiguration de ses glorieux descendants, Charles Martel, Pépin le Bref, Charlemagne. Et cependant il s'en fallut de peu que la dynastie naissante n'eût le sort lamentable des dynasties neustriennes. Quand Pépin mourut à Jupilles sur la Basse-Meuse, en 714, ses fils l'avaient précédé dans la tombe. Il ne restait comme héritier qu'un enfant de six ans dont la naissance était irrégulière. La veuve de Pépin, Plectrude, tenta de gouverner. Il arriva ce qui devait arriver : les Neustriens se soulevèrent et battirent les Austrasiens dans la forêt de Compiègne. Leur maire, Rainfroy, n'hésita même pas à s'allier aux Frisons, cependant que les Saxons passaient le Rhin et ravageaient le pays franc. Enfin, un fils bâtard que Pépin avait eu d'une femme nommée Aupaïs, Charles, s'enfuit de la prison où Plectrude le retenait.

C'est de lui que vint le salut. Il fut tout d'abord vaincu par les Frisons, mais, caché dans l'Ardenne, il surprit et battit Rainfroy et le roi fictif Chilpéric II (un clerc tiré du cloître) à Amblève (716). A partir de ce moment la fortune n'abandonna plus Charles, auquel des récits postérieurs donnent le surnom de Martel (marteau). Il contint Saxons et Frisons. Les Neustriens furent encore battus à Vinchy (vers Cambrai), l'année suivante. Rainfroy eut beau s'allier au duc indépendant d'Aquitaine, lui et Eudes furent vaincus sous Soissons. Rainfroy s'enfuit, Eudes traita et livra au vainqueur le roi fantôme. Celui-ci étant mort, peu après, Charles, par prudence, pour ne pas braver le respect superstitieux qui s'attachait dans le peuple aux descendants de Mérovée, tira du monastère de Chelles un enfant qu'on affubla du titre royal et auquel on donna le nom de Thierry IV (721). Bien que les descendants d'Arnoul de Metz et de Pépin l'Ancien n'aient pris la couronne royale que trente ans plus tard, la période mérovingienne est virtuellement terminée.

LA CIVILISATION MÉROVINGIENNE

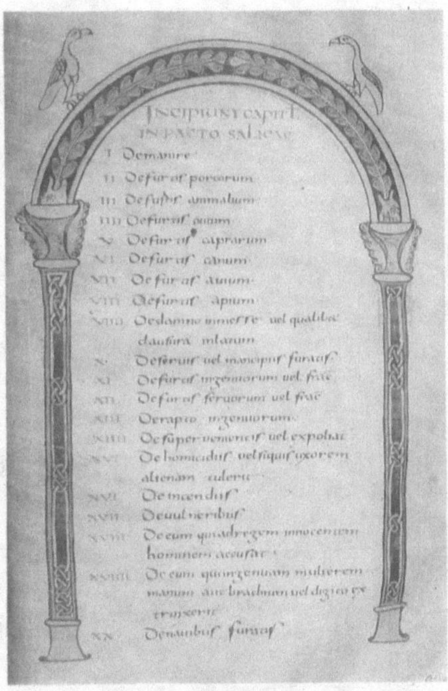

Copie manuscrite sur vélin du VIIIe siècle de la loi salique. Paris, bibliothèque nationale de France.

1
LA VIE ÉCONOMIQUE.

Economiquement l'ère mérovingienne est la continuation du Bas-Empire, c'est-à-dire la suite d'une décadence. La dissolution de l'Empire romain avait porté un coup très rude au trafic avec l'Italie, l'Espagne, l'Afrique, l'Orient. La présence de Juifs et de Syriens dans les villes, du moins au VIe siècle, montre cependant qu'il n'avait pas entièrement cessé.

Quand la Méditerranée, par suite de la conquête de la Syrie, de l'Egypte, enfin de l'Afrique du Nord (fin VIIe siècle) et de l'Espagne (711) par les Arabes, deviendra un lac musulman, les relations commerciales avec l'Orient en seront gravement affectées. Même à l'intérieur de la Gaule le commerce apparaît difficile, par suite des partages réitérés entre princes, des guerres civiles, enfin du désordre général de la société. Les routes ne sont pas sûres et le marchand ne circule qu'entouré de gardes armés.

Point de services publics chargés de construire, ou même d'entretenir, routes, ponts, chemins de halage, ports. Le roi s'en remet de ce soin aux « cités », aux particuliers, au clergé au besoin. Il entasse stérilement le produit de l'impôt dans ses coffres sans en rien faire sortir pour les besoins de ses sujets. Aussi le commerce n'ose se hasarder bien loin. Parler de capitalisme à cette époque serait un non-sens. La stagnation est générale. La meilleure preuve, c'est que non seulement il ne se crée aucune ville nouvelle, mais que les vieilles cités romaines ne se développent pas : le mot *suburbium* ne s'entend pas de faubourgs habités, mais des environs livrés à la culture. Leurs seuls habitants sont les moines et les nonnes qui y vivent en des monastères bâtis dans ce *suburbium* précisément parce qu'il est à l'écart du monde.

L'industrie est avant tout rurale. Aussi c'est à la campagne, dans chaque domaine, que se fabriquent les objets nécessaires aux travaux des champs. Il va sans dire que c'est là aussi que l'on file et que l'on tisse les vêtements de laine et de lin. Les grands domaines ont à cet effet des ateliers (*gynécées*) où travaillent les paysannes serves.

L'industrie de luxe seule est l'apanage des villes. La cour aime les riches bijoux, les parures somptueuses. Il lui faut aussi des armes et des armures.

Enfin les artisans urbains travaillent pour l'Eglise ils s'occupent à bâtir et à décorer (comme mosaïstes, verriers, sculpteurs, brodeurs, etc.) les édifices religieux, de dimensions médiocres, mais en nombre considérable qui s'élèvent à cette époque.

L'agriculture continue à être l'occupation de l'immense majorité de la population. Rien n'est changé et ne changera à travers les siècles dans les procédés d'exploitation du sol dont on a déjà parlé. Il faut signaler cependant l'extension de l'emploi des moulins à eau. On ne saurait en exagérer l'importance économique, sociale également remplaçant avec avantage le moulin à bras, il rend inutile l'emploi d'esclaves et contribue à la régression certaine de l'esclavage véritable à cette époque.

Enfin les destinées de la monnaie portent témoignage de la régression économique à la fin de notre période. Le paiement de l'impôt foncier cesse de se faire en or. La frappe d'or s'arrête au VIIIe siècle. Seule la monnaie d'argent, et de plus en plus altérée, aura cours pratiquement jusqu'au milieu du XIIIe siècle.

2
LA VIE ARTISTIQUE

La vie artistique est dans un rapport certain avec la richesse générale.

On a construit beaucoup de monuments religieux la chose était nécessaire à mesure que le christianisme pénétrait plus profondément dans les masses. Ces édifices étaient richement décorés, à ce que disent les contemporains, mais ils étaient couverts en bois et de petites dimensions, même les cathédrales et les basiliques (45 à 48 mètres de long sur 18 de large pour les plus grandes). Rien n'a subsisté, sauf des parties des églises de Néris (Allier) et de Saint-Pierre de Vienne, des cryptes (à Saint-Laurent de Grenoble, à Jouarre), un baptistère (à Poitiers). L'architecture civile et militaire n'a point laissé de vestiges.

Rien ne demeure non plus des peintures des églises et des maisons. Inutile de parler de la sculpture, puisque déjà aux IVe et Ve siècles elle était tombée au plus bas. Quant à la mosaïque, qui se poursuit ailleurs brillamment, elle n'a pas laissé en Gaule d'œuvre de valeur.

Les deux seules parties originales de l'art de l'époque, l'ornementation zoomorphique des manuscrits et l'*orfèvrerie cloisonnée* sont d'importation étrangère et orientale. Celle-ci, qui consiste à enchâsser dans des alvéoles dorées des grenats ou des pâtes colorées est originaire de l'Iran et a passé en Occident par l'intermédiaire des envahisseurs germains, notamment des Goths, de l'Ukraine actuelle, qui tenaient cet art de leurs prédécesseurs les Sarinates, des Iraniens.

Si les manuscrits, du moins ceux qui renferment des textes liturgiques et sacrés, sont toujours écrits en lettres capitales et surtout en onciale et demi-onciale, d'autres sont rédigés en cursive, ainsi que les actes des particuliers et même des rois. Cette cursive, avec ses ligatures, ses lettres suscrites, ses traits compliqués et inutiles, offre un aspect rebutant et semble, au premier abord illisible. On la qualifie de « mérovingienne » et ce n'est pas un compliment. En réalité, elle est toute romaine elle était en usage bien avant l'arrivée des Francs.

3

LES LETTRES

La littérature latine « profane » était épuisée bien avant l'arrivée des Germains. Cela ne veut pas dire que l'attrait pour les lettres eût disparu, mais les écrivains des derniers temps de l'Empire, tel Sidoine Apollinaire (mort vers 484), n'étaient que des imitateurs sans originalité. Au reste, les études de rhétorique qui les formaient étaient l'apprentissage du mauvais goût. Ces errements se poursuivirent au VIᵉ siècle. Quelques rois mérovingiens, quelques grands de leur entourage, même d'origine franque, s'efforçaient de comprendre et faisaient semblant d'admirer les rébus qu'on leur présentait comme de la littérature, ainsi les poèmes de l'Italien Fortunat, réfugié en Gaule. Mais le nombre des adeptes de ces prétendues belles-lettres diminua au point de disparaître complètement vers le milieu du VIIᵉ siècle.

Au reste, une violente réaction contre la littérature profane se fait jour. Saint Césaire d'Arles (mort en 543), Grégoire de Tours (mort en 594), le pape saint Grégoire le Grand (mort en 604) portent contre elle une condamnation implacable.

Par une contradiction étrange, semble-t-il, c'est pourtant aux hommes d'église qu'on doit la conservation des textes des écrivains antiques. Eux seuls les font copier dans les ateliers (*scriptoria*) des églises et des cloîtres. C'est qu'ils se persuadaient que ces redoutables productions païennes recélaient de précieux secrets de langue qui avaient inspiré les grands modèles de la littérature chrétienne latine, Tertullien, Ambroise, Jérôme, Augustin, en poésie, Prudence, pour ne citer que quelques noms. En quoi ils ne se trompaient pas. Cette littérature ne s'était que trop inspirée de ces modèles « profanes ». De là l'aspect artificiel et pour nous trop souvent rebutant de cette production ecclésiastique.

L'ère mérovingienne ne connaît en Gaule qu'un seul écrivain, Grégoire de Tours. L'attrait incomparable de son Histoire ecclésiastique des Francs et de ses œuvres hagiographiques tient justement à ce qu'il n'a pas voulu faire de littérature et qu'il a écrit sans se soucier de plaire ou de déplaire aux puristes de son temps. Grégoire est peu instruit, peu intelligent, passionné, mais il sait voir et décrire ce qu'il a vu d'un trait sobre et juste. On ne trouvera rien de pareil nulle part dans tout le haut moyen âge.

Inutile de parler d'un mouvement scientifique, théologique ou philosophique original à l'époque qui nous occupe.

4

LA LANGUE

L'affaiblissement des lettres a une cause profonde : la transformation de la langue. Le latin classique des grands écrivains, tant chrétiens que païens, tend à devenir une langue morte que l'on écrit à la suite d'un apprentissage pénible, mais que personne ne parle plus. Une profonde évolution s'était manifestée dès les IIIe et IVe siècles dans la langue parlée : déclinaison et conjugaison tombaient en pièces. La prononciation subissait de profondes atteintes, dont la plus grave était la confusion des voyelles longues et brèves, ce qui rendait incompréhensible la poésie, fondée sur leur distinction. Tant qu'il y eut une cour et des cercles cultivés à Rome, un certain conformisme put se maintenir, modèle du beau langage officiel et mondain pour les classes supérieures des provinces, représentant d'ailleurs un nombre infime d'individus. Mais les relations ordinaires, fréquentes entre les hautes classes de la Gaule et l'Italie avaient cessé depuis longtemps, même avant la chute de l'Empire en 476. A partir de cette date, la langue parlée évolue librement et dans toutes les directions. Il n'y eut plus un latin parlé, mais des centaines de latins et qui divergent de plus en plus.

C'est précisément l'impossibilité de choisir un quelconque de ces parlers qui explique le maintien, faute de mieux, du latin classique, comme langue de civilisation. Seulement les parlers usuels feront sentir leur action délétère sur la langue écrite, conventionnelle, dont personne n'use plus, jusqu'au moment où l'entourage de Charlemagne rétablira la pureté du latin, mais ce sera une langue morte, séparée des idiomes vivants, lesquels donneront naissance aux langues romanes modernes.

5
LES CLASSES SOCIALES

La structure de la société laïque n'a pas varié. Seule compte l'aristocratie terrienne à laquelle sont réservées les fonctions publiques. Mais l'aspect de cette classe dominante change peu à peu. L'aristocratie gallo-franque devient rapidement brutale, ignare, égoïste, anarchique. Elle préfigure la noblesse française des temps futurs.

Les natures d'élite — il y en a en tout temps — ne voient d'autre moyen d'échapper aux vices du siècle qu'en se retirant au cloître. De grands personnages ayant joué un rôle primordial à la cour se font conférer les ordres sacrés et terminent leurs jours comme évêques. L'exemple le plus célèbre est celui d'Arnoul, l'ancêtre des Carolingiens, qui sera sanctifié.

Pas de changements non plus dans les classes inférieures de la société. La grande majorité des paysans se compose de « colons » soi-disant libres, en réalité attachés héréditairement au domaine foncier qu'ils cultivent. Les serfs ruraux sont souvent affranchis, mais comme aucune propriété ne leur est concédée, cet affranchissement n'a aucun effet utile. Une pratique romaine prend une grande extension, la *précaire*. Un petit propriétaire concède ses biens à une église et reçoit pour la durée de sa vie une quantité égale, doublant ainsi ses terres ; mais, à sa mort, l'église hérite du tout. En fait, l'église laisse en place les enfants du précariste, mais ils demeurent dans une situation instable, à sa merci ; il est vrai que, hommes d'une église, ils jouissent d'une certaine protection contre les exactions du fisc.

Les artisans des villes se groupent, comme sous l'Empire, en corporations. Travaillant surtout pour l'évêque, secourus par lui, et par lui seul, dans leur vie quotidienne, ils commencent à tomber sous sa dépendance effective, aussi lien économiquement que juridiquement et religieusement. Ni eux ni même les *negotiatores*, les marchands se livrant à un trafic plus ou moins lointain, ne jouent le moindre rôle dans l'Etat.

6

L'EGLISE

L e christianisme fut lent à se répandre en Gaule chez les indigènes. La première communauté connue, celle de Lyon (célèbre par ses martyrs (en 177), fut fondée par des Orientaux parlant le grec. Une inscription du IIIe siècle révélant la présence de chrétiens à Autun est en grec. L'évangélisation méthodique des habitants de la Gaule ne semble pas antérieure au milieu du IIIe siècle et si, au début du siècle suivant, on voit des évêques un peu partout et jusque sur le Rhin, nous ignorons si leur troupeau était nombreux au milieu des païens.

La conversion de l'empereur Constantin au christianisme affaiblit aussitôt la position du paganisme. Néanmoins le christianisme ne prit racine que dans les villes chefs-lieux de « cité » et dans quelques villages libres dits *vics*. La campagne restait réfractaire au point que le mot *paganus* (en fr. *païen*), qui désignait le paysan, changea de sens pour signifier « idolâtre ». Ce n'est pas avant la fin du IVe siècle que le christianisme pénétra dans les campagnes. Parmi les ouvriers de cette œuvre, les noms des évêques Martin de Tours et Victrice de Rouen sont surtout célèbres. Le premier (mort vers 400) laissera une réputation si éclatante comme apôtre et thaumaturge qu'il sera considéré comme le plus grand saint au cours de l'ère mérovingienne.

Au Ve siècle, le paganisme ne se maintient plus que sous la forme de cultes secrets rendus aux sources, aux rochers, aux arbres, cultes que l'Eglise ne parvient pas à extirper. L'épiscopat s'est fortement organisé. Conformément aux décisions impériales il y a un évêque résidant au chef-lieu de toute « cité » (peuple) ; il porte le titre de « métropolitain » si cette cité est chef-lieu de province et exerce une certaine prééminence sur ses confrères qui sont ses « suffragants ». La Gaule, vers l'an 400, ayant 113 « cités », doit avoir 113 évêques, dont 17 sont dits «métropolitains ».

Tout de suite dans une société en état de dissolution, l'évêque joue un rôle de premier plan. En principe, il est l'élu de la communauté chrétienne de la cité, clergé et peuple. En fait, les hautes classes exercent une action prépondérante sur sa désignation. Aux IVe et Ve siècles, l'élu s'est rarement voué à la vie cléricale dès sa jeunesse. C'est un homme fait, qui a vécu dans le siècle, marié, père de famille. On a égard pour le nommer non moins à sa situation sociale qu'à sa piété et à la pureté de sa vie. Il va sans dire que, une fois élu et consacré, il se sépare des siens et se donne en entier à ses ouailles. Sa fortune, son crédit personnel auprès des pouvoirs établis sont au service des pauvres et des faibles. En ces temps difficiles, on n'a que faire pour l'épiscopat de contemplatifs ou d'hommes voués à l'étude des dogmes.

Mais l'idéal chrétien peut-il fleurir dans un clergé si activement mêlé à la vie du siècle? On en doute dès la fin du IVe siècle. Les récits transportés en Occident de la vie des ascètes des déserts d'Egypte commencèrent à tourner les têtes. Un ancien officier, Martin, ne se contenta pas de son rôle d'évêque et d'apôtre, il organisa à Ligugé, près de Poitiers, et aussi près de Tours, les premiers monastères de la Gaule. Ils ressemblent peu aux couvents de l'avenir : des hommes pieux, qui n'ont pas reçu les ordres sacrés, se réunissent pour prier et mener une vie chrétienne.

Au siècle suivant, Cassien et Honorat fondent des communautés près de Marseille et dans l'île de Lérins. Le mouvement s'amplifie. Naturellement l'enthousiasme gagne les femmes. On institue des règles et moins dures qu'en Orient pour cette vie en commun. Comme les controverses théologiques font rage, les pères ne peuvent y rester indifférents et les monastères deviennent des centres d'études.

Ce mouvement est vu de mauvais œil par l'épiscopat qui pressent que le monde monastique tentera un jour d'échapper à son autorité.

L'épiscopat des Gaules eut de mauvais jours à traverser quand des princes germains ariens, visigoths et bourguignons, mirent la main sur la majeure partie du pays. On a vu qu'il salua d'un cri de triomphe la victoire de Clovis. Le nouveau Constantin et ses successeurs lui prodiguèrent honneurs et faveurs, mais ils les lui firent payer. L'élection de l'évêque fut en fait supprimée : c'est le roi qui nomma l'évêque, et sa vie fut surveillée de très près. Les réunions d'évêques, les conciles, ne se tinrent qu'avec sa permission. Les relations du clergé des Gaules avec la Papauté ne purent se faire que par l'entremise du Mérovingien.

Se défiant, et à juste titre, de ses comtes, la royauté utilise l'évêque comme une sorte de fonctionnaire. Nul ne s'en étonne. Le domaine du monde laïque et celui du monde ecclésiastique sont mal délimités. Leur distinction absolue serait incompatible avec la vie de ces temps.

En dépit de ces entraves, l'épiscopat grandit sans cesse comme force sociale à l'époque mérovingienne. On n'en saurait dire autant de sa valeur intellectuelle et morale : l'entrée dans le clergé de nombreux Francs, à partir de la seconde moitié du VIe siècle, n'était pas faite pour la rehausser. La nullité théologique du clergé gallo-franc, son effacement dans les controverses dogmatiques, son incapacité même dans l'œuvre de conversion des païens de Germanie, qu'il laissera aux Anglais aux VIIe et VIIIe siècles, sont des symptômes trop clairs de sa décadence spirituelle. On peut louer du moins sa grande charité les veuves, les orphelins, les pauvres, les malades, les prisonniers n'ont d'autre ressource que l'aide et les dons de l'église épiscopale administrée par le prélat avec l'aide de l'archidiacre.

Les bienfaits de l'action de l'église pour l'instruction sont aussi à relever. Les écoles publiques subventionnées par l'Etat romain ou les cités disparurent au Ve siècle. Les écoles épiscopales et monastères furent les seuls lieux où se transmirent les débris du savoir antique.

Quant à la vie monastique, en dépit des résistances épiscopales, elle connaît un succès inouï. De toutes parts s'élèvent des cloîtres d'hommes et de femmes. Ces fondations sont le fait des rois, des reines, des grands, des évêques mêmes. La richesse du clergé s'accroît sans cesse au cours des VIe et VIIe siècles. Jamais les monastères ne paraissent avoir connu semblable fortune.

La grande œuvre religieuse de l'époque, c'est la fondation des paroisses rurales. Tant que la seule église où l'on pût conférer les sacrements fut l'église cathédrale de la « cité », le christianisme ne fut qu'un vain mot dans les campagnes. L'établissement de basiliques dans les villages libres, les *vics*, ne fut qu'un palliatif insuffisant, car le chiffre de ces localités ne semble pas dépasser le millier, alors que les paysans vivent en majorité comme colons ou serfs dans les domaines des grands, peut-être au nombre de 50.000 pour la seule Gaule. Mais, au cours de notre période, les grands propriétaires laïques et ecclésiastiques s'appliquent à construire dans chaque domaine, pour les besoins religieux des tenanciers, une église desservie régulièrement par un prêtre ayant pouvoir d'administrer les sacrements (sauf la confirmation). Les revenus d'un fond de terre pourvoient à l'entretien de ce prêtre. Les « paroissiens » forment, dans un but religieux tout d'abord, une vraie communauté de village dont les attributions s'étendront peu à peu aux intérêts de tout genre. On ne saurait exagérer l'importance de cette création à peu près achevée avec l'époque mérovingienne. Là est l'origine du groupement rural, du village, de la commune rurale actuelle.

7

CONCLUSION : LES ASSISES DE LA NATIONALITÉ FRANÇAISE

Rapprochement entre Francs et Gallo-Romains.

On doit faire remonter jusqu'à la fin de la période mérovingienne la conception d'un sentiment national en France, si étrange que l'affirmation puisse paraître tout d'abord.

Que les Francs eussent ce sentiment, la chose va de soi. Mais les Gallo-Romains constituant l'immense majorité de la population ne pouvaient, semble-t-il, éprouver rien de semblable. Ils s'étaient romanisés de langue, de droit, de religion. Le souvenir du passé celtique était aboli entièrement chez eux. Ils se disaient, se sentaient « Romains ». Mais ce patriotisme n'éveillait pas dans les âmes les mêmes résonances que le patriotisme moderne. On savait gré à Rome d'avoir uni dans un même état les populations de l'Europe, ou plutôt du bassin méditerranéen. Et le plus beau chant en son honneur émane (vers 416) d'un homme de Gaule, Rutilius Namatianus, au moment où cependant Rome est si proche de sa ruine « Tu as fait de pays de toutes sortes une seule patrie. » Etre « Romain », cela voulait dire, au fond, appartenir au monde civilisé, plutôt que se sentir de nationalité romaine.

Seulement, quand Rome cessa d'être capitale (en 476), quand l'empereur, symbole de l'unité, résida loin, à Constantinople, de plus en plus étranger au monde latin, dont il finit par oublier jusqu'à la langue (fin VIe siècle), quand la barbarie s'étala et s'imposa, le sentiment romain ne pouvait pas ne pas s'évaporer plus ou moins lentement, conservé seulement chez quelques rares familles « sénatoriales ».

De patriotisme gallo-romain, pas trace, car on ne peut appeler ainsi un particularisme provincial réel, inévitable, mais sans vigueur. D'ailleurs la Gaule, dès le Ve siècle, n'est plus qu'une expression géographique.

Forcément détachés de la nouvelle Rome, si lointaine, n'ayant plus rien de commun avec les boraines qui seuls avaient politiquement le droit de se dire « Romains » et qui n'étaient plus que des étrangers parlant le grec, les habitants de la Gaule ne pouvaient pas ne pas subir l'attraction des nouveaux maîtres du pays.

On a cru longtemps que, juridiquement sinon politiquement, existait une différence entre le Franc et le « Romain », le meurtre du premier étant taxé par la Loi Salique 200 sous d'or, le meurtre du second 100 sous. La véritable explication semble être la suivante : pour les Francs la composition ou *vergeld* (prix de l'homme) est formée de trois parties égales, un tiers doit aller aux héritiers de la victime, un tiers aux parents tenus de la venger en vertu de la *faida.*, un tiers au roi. Le devoir de vengeance étant incompatible avec le droit romain, le second tiers disparaît pour le meurtre du Romain ; par suite il ne reste pour son vergeld que 66 1/3 de sous, plus le tiers du roi, qui n'est plus que de 33 1/3 : au total 100 sous.

La conquête franque a certainement entraîné beaucoup de spoliations et de violences individuelles. Mais, comme le repeuplement de la Gaule du Nord et du Nord-Est par les Francs Saliens et Ripuaires était achevé au moment où Clovis prit le pouvoir, il n'y eut pas lieu à une expropriation, même partielle, des indigènes, comme ce fut le cas lorsque les Lombards s'emparèrent de l'Italie. Par suite, point de ces rancunes tenaces de populations dépouillées de leurs biens-fonds.

Le seul motif de conflit entre les deux peuples eût été d'ordre religieux : il fut levé par la conversion de Clovis au catholicisme.

Ce qui a frappé, au contraire, tous les historiens, c'est la totale égalité politique des Francs et des indigènes. Le roi ne se soucie nullement de la nationalité, de la langue, même de la condition sociale de ceux qui entrent à son service. Ce n'est pas qu'il n'éprouve de violentes antipathies « raciales », mais sa haine se porte contre les Goths, les Alamans, les Thuringiens, les Saxons.

Quant à ses sujets « romains » ils forment la majeure partie de ses armées, ce qui l'oblige à composer avec eux. Ils emplissent sa cour. Il recrute parmi eux, au VIᵉ siècle, la majorité de ces vice-rois, les comtes, auxquels il confie les pouvoirs militaires, aussi bien que judiciaires et financiers dans chaque « cité ».

Lui-même, sans se romaniser entièrement, sans renoncer jamais au titre de « roi des Francs », apprend la langue des « Romains » et quelquefois se risque à écrire des vers latins. La cour est bilingue et il n'en saurait être autrement.

Centre d'attraction obligé pour quiconque veut « faire son chemin » dans la voie ecclésiastique comme dans la voie laïque, le palais du Mérovingien est un creuset où vont se fondre peu a peu les contrastes entre indigènes et nouveaux venus.

Que les grandes familles gallo-romaines aient confondu leurs intérêts avec celui des familles franques avec lesquelles les unions commencèrent dès le milieu du VIᵉ siècle pour le moins, que ces intérêts communs, après avoir été au service de la royauté se soient retournés contre elle, par suite que les classes dirigeantes indigènes se soient senties « franques » et d'assez bonne heure, rien d'étonnant.

On est plus surpris de voir que la masse des indigènes, des hommes libres bien entendu, ait fait de même. Ils se jettent dans les luttes des Mérovingiens. Ils se combattent furieusement, même les Aquitains, selon qu'ils appartiennent aux « royaumes » d'un Sigebert, d'un Gontran, d'un Chilpéric. Que leur importait ces compétitions! Mais les hommes ne peuvent se contenter de vivre penchés sur le labeur quotidien. S'ils sont privés de vie politique véritable, ils se rabattent sur n'importe quoi. Dans tous les temps, dans tous les pays, on les voit s'intéresser à l'existence des puissants, fussent-ils des princes étrangers, et se passionner pour leurs querelles, à nos yeux stupides et odieuses. Et puis, dans la Gaule, il y a sans doute une influence « raciale ». Pour perdre leur, langue, pour oublier leur passé, ses habitants n'ont pas changé de caractère et ce caractère n'avait rien de pacifique.

S'intéressant à la vie franque, participant aux guerres, participant aussi à la vie judiciaire du *mall* régional, les populations gallo-romaines en vinrent à se sentir franques.

S'étant sentis « Francs », ils se dirent *Francs*. C'est un fait certain que, au VIIIe siècle, toute la population de la Gaule septentrionale se disait et se croyait franque. Il en eût été partout de même si, comme on l'a vu, l'Aquitaine, morcelée pendant deux siècles, n'avait constitué à cette date une unité politique sous l'action d'une dynastie de ducs étrangers. Les habitants de cette région, qui n'a pas vu d'établissements francs, sont encore qualifiés Romains dans un capitulaire de 768, mais c'est le dernier témoignage de l'emploi de ce terme pour une fraction de la Gaule.

Si étrange que cela paraisse, nos ancêtres, à travers tout le moyen âge et jusqu'à la naissance de l'érudition historique, sous Louis XIV, ont cru être issus des Francs. Nulle idée de leurs véritables origines, totalement oubliées.

Nous savons, nous, que les Francs étaient de race germanique et que le langage que nous parlons continue le latin vulgaire, se transformant au cours des siècles, non le francique représenté aujourd'hui sous la forme évoluée du flamand. Nos ancêtres ne savaient rien de tel. Les problèmes linguistiques qui nous passionnent ne les intéressaient en aucune manière, et d'ailleurs, la science du langage n'existant pas encore, ils eussent été incapables de les résoudre.

Quant à l'origine des Francs elle avait préoccupé des clercs. Au VIIIe siècle ils inventèrent que les Francs étaient issus des Troyens, et cette belle découverte fut acceptée avec enthousiasme par nos chroniqueurs et littérateurs jusqu'au XVIIe siècle! Ne soyons pas trop surpris. Grégoire de Tours, né sous le règne des fils de Clovis, ne sait rien d'assuré sur le pays d'origine des Francs : « Certains les font venir de Pannonie » (*sic*).

Influences réciproques

Les deux idiomes, le latin, le germanique, se sont fait nombre d'emprunts réciproques pour 1e vocabulaire s'entend, car la structure grammaticale d'une langue est inaccessible à celle d'une langue étrangère. C'est chose bien connue que le français a emprunté au francique des termes de guerre et de commandement, des noms d'armes et de vêtements, d'ameublement, divertissement, nourriture, etc., et aussi des mots désignant des parties du corps (échine, hanche, lippe, etc.), des animaux (en quantité), des plantes et baies (roseau, fraise, framboise, groseille) ; l'aspect du sol (bois, lande, haie, jardin, jachère). Plus significatifs encore d'une influence profonde sont les points cardinaux (Nord, Sud, Est, Ouest) ; les couleurs (blond, blanc, blême, gris, fauve) ; enfin des termes d'ordre moral, substantifs (honte, orgueil), adjectifs (joli, laid, hardi, frais, franc, riche) ; des verbes (choisir, effrayer, honnir, hâter, haïr, épargner, tricher, gagner, garder, épargner). Tous ces mots sont devenus consubstantiels à la langue française et ne périront qu'avec elle.

Les emprunts du germanique au latin sont également très importants, mais il n'est pas aisé de faire le départ des mots qui ont été empruntés à notre époque et de ceux qui l'étaient déjà au temps de la domination romaine.

Un indice qui ne trompe pas sur le prestige des Francs c'est que les indigènes, du haut en bas de l'échelle sociale, abandonnent leur nom romain, comme six ou sept siècles auparavant ils avaient laissé tomber leur nom celtique pour des noms romains. Ces noms s'adaptent ensuite à la langue romane, notre français, d'où Arnoux, Aubert, Bernard, Baudouin, Baudry, Guinemer, Gilbert, Geoffroy, Guillaume, Ferry, Landry, Richard, etc., Berte, Mahaut (Mathilde), Alaïs (Adélaïde), etc. Au contraire les Francs ne prennent pas de noms romains, sauf parfois lorsqu'ils entrent en religion.

Pour le droit l'influence germanique est très sensible : système du *vergeld*, des ordalies (épreuves du feu, de l'eau) ; recul du testament, des droits de la femme. Par contre, l'acte écrit, la *carta*, se répand chez les Germains.

Le droit romain, qui n'est plus entretenu par une législation depuis le milieu du Ve siècle, tombe au niveau d'une « coutume ». Il ne persistera dans la pratique qu'au sud de la Loire et même au sud d'une ligne allant de l'embouchure de la Charente à la Bresse. Au nord de cette ligne le droit franc gagne sans cesse du terrain.

Quant à l'Eglise, même en pays germanique, elle demeure, en tant que corps, soumise au droit romain.

La nationalité franque

De la fusion des familles, du rapprochement des intérêts et des sentiments, est née, dès le VIIIe siècle, une nationalité franque.

Elle ne cadre nullement avec les limites dites « naturelles » de la Gaule. L'Aquitaine lui a échappé. La Bourgogne méridionale (au sud de Lyon) et la Provence tendent visiblement à l'autonomie. La Bretagne vit d'une vie à part.

La nationalité franque a pour domaine propre la région qui va de l'embouchure de la Loire au Rhin et même un peu plus loin, la vallée du Main. Elle ne repose donc ni sur l'unité de race, ni sur l'unité de langue. Si les unions matrimoniales ont dû mêler les sangs dans les hautes classes, la masse de la population se distingue ethniquement. Le monde germanique s'est approprié tout ce qui est au nord d'une ligne qu'on tirerait de Calais à Liége, à l'est d'une autre ligne allant de Liége à Metz ; puis suivant la crête des Vosges, puis le pied du Jura, enfin la haute vallée du Rhône.

Linguistiquement il s'opère un partage plus net qu'au VIe siècle. Dans les régions au sud et à l'ouest des lignes qu'on vient de tracer, les Francs, quelque temps bilingues, oublient le francique pour ne plus user que de la *lingua romana* des populations indigènes. Francs de l'Ouest et Francs de l'Est ne se comprennent plus, sauf à la cour où le bilinguisme ne peut pas ne pas persister.

Et tout cela n'a aucune importance aux yeux des contemporains. Le sentiment national franc domine tout.

Toutefois, il est inévitable que, si des vicissitudes historiques viennent à séparer Francs de l'Est et Francs de l'Ouest, cette communauté nationale ne pourra subsister indéfiniment. En quelle partie du *Regnum Francorum* devra persister le sentiment national franc? *A priori* à l'Est. Mais l'Histoire se moque des *a priori*. Contre toute vraisemblance, il se conservera à l'Ouest. C'est là que le sentiment national franc aura sa continuation, sans interruption aucune, dans le sentiment national français. De telle sorte que si la nationalité franque n'est pas la nationalité française, du moins elle la préfigure.

LES CAROLINGIENS

Charlemagne, A. Dürer, 1513

1

CHARLES MARTEL

Charles Martel, le sauveur, le nouveau fondateur du *Regnum* des Francs, ne prit pas le titre de roi. Cependant il agit en roi. Il ne s'embarrasse pas d'un collègue même fictif, un maire du palais de Neustrie ; c'est inutile, ce pays, ou plus exactement l'aristocratie de ce pays, a été brisé. Le Mérovingien, Thierry IV, n'est qu'une ombre ; quand il meurt (737), Charles ne le remplace même pas. Il juge, il gouverne seul, se contentant du titre de majordome. Il concentre entre ses mains tous les pouvoirs, car sa tâche est rude. Il lui faut remettre ou mettre sous l'autorité franque les Germains, Alamans, Thuringiens, Bavarois, Saxons, Frisons, et aussi les Aquitains et aussi les gens de « Bourgogne » et de Provence. Chaque année il doit faire campagne au Nord, à l'Est, au Sud, au Sud-Est.

S'il réussit à mater Alamans et Frisons, il dut laisser à la Bavière un duc particulier. Il ne put venir à bout d'Eudes d'Aquitaine. Il lui fallut l'aide des Lombards pour écraser le patrice de Provence révolté.

L'épisode le plus célèbre de son principat fut sa victoire sur les Arabes. A peine maîtres de l'Espagne, les Musulmans, Arabes et Berbères, franchissant les Pyrénées orientales, s'étaient emparés de la Septimanie « gothique » (721-725). Puis ils s'étaient attaqués au duc d'Aquitaine. Vaincu, Eudes implora le Franc. Une expédition importante dirigée par le gouverneur (*wali*) même d'Espagne, Abd-er-Rhaman, entra en Aquitaine et se dirigea sur Tours, évidemment pour piller le trésor de saint Martin. Charles se porta à sa rencontre près de Poitiers et le mit en déroute : Abd-er-Rhaman périt (octobre 732).

Cependant l'Islam ne se découragea pas. Les populations de Septimanie, même de Provence, semblent avoir préféré les Infidèles aux Francs. Charles dut aller batailler en Septimanie et en Provence. Il remporta une victoire sur l'étang de Berre, mais échoua au siège de Narbonne (737). En se retirant il fit de la Septimanie ou « Gothie » (notre Languedoc) un désert.

On ne saurait trop exagérer l'importance de la lutte de Charles contre les « Sarrasins ». Sans ses victoires, il n'y a pas de doute que l'Aquitaine et la vallée du Rhône seraient devenues des pays musulmans, comme l'était l'Espagne.

Pour mener à bien ces expéditions incessantes et lointaines, Charles eut besoin de quantité d'hommes de guerre, de cavaliers surtout. Où trouver les ressources nécessaires à leur entretien? L'impôt avait cessé d'être perçu pratiquement ; les domaines des Mérovingiens étaient dissipés, ceux mêmes des Carolingiens eussent été insuffisants. Restait un grand corps, et qui ne versait rien, l'Eglise. Evêchés et monastères avaient obtenu, au cours du siècle précédent, des diplômes d'immunité, dispensant du paiement de l'impôt et de taxe quelconque l'ensemble de leur fortune immobilière. De cette fortune, devenue considérable, rien n'allait plus au service de l'Etat. Sans s'inquiéter de légalité, Charles Martel, pressé par les nécessités de la situation, prit des mesures radicales. Il installa des guerriers à lui sur les sièges épiscopaux et monastiques et se fit concéder par ses créatures une partie énorme des biens fonciers du clergé pour l'entretien de la cavalerie franque. Jamais le clergé de Gaule ne lui pardonna et sa mémoire demeura en exécration au cours des siècles.

Ce rude et impitoyable guerrier était cependant un homme pieux. C'est grâce à son appui que l'Anglais Winfrid (saint Boniface) put, à partir de 719, achever l'organisation du christianisme dans la vallée du Rhin et du Main et fonder des évêchés en Bavière.

Charles apparaît à la fin de sa vie comme le prince le plus puissant de l'Occident chrétien. Déjà la Papauté, en la personne de Grégoire III, se tourne vers lui et tente, mais vainement, d'obtenir sa protection contre les Lombards.

2

PÉPIN ET CARLOMAN

Peu avant sa mort (octobre 741), Charles avait opéré le partage de l'Etat franc, à la manière d'un roi mérovingien. De ses fils, l'aîné, Carloman, avait reçu l'Austrasie, plus l'Alamanie et la Thuringe ; le second, Pépin, la Neustrie, la Bourgogne, la Provence. Un autre fils, Grifon, né d'une Bavaroise, était gratifié de domaines dans l'Ouest.

Charles mort, l'agitation recommence en Germanie et en Aquitaine Carloman et Pépin jugent prudent de mettre sur lé trône un Mérovingien, Childéric III, le dernier et le plus inconnu des « rois fainéants ». Bien que les deux frères eussent agi de concert, le désaccord fut peut-être survenu entre eux, mais, au bout de six années, Carloman renonça au pouvoir. La piété, innée dans sa famille, qui comptait des saints parmi ses ancêtres (ainsi saint Arnoul de Metz, sainte Gertrude de Nivelles) l'entraînait vers l'Italie il fonda un monastère sur le mont Soracte et s'y rendit moine.

3

PÉPIN ROI.

Pépin se décida alors à franchir le pas et à prendre le titre royal. Pour justifier son usurpation il l'appuya sur la plus haute autorité morale de l'époque, la Papauté. Zacharie, qui prévoyait que Rome aurait bientôt besoin des Francs, répondit « Mieux vaut appeler roi celui qui a le pouvoir royal que celui qui a ce titre sans en avoir le pouvoir. » Pépin convoqua, à Soissons, l'assemblée des grands qui l'élut roi à l'extrême fin de l'année 751.

Une innovation capitale s'introduit à cette occasion, le sacre. Le Mérovingien ne tenait son pouvoir que de la tradition, mais nulle cérémonie religieuse ne l'avait jamais justifié. Pépin chercha pour sa dynastie une consécration d'ordre spirituel. Un seul précédent s'offrait à lui, celui que présentait l'Ancien Testament pour les rois d'Israël : ils recevaient l'onction sainte. Pépin la reçut des mains de ses évêques, à la tête desquels se plaça saint Boniface que la papauté avait fait « archi-évêque de Gaule et de Germanie ». Dès lors le Carolingien est un « Christ » au sens biblique du terme. Son pouvoir est plus qu'une autorité de fait. Il exerce une sorte de sacerdoce laïque. Sa race est proclamée « chose sainte ».

Peu après il fallut payer la réponse de Zacharie. Le roi des Lombards, Aistulf, enleva les dernières possessions de l'Empire byzantin en Italie. Rome seule lui échappait encore. Le nouveau pape, Etienne II, épouvanté, tenta de négocier avec Aistulf, mais en vain. Sans secours à espérer désormais de Constantinople, le pontife quitta Pavie le 25 octobre 753, — date fatidique dans l'histoire de l'Italie — et passa les Alpes pour implorer le secours des Francs. Reçu avec un profond respect, il consacra à nouveau de l'huile sainte le roi et aussi ses fils, à Saint-Denis (été de 754). Il conféra à Pépin, de sa propre autorité, le titre de « patrice des Romains». Une courte expédition au delà des Alpes amena la soumission d'Aistulf qui lâcha Ravenne et l'Exarchat. Pépin, conformément à une promesse faite en France, remit ce territoire entre les mains du pape. Il usait de son droit de vainqueur, mais la Papauté s'appropriait ainsi des terres impériales. Telle est l'origine de l'Etat pontifical.

Aistulf manqua à ses promesses. Il fallut, pour l'obliger à céder, une seconde expédition (756).

Restait à achever l'œuvre de restauration du *Regnum* que Charles Martel n'avait pu mener à son terme ultime du côté du Sud. Profitant des dissentiments des maîtres de l'Espagne et favorisé cette fois par la population, Pépin s'empara de Nîmes, de Béziers, enfin enleva Narbonne, la dernière place des Musulmans en Gaule (759).

Cependant l'Aquitaine restait irréductible sous son duc Gaifier, successeur de Hunaud. Il fallut diriger contre lui chaque année une expédition, de 760 à 768, pour avoir raison de sa résistance. Vainqueur, Pépin promulgua à Saintes un capitulaire pour réorganiser le pays et apaiser les ressentiments entre Francs et Aquitains. Il fut moins heureux en Bavière dont le duc Tassillon, d'abord soumis, finit par se rendre quasi indépendant.

A la fin de son règne, Pépin jouit d'un prestige encore supérieur à celui de son père. Il est en relations diplomatiques avec l'Empire byzantin et même le Khalifat abbasside de Bagdad. Il mourut à Saint-Denis, le 24 septembre 768, âgé seulement de cinquante-trois ans.

4

CHARLEMAGNE

Sous les règnes des fils et des petit-fils de Pépin le Regnum Francorum prend une telle extension qu'il fait craquer le cadre où s'enfermait la vie de la France naissante. Retracer les règnes de Charlemagne et de Louis le Pieux ce n'est pas faire, à proprement parler, de l'histoire de France, c'est retracer l'histoire d'un empire éphémère dont la force franque fut, pour peu de temps, le vrai ressort. Aussi ne retiendrons-nous de ces règnes que l'essentiel.

La division de ses Etats opérée par Pépin, quelques jours avant sa mort, était des plus étranges. La part de son aîné Carloman était enveloppée de tous côtés par celle de Charles : elle était à l'intérieur d'un cercle irrégulier formé par une ligne allant du Rhin (un peu en amont de Spire) à Cambrai ; de Cambrai par Noyon, Beauvais, Evreux, le Mans, Tours, Poitiers, Angoulême, Périgueux qu'elle englobait au profit de Charles, elle gagnait la Garonne à Agen ; de là, par Lectoure, elle filait droit aux Pyrénées, atteintes dans la région du Conserans. Charles avait, en outre, presque toutes les régions soumises aux Francs en Germanie. Evidemment son père lui attribuait les parties exposées du *Regnum*. Il était l'aîné, étant né en 742, quatre (ou sept) ans avant que sa mère, Berthe ou Bertrade, eût été épousée par son père. Sa naissance était donc irrégulière, comme celle du grand-père dont il portait le nom.

Les deux frères s'entendaient mal. La grandeur future du règne de Charlemagne eut risqué d'être brisée dans l'œuf si l'unité n'avait été rétablie par suite de la mort de Carloman (771) et de exil de ses enfants que leur oncle dépouilla de leur héritage.

Cependant, en Italie, les affaires de la Papauté allaient de mal en pis. Le nouveau roi des Lombards, Didier, ne tenait aucun compte des engagements de ses prédécesseurs. Sollicité par le pape Hadrien Ier, Charles passa les Alpes, assiégea Pavie et s'empara de la personne de Didier qui fut déporté en France. Charles se proclama « roi des Lombards » (774). En qualité de « patrice des

Romains » il exerça sur Rome un pouvoir mal défini, sans cesse en conflit latent avec le pouvoir pontifical. Sur l'Italie du Sud, sur les princes lombards de Bénévent, son autorité fut toujours illusoire.

La grande œuvre de Charlemagne fut l'achèvement de la conquête de la Germanie par les Francs et la christianisation des derniers païens du pays. La Frise, si longtemps rebelle et païenne, fut soumise (vers 790). Le duché de Bavière disparut (794). La Saxe elle-même fut conquise, mais après trente ans de campagnes acharnées (772-803).

Au cœur de l'Europe, dans la Hongrie actuelle, subsistait un empire tatare, celui des Avars. Il avait été la terreur de l'Europe centrale au VIIe siècle. Affaibli, il était encore redoutable. Des expéditions entreprises par Charles et son fils Pépin et poussées jusqu'au delà du Danube (791, 796) anéantirent la domination avare.

Elle avait pesé sur des populations germaniques, slaves surtout, habitant les Alpes orientales, Styrie, Carinthie, Carniole. L'ensemble fut divisé en deux parties, la première constitua la marche de Carinthie et la seconde fut rattachée à la marche d'Istrie. Mais sur les Croates d'entre Save et Drave la domination franque ne fut jamais que théorique.

Du côté de l'Espagne Charles subit un échec grave. Il avait été appelé par un parti arabe hostile à l'ommeyade Abderrhaman, le fondateur de l'émirat de Cordoue. Le roi franc échoua au siège de Saragosse et au retour, au passage des Pyrénées, à Roncevaux, son arrière-garde fut massacrée. Des chefs illustres périrent : Eggihard, sénéchal ; Anselme, comte du palais ; Roland, marquis de Bretagne, c'est-à-dire du territoire opposé aux Bretons (Nantes, Rennes). Ce dernier seul est demeuré dans la mémoire populaire, on ne sait pourquoi.

Cette grave leçon ne fut pas perdue. Trois ans après, Charles organisait l'Aquitaine, conquise depuis si peu de temps, en un royaume dont il gratifia son fils Louis. L'enfant — il avait trois ans — fut mis sous la surveillance de personnages tout dévoués à son père. Ce royaume devait être une barrière contre les Basques transpyrénéens et, au besoin, cispyrénéens (781).

A l'autre extrémité des Pyrénées le roi fut plus heureux. Le nouvel émir de Cordoue, Hescham, lança une armée, en 793, jour reprendre la Septimanie aux Francs. Le marquis Guillaume (le futur moine de Gellone qui sera sanctifié), préposé à la défense du pays, fut battu et mis en fuite sur l'Orbieu (entre Narbonne et Carcassonne). Après ce succès éphémère les Arabes regagnèrent l'Espagne. La riposte des Francs fut irrésistible. De 795 à 802, ils menèrent des campagnes qui aboutirent à la prise de Barcelone. Alors (805) fut constituée la marche de Gothie qui s'étendait du cours inférieur du Rhône jusqu'aux abords de l'Ebre en Espagne.

Depuis le règne de Clovis les petits princes bretons de l'Armorique étaient sujets des rois francs. En fait ils payaient mal ou pas du tout leur tribut. Deux expéditions (799 et 811) soumirent les Bretons, mais pour peu de temps.

5

LE COURONNEMENT IMPÉRIAL

Au moment où s'achevait le siècle, Charles, « roi des Francs et des Lombards, patrice des Romains », apparaissait comme le plus puissant, même comme le seul véritable souverain du monde chrétien. Il semble donc naturel que, le 25 décembre 800, il ait été couronné empereur à Saint-Pierre de Rome.

En réalité l'événement est surprenant. Il a déconcerté même les contemporains. Depuis l'année 476 il n'y avait plus eu d'empereur en Occident. L'Empire romain persistait, puisqu'il y avait un souverain portant ce titre, mais il résidait à Constantinople. Ses prétentions à exercer l'autorité impériale en Occident avaient été détruites en Italie par la conquête lombarde, en Espagne par le redressement de la monarchie visigothique au début du VIIᵉ siècle, en Afrique par la conquête musulmane. En Gaule aucune prééminence, même honorifique, n'avait été reconnue par les Francs à l'Empire dit « romain ».

D'autre part, l'idée de porter à l'Empire un roi Franc était inconcevable, et pour ce roi tout le premier : il ne s'agissait pas de reconstituer l'Empire dit « d'Occident », mais de faire de Charles un empereur universel, régnant aussi bien en Orient qu'en Occident. Le fait que le trône était occupé à Constantinople par une femme, et une criminelle, atténuait à peine le caractère chimérique du projet.

Aussi l'initiative ne vint-elle pas du roi des Francs. Elle semble avoir été le fait du pape Léon III dont la position à Rome était chancelante et qui se cherchait un protecteur qui fût en même temps son obligé. Il est possible aussi, mais non prouvé, que quelques grands ecclésiastiques de l'entourage du roi, férus de souvenirs antiques, aient été du complot. Le roi des Francs était arrivé à Rome, pour tenir une assemblée où Léon III se justifia des graves accusations portées contre lui. Le jour de Noël Charles alla prier à Saint-Pierre devant le tombeau de l'apôtre. Au moment où il se relevait le pape lui imposa sur la tête la couronne impériale, pendant que dans l'église les clercs et des laïques, vivant des secours du Saint-Siège et faisant figure de « peuple romain », entonnaient « A Charles, auguste, couronné par Dieu, grand et pacifique empereur des Romains, vie et victoire ». Après quoi, selon le rite antique, le pape se prosterna devant l'élu.

Charlemagne sortit soucieux de l'église. Il prévoyait des difficultés avec Byzance. Elles ne manquèrent pas de se produire. Après dix années de tension et de luttes armées, on en vint à un accord. L'empereur « romain », le byzantin Michel Ier, écrivant à Charles le qualifia *basileus* : c'était s'incliner devant le fait que là-bas, à l'Ouest, un « Barbare » se parait d'un titre usurpé que les circonstances obligeaient de lui reconnaître. D'ailleurs, au cours des IXe et Xe siècles, les Romains d'Orient n'eurent que haine ou mépris pour le soi-disant Empire romain d'Occident.

Que signifiait le pouvoir impérial pour Charlemagne? La conception première de l'empire, une magistrature suprême en vue du bonheur du peuple romain, avait disparu depuis des siècles. Le seul contenu possible désormais était d'ordre religieux. Charles comprit que Dieu l'avait élu pour le salut du peuple chrétien en ce monde et dans l'autre. L' « imperium » pour lui fut donc un « sacerdoce ». Le caractère ecclésiastique de sa législation s'accusa : ses prescriptions ressemblent à des sermons et le péché contre les lois de l'Eglise est assimilé à l'infidélité.

Cette protection s'accompagne nécessairement d'un accroissement d'autorité sur l'Eglise. L'empereur nomme les évêques, veille à la discipline. Ce qui est plus grave, il intervient dans les questions dogmatiques, et il n'y était déjà que trop porté avant le couronnement impérial. L'empire, soi-disant restauré, glisse vers le césaropapisme, comme en Orient.

L'empereur a pris en charge la Société tout entière. Il entend faire une « Cité de Dieu » ici-bas.

Malheureusement la dignité impériale, tout en créant à l'empereur un devoir surhumain, ne lui fournit aucun moyen de le remplir. Les institutions romaines sont au tombeau en Occident depuis plus de trois siècles et il n'existe aucun procédé pour les ressusciter. Empereur, Charlemagne ne pourra gouverner par d'autres moyens que ceux dont il usait auparavant. Il semble en avoir le sentiment, car, dans sa titulature, il maintient, après la désignation impériale, la formule « roi des Francs et des Lombards ».

De Rome il ne tire qu'un titre. La « Ville » n'est qu'un monceau de ruines habitées par quelques milliers de misérables vivant des commandes et des aumônes du pape. La force est concentrée dans le pays des Francs. Mais la masse du peuple ne semble pas s'être jamais souciée de ce concept, vide de sens pour elle, l'« Empire ».

MOYENS D'ACTION DE CHARLEMAGNE

Quelles sont donc les ressources de gouvernement du souverain carolingien qu'il porte ou non la couronne impériale?

Ces ressources sont médiocres. L'impôt foncier, qui alimente le trésor dans les Etats agricoles sans capitalisme, a disparu ou ne se maintient que sporadiquement. Les taxes indirectes (péages sur les routes, les ports, les ponts, *tonlieux* à l'entrée des villes et aux marchés) sont tout juste suffisantes à entretenir routes, ports, ponts, fortifications. Les amendes judiciaires constituent en partie le traitement des comtes et certainement fort peu, dans la pratique, devait parvenir jusqu'à la caisse centrale.

Le souverain en est réduit à solliciter des « dons ». Grands, ecclésiastiques et laïques, en se rendant à l'assemblée annuelle (*placitum generale*), qui se tient en été, apportent un cadeau au prince. Autant dire que l'Etat n'a pas de finances véritables.

Le souverain et sa cour vivent des produits des domaines ou *villas* du fisc dont il va consommer les récoltes. D'où le caractère ambulatoire du « palais » comme à l'époque mérovingienne. C'est seulement à la fin de sa vie que Charles se fixera à Aix et tentera, mais en vain, d'en faire une sorte de capitale franque.

Sans finances, le Carolingien ne peut solder une armée à la manière des empereurs romains. Il n'en a pas besoin : son armée ne lui coûte rien, en apparence du moins. Comme à l'époque précédente, tout homme libre doit le service militaire à ses frais et pour, une durée indéfinie. En fait il est impossible de retenir au delà de deux ou trois mois des guerriers qui sont en même temps des propriétaires ruraux, obligés de surveiller leurs domaines et de veiller à leurs récoltes. C'est ce qui explique la répétition interminable des expéditions de Charles Martel, Pépin, de Charlemagne menées dans toutes les directions. A peine a-t-on bataillé, qu'il faut rentrer dans le pays franc pour les nécessités de la vie rurale. L'ennemi se reforme et, l'année suivante, tout est à recommencer. Jamais César n'eût conquis la Gaule s'il avait combattu comme Charlemagne était obligé de faire.

Cette faiblesse organique, irrémédiable, explique pourquoi le Carolingien, dont rien ne limite théoriquement l'absolutisme, exerce un pouvoir précaire en dépit des apparences ; même sous Charlemagne il y eut des complots et des révoltes en *Francia*. Il a soin dans sa législation de faire savoir à ses peuples qu'il prend ses décisions d'accord avec les grands, les *optimates*, tant ecclésiastiques que laïques. Sage précaution, car l'aristocratie austrasienne, qui a porté au trône une de ses familles, celle de saint Arnoul, la surveille et la jalouse, au fond. En dépit des sacres de 751 et 754, le dévouement monarchique ne s'est pas ranimé. Les hommes libres ne sont pas des « citoyens » à la manière antique. Le sentiment d'intérêt général a disparu.

Il faut rendre cette justice aux Carolingiens qu'ils ont compris leur temps et ont adapté leurs procédés de gouvernement aux circonstances. Puisque les hommes n'admettent que les relations d'homme à homme, on gouvernera en s'appuyant sur l'intérêt personnel, mais aussi sur un élément sentimental dont aucune société ne peut se passer. Ce sentiment affectif est constitué alors par la *fidélité*, d'une part, la *protection* de l'autre. Le roi entretient à sa cour des dévoués qu'on commence à appeler des *vassaux*. Ils lui sont liés par le symbole de l'hommage et le serment de fidélité prêté sur les livres saints. Le souverain les comble de faveurs, leur concède des terres du fisc quand il est content de leurs services. Mais il les emploie dans les missions de confiance, les envoie dans les postes périlleux. Leur service armé est particulièrement strict. Richement pourvus de biens-fonds, les vassaux constituent avec leurs hommes — car ils ont à leur tour des vassaux — une cavalerie qui, dès cette époque, est la vraie force de l'armée franque : les simples hommes libres, les *pagès*, réduits à combattre à pied, faute de ressources, sont déjà une piétaille. Le Carolingien a donc auprès de lui et un peu partout, pour sa défense et celle de 1'Etat, une élite de dévoués.

Le reste de la population lui échappe pratiquement. Il le sait. Sans finances, donc sans fonctionnaires véritables, il n'exerce pas d'action réelle sur la majorité de ses sujets. Il ne tient sous son autorité effective que les comtes, les évêques, les abbés, les vassaux royaux, les grands propriétaires, quelques milliers d'hommes. Que les hommes libres, petits et moyens propriétaires, entrent dans le vasselage de cette élite et le roi aura prise sur eux par l'entremise de leurs « seigneurs ». Loin de voir le développement du vasselage d'un mauvais œil, le souverain y pousse autant qu'il peut. De ce que l'homme libre entre en vasselage il ne s'ensuit pas qu'il cesse d'être le sujet du roi ; il le devient même plus effectivement, car son seigneur répond de lui. Nous savons, nous, le danger de cette pratique, nous savons qu'il viendra un joui où, forcé de choisir entre son double devoir de sujet et de vassal, l'homme libre sacrifiera le premier, mais le Carolingien ne pouvait prévoir l'avenir. L'eût-il prévu, qu'il eût persisté dans cette politique, qui seule pouvait le faire vivre, en attendant l'issue fatale qui guette toute forme de gouvernement. C'est une loi de nature que tout régime creuse sa propre tombe.

L'inanité du concept d'Empire se manifeste par la *Divisio regnorum*, de 806. Charlemagne divise éventuellement ses Etats à la façon d'un Mérovingien. Il a trois fils, il fait trois tas, sans aucune considération de convenance quelconque, surtout géographique, sans maintenir le plus petit semblant d'unité, car chaque Etat apparaît indépendant. Il semble que Charles ait considéré l'Empire comme une dignité personnelle qui ne devait pas lui survivre et qu'il ait trouvé normale la dislocation, à sa mort, de l'Europe occidentale et centrale.

Un hasard, la disparition prématurée des aînés de Charlemagne, Charles et Pépin, maintient l'unité de l'Empire. Il ne restait plus qu'un fils, Louis d'Aquitaine. En septembre 813, sentant sa fin approcher, Charlemagne réunit à Aix une grande assemblée qui naturellement acclama l'héritier, puis le père, sans aucune intervention de pape ou d'évêque, imposa la couronne impériale sur la tête de son fils. Il mourut quatre mois après, le 28 janvier 814, dans sa soixante-douzième année.

En dépit de la légende, Charlemagne n'est pas un roi de France, encore moins un roi d'Allemagne. Il n'a pas exercé un véritable gouvernement « impérial », faute d'institutions appropriées. Son Empire est un Etat, non pas déjà féodal, comme on a dit à tort, mais vassalique. A vrai dire c'est moins un Etat qu'un agrégat de peuples juxtaposés temporairement sous une même autorité.

7

LOUIS LE PIEUX ET L'IDÉE D'EMPIRE

L'idée d'unité politique, favorisant l'unité chrétienne, n'existait que dans l'esprit d'une poignée de clercs et peut-être de quelques grands laïques de la cour. Elle n'avait aucune racine dans les masses, ni dans l'aristocratie, et le nouvel empereur devait lui porter les coups les plus rudes, et cela au gré de ses caprices.

Tout d'abord l'idée d'empire parut s'affermir. La titulature du jeune empereur en porte témoignage : « Louis empereur auguste. » Le titre impérial fait disparaître les autres, superflus. Profitant d'un voyage en France du nouveau pape, Etienne IV, Louis se fait couronner par lui (à Reims, octobre 816). Il n'y a pas de doute qu'il croyait affermir son pouvoir par cette consécration. Il ne se doutait pas, à coup sûr, qu'il posait les bases de la théorie qui veut que nul couronnement impérial ne soit valable sans la participation pontificale.

En dépit de sa jeunesse, l'empereur songeait à l'avenir. Il se préoccupait du sort de l'Empire. Il avait trois fils. Devrait-on un jour procéder à un partage égal, à la manière ancienne? Devrait-on maintenir l'unité, en refusant tout pouvoir aux puînés? La constitution ou règlement de juillet 817 tente un compromis entre ces deux tendances contradictoires : l'aîné des fils, Lothaire, aura le titre et la puissance impériale ; les puînés, Louis et Pépin, seront rois, mais leurs Etats ne sont pas constitués de régions franques, mais d'annexes, la Bavière, l'Aquitaine. En temps de paix, comme en temps de guerre, ces puînés doivent rester dans une situation subordonnée à l'égard de l'aîné. Visiblement la tendance unitaire l'emporte dans cette constitution. Elle paraît aussi sage que le permettent les idées du temps. Refuser tout pouvoir aux puînés eût été le plus sûr moyen de détruire l'Empire en provoquant le soulèvement des partisans des jeunes princes.

Quelques années plus tard, en 824, Lothaire, envoyé en Italie, promulgua la

« Constitution romaine » qui rétablissait à Rome l'autorité impériale que son père laissait fléchir.

Le concept d'Empire semblait donc affermi. Pendant une quinzaine d'années Louis parut continuer dignement l'œuvre de son père. Il était un guerrier et sa jeunesse s'était passée à batailler en Espagne et partout. Mais un guerrier vaillant peut être une âme faible. Il allait en donner la preuve.

Veuf, il s'était remarié avec une princesse de la famille des Wolfs, mi-Bavaroise, mi-Souabe, Judith. Elle lui donna un fils, Charles, né à Francfort le 13 juin 823. Quand l'enfant eut six ans, le père lui constitua éventuellement une dotation : elle se composait de pays alamaniques (Souabe, Suisse, Alsace).

Le soulèvement qui éclata en 830 fut occasionné moins par cette donation, qui n'écornait pas sensiblement le lot de l'aîné, que par la crainte, trop justifiée, que l'empereur fût tombé sous l'influence d'une camarilla et mené par l'impératrice.

Ce premier soulèvement ne fut pas de longue durée. Rétabli en 830, Louis renvoya Lothaire en Italie. S'il augmenta, dans un nouveau partage, le lot de son dernier fils, il fit bien davantage encore pour Pépin et le jeune Louis. En fait l'empereur restait tellement soumis aux volontés de l'impératrice et de ses favoris que les trois fils aînés se soulevèrent l'un après l'autre. Les tergiversations, la faiblesse, la piété même de Louis avaient détruit tout respect pour le pouvoir. Dans les conciles de 829 les évêques avaient poussé l'indépendance et l'imprudence jusqu'à proclamer le sacerdoce véritable, l'ecclésiastique, supérieur à l'autorité spirituelle du souverain. Le monde ecclésiastique commit enfin une lourde faute il arracha au malheureux souverain son abdication sous prétexte de péchés (à Saint-Médard de Soissons, octobre 833), après que, abandonné de tous, même du pape Grégoire IV, il eût été fait prisonnier en Alsace, au « Champ du mensonge ». L'autorité impériale était la seule sauvegarde de l'Eglise contre la violence et la cupidité de l'aristocratie laïque : le haut clergé ne le comprit pas.

Lothaire ne tarda pas à se rendre odieux et Louis le Pieux fut rétabli (1er mars 834). Le malheur ne le corrigea pas. Sous l'influence de Judith il augmenta aussitôt la part de territoire concédée à Charles. Quand Pépin mourut (838), l'empereur donna au détriment des enfants que laissait celui-ci, l'Aquitaine à Charles. Mais la rage de Louis le Germain était à redouter. Judith inquiète se réconcilia avec Lothaire. Celui-ci aura, au décès de l'empereur, outre l'Italie, tout ce qui est à l'Est du Rhône, de la Saône, de la Meuse (839). Tout ce qui est à l'Ouest sera pour Charles, le Germanique ne conservant que la Bavière (839).

8

DISSOLUTION DE L'EMPIRE

La mort de Louis le Pieux, à Ingelheim, sur le Rhin (20 juin 840), amena un renversement de la situation. Lothaire veut tout pour lui. Alors Charles et Louis le Germanique se rapprochent. A Fontenoy-en-Puisaye, au sud d'Auxerre, ils battent Lothaire, le 21 juin 841. Leur succès n'est pas décisif. Tout est à recommencer. A Strasbourg, le 14 février 842, Louis et Charles se jurent assistance mutuelle. Chose significative, Louis le Germanique prête serment en langue romane, — c'est déjà du français — pour rassurer l'armée de son frère, composée de Francs de l'Ouest, et Charles fait de même en langue germanique pour les sujets de son frère. Lothaire s'enfuit vers Chalon-sur-Saône. Après de longues négociations l'accord des trois frères s'établit à Verdun en août 843.

L'Empire est divisé en trois. La part de Lothaire est déterminée à l'avance. Il est l'aîné, il a été associé jadis à l'Empire (823). Il aura donc l'Italie et l'Austrasie. Pour relier ces deux territoires il lui faut la vallée du Rhône. La limite à l'Est sera le Rhin. Cependant Louis, qui obtient toute la Germanie, ne peut admettre d'être privé de la grande métropole de Mayence ; il l'obtient avec les évêchés suffragants de Worms et de Spire, mais il abandonne à Lothaire la partie de la Frise à l'Est du Bas-Rhin.

A l'Ouest la Saône, la Meuse, l'Escaut marquent la séparation de l'Etat de Lothaire et de celui de Charles.

Ce partage est un progrès si on le compare à ceux des trois derniers siècles et davantage. Ce n'est pas que l'on ait compris le moins du monde qu'il convenait de tenir compte de la langue et de la race des sujets du *Regnum* et aussi de la géographie. Les circonstances ont imposé cette division. Et certainement personne ne l'a cru définitive.

Elle devait l'être pour un grand nombre de siècles, en ce qui concerne le royaume occidental, le royaume de France. Nous pouvons trouver absurde que ce royaume ait été privé de la vallée du Rhône, qu'il ait eu pour frontière la Saône et non le Jura, la Meuse supérieure au lieu des Vosges, l'Escaut au lieu du cours total de la Meuse. Nous savons qu'il y aura là une source de conflits sanglants, interminables au cours des siècles. Les contemporains — est-il besoin de le dire — ne prévoyaient rien de tel.

D'autre part, cette mutilation a eu un résultat immense et dont les contemporains n'ont pas eu non plus le sentiment, c'est de permettre la naissance ou la renaissance d'une nationalité. Limité, le royaume de France occidentale n'a compris que des populations de langue romane, exception faite de la Flandre flamande et de la partie bretonne de l'Armorique. En dépit des divergences dialectales et du particularisme provincial, le nouveau royaume est donc susceptible d'acquérir un jour une homogénéité, une conscience commune, chose impossible à l' « Empire », fait de pièces et de morceaux hétérogènes.

L' « Empire » était mort, mort à jamais, car les tentatives de Charles le Chauve (875) et de Charles le Gros (881) pour le ranimer eurent la durée d'un éclair ; et l'Etat de ce nom constitué par Otton Ier en 962, n'ayant jamais pu embrasser la France occidentale, sera, de fait, un grand royaume germanique, mais non la somme des royaumes chrétiens.

La disparition de l'unité impériale, remplacée par trois Etats indépendants, ne laissa pas de susciter des regrets. Les trois frères eurent ou voulurent donner l'illusion d'une continuité idéale. Il fut convenu qu'ils se réuniraient de temps à autre pour traiter du bien de la Société chrétienne. Entre eux devait s'établir le régime de la « Fraternité ». Il va sans dire que ces réunions furent stériles ou, qui pis est, l'occasion de ligues de deux contre un.

LES PREMIERS ROIS DE FRANCE

Charles le Chauve, C. De Steuben, 1840

1

CHARLES LE CHAUVE

Sa personnalité.

Le nouveau roi, le premier véritablement roi du royaume de France, plus exactement de France occidentale, car les deux autres portions ne perdirent définitivement l'appellation « France » qu'au x siècle, — Charles, n'avait que vingt ans. Fils d'un père mi-franc ripuaire (par Charlemagne), mi-alaman (par sa mère Hildegarde), d'une mère, Judith, mi-alamane, mi-bavaroise. Charles est pour nous un pur Allemand. On l'eût fort surpris si on lui eut dit. Il n'eût pas compris la notion d'Allemagne n'ayant commencé à poindre dans la conscience des peuples qu'au Xe siècle . Lui-même se considérait uniquement comme un Franc et, à ce titre, s'estimait, comme ses ancêtres, supérieur aux autres peuples.

Il n'était pas destiné à être roi de France. Sans la tendresse de sa mère, sans la faiblesse de son père, il eût régné sur un état alamanique, formé de la Souabe, de l'Alsace, de la Suisse. En Occident, en Neustrie, en Aquitaine surtout, il fit l'effet longtemps d'une manière d'intrus. Les graves difficultés qu'il rencontra pendant tant d'années viennent de là : ce n'est pas lui qu'on attendait comme souverain. Sa naissance avait été le signal des déchirements de l'Empire. Son existence excitait chez certains un sentiment d'inquiétude : il portait malheur.

Le jeune prince eût été abandonné au lendemain de la mort de son père, si un parti, dirigé par le sénéchal Alard, n'avait eu confiance en ses capacités. Son cousin Nithard, auquel on doit l'histoire de ces temps, nous dit que ce parti s'attacha à lui parce qu'il donnait les plus hautes espérances. Il le dépeint de taille moyenne, mais de belle apparence, apte aux exercices du corps, courageux, généreux, à la fois avisé et éloquent, comme son frère le Germanique. Et cependant nul roi peut-être n'a été aussi vilipendé que Charles le Chauve. On n'a égard qu'aux malheurs de son règne, à ses défaites, à l'apparition du régime féodal, sans réfléchir qu'il avait été aux prises avec les pires difficultés. La décomposition de l'Etat était un phénomène politique et social qui s'opérait en France avec la puissance irrésistible d'une force de la nature. On incrimine son impuissance contre les Normands, mais ses frères, ses neveux, les rois anglais, irlandais, les khalifes de Cordoue, ont-ils été plus heureux contre ces barbares? En réalité nul autre n'eût pu faire mieux que lui.

Charles a lutté avec une ténacité indomptable contre des conjonctures formidables ; il a réussi finalement à surmonter la plupart d'entre elles. Quand le pape Jean VIII eut l'illusion qu'un nouvel empereur pourrait sauver la chrétienté, c'est sur lui qu'il a jeté les yeux. Enfin il n'est pas douteux qu'il fut le plus cultivé des princes carolingiens.

2

LA CONQUÊTE DU POUVOIR.

Après le traité de Verdun Charles eut à conquérir le royaume qui lui était attribué. Tâche ingrate! Bretons et Aquitains ne voulaient pas le reconnaître et la fidélité des Neustriens fut toujours des plus douteuses. Charles n'eut guère d'autres ressources que celles qu'il tira de la *Francia* (entre Seine et Meuse) et du Nord de la Bourgogne, c'est-à-dire d'un tiers peut-être de son royaume.

Contre les Bretons il fut constamment malheureux. Battu par Nominoé à Ballon (845), battu par Erispoé à Juvardeil (851), il dut céder la « marche », c'est-à-dire Rennes, Nantes et même un instant le pays jusqu'à la Mayenne. Il s'accorda avec Salomon mais dut lui reconnaître le titre royal, moyennant promesse d'un tribut et d'une fidélité chancelante.

Il fut plus heureux contre le prétendant au royaume d'Aquitaine, Pépin II, mais au prix de luttes ou de négociations interminables. En 864 enfin, Pépin fut livré par les siens et interné. Cependant, pour ménager les sentiments particularistes des Aquitains, le roi leur donna successivement comme roi son fils Charles, puis, après la mort de celui-ci (866), Louis.

3

LA LUTTE CONTRE LES
NORMANDS

L a lutte contre les Normands lui coûta des peines infinies et lui valut les plus cruelles humiliations.

Les incursions des pirates danois redoublèrent d'activité après la mort de Louis le Pieux. De 841 à 843, Rouen, Quentovic (Etaples), Nantes sont pillés et incendiés par les hommes du Nord. En 845 c'est Paris, alors contenu dans l'île de la Cité, qui est emporté. L'armée franque, réunie sous Saint-Denis par le roi, n'a pas osé combattre. Il faut verser 7.000 livres d'argent au poids pour obtenir la retraite des pirates.

L'année suivante ceux-ci s'en prennent à la Bretagne dont le duc Nominoé est trois fois vaincu. Ensuite Bordeaux, Melle, Périgueux sont emportés. De 849 à 851 c'est le Nord (le Ternois, le Mempisc, Gand, Beauvais, Rouen) qui est dévasté.

En 852, Charles s'unit à son neveu Lothaire pour assiéger les pirates réfugiés dans une île de la Seine. Il n'en est pas moins obligé d'acheter, une fois de plus, la retraite des envahisseurs.

Quittant la Seine les Normands s'installent sur la Loire, pillent et brûlent le sanctuaire de Saint-Martin de Tours, remontent le fleuve jusqu'à Orléans. Ils sont maîtres de la Loire.

Une partie revient sur la Seine et tient le fleuve depuis l'embouchure jusqu'à Paris et Melun. La cathédrale de Paris, les abbayes de Saint-Germain-des-Prés et de Sainte-Geneviève sont détruites ; Saint-Denis se rachète à prix d'argent. Les païens se répandent de tous côtés et massacrent les évêques de Chartres, de Bayeux, de Beauvais, de Noyon. L'occupation dure de 856 à 862. La situation du roi est tragique. L'armée, une fois de plus, refuse d'engager le combat. Louis le Germanique, profitant des embarras de son frère, entre en France et oblige Charles à fuir au moment même où il tenait à sa merci les Normands bloqués dans une île de la Seine.

Le roi de France se tira d'affaires à force de ténacité et d'habileté. Des secours puisés en Bourgogne lui permirent de chasser le Germanique. Il opposa à prix d'argent Danois à Danois. Finalement il libéra le bassin de la Seine. Il crut même pouvoir le mettre à l'abri de toute invasion en barrant le fleuve par un pont fortifié tendu entre Pitres et Pont-de-l'Arche.

Contre les Normands de la Loire il ne put rien. Le marquis préposé à la défense du pays, Robert le Fort, l'illustre ancêtre des Capétiens, réussit mal dans sa tâche : tantôt il achète les Barbares, tantôt il lutte péniblement contre eux ; il finit par se faire tuer (866). Le roi des Bretons, Salomon, n'est pas plus heureux. Quant à l'Aquitaine elle ne cessa d'être sillonnée et dévastée par les Normands jusqu'à la fin du siècle.

En 875 les pirates reparaissent sur la Seine. Le souverain est à l'article de la mort. A peine convalescent il est appelé au secours de la papauté par Jean VIII. Pour assurer ses derrières pendant son expédition en Italie il achète encore à prix d'argent la retraite des Normands (juin 877).

4

L'ORGANISATION MILITAIRE

Les contemporains n'ont rien compris à l'impuissance des Francs — des trois royaumes — contre les Normands. Les causes ne sont pas impossibles à pénétrer. La tactique des pirates a consisté d'abord à s'installer dans les îles de la mer ou fluviales, à débarquer par surprise dans les ports de mer, à remonter les fleuves. Impossible de s'y opposer : l'empire franc n'a jamais eu de vraie flotte de guerre.

La capture des villes n'est pas difficile. Les vieux remparts romains élevés au IIIe siècle, non entretenus, sont tombés en poussière. Ce n'est pas avant la fin de son règne que Charles pourra commencer à les relever pour quelques villes, ce qui permettra bien vite de résister, ainsi à Paris, ville ouverte pratiquement jusque-là.

Surtout l'organisation militaire ne permet pas de rassembler rapidement un nombre d'hommes suffisant. Nous rendons-nous compte qu'une flotte normande de 100 voiles, c'est-à-dire de 4.000 à 5.000 combattants, écrase tout sous le nombre?

Pendant dix siècles, jusqu'à la Révolution française, la masse de la population, paysans, artisans, bourgeois ne se bat pas : cet honneur lui est refusé et il faut avouer qu'elle ne le recherche pas. Depuis l'arrivée des Francs, seuls les hommes libres propriétaires doivent le service militaire et, à partir du VIIIe siècle environ, parmi eux seuls ceux qui sont assez riches et assez exercés pour combattre à cheval ont une valeur guerrière ; l'infanterie n'a plus qu'un rôle de soutien. C'est dire que dans chaque *pagus* le contingent de *pagès* (*pagenses*) que pourra lever le comte est infime : quelques centaines de cavaliers et de fantassins. Avant qu'il ait pu grossir sa troupe du contingent des *pagus* voisins, l'ennemi l'a bousculé sous des forces très supérieures. L'armée nationale elle-même, l'*ost* des Francs, est fort peu nombreuse. N'oublions pas que le roi, au cours des siècles, n'a jamais commandé effectivement qu'à une faible partie de son royaume et que la convocation à l'armée était mal obéie ou point du tout. Quand on voit l'armée de Charles le Chauve, commandée par des chefs illustres, tel le comte Robert le Fort, tel le comte Eudes, refuser le combat, c'est peut-être tout simplement parce qu'elle se savait dans un tel état d'infériorité numérique qu'elle allait au désastre. Et la misérable faiblesse de Charles le Gros en 885-886 s'explique peut-être par la même raison.

Si l'on ajoute que Louis le Pieux dut céder une des provinces les plus commerçantes de l'Empire, la Frise, à des aventuriers danois, si l'on se rappelle que l'Angleterre et l'Irlande sont conquises morceaux par morceaux par les Danois et les Norvégiens, on s'étonnera moins de l'impuissance de Charles le Chauve vis-à-vis de ce terrible adversaire. Le contraire eût tenu du prodige.

5
MAINMISE SUR LA LOTHARINGIE

Le régime de la « fraternité » ne fut qu'un rêve. Avant même la mort de leur persécuteur, Lothaire (855), Charles et Louis le Germanique étaient désunis. En 853 le Germanique avait laissé son fils Louis le Jeune se poser en candidat au trône d'Aquitaine. En 858, profitant de l'éloignement de son frère Charles, retenu au siège de l'île d'*Oscellus* où il bloquait les Normands, le Germanique avait tenté de s'emparer de la France occidentale, où il avait de puissantes complicités. L'opposition de l'archevêque de Reims, Hincmar, fit échouer ce dessein. En 876 encore, jaloux de son frère, retenu par son couronnement comme empereur, Louis envahit son royaume.

A la mort de Lothaire (855) son Etat, de structure très lâche, s'était partagé en trois. A l'aîné, Louis II, était revenue l'Italie avec le titre impérial. Au dernier, Charles, la vallée du Rhône. A Lothaire enfin un pays correspondant en gros à l'antique Austrasie. Mais serrée comme dans un étau entre deux voisins plus puissants, cette région qui avait dominé et la Gaule et l'Europe depuis 687, va devenir l'enjeu des convoitises de ses voisins.

Charles le Chauve et Louis le Germanique n'ont été d'accord que pour contrecarrer les desseins de leur neveu Lothaire II, qui, sans enfant de sa femme légitime, voulait assurer sa succession par une nouvelle union. A sa mort (en 869), Charles tenta de s'approprier la région d'entre Meuse et Rhin qu'on commence à appeler *Lotharingie* (d'où *Lothringen* en allemand, *Loherraine*, *Lorraine* en français) et se fit couronner roi à Metz. Mais son frère montra les dents et un accord se fit à Meerssen, en aval de Liége, le 8 août 870. La frontière orientale du royaume de France occidentale s'étendit sensiblement vers l'Est et suivit le cours inférieur de la Meuse, comme en 839, mais Charles dut abandonner Metz à son frère. En revanche il cueillit dans la succession du défunt Besançon, Lyon, Vienne, Grenoble.

Ce partage de Meerssen était loin d'être parfait. Il laissait subsister des enclaves peu judicieuses. Néanmoins, avec des retouches il eût pû, dès l'aube de leur existence, concilier les futures prétentions de la France et de l'Allemagne sur la région intermédiaire. Malheureusement ce traité n'eut qu'une existence éphémère. Une tentative de Charles, en 876, après la mort de son frère, pour s'emparer de l'ensemble de la Lotharingie échoua piteusement. Au contraire ce fut Louis le jeune, roi de Saxe, qui, en 879, profitant de la faiblesse des petits-fils de Charles le Chauve, se fit céder l'ensemble au royaume de Lorraine. Il est vrai que, à la mort du dernier Carolingien allemand, en 911, les grands de ce pays reconnurent le seul descendant de Charlemagne, le roi de France Charles III dit le Simple, mais cette union ne dura pas. Quand Charles III eut été dépossédé en 923, les Lorrains, ne voulant pas de son successeur, le Bourguignon Raoul, se tournèrent vers Henri de Saxe, roi d'Allemagne. La Lorraine fut dès lors unie à ce pays. Elle conserva quelque temps son individualité ; ainsi Otton II fut couronné roi de ce pays en 961. Mais la division de la contrée en deux duchés, dont les limites allaient d'Est en Ouest et non du Nord au Sud, ce qui eût séparé les deux langues en usage, devait peu à peu effacer son individualité. Quelques tentatives des derniers Carolingiens, Lothaire et Louis V, pour revendiquer leurs droits sur le pays berceau de leurs ancêtres, en 977 et 985, échouèrent. La nouvelle dynastie capétienne ne songea pas sérieusement à relever ces prétentions. Si bien que la frontière du royaume de France resta fixée à celle que lui avait assignée le traité de Verdun et ne bougea plus jusqu'au XIVe siècle.

6

CHARLES LE CHAUVE EMPEREUR

S i Charles le Chauve s'était montré conciliant avec son frère au traité de Meerssen, s'il avait lâché Metz, mais s'était fait reconnaître Besançon, Lyon, Vienne, Grenoble, c'est qu'il désirait s'assurer les passages des Alpes. Il guettait une succession grandiose, celle d'un autre neveu, Louis, roi d'Italie. Associé à l'Empire par Lothaire, dès 850, Louis II portait un titre répondant fort mal à la faible autorité qu'il ne pouvait exercer, et imparfaitement, que sur l'Italie. Quand il parut certain qu'il n'aurait pas de fils, sa succession se trouva virtuellement ouverte. Ses deux frères étaient morts (en 863 et 869). Seuls ses oncles, Charles le Chauve et Louis le Germanique, pouvaient prétendre à relever le titre impérial. Pour réussir il fallait mettre dans son jeu la Papauté. A quatre reprises les rois Francs avaient jugé bon d'avoir recours à la consécration pontificale. Au début c'était pour rehausser l'éclat de la cérémonie du couronnement, pour donner un caractère comme sacerdotal à la dignité impériale. Mais le précédent était créé. Désormais l'idée s'était enfoncée dans les esprits que nul ne peut être légitimement empereur s'il n'est sacré à Rome. Ainsi, bien avant la disparition de Louis II, tout le monde savait que son successeur comme empereur serait le souverain qui serait désigné par le pape. Or nul pape, qu'il fût Jean VIII (872-882), Hadrien II (869-872), même Nicolas Ier (858-867), n'a songé à Louis le Germanique. Leur préférence s'est toujours portée sur Charles le Chauve, qui, finalement, reçut l'empire des mains de Jean VIII le 25 décembre 875. Dira-t-on que la cour de Rome se laissa abuser par les intrigues de Charles, ou encore que son instruction, qui faisait de lui le prince le plus cultivé de son siècle, fut pour beaucoup dans son succès. Ces explications sont vaines. La cour de Rome ne se laissait abuser par personne et sa politique, très réaliste, cherchait un protecteur contre les troubles qui agitaient les Etats pontificaux et les attaques des Sarrasins installés dans l'Italie du Sud et très dangereux (ils avaient pillé la basilique de Saint-

Pierre de Rome le 26 août 846). Ce protecteur ils ont cru le trouver dans Charles le Chauve. Ils s'abusaient, mais, par la suite, ils ne trouvèrent pas mieux.

Après le couronnement impérial, Charles le Chauve se fit reconnaître à Pavie roi d'Italie, en février 876. La même année, en juin, au palais de Ponthion (Marne), les grands de France l'acclamèrent comme empereur.

En briguant l'empire, Charles obéissait à un sentiment de gloriole inconsidéré et était victime du passé. La tranquillité, très relative, de la France, quelques succès sur les Normands — il leur avait repris Angers avec le concours des Bretons (en 873), lui avaient donné une idée très fausse de sa puissance. Après la mort de son frère le Germanique, en août, il s'imagina pouvoir réunir sous son autorité l'ensemble de l'Empire de son père. Il ne put même s'emparer de la totalité de la Lotharingie. Son neveu Louis de Saxe lui infligea une grosse défaite à Andernach, le 8 octobre. Après quoi Charles tomba malade d'une pleurésie et fut à l'agonie. Mal remis, il fut harcelé de demandes de secours de la part du pape Jean VIII. Pour comble de malheur une flotte normande remontait la Seine. Charles fit passer au premier plan ses devoirs envers la Papauté et acheta la retraite des pirates. Avant de repasser les Alpes il réunit à Quierzy-sur-Oise, en juin, la grande assemblée des Francs. Le capitulaire rendu à cette occasion est un règlement pour l'administration du royaume pendant le voyage de l'empereur, règlement qui, par instant, prend l'allure d'un testament.

Les desseins de Charles en Italie étaient vus de mauvais œil par l'aristocratie occidentale et un complot s'ourdissait contre l'empereur. Nous avons conservé une sorte de procès-verbal de l'assemblée. Aux questions du souverain les grands ne répondent que par des approbations ou des faux-fuyants pour endormir ses soupçons. A peine arrivé en Italie, Charles se trouva en présence de son neveu Carloman à la tête de forces considérables. L'empereur avait emmené avec lui une escorte plutôt qu'une armée, comptant sur les secours de ses grands. A ses réclamations ceux-ci firent la sourde oreille et Charles dut repasser les Alpes. Epuisé, malade, il expira, après la traversée du Mont-Cenis, à Avrieux, le 6 octobre 877.

7

LA ROYAUTÉ
« CONSTITUTIONNELLE »

On a dit plus haut que les jugements portés sur Charles le Chauve et son règne témoignent d'une incompréhension surprenante de l'époque. Dès le début de son règne le jeune prince, considéré comme un intrus par la majorité de ses sujets, s'était trouvé en butte à des difficultés presque insurmontables. Il rencontra, il est vrai, des dévouements, ainsi celui du sénéchal de son père, Alard, mais il dut les payer très cher. L'aristocratie occidentale, tant ecclésiastique que laïque, savait son concours indispensable, et elle entendait limiter l'absolutisme carolingien par des engagements écrits pris à son égard. Dès 843, à Coulaines, près du Mans, elle imposa au jeune roi de vingt ans, une charte par laquelle il s'engageait à ne dépouiller personne de ses bénéfices ou de ses « honneurs » (fonctions publiques) sans justification.S'il se refusait à écouter les remontrances de ses sujets, ceux-ci n'étaient plus tenus à l'obéissance. Il y a là comme l'embryon d'un pacte constitutionnel, puisque les obligations et devoirs entre le roi et ses sujets, ceux-ci représentés par l'aristocratie, sont réciproques. Ces engagements mutuels seront renouvelés pendant toute la durée du règne, ainsi en 858, 869, 872. Le texte du serment par lequel le roi s'engage envers ses sujets à leur conserver leurs droits, lorsqu'il est sacré à Metz le 9 septembre 869, sera répété à travers les siècles par les rois de France jusqu'à la Révolution française, même jusqu'à Charles X. En fait, jamais les rois carolingiens, même Charlemagne, n'avaient pu gouverner à l'encontre de leurs « optimates ». A partir du règne de Charles le Chauve le fait passe dans le droit et c'est une grande chose.

8

LES SUCCESSEURS DE CHARLES LE CHAUVE

La dissolution finale de l'empire carolingien.

L'équilibre instable du royaume de France occidentale, que soutenait seule l'autorité personnelle de Charles le Chauve, s'effondra à sa mort. Son fils Louis le Bègue était un faible d'esprit qui ne tarda pas à suivre son père dans la tombe. Louis II laissait deux fils, Louis III et Carloman, entre lesquels fut partagé l'héritage paternel. Il fut diminué de la partie de la Lorraine acquise par Charles le Chauve en 870 : il fallut la céder (en 880) pour désintéresser l'un des fils de Louis le Germanique, Louis de Saxe, qui se posait en compétiteur au trône de France. La vallée du Rhône échappa également. Boson, beau-frère du feu empereur Charles, s'était fait reconnaître roi, près de Vienne, le 15 octobre 879, par une partie des grands de Haute-Bourgogne et de Provence, à la suite d'intrigues fort mystérieuses, car cet Austrasien n'avait aucune attache avec cette région. Les deux jeunes princes étaient loin d'être sans valeur, car Louis III remporta une belle victoire à Saucourt, en Vimeu, sur les Normands (août 881) et Carloman mena avec vigueur le siège de Vienne contre Boson. Mais ils moururent prématurément, le premier en août 887, le second en décembre 884.

De Louis le Bègue était né un fils posthume qui reçut le nom de Charles. Le mariage de Louis avec la mère était de validité douteuse. D'ailleurs l'enfant (né le 17 septembre 879) n'avait que cinq ans. Nul ne songea à lui. Les grandes familles qui, de fait, avaient dirigé la Gaule depuis 877, appelèrent alors le dernier survivant des fils du Germanique, Charles le Gros, qui fut reconnu roi de France occidentale en juin 885.

C'était chose naturelle. Les diverses branches de la famille carolingienne n'avaient pas encore de caractère national accusé. L'aristocratie n'éprouvait nulle répugnance à reconnaître tel ou tel des descendants de Charlemagne. On a dit que c'est par hasard que Charles le Chauve avait régné à l'Ouest, son frère Louis à l'Est. En 858 celui-ci avait été appelé par un fort parti des sujets de Charles. En 880 de très grands et très nobles personnages, comme le comte de Paris, Conrad, et l'abbé de Saint-Germain, Josselin, avaient excité Louis de Saxe, fils du « Germanique », à s'emparer de la France occidentale au détriment des fils de Louis le Bègue.

L'erreur résida dans le choix d'un prince dénué de toute valeur. Les fils et petits-fils de Louis le Pieux furent moralement antipathiques. Le pire de tous fut le dernier fils de Louis le Germanique, fourbe, cupide et lâche. La mort de son aîné Louis de Saxe, la maladie d'un autre frère, Carloman, laissaient le champ libre à son ambition, qui était sans mesure. Il se fit reconnaître empereur le 12 février 881, mais ne fut d'aucun secours à la Papauté.

Un terrible danger menaçait l'Europe continentale. Une armée normande, la plus grande qu'on eût vu, après avoir fait la conquête de plus de la moitié de l'Angleterre, avait abordé en Flandre, en 879. Après avoir brûlé Arras et Amiens, elle dévastait la vallée de la basse Meuse, puis brûlait Cologne, Bonn, Prüm, Trèves. Le nouvel empereur assiégea les Barbares dans Asselt, mais dut acheter leur retraite (882). Les Danois se rejetèrent alors sur la France occidentale, puis allèrent s'installer à Louvain où les Francs de l'Ouest tentèrent vainement de les assiéger.

En juillet 885 une coalition formidable s'organise : Normands de l'Escaut et de la Meuse, Normands de la Loire, Normands d'Angleterre se rassemblent à l'embouchure de la Seine. Leur flotte compte, dit-on, 700 voiles et 30.000 guerriers sous le commandement d'un viking célèbre, Siegfried. Le 24 novembre la flotte est en aval de Paris. Mais Charles le Chauve avait fait relever les murailles de l'île de la cité et le fleuve était barré par deux ponts de bois, avec têtes de pont, l'une sur l'emplacement actuel du Châtelet, l'autre au bas de l'actuelle rue Saint-Jacques. La place est commandée par l'évêque Josselin et le comte Eudes, fils du marquis Robert le Fort. Le but de la « Grande armée » est le pillage de la Bourgogne jusqu'alors indemne. Siegfried demande le passage et essuie un refus. Alors commence un siège célèbre qui dura près d'un an. L'empereur appelé au secours de la place ne se hâte pas d'accourir. Après quatre mois d'hésitation il arrive sous Paris avec toutes les forces de l'Empire et campe sous Montmartre. Au lieu de combattre il négocie. Il rachète Paris moyennant 700 livres d'argent et concède aux Danois le pillage de la Bourgogne. Son retour en Allemagne, après le 6 novembre 886, prend l'allure d'une fuite. L'arrière-petit-fils de Charlemagne, souverain théorique d'un empire aussi étendu, se sauve devant les pirates normands.

C'est que l'Empire n'était plus qu'une façade et vermoulue. Il ne procurait à son titulaire que des forces dérisoires. Quelle que fût la misère morale de Charles le Gros, son entourage l'eût forcé à combattre, au lieu de le pousser à traiter, si l'armée impériale avait été en forces. Il est plus que probable qu'elle était numériquement misérable et qu'elle eût été écrasée si elle avait livré bataille.

L'année suivante la déchéance physique et intellectuelle de l'empereur s'accentua. A l'assemblée de Tribur (Hesse), en novembre 887, il dut abdiquer et mourut le 13 janvier suivant. La tentative de relever l'unité carolingienne avait pris fin pour toujours.

Ce dont il faut s'étonner ce n'est pas que l'unité ait été brisée en 888, c'est qu'elle ait pu subsister jusqu'à cette date. Le maintien de l'unité est dû à une suite de hasards : la retraite au cloître du premier Carloman, qui permet à Pépin le Bref d'être roi et seul roi ; la mort du second Carloman, événement sans lequel le règne de Charlemagne eût été entièrement différent ; la mort de deux sur trois des fils de Charlemagne : si Charles et Pépin avaient vécu seulement quelques années de plus, la dislocation de l'Empire eût commencé dès 814 et peut-être même la dignité impériale eut-elle disparu, puisqu'il n'en est plus question dans le projet de partage de 806.

En ce cas la physionomie du royaume de France eût été fort différente de celle qu'elle prit en 843. Le royaume du plus jeune fils Louis, le futur empereur, comprenait outre l'Aquitaine, la Marche d'Espagne et la vallée du Rhône, la Bourgogne méridionale. La France proprement dite, affectée à l'aîné, Charles, embrassait non seulement la Neustrie, la Bourgogne septentrionale et l'ensemble de l'Austrasie, mais toute la Germanie, sauf une partie de l'Alemanie et la Bavière entrant dans le lot de Pépin d'Italie. La France du Nord et l'Allemagne se seraient donc trouvées unies sous une même autorité. Elles se seraient séparées fatalement un jour ou l'autre, mais cette désunion se serait effectuée d'une manière très différente de celle des partages de 870 ou de 888.

9

LE PREMIER USURPATEUR
ROBERTIEN : EUDES

La France, en 888, se retrouvait comme au traité de Verdun. L'aristocratie qui la menait ne voulait pour souverain ni du bâtard de Carloman, Arnulf, qui avait déposé son oncle à l'assemblée de Tribur, ni des marquis, de souche carolingienne par leur mère, qu'on trouvait en Italie ou en Transjurane (Suisse romande). Il restait un Carolingien authentique, le fils posthume de Louis le Bègue, Charles, mais il avait huit ans. Le choix d'un fort parti se fixa sur le comte de Paris, Eudes, qui fut sacré roi en l'abbaye de Saint-Corneille de Compiègne le 29 février 888. Il était fils de Robert le Fort, venu, semble-t-il, de la région rhénane chercher fortune en France. Charles le Chauve, pour défendre la Basse-Loire contre les Normands, l'avait fait marquis en Neustrie et la famille s'était implantée en cette région au point qu'un contemporain se réjouisse de l'élévation d'Eudes au trône par les « Francs » (les gens à l'Est de la Seine), « bien qu'il soit Neustrien ».

Il n'est pas sûr que les Robertiens fussent la maison la plus puissante du royaume. D'autres les égalaient en richesse territoriale ou même l'emportaient sur eux, ainsi celle de Guillaume le Pieux, comte d'Auvergne et marquis de Gothie (Septimanie), comte de Mâcon. Une autre maison, celle des marquis de Flandre, se rattachait aux Carolingiens par Judith, fille de Charles le Chauve, mariée au fondateur de la dynastie Baudouin Ier. Le comte de Poitiers Rannoux, qui se rattachait, lui aussi, aux Carolingiens, était franchement hostile à Eudes et aspirait même à la royauté. Aussi le nouveau roi se sentit tellement faible qu'il se rendit auprès d'Arnulf de Germanie, le seul Carolingien adulte, pour obtenir son appui moyennant hommage. Contre les Normands Eudes fut presque constamment malheureux. Il finit par leur payer tribut, tout comme ses prédécesseurs carolingiens.

Le haut clergé se partagea. L'archevêque de Reims Foulques, jaloux de l'influence de son collègue de Sens, qui avait sacré Eudes, profita d'une expédition de celui-ci en Aquitaine et sacra le jeune fils de Louis le Bègue, âgé de treize ans seulement, à Saint-Rémy, le 28 janvier 893. En outre, il procura à Charles l'appui moral du pape Formose et détacha Arnulf des intérêts du roi Eudes.

Après des années de luttes stériles, au cours desquelles les grandes maisons seigneuriales achevèrent de se constituer, Eudes mourut (le 1er janvier 898) en recommandant à ses fidèles de se rallier à Charles.

du relief en Aquitaine alla... la sépulture de Louis, évêque, né en Israël
en occident... s'établit...le roi... en l'an 901, ils... un... et son
supprimé roi du pape Formose et... vend[les israél] ou... ...
voici... des comtes de... élitaire... ou...... des collines en gri... Le...
son... rajust... à... son... et Louis... au... ...le roi... et
reconnaît... aux... Charle[ ]

10

LA RESTAURATION DES CAROLINGIENS : CHARLES LE SIMPLE.

Eudes n'avait pas de fils, mais son frère puîné Robert gouverna effectivement en qualité de « duc des Francs » sous le règne de Charles III. Ce malheureux roi hérita de la débilité mentale de son père Louis le Bègue. Le surnom de Simple n'est pas démérité. Deux événements marquent son règne, l'acquisition du royaume de Lotharingie, la création du duché de Normandie.

A la mort (911) de Louis l'Enfant, le dernier Carolingien de l'Est, les grands de Lotharingie préférèrent reconnaître l'autorité, au reste nominale, du seul descendant mâle de Charlemagne, plutôt que celle du nouveau roi d'Allemagne, le Franconien Conrad (911-918). Charles se plut dans le pays de ses ancêtres ; il y résida souvent et y puisa quelques forces armées.

Infiniment plus importante par ses conséquences fut la constitution du duché de Normandie. L'établissement définitif des Normands sur le cours inférieur de la Seine était chose inattendue. Jusqu'à la fin du IXᵉ siècle, les Normands avaient, à maintes reprises, remonté la Seine, mais jamais ils n'y avaient fait d'établissement permanent. On s'attendrait, au contraire, à ce que la Normandie se fût constituée sur le cours inférieur de la Loire que les Danois conservèrent sans interruption pendant soixante ans, à partir de 843 ; ou encore sur l'Escaut et la Meuse d'où il fut impossible de les déloger de 879 à 892.

La fixation de la Normandie sur le cours inférieur de la Seine est due à une invasion tardive, qui débuta d'abord très modestement en 896. Mais, conduits par un chef redoutable, Hrolf, dont le nom a été francisé en Rollon, ces derniers Normands terrorisèrent la *Francia* et la Bourgogne. Cependant les Francs se ressaisissaient. Les villes avaient relevé leurs murailles et résistaient. En rase campagne même, les envahisseurs essuyaient parfois des échecs : en 898 le roi Charles les bat en Vimeu, le duc de Bourgogne Richard écrase une bande en

Tonnerrois. En 911 Rollon met le siège devant Chartres. La ville est secourue par le duc des Francs, le duc de Bourgogne, le comte de Poitou et le Normand doit lâcher prise après avoir essuyé de grosses pertes.

Mais si les Francs sont capables désormais de tenir tête aux envahisseurs, ils n'ont plus la force de les expulser. De leur côté les aventuriers scandinaves n'ont ni le désir ni le pouvoir de rentrer chez eux. Pourquoi ne pas s'accommoder? Le seul obstacle c'est le paganisme des Normands. Les archevêques de Rouen et de Reims entreprennent des négociations. Elles aboutissent. Rollon se fait baptiser et fait hommage au roi du pays qu'on va lui concéder : les comtés de Rouen, de Caux, d'Evreux, auxquels on joindra plus tard le Bessin (924), le Cotentin et l'Avranchin (933).

Cet établissement n'assurera pas aux régions voisines un repos total, loin de là : à bien des reprises les Normands de Normandie les pilleront. Mais les « ducs et marquis » des Normands entreront dans les cadres de la société qu'on peut déjà appeler française.

11

ROBERT IER

Cependant le roi Charles ne régnait qu'à condition d'abdiquer sans cesse entre les mains de l'aristocratie menée par le duc Robert. Quand il s'avisa de donner sa confiance à un homme de médiocre naissance, nommé Haganon, et de lui accorder dignités et abbayes, la révolte éclata. Le duc Robert fut couronné roi, le 30 juin 922, par l'archevêque de Sens, comme l'avait été son frère Eudes, un tiers de siècle auparavant, Charles trouva un appui militaire auprès des Lotharingiens et vint offrir la bataille à son rival un an après, le 15 juin 923, sous Soissons. Robert fut tué dans l'action, mais Charles fut vaincu. Attiré traîtreusement par le comte de Vermandois Herbert II, un Carolingien authentique, descendant de Pépin d'Italie, un des fils de Charlemagne, il fut retenu en prison à Péronne jusqu'à sa mort, survenue en 929.

Les grands ne voulaient pas du petit enfant qu'il laissait de sa seconde femme. Hugues, fils du roi Robert, dégoûté du mauvais succès des usurpations de son père et de son oncle, se déroba. Le choix se porta sur un puissant personnage, Raoul, fils du fondateur du duché de Bourgogne, Richard le Justicier, et gendre du feu roi Robert. Il fut couronné le 13 juillet, toujours par l'archevêque de Sens.

12
RAOUL

Le règne de Raoul fut, au début, des plus misérables. Le malheureux souverain dut payer les Normands de la Loire, céder Bayeux aux Normands de la Seine. Il fut incapable de combattre les Hongrois qui sillonnaient l'Est de la France. Il perdit le royaume de Lotharingie que lui enleva le roi d'Allemagne Henri Ier. Par la suite il se releva. Il fit reconnaître son autorité en Aquitaine, battit des Normands en cette région. Le second duc de Normandie, Guillaume-Longue-Epée, lui fit hommage : il est vrai, qu'il se fit céder le Cotentin et l'Avranchin (933). Raoul mourut subitement à Auxerre, le 14 janvier 936.

13

LOUIS IV

Sa succession semblait devoir revenir au fils de Robert Ier, Hugues. Mais celui-ci se déroba encore. Il préférait imiter son père, régner sous le couvert d'un Carolingien. On rappela d'Angleterre où sa mère, l'Anglaise Ogive, fille d'Edouard l'Ancien, l'avait mis en sûreté, le jeune fils de Charles le Simple, Louis, alors âgé de dix-huit ans. Il fut sacré par l'archevêque de Reims le 19 juin 936.

Louis, qu'on surnommait d'Outre-Mer, c'est-à-dire l'Anglais, était tout le contraire d'un prince à la mérovingienne. Hugues, surnommé par les contemporains le « Grand », ne tarda pas à s'en apercevoir. Mais il lui fut impossible d'agir comme son père à l'égard du père du roi, car Louis s'était concilié l'appui du duc Guillaume de Normandie et d'une partie des Bourguignons. Le duc des Francs se vit obligé de se rapprocher du nouveau roi d'Allemagne Otton Ier, fils de Henri Ier. D'accord avec le comte Herbert, comte de Vermandois, il alla même lui faire hommage. En dépit de sa faiblesse le roi, grâce à l'appui moral de la papauté et aux secours des Normands, des Poitevins, des Bourguignons, tint tête à Hugues et à Herbert et rétablit la situation en sa faveur (942). Mais Guillaume de Normandie fut assassiné par Arnoul de Flandre. Le roi Louis entra en Normandie comme protecteur et suzerain du jeune Richard. Il écrasa un parti de Normands qui voulait le retour au paganisme, mais, fait prisonnier par trahison à Rouen, il fut livré à Hugues le Grand.

Louis IV allait-il avoir le sort de son père? L'opinion s'émut en sa faveur. Hugues relâcha le prisonnier, moyennant l'abandon par lui de la dernière ville qu'il possédait en propre, Laon (1er juillet 946). Louis, sans ressources, chercha l'appui d'Otton. Il avait épousé la sœur du roi allemand, Gerberge. Le pape Agapit intervint. Un légat présida un concile réuni à Ingelheim, lequel excommunia le duc des Francs et remit sur le trône épiscopal de Reims un partisan du Carolingien (juin 948). Pendant cinq ans le roi et le duc se combattirent, se réconcilièrent, se brouillèrent, puis firent la paix. Au cours de ces luttes interminables et stériles les Hongrois reparurent (951 et 954), dévastèrent Champagne et Bourgogne sans rencontrer de résistance. Un accident mit fin brusquement au règne de Louis d'Outremer : il fit une chute de cheval et mourut à l'âge de trente-six ans (10 septembre 954).

14

LOTHAIRE ET LOUIS V

Hugues le Grand allait-il prendre la couronne? Il préféra continuer le même jeu qu'en 923 et en 936. Il porta au trône le fils aîné du défunt, Lothaire, âgé de treize ans, lequel fut sacré à Reims le 12 novembre 954. Mais, tout de suite, Hugues exigea, outre la confirmation de sa dignité ducale en « France », le duché d'Aquitaine, ce que le petit roi ne put lui refuser. L'insatiable protecteur mourut deux ans après. Il laissait trois fils, Hugues, surnommé Capet, Otton, Henri. Les conflits inévitables entre ces Robertiens et Lothaire furent apaisés ou prévenus, grâce surtout à l'archevêque de Cologne, Brunon, dont Otton d'Allemagne avait fait un vrai vice-roi de Lotharingie. Brunon joua le rôle de chef de famille. Il était l'oncle et des trois Robertiens et de Lothaire ainsi que du jeune frère de celui-ci, Charles. Ses sœurs Hedwige (Avoie en français) et Gerberge avaient en effet épousé, la première Hugues le Grand, la seconde Louis d'Outremer. Mais l'archevêque mourut en 965. Huit ans après (7 mai 973), ce fut le tour de son frère Otton Ier, revêtu de la dignité impériale depuis 962.

La fin du Charlemagne saxon fut le signal de troubles en Allemagne et en Lotharingie. Elle rompit les liens entre sa famille et les Carolingiens. Lothaire, comme son père, ne pouvait se résigner à la perte de la patrie de la dynastie, l'antique Austrasie, désormais appelée Lotharingie. En 978 le roi de France marcha sur Aix-la-Chapelle où il faillit surprendre son cousin Otton II, puis tenta d'enlever Metz, mais sans succès. Le souverain allemand riposta en venant assiéger Paris — car Hugues Capet avait été en cette occurrence d'accord avec son roi. Otton ne put enlever la cité et rentra en son royaume (novembre 978). Deux ans après, Lothaire avait une entrevue à Margut sur la Chiers avec Otton et renonçait à la Lorraine (juillet 980). Il cédait à l'attrait d'un mirage, le rétablissement du royaume d'Aquitaine pour son fils Louis, associé au trône en 979. Ne pouvant poursuivre deux desseins à la fois, il abandonnait le premier. Mais le second échoua piteusement, et le duc Hugues, inquiet des menées du roi, se rapprocha de l'Allemand.

La mort prématurée d'Otton II en Italie (7 décembre 983) allait permettre au Carolingien de reprendre ses visées sur la Lorraine. L'empereur défunt laissait comme fils un enfant de trois ans, Otton III, né d'une mère byzantine, Théophano. Un grand nombre de membres de l'aristocratie allemande voulait pour roi le duc de Bavière Henri, fils d'un frère d'Otton Le roi de France obtint d'Henri, secrètement, qu'il lui laissât le champ libre en Lorraine. Lothaire mit la main sur Verdun, perdit la ville, la reprit (985).

La maison carolingienne connaissait un retour de fortune, alors que la situation de l'enfant Otton III semblait fort compromise. Mais, bien vite, la situation se retourna : la dynastie ottonienne fut sauvée et ce fut la dynastie carolingienne qui disparut à jamais. Ce double effet fut dû à un même facteur, le parti impérialiste.

Alors que la tentative impérialiste de Charles le Chauve (de 875 à 877) avait laissé indifférente, même hostile, l'aristocratie de France occidentale, la résurrection de l'Empire, qui semblait enterré à jamais, par Otton Ier, en 962, avait séduit, sinon la totalité, du moins une bonne partie de l'aristocratie germanique. Chez le haut clergé surtout le sentiment de la nécessité de l'unité de commandement au temporel pour le monde chrétien avait pris force. Ce sentiment n'existait pas seulement au delà du Rhin et en Italie, mais en Lotharingie.

Pour son malheur le roi Lothaire avait mis sur le siège archiépiscopal de Reims, le plus important du royaume, un Lorrain impérialiste, Adalbéron, appartenant aux grandes familles de Lotharingie dévouées aux Otton, Godefroy de Verdun, Sigefroy de Mosellois, Frédéric de Haute-Lorraine. Adalbéron, usant de la plume de l'écolâtre de l'église de Reims, l'Aquitain Gerbert, dévoré d'ambition, alerta tous les impérialistes et déjoua les plans de son seigneur le roi de France. Son coup de maître fut d'attirer au parti ottonien le duc des Francs. C'est aussi grâce à Hugues Capet qu'il se tira des mains de Lothaire qui devinait ses trahisons. Mais celui-ci mourut prématurément le 6 mars 986. Louis V reprit l'accusation contre l'archevêque de Reims, mais, au moment où Adalbéron allait comparaître devant une assemblée, à Compiègne, Louis V fit une chute de cheval mortelle, comme son grand-père, et expira à l'âge de vingt ans (22 mai 987).

15
AVÈNEMENT DE HUGUES CAPET

La race carolingienne n'était pas éteinte en la personne de Louis V, quoiqu'il n'eût pas de fils. Il avait un oncle, Charles, qui, ne pouvant trouver à vivre en France, avait reçu de son cousin Otton II le duché de Basse-Lorraine, en 977, mais à titre de vassal. Un demi-frère, Arnoul, dont le nom rappelait celui du fondateur de la dynastie, était de naissance illégitime.

Ni l'un ni l'autre n'avaient chance de prolonger la dynastie. Après un siècle de tentatives d'usurpations ou de périodes de renoncements fructueux la maison des descendants de Robert le Fort était décidée à en finir. Au reste, l'archevêque Adalbéron, justifié à Compiègne, voulait le changement de dynastie. La cour impériale allemande, à laquelle Hugues Capet avait rendu immédiatement Verdun, y était favorable. En conséquence, une assemblée complaisante, réunie à Noyon, nomma le duc des Francs, Hugues, roi des Francs, et l'élu fut sacré à Reims par Adalbéron (3 juillet 987).

LA SOCIÉTÉ
CAROLINGIENNE

1
LA VIE ÉCONOMIQUE.

Ce qui frappe tout d'abord dans cette société, c'est sa pauvreté. La vie économique continue celle de la période mérovingienne, elle-même suite d'une décadence. Le capitalisme n'existe pas, ou il est embryonnaire, d'où la conséquence inéluctable qu'il n'y a pas ou fort peu d'esprit d'entreprise. Le grand commerce, celui qui se faisait avec la Méditerranée orientale et par là, indirectement, avec l'Asie, aurait, dit-on, disparu entièrement. Même si cette thèse était exagérée, il faut reconnaître que le trafic est réduit à fort peu de chose. Les relations avec les Iles Britanniques sont insignifiantes. Enfin, quand, à partir de 840, les Normands, c'est-à-dire les Danois et les Norvégiens, non contents d'écumer les côtes, remontent les fleuves, pillant et brûlant villes et monastères, les rapports d'affaires, même de canton à canton, de bourgade à bourgade deviennent très difficiles ou impossibles, et chaque localité doit se replier sur elle-même.

Témoignage non équivoque de stagnation, les villes demeurent d'une étendue minuscule (de 7 à 14 hectares, rarement plus), comme sous le Bas-Empire. Elles ne comportent pas même de véritables faubourgs, le *suburbium* étant une banlieue rustique. Dans ces conditions, la plupart des «cités» de la Gaule ont de 2.000 à 5.000 habitants, rarement davantage. Autre symptôme il ne se crée pas de centre nouveau, et c'est seulement au Xe siècle qu'on aperçoit un groupement, germe d'une ville nouvelle, d'un « bourg », autour de monastères célèbres, tel Saint-Martin de Tours, Saint-Vast d'Arras, Saint-Martial de Limoges, Saint-Sernin de Toulouse, Saint-Paul de Narbonne, etc.

Enfin le souverain n'arrive pas à se constituer une capitale. Charlemagne lui-même échoue dans ce dessein : Aix-la-Chapelle n'est qu'une ville d'eaux et un « palais ». Quel contraste avec les souverains musulmans! Chaque dynastie édifie instantanément une grande et riche capitale : Bagdad, Cordoue, plus tard Fez, Marrakech, le Caire.

Dans nos humbles cités, l'activité industrielle est nécessairement modeste. Nourrir, vêtir, loger, leur faible population est la tâche essentielle. Cependant, on y rencontre aussi des artisans qui fabriquent des armes et des objets de luxe : orfèvres, brodeurs, tapissiers, verriers, etc. Leur clientèle est avant tout constituée par l'évêque et son entourage de chanoines, de clercs, de vassaux militaires, de suppôts de tout ordre. Au cours de l'ère précédente, le sol de la cité est passé presque en entier aux mains du prélat et du chapitre cathédral. En même temps que le sol, la population est tombée sous l'autorité épiscopale. L'industrie urbaine est donc réduite, limitée au territoire de la cité et de sa banlieue. On ne travaille pas, ou peu pour la population des campagnes. Celle-ci se suffit à elle-même, du moins dans les grands domaines, où l'on trouve non seulement des moulins à eau, fours, forges, pressoirs, brasseries, mais des ateliers où l'on file et où l'on tisse. L'industrie est donc encore en majorité rurale, localisée à la campagne.

La vie agricole domine donc entièrement l'économique. La seule véritable richesse est la terre, une terre exploitée par des procédés hérités d'âges lointains et qui se transmettront sans grandes modifications jusqu'au milieu du siècle dernier. Une innovation, et très importante, est à signaler : l'emploi du *moulin à eau*, dont l'usage a achevé de se répandre à l'époque mérovingienne.

Un dernier trait à retenir : la disparition de la frappe de l'or.

Depuis le VIIIe siècle, on ne bat plus que de la monnaie d'argent et il en sera ainsi pendant cinq siècles. Evidemment on ne peut plus se procurer par l'échange commercial le métal précieux qui s'est évadé vers Byzance et vers les pays musulmans. On se contente du stock antique de métal blanc. Les pièces ou deniers étaient adultérées par une très forte proportion d'alliage. Charlemagne arrêta la dépréciation en augmentant de 50 pour 100 la teneur du denier d'argent, en portant le poids de la livre romaine de 327,4 de nos grammes à 489,5. Mais, au Xe siècle, les réformes monétaires et pondérales ayant cessé d'être liées, la monnaie recommença à s'avilir.

Au reste, on ne battait monnaie, le plus souvent, qu'au moment de la tenue d'une foire ou d'un marché fréquenté et, dans les transactions importantes, on trafiquait en pesant la monnaie. Dans l'usage courant, surtout dans les parties barbares de l'Empire, on usait du troc.

On aurait tort cependant de s'imaginer que cette économie arriérée explique tout dans la société carolingienne. Sur la base d'une économie agricole et « fermée » — si tant est qu'une économie puisse jamais mériter entièrement cette qualification — se sont élevés des Etats de types divers, antagonistes même : monarchique, aristocratique, féodal, démocratique. Seule une société ploutocratique et capitaliste est, par définition, incompatible avec une vie économique de cet ordre.

2

LA STRUCTURE SOCIALE

La structure sociale ne diffère pas, dans ses grandes lignes, de celle des âges précédents (Bas-Empire et ère mérovingienne) elle est essentiellement aristocratique. Les classes populaires ne jouent aucun rôle dans la vie politique du temps.

La masse est formée par les paysans qui constituent certainement les neuf dixièmes de la population. Leur statut juridique est assez mal défini. Contrairement à ce qu'on affirme d'habitude, la majorité d'entre eux n'est pas de condition servile. La plupart sont qualifiés « colons ». On maintient la fiction juridique romaine qui, depuis le Bas-Empire, fait du colon un homme attaché indissolublement à la terre, mais de condition libre. Le lien qui l'unit au propriétaire-seigneur n'a soi-disant rien de personnel : il est foncier. Le colon n'est pas un fermier, mais un tenancier. Il doit au maître non de l'argent ou rarement, mais quelques redevances (poules, œufs, etc.) et surtout des corvées et des mains-d'œuvre. Chaque semaine il consacre deux jours au moins à cultiver gratuitement la terre du propriétaire, la « réserve seigneuriale ». Par contre, il a droit à la jouissance des forêts et des prairies du seigneur. Quand il a rempli ses devoirs, le colon est maître de sa tenure, de son « manse », composé de pièces labourables éparses dans les trois « soles » ou climats du domaine, de prés, parfois de vignes. Il n'est pas propriétaire au sens moderne de son « manse », mais il en a la jouissance viagère et même héréditaire. Ses relations avec son seigneur sont strictement réglées par la « coutume », et les paysans n'admettent pas qu'on porte atteinte à leurs droits. Au milieu du IX⁰ siècle, les colons d'un village de la région parisienne dont le propriétaire a voulu augmenter les charges n'hésitent pas à saisir de l'affaire le roi (Charles le Chauve) en personne.

La condition économique des serfs proprement dits diffère peu de celle des colons. Leurs charges sont un peu plus lourdes, semble-t-il. Cependant, en fait, l'esclavage antique a disparu. Ces serfs, qui ont cessé de travailler aux champs en troupes sous la férule d'un surveillant, mais ont obtenu une concession particulière transmissible aux enfants, ne sont plus en fait des esclaves, bien qu'ils portent encore ce nom (*servus*). Les incapacités juridiques qui les frappent, ainsi la non-recevabilité de leur témoignage en justice, sont même abolies, s'ils sont attachés à un domaine royal ou ecclésiastique. Mais, pas plus que les colons, ils ne sont admis à l'honneur et aux profits du service militaire.

A la fin de notre période, colons et serfs sont confondus sous l'appellation vague d' « hommes », « hommes de corps », etc.

Il a dû exister enfin des paysans de condition tout à fait libre, mais nous sommes mal renseignés à leur sujet.

La population des villes nous est également très mal connue. Elle était, nous l'avons vu, fort peu nombreuse. Il n'y a aucune raison de croire qu'elle ne fût pas de condition libre. Artisans et patrons ne se distinguaient certainement pas et travaillaient en commun dans de petits ateliers. Il existait toujours des marchands en gros, des *negociatores*, adonnés à un trafic plus ou moins éloigné. Nombre d'entre eux étaient Juifs, comme à l'époque précédente. Les textes contemporains ne parlent presque pas de cette classe sociale et jamais on ne voit un « marchand » riche utilisé par le pouvoir dans l'intérêt de l'Etat. Cet oubli est significatif.

3

L'ÉGLISE

L es seuls gens qui comptent sont les gens d'Eglise, les « clercs », et ceux qu'on appelle les « grands », les *optimates*, etc.

Dans le clergé régulier, les desservants des églises paroissiales de la campagne ont la situation subordonnée, humiliée, qu'ils conserveront jusqu'à l'aube des temps modernes. Ces pauvres curés, de basse naissance, serfs affranchis assez souvent, ignorants, concubinaires, sont sous la coupe du seigneur du domaine auquel s'identifie la paroisse le plus souvent. Ils ne semblent pas avoir eu grande influence morale sur leurs paroissiens.

Le chef du diocèse, l'évêque, est un très grand personnage. Comme à l'époque mérovingienne, son influence sociale est immense. L'Etat se désintéressant de l'assistance aux pauvres et aux malades, de l'instruction, ces devoirs incombent aux prélats. Les indigents et les faibles n'ont de recours à espérer que dans sa charité alimentée par la fortune de l'évêché qu'il administre avec l'aide des archidiacres. L'instruction, d'un caractère essentiellement religieux, est distribuée dans les écoles cathédrales. Elle est gratuite et ouverte à tous.

Possesseur du sol de la cité, l'évêque fait vivre le petit peuple des artisans qui travaillent presque exclusivement pour l'Eglise. Grand seigneur, il s'entoure d'une garde de dévoués armés, de *vassaux*, qui servent en même temps à la défense de la cité.

Les églises épiscopales ont toutes obtenu du souverain un diplôme d'*immunité*. Par cet acte le pouvoir se dessaisit en leur faveur de la perception de tout impôt, taxe ou amende judiciaire.

Il interdit à ses fonctionnaires, les comtes, de pénétrer sur le territoire de l'immuniste pour y loger, y tenir les assises judiciaires, exécuter un acte quelconque de l'autorité publique. La conséquence, sous-entendue mais inéluctable, c'est que l'évêque, déjà juge du monde innombrable des clercs (prêtres, diacres, sous-diacres, ordres inférieurs, suppôts de tout ordre), acquiert les pouvoirs judiciaires sur l'ensemble des hommes, même libres, du territoire immuniste ; et ce territoire s'entend non seulement de la cathédrale, non seulement de la ville, mais de toute terre, grande ou petite, présente ou future ; appartenant à l'Eglise. L'évêché devient une seigneurie.

La conduite du souverain n'est inconcevable qu'en apparence. Il sait fort bien que ses fonctionnaires sont cupides, infidèles, insubordonnés, qu'ils tendent à rendre leurs fonctions héréditaires. Enlever des territoires à l'ingérence des comtes, c'est, en réalité, les rattacher plus directement au pouvoir central.

L'évêque est, en effet, considéré comme une sorte de fonctionnaire. En dépit des canons de l'Eglise, c'est le roi qui l'a nommé. Il l'utilise non seulement au Conseil de gouvernement, mais dans l'administration des provinces. Dans les tournées d'inspection des enquêteurs, dits *missi*, l'évêque accompagne le comte. Aux assises, dites *malls*, on aime qu'il siège à côté du juge laïque. Les charges publiques du prélat sont les mêmes que celles de l'aristocratie laïque. Il a des vassaux : il a donc le devoir, non de combattre, mais d'amener ses fidèles au lieu de rassemblement de l'armée, l'*ost* des Francs. S'il ne verse pas d'impôt direct, si lui et ses gens sont même affranchis personnellement des taxes de circulation sur les routes et les rivières, des droits de consommation à l'entrée des villes ou au marché, il doit au souverain un « don » annuel en argent, soi-disant bénévole, en fait obligatoire et proportionné à la richesse de son église. Enfin l'administration économique et judiciaire du diocèse est confiée à un laïque, le *vidame*, désigné par l'évêque, mais surveillé par le roi et, au besoin, révoqué par lui.

Le pouvoir apprécie tellement dans l'évêque le fonctionnaire que, à partir de la fin du IXe siècle, il en vient, dans certains cas, jusqu'à dessaisir le comte de ses droits sur la cité. A Langres, à Besançon, par exemple, c'est le prélat qui perçoit les profits du marché et du monnayage local. On lui cède même les remparts de la ville, propriété essentiellement régalienne, à condition qu'il les entretienne. Les successeurs allemands des Carolingiens, les Ottoniens, suivront et étendront cette politique, notamment en Italie. L'évêque deviendra alors vraiment comte en sa cité et sur les terres épiscopales.

La valeur de ce haut clergé a beaucoup varié au cours de cette période. La décadence de l'épiscopat mérovingien avait été précipitée par les mesures impitoyables de Charles Martel qui, non content de mettre la main sur la fortune territoriale de l'Eglise, avait livré nombre de sièges à des guerriers brutaux, ses dévoués, dont il avait fait des évêques invraisemblables. Sous le règne de Pépin, ce clergé commença à s'épurer, grâce en grande partie à l'Anglais Winfried (saint Boniface), soutenu par la papauté qui en fit un « archevêque des Gaules ». En même temps le saint (mort en 754) est le véritable organisateur de l'Eglise de Germanie, dont Mayence est le principal foyer. Un prélat, apparenté, dit-on, aux Carolingiens, Chrodegang, réforme le chapitre de sa cathédrale (Metz), réforme qui se propage dans les autres diocèses. La tenue des conciles, disparue depuis un demi-siècle, reparaît dès 757. Les décisions ou canons de ces synodes ont une grande influence sur les Carolingiens qui leur donnent force de loi en les transformant en capitulaires ou édits.

Charlemagne recrute les évêques dans l' « école du palais ». C'était contraire aux lois de l'Eglise qui voulaient que le prélat fût l'élu du clergé et du « peuple » du diocèse. Mais ce « peuple » était en fait l'aristocratie et le clergé était en proie à des divisions. La désignation de l'évêque en dehors d'influences locales délétères, par un souverain qui s'efforça, dans la mesure du possible, d'avoir égard au mérite plutôt qu'à la naissance, fut donc favorable au redressement moral et intellectuel du clergé.

La contre-partie fut une soumission à peu près complète au pouvoir, du moins tant que vécut Charlemagne. Mais sous son fils et successeur, Louis le Pieux, l'épiscopat releva la tête,

A voir le nouvel empereur si pieux, si soumis à ses remontrances spirituelles, l'épiscopat en vint à penser que le « sacerdoce » était supérieur au pouvoir monarchique et à le proclamer hautement dans une série de conciles, à partir de l'année 829. Il poussa même l'audace jusqu'à imposer une pénitence humiliante à l'empereur et à le déposer un instant (833). Egarement inconcevable! Ces évêques oubliaient que la royauté était le seul appui de leur vie spirituelle et de leur autorité temporelle contre l'avidité sans bornes de l'aristocratie laïque. Quand le principe monarchique s'affaiblit, à la fin du IXe siècle, les sièges épiscopaux furent la proie des grandes familles féodales qui se constituent à cette époque.

Pour restaurer l'Etat croulant, Charles Martel avait opéré une spoliation brutale. Il avait distribué à ses guerriers des milliers de domaines d'abbayes. A partir des principats de Pépin et de son frère Carloman, on en vint à un accord boiteux. Les vassaux royaux conservèrent la jouissance, sinon la propriété légale, des domaines enlevés aux églises, mais durent verser, outre la dîme, imposée à tous les chrétiens par les Carolingiens, une deuxième dîme, la none. Abbayes, comme évêchés, n'admirent jamais ce compromis, mais le souverain n'eut pas la force de faire droit à leurs réclamations. Les rois ne purent même renoncer entièrement à la pratique de nommer « abbés » de grands seigneurs laïques. Procédé à nos yeux inconcevable, abusif, mais non sacrilège à cette époque où le moine ne reçoit pas forcément les ordres, même mineurs, et peut être simplement un homme pieux qui se retire du monde, procédé tout de même abusif.

Le mal en vint au point que le seul remède fut de séparer la fortune monastique en deux parts, en deux « menses » ou tables, la mense abbatiale, la mense monastique. En abandonnant à leur abbé la majeure partie des biens du monastère, les religieux eurent du moins la libre disposition de l'autre part. Et puis les charges publiques, notamment la levée du contingent militaire dû par l'établissement, responsable de ses vassaux, incombent à la mense de l'abbé. Il est vrai que cette disposition enracine l'habitude de confier l' « abbatia » à des laïques. Elle excuse, au Xe siècle, les usurpations de la féodalité naissante qui met la main sur la dignité abbatiale.

Ces abus n'étaient pas de nature à relever la vie monastique. Religieux ou religieuses vivent trop souvent dans le désordre, au mépris des règles de saint Columban et de saint Benoît qui avaient soutenu leur conduite aux siècles précédents. Néanmoins, sous le règne de Louis le Pieux, un mouvement de régénération se manifeste, grâce à l'impulsion d'un nouveau saint Benoît, Benoît d'Aniane, dont l'influence est puissante sur l'esprit de l'empereur. D'ailleurs certains abbés, même laïques, élevés à la cour impériale, sont des gens instruits et pieux qui s'occupent de leur monastère, soucieux d'y maintenir la règle.

Au début du Xe siècle, en 910, alors que la vie monastique semblait s'effondrer de nouveau, après des désastres tels que les pillages et incendies des pirates normands et les déchirements de la féodalité naissante, la fondation de Cluny fut pour le monachisme, et même pour l'Eglise entière, un coup de fortune. Son fondateur Guillaume le Pieux, duc d'Aquitaine, marquis de Septimanie, comte de Mâcon, est le plus puissant et le plus riche des grands du temps. Voulant garantir à l'établissement nouveau une protection efficace, il ne songea pas au roi, déjà sans autorité ; il mit Cluny sous l'autorité du Saint-Siège. Cette décision et une succession d'abbés réguliers de premier ordre devaient faire de Cluny l'organe de la pensée chrétienne réformiste en ce siècle et au suivant. A partir de ce moment, aucune éclipse durable ne se produira dans la vie de l'Eglise d'Occident.

Dans l'ensemble, le monde religieux de la période carolingienne apparaît supérieur à celui de l'ère précédente. Sa valeur religieuse, intellectuelle et morale ne présente plus de contrastes choquants. Sa puissance économique, sociale, militaire même, s'est accrue au point de constituer évêchés et abbayes en véritables « seigneuries ». Le prestige de l'épiscopat demeure considérable auprès des rois, des grands, des peuples. Dans le dernier siècle de son existence, l'appui de l'épiscopat, celui de l'archevêché de Reims notamment, sera l'ultime ressource de la dynastie carolingienne. Quand il se dérobera, en 987, elle achèvera d'expirer.

4

L'ARISTOCRATIE

D ans le monde laïque seule émerge l'aristocratie.

Cette aristocratie est une noblesse de fait plutôt que de droit. En effet, légalement, tous les hommes libres, riches ou pauvres, ont les mêmes prérogatives. A l'époque mérovingienne, seul le service du roi mettait un homme hors de pair en lui attribuant une valeur, un « prix d'homme » (*vergeld*), trois fois supérieur à celui des autres sujets de même condition. Mais cette situation était personnelle, non héréditaire. Il n'y avait donc pas à proprement parler de « noblesse », sinon dans l'acception de noblesse de cour. Cette distinction n'apparaît plus à l'époque carolingienne. Elle est devenue inutile : la grosse fortune territoriale, la naissance, la faveur à la cour, tout cela, en s'unissant, a constitué une noblesse de fait, très puissante, très redoutable, qui entend que les avantages de la société lui soient tous réservés. Les textes de l'époque, pour désigner les membres de cette classe, disent « optimates », « grands », « premiers », même « nobles ».

Est-ce à dire que les simples hommes libres aient disparu? En aucune manière. Ils subsistent et encore nombreux. On les appelle les « pagès » (*pagenses*) ou gens de canton, l'Empire étant divisé en circonscriptions, en grands cantons, dits *pagus*, d'où le français « pays ». Ils constituent une classe moyenne rurale possédant quatre à cinq « manses », ou petits domaines, soit 40 ou 50 de nos hectares, étendue qui correspond à la « moyenne propriété » dans les statistiques actuelles. Longtemps ces gens ont été la force des armées franques, donc de l'Etat. Mais la fréquence des opérations militaires leur impose une charge accablante. Ils sont tenus, en effet, de s'entretenir, de s'armer, de se nourrir à leurs frais pendant toute la durée des campagnes et ces campagnes sont, de fait, annuelles. Qui plus est, la nécessité, de plus en plus impérieuse, du service à cheval les rejette au second plan de l'armée dès le IXe siècle, ils ne sont plus guère qu'une infanterie méprisée, une « piétaille », comme on dira plus tard. A la fin de notre période, cette classe s'effrite. Une partie arrive à subsister, mais à condition d'entrer dans le service armé, le « vasselage » d'un voisin puissant. Le reste tombe dans la classe des « précaristes », ou encore des « hommes des quatre deniers ». Protégés par l'Eglise, à laquelle ils ont donné la propriété de leurs biens, repris à titre précaire, ils échappent aux charges de l'Etat, mais sont réduits à une condition juridique et sociale inférieure.

Même à l'époque où ils faisaient nombre, les « pagès » ne jouaient aucun rôle politique effectif. Pour la forme, on leur faisait approuver par des acclamations de commande, lors de la grande assemblée annuelle ou « plaid général », où ils devaient se rendre en armes, les décisions prises par le roi, de concert avec le haut clergé et les « optimates ».

5
LE SOUVERAIN. SES MOYENS D'ACTION

Somme toute, dans cette société ne comptent que le haut clergé, l'épiscopat et les abbés, et une classe sociale, celle des grands (*proceres*), ou des meilleurs (*optimates*), ne jouissant théoriquement d'aucun privilège, mais, en fait, maîtresse de la terre, la seule fortune de l'époque, maîtresse de fait, sinon de droit strict, des charges publiques, sous l'autorité d'un souverain dont la titulature se dore de plus en plus : maire du palais, puis roi (751), puis empereur (800).

A la fin du siècle, la papauté, par un coup d'Etat audacieux, veut ressusciter l' « Empire ». Elle pose la couronne impériale sur le front de Charles, agenouillé devant le tombeau de saint Pierre au Vatican, le jour de Noël de l'année 800.

Les procédés de gouvernement ne diffèrent pas de ceux de l'ère précédente. Le territoire est divisé en grands cantons appelés *pagus* ou comtés, à la tête desquels est un comte, nommé par le souverain et révocable en principe à volonté. Ce personnage est investi de pouvoirs judiciaires et administratifs (les deux choses ne se distinguent pas alors) et aussi militaires. Il n'a pas de traitement : il vit du produit qu'on lui abandonne d'un domaine royal de sa circonscription et du tiers des amendes judiciaires dues au souverain. Il se fait aider dans sa tâche — car il circule sans cesse dans le *pagus* ou comté — par un lieutenant à ses ordres, le *vicomte*. Le *pagus* est subdivisé en *centaines* ou *vigueries* administrées par un centenier ou viguier pourvu d'attributions plus modestes que celles de son supérieur le comte. Aux frontières, aux *marches*, les «marquis » réunissent en leurs mains plusieurs comtés et sont des sortes de vicerois.

Au centre, le palais, c'est-à-dire une cour ambulante qui se déplace avec le maître. Les plus hautes fonctions de l'Etat, celles de *comte du palais* (président du tribunal suprême), de *chambrier* (garde du trésor), de *sénéchal*, de *connétable*, de *chambellan*, etc. revêtent toujours un caractère domestique. Le palais, c'est aussi l'ensemble des fonctionnaires (marquis, ducs, comtes), des évêques et abbés bien en cour, enfin les vassaux ou dévoués du roi. Le souverain, absolu en théorie, ne fait rien d'important sans demander l'avis de son entourage, de son *conseil*.

Sous les rois forts, comme Pépin ou Charles, cet entourage est très soumis le plus souvent. Mais, si le roi est mineur ou si son caractère est faible, le « palais » ou une coterie dans le palais, domine l'Etat. Au reste le fait avoué, proclamé, que les dispositions législatives, permanentes ou temporaires (lois, capitulaires ou édits), ont été arrêtées et approuvées par cet entourage, ce conseil, des personnages les plus importants de l'Etat, ecclésiastiques et laïques, donne à ce pouvoir monarchique soi-disant illimité un aspect vaguement « constitutionnel », comme nous dirions.

Les comtes ne sont pas de vrais fonctionnaires. Ce terme de « fonctionnaire » ne correspond à rien de ce qu'il éveille dans un esprit moderne. Le comte est un « dévoué », mais très peu sûr, toujours en état de révolte larvée. Pour avoir de vrais fonctionnaires, il faudrait une organisation compliquée et coûteuse. Or le roi n'a pas de budget régulier. On ne comprend rien à l'histoire des siècles qui vont du VIIIe au XIVe si l'on n'a pas constamment à l'esprit que, l'impôt foncier, le seul qui rapporte dans les sociétés agricoles, n'existe plus. Les Etats d'Occident, exception faite de l'Espagne musulmane, sont des Etats sans finances.

Il est vrai que l'armée, qui est toujours la plus grosse mangeuse d'argent, ne coûte rien, puisque tout homme libre doit le service à ses propres frais. L'Etat laisse à l'Eglise les services d'assistance sous toutes ses formes, et aussi l'instruction. Les travaux publics (routes et ponts) sont exécutés par la corvée. Le souverain avec sa cour peut donc vivre des domaines ruraux du fisc qui, sous les premiers Carolingiens, se comptent par centaines. Mais, ces domaines, il est obligé de les aliéner peu à peu pour conserver la « fidélité » de ses dévoués. Pour continuer à régner il doit s'appauvrir de jour en jour. On pressent tout de suite que lorsque le roi, ayant dissipé son domaine sera ruiné à fond, la monarchie s'écroulera. Seulement jusqu'au Xe siècle, le Carolingien n'a pas vu clairement la ruine qui venait insidieusement. Les Etats modernes, qui se croient riches avec leur fisc tentaculaire, la voient-ils venir davantage ?

Les souverains carolingiens ont tellement prisé le lien vassalique qu'ils ont tenté de l'imposer à leurs sujets libres pauvres. Ils les engagent à se mettre sous la seigneurie d'un voisin plus puissant ou sous celle du comte du *pagus*. Conduite qui a longtemps paru énigmatique, voire absurde. En réalité, ils savaient ce qu'ils faisaient. Dépourvus de moyen d'action directe sur la masse de la population, ils espéraient la mener en la façonnant comme une chaîne immense dont ils tiendraient le bon bout.

Ils nourrissaient l'illusion que, pour être le vassal d'un grand, l'homme libre ne cessait pas pour cela d'être leur sujet. Il l'était même pratiquement davantage, car, mené en laisse par son seigneur, responsable de lui vis-à-vis du pouvoir, ce sujet remplissait mieux ses devoirs militaires et aussi ses devoirs d'assistance au tribunal local, au *mall*.

La vassalité apparaît comme l'état normal de la société, si bien que les fonctions publiques (duchés, marquisats, comtés) en viennent même à être considérées comme des « bienfaits », et les fonctionnaires comme des « vassaux ».

Cet état d'équilibre, d'harmonie, entre le principe monarchique et le principe vassalique eût pu durer longtemps encore sans deux circonstances qui firent pencher le fléau du côté vassalique : les partages de l'Empire et les attaques ennemies.

Quand les fils de Louis le Pieux entrèrent en lutte, d'abord contre leur père, puis les uns contre les autres, le moyen assuré d'obtenir le succès fut de débaucher les vassaux du rival. Très vite, les grands comprirent qu'ils étaient indispensables et vendirent leur « fidélité » au plus fort enchérisseur.

Pour lutter contre les Normands, les Bretons, les Sarrasins, les Slaves, il fallut constituer de grands commandements militaires et en confier la défense à des ducs et marquis, et la nécessité imposa d'abandonner à ces guerriers, menant une lutte très dure, des pouvoirs régaliens.

L'aristocratie territoriale, la seule force militaire du temps, se sentit la maîtresse et abusa de la situation. Elle s'engraissa des dépouilles du fisc. Elle n'admit pas qu'elle en fût dépossédée. Elle voulut transmettre à sa postérité, non seulement ses biens propres, ses *alleux*, mais ses « *bénéfices* » et les fonctions publiques, les *honneurs*, qui lui sont assimilés. Alors il devint impossible de déplacer un comte. Sa famille est désormais enracinée en un coin de l'Empire et n'en bouge plus. La crise, une sorte de crise des loyers, s'annonce en Gaule dès le milieu du IXe siècle. Pendant quelque temps, le comte devenu inamovible, sans que jamais une disposition légale ait reconnu cet état de fait, fonctionne au nom du roi : le tribunal du *pagus* est toujours royal, les taxes judiciaires sont levées au nom du souverain, la monnaie frappée à son effigie ; même le contingent militaire du canton rejoint l'armée nationale. Mais un jour viendra, au cours du dernier siècle carolingien, le Xe siècle, où le comte s'appropriera les revenus et utilisera la force armée pour ses propres querelles.

Restaient les vassaux royaux. Installés un peu partout, rattachés directement au roi, ils auraient pu sauver la monarchie, semble-t-il. Il n'en fut rien. Isolés, ils furent sans force vis-à-vis des ducs et des comtes et, dès le début du Xe siècle, ils durent reconnaître leur seigneurie pour ne pas disparaître.

Toutefois le glissement des prérogatives royales du côté du duc ou du comte ne s'est pas opéré brusquement, mais insensiblement, si bien que le roi s'est trouvé à terre presque sans s'en rendre compte et que le régime dit *féodal* s'est installé sans que les contemporains aient eu vraiment conscience qu'une révolution s'était opérée.

En favorisant la pratique du vassalage, la monarchie carolingienne a donc creusé sa propre tombe. Mais il en va ainsi de tous les régimes. Une forme politique quelconque meurt victime des principes mêmes qui l'ont fait naître, vivre et prospérer.

6

LA RENAISSANCE
CAROLINGIENNE

Ce n'est pas d'hier qu'on a reconnu que l'ère carolingienne, à partir du règne de Charlemagne surtout, a connu un regain de vigueur dans le domaine intellectuel, et l'expression de Renaissance carolingienne est devenue courante. Elle est certainement juste. Mais il importe de mettre les choses au point. Le philosophe, le lettré, l'artiste qui, alléché par ce titre, voudrait aborder sans préparation les œuvres de cette époque éprouverait une amère désillusion s'il s'attendait à trouver quoi que ce soit lui rappelant la Renaissance humanistique et artistique des XVe et XVIe siècles, car il ne verrait rien d'approchant. Et pourtant le mot Renaissance n'est pas abusif.

L'ère immédiatement précédente, depuis le VIIe siècle, n'avait laissé ni un grand nom ni une grande œuvre. Et plus on avançait, plus se raréfiait la production, même d'écrits misérables.

La langue.

Parmi les causes de cet état de stagnation ou plutôt de régression, il faut mettre sans doute au premier rang la transformation de la langue. A cette époque, quiconque tient la plume, fût-il d'origine barbare, écrit en latin. Mais on sait de moins en moins le latin et pour la raison que, privée depuis la chute de l'Empire romain de centre où le lettré puisse se conformer au « bon usage », la langue évolue sur place et rapidement, abandonnée à elle-même. Il n'y a plus un latin, mais des centaines de parlers latins dans le monde jadis romain. Dès l'époque mérovingienne, les hommes, même de la haute société, ne s'exprimaient plus en un idiome qui ressemblât à la langue de leurs arrière-grands-parents. Quand on entreprenait d'écrire, il était devenu impossible de le faire dans l'idiome parlé on se rendait compte que c'eût été une profanation. On eût risqué, du reste, de n'être pas entendu d'une province à l'autre. Alors on s'efforçait d'imiter les modèles du passé, auteurs païens, auteurs chrétiens surtout. On les comprenait encore, en s'appliquant, mais la langue parlée, la vraie langue, gênait : elle faisait intrusion et corrompait l'imitation laborieuse des modèles.

La situation ne fit que s'aggraver au cours des temps. On écrivait un latin exécrable, qui n'était ni classique, ni vulgaire. Conséquence inéluctable, la transcription des livres saints en souffrait : les fautes de graphie reflétaient les fautes de prononciation.

C'est surtout cette considération qui poussa Charlemagne à tenter de réformer l'écriture et la prononciation du latin, par révérence pour des textes sacrés. Mais à qui faire appel? Pas aux descendants des « Romains ». En Gaule, ou même en Italie, il leur était impossible d'écrire et de prononcer un latin correct, entendez un latin ancien, pour la bonne raison qu'ils parlaient le vrai latin, le latin évolué, le latin qui va donner naissance à l'italien, au provençal, au français, au catalan, au castillan, au galicien-portugais. Il fallut s'adresser à des ecclésiastiques étrangers au monde roman, à des Anglais, à des Irlandais.

Dans les monastères des Iles Britanniques, les religieux se transmettaient tant bien que mal la prononciation latine archaïque apportée par les missionnaires romains qui avaient converti leurs ancêtres, aux Ve et VIIe siècles. Nul danger qu'elle fût adultérée par le dehors, Scots et Anglo-Saxons ignorant naturellement le latin parlé.

Le grand réformateur fut l'Anglais Alcuin (mort en 804). Il réussit, lui, ses disciples, ses émules, à purifier l'orthographe, à redresser — au moins partiellement — la prononciation. A partir de la fin du VIIIe siècle, la langue des écrits s'améliore rapidement et devient parfois excellente, en prose et en vers. Ce redressement s'opère grâce aux écoles épiscopales et monastiques, où, pour complaire au maître de l'Empire, on s'applique à l'étude des modèles antiques, de la littérature sacrée avant tout. On se donne la peine d'apprendre le latin classique, et par des procédés assez semblables à ceux dont on use de nos jours, puisque le recours à la *lingua romana* est pernicieux. Seulement ce latin correct, séparé nécessairement du latin parlé, est désormais une langue morte. La conséquence, c'est que les écrits, depuis l'ère carolingienne jusqu'à la prédominance des langues nouvelles, seront rédigés dans un idiome conventionnel. D'où une sensation pénible d'artifice que le talent même, quand il existe, ne parvient pas à dissiper.

La transmission écrite du savoir antique.

La première tâche, modeste, mais indispensable, fut de transcrire en une langue correcte les écrits des Anciens. Les évêchés, surtout les monastères, installent à demeure des ateliers de copie (*scriptoria*) où l'on multiplie les reproductions des œuvres estimées les plus utiles aux clercs et aux laïques instruits. On ne saurait trop exagérer l'importance de ces ateliers. La plupart des œuvres de l'Antiquité latine, tant païenne que sacrée, ne nous sont parvenues que sous forme de copies exécutées à l'époque carolingienne. Sans le labeur des religieux de ces temps nos pertes eussent été effrayantes.

Avant même qu'on se livrât à un travail systématique de copie, on s'était appliqué à réformer l'écriture. L'écriture mérovingienne, simple continuation de la minuscule latine, encombrée de ligatures, était d'un aspect repoussant et d'une lecture difficile. Dès le règne de Pépin on assiste à des tentatives de lui substituer une écriture nouvelle, s'inspirant, semble-t-il, des formes de la demi-onciale. Ces essais aboutissent à la création de la belle écriture dite « caroline », qui, reprise par les imprimeurs, au XVIe siècle, est celle qui nous est familière aujourd'hui.

Les genres littéraires.

La « Renaissance » ne porte pas seulement sur la forme. A force d'étudier les modèles antiques, on éprouva le besoin de les imiter. On n'y réussit que trop bien. Ainsi, dans sa « Vie de Charlemagne », Eginhard imite de si près l'historien Suétone qu'on s'est demandé si le contemporain du grand empereur franc ne déformait pas sa physionomie pour le faire ressembler à un empereur romain.

Un genre en vogue, la « vie de saint », se poursuit, mais sa valeur ne s'améliore pas, au contraire. On aime à refaire les *vitae sanctorum* de l'ère précédente, mais, sous prétexte d'améliorer leur style, trop souvent on les surcharge d'épisodes adventices ; on les gâte.

Une littérature plus grave fait son apparition, une littérature philosophique et théologique. Des controverses sur l'Eucharistie, sur la Prédestination s'engagent, âpres, passionnées. Un étranger, un Irlandais, Jean Scot, publie un véritable ouvrage de philosophie « Sur la division de la nature ». Il s'inspire des doctrines néo-platoniciennes qu'il puise surtout dans les œuvres du Pseudo-Denis l'Aréopagite : il est un des très rares hommes de l'époque sachant le grec ou à peu près.

Les controverses dogmatiques.

L'esprit de controverse s'est réveillé en Occident après un long sommeil de plusieurs siècles. C'est que des innovations jugées téméraires surgissent de toutes parts. Des prélats espagnols inventent l'*Adoptianisme* qui menace l'unité de nature du Christ, puisque cette doctrine sépare le « Fils du Père vrai fils de Dieu, du fils de Marie, simple fils adoptif de Dieu ». Deux conciles francs, tenus à Francfort et à Aix (794 et 799) le condamnent.

Le Saint-Esprit « procède »-t-il du Père par le Fils, comme le disent les Orientaux, ou du Père et du Fils ? Le clergé franc adopte avec passion cette dernière doctrine et l'impose à la cour de Rome, plus prudente. Il creuse ainsi entre Chrétiens d'Orient et Chrétiens d'Occident un fossé qui ira sans cesse s'élargissant.

Dans la terrible affaire du *Culte des images*, le clergé des Gaules, mal informé, s'imagine que les Pères grecs du 2e concile de Nicée, en 787, recommandent l'adoration pure et simple des images ; il fulmine contre eux. Charlemagne se jette dans ces controverses et bataille, il faut bien le reconnaître, à tort et à travers.

Cette agitation, même confuse et brouillonne, est signe que la spéculation religieuse n'est plus le partage exclusif de l'Orient. L'Occident romano-germanique s'est émancipé : il commence à penser par lui-même.

La vie artistique.

Peut-on parler de « Renaissance » de la vie artistique ?

Pour émettre à ce sujet un jugement vraiment motivé, il faudrait avoir conservé des témoignages fournis par les monuments de l'époque. Or, de l'architecture ecclésiastique il ne subsiste à peu près rien, en dehors d'une partie (l'octogone central) de la chapelle d'Aix, de la petite église de Germigny (en Loiret), malheureusement trop restaurée de nos jours, enfin de quelques cryptes. De l'architecture civile et militaire rien n'est demeuré.

Pour la décoration des monuments, même pauvreté, du moins en Gaule, car l'Italie a conservé des peintures murales et quelques mosaïques, celles-ci médiocres.

L'art du sculpteur, tombé dans une profonde décadence dès le IVe siècle, ne se relève pas, sauf peut-être dans la taille des ivoires où l'on imite des modèles antiques. L'ornementation sculptée sur pierre est remplacée par le stuc moulé et peint. On exécute des statuettes de bois recouvertes de feuillets d'or : leur barbarie et leur laideur font songer à l'art nègre.

L'orfèvrerie a été très répandue. Les objets eux-mêmes ne nous sont parvenus qu'en petit nombre, la plupart ayant été fondus au cours des âges, à cause de la valeur du métal. La vogue est toujours à cette orfèvrerie de pâtes de couleur et de pierres précieuses que les Germains avaient empruntée à l'Orient iranien aux IVe et Ve siècles. Seulement les pâtes ne sont plus disposées en cloisonné, mais montées en cabochon.

Une autre originalité de l'ère précédente, la décoration des manuscrits, se poursuit et avec bonheur. Mais on perçoit un changement. Le style, plein d'humour artistique des scribes irlandais et anglo-saxons, qui prennent pour les initiales des corps d'oiseaux, de serpents, de poissons dont ils contournent les formes avec une fantaisie inépuisable, le cède à une manière nouvelle utilisant des motifs empruntés à la décoration antique. Dans les peintures de ces manuscrits la figure humaine reparaît et les scènes s'ordonnent sous l'influence certaine d'antiques motifs gréco-romains.

Somme toute, si l'on peut éprouver quelque scrupule à user du terme « renaissance » touchant la vie artistique d'une époque peu originale, il est permis, et même obligatoire, de parler de reprise d'activité, surtout si l'on pense à l'ère mérovingienne expirante.

159

7
JUGEMENT ET CONCLUSION

Si l'on croyait utile de faire tenir l'époque carolingienne dans une formule, on pourrait dire : elle marque un retour à l'Antique.

Plus exactement, elle tente un retour à l'Antique, et cet effort échoue à peu près sur tous les points.

Retour à l'Antiquité judaïque. Avant tout par le concept « davidien » du rôle du roi des Francs : ce concept ne peut se réaliser dans une société brutale, cupide, ignare. D'autres imitations de l'Antiquité judaïque, ainsi la dîme, n'ont qu'un succès partiel, temporaire : le monde laïque s'en approprie cyniquement les avantages.

Retour à l'Empire. — Echec total. Les institutions impériales sont mortes, les peuples n'y comprennent rien. L'empereur lui-même ne paraît pas bien saisir l'importance primordiale de l' « unité » de l'Empire qu'il partage entre ses fils en dépit du bon sens.

Retour aux Lettres. — Ici succès indéniable. A partir de cette époque, les lettres non seulement chrétiennes, mais païennes, ne s'oublieront plus. On imitera les grands modèles. Dans leur correspondance, des abbés, comme Loup de Ferrières, au IXe siècle, des évêques, comme Gerbert de Reims, à la fin du Xe siècle, usent d'un latin digne des humanistes de la grande Renaissance. On écrira ensuite de petits poèmes qui peuvent donner parfois l'illusion de l'Antique.

Tout cela naturellement est artificiel. Ces lettrés carolingiens, puis capétiens s'expriment en une langue morte. Par contre, pour traduire les concepts théologiques et philosophiques, l'emploi d'une langue conventionnelle, mais précise, est salutaire. En vérité, il était impossible, au sortir de la barbarie mérovingienne, de marcher de l'avant avec les seules ressources qu'elle pouvait léguer. Il fallait revenir en arrière pour prendre des forces en se retrempant dans la fontaine, bien diminuée cependant, du savoir antique.

Ce latin médiéval, avec tous ses défauts, a joué un rôle immense dans la transmission des connaissances héritées de l'Antiquité et accrues au cours des âges. Faisant fonction de langue internationale, il a permis aux hommes cultivés de toutes les nations de communiquer et de se comprendre. Sans la restauration du latin à l'époque carolingienne, la société occidentale et centrale de l'Europe eût couru risque d'être privée de cet immense avantage.

D'ailleurs, ce retour à un latin de convention, le latin classique, n'a pas étouffé la naissance des littératures nationales en langue vulgaire. Il est significatif que les premiers monuments du français et de l'allemand apparaissent en pleine renaissance carolingienne.

Retour à l'Art. — Dans le domaine de l'art, le retour à l'Antique est superficiel. En revanche, à la fin de notre période, certaines techniques, telle la voûte en berceau pour couvrir les nefs des églises, annoncent l'arrivée d'un art véritablement nouveau, l'art dit « roman ».

Somme toute, s'il ne faut pas vanter outre mesure la société carolingienne et sa « renaissance », il convient encore moins de la rabaisser. La suite des temps plaide en sa faveur. Partout où l'influence de cette renaissance a été faible, ainsi dans la Gaule du Midi et en Italie, une ère de barbarie (X[e] et XIe siècles) est survenue. Au contraire, partout où cette renaissance s'est enracinée, les lettres et les arts ont déployé, au même moment, une surprenante activité. Ce n'est pas un hasard si la région, ici romane, là germanique, qui va depuis le cours inférieur de la Loire jusqu'au Rhin, et même un peu au delà, est le siège de la culture du IXe au XIIe siècle.

LE RÉGIME FÉODAL

Au moment où la dynastie carolingienne termine une existence trois fois séculaire, le régime qu'on est convenu d'appeler *féodal* est né, pourvu de ses organes essentiels.

Ce régime n'est pas venu au monde brusquement. Il est, au contraire, le produit d'une lente évolution parallèle à la vie de la dynastie carolingienne et comme sous-jacente.

La caractéristique de la société carolingienne c'est le régime vassalique. Le régime vassalique n'est pas la *féodalité*, mais il l'annonce. Le dévouement du citoyen antique à sa cité a cessé d'exister : il n'y a plus ni cité ni citoyens. Le dévouement monarchique est un ressort fatigué. Les hommes ayant perdu la notion d'intérêt public ne conçoivent plus que des relations personnelles. Mais ces relations engendrent des sentiments puissants, dévouement de l'inférieur, le *vassal*, envers le supérieur, le *seigneur*, devoir strict d'assistance et de protection du supérieur envers l'inférieur. Les nœuds sont liés par des symboles saisissants, l'hommage et le serment. Pour prêter hommage le vassal se met à genoux devant le seigneur, et sans armes, pour bien montrer sa soumission ; quelquefois même il baise le pied du supérieur. Le serment de fidélité qui accompagne ce symbole de *dédition* est prêté sur les livres saints. Alors le seigneur relève l'homme qui est devenu son vassal et l'embrasse. Le devoir né de cet engagement, la *fidélité*, est imprécis, par suite sans limites. Le vassal s'engage à *servir* son seigneur, à le protéger, fût-ce au péril de sa propre vie.

Les princes carolingiens ont cherché à se créer des vassaux et en grand nombre. On a dit pourquoi ils ont poussé la masse des hommes libres, qui ne pouvaient pratiquement entrer dans leur vasselage, à se « commender », du moins aux comtes, viguiers, évêques, abbés que le souverain avait dans sa main. Ils ont cru se rattacher tout ce qui comptait dans la société en forgeant une grande chaîne dont ils tenaient le bon bout. Et pendant longtemps cette pratique leur a réussi.

Mais ni eux ni personne ne sentait que ce régime recèle dans ses profondeurs un principe incompatible avec l'existence du pouvoir monarchique. Et leur aveuglement était inévitable. A l'origine le vassal est un homme libre de petite naissance ou de petites ressources, qui se met au service d'un voisin plus fortuné, qui vit dans sa demeure, qui mange à sa table, qui l'accompagne dans ses déplacements et le protège. Il est vraiment un *nourri* (telle est la qualification qu'on lui donnera à travers les âges). Il est un fidèle, un *dru*, un *compain*, un *ami*. Le terme *vassus* ou vassal, qui ne supplante les autres que dans la seconde moitié du VIIIe siècle, plonge ses racines dans un passé très lointain c'est un des rares mots de la langue celtique qui aient survécu dans le latin de la Gaule.

Longtemps la vassalité s'est maintenue à cet humble niveau. Elle est alors inoffensive pour l'Etat. Mais, de plus en plus, l'habitude s'est répandue de récompenser le vassal après un certain nombre d'années de service, non plus seulement par des cadeaux d'armes, de vêtements, de chevaux, etc., mais par une concession lui permettant de fonder une famille. De richesse il n'en est qu'une, la terre. On concède au bon serviteur un domaine, grand ou petit. Longtemps cette concession se fait tantôt en pleine propriété, tantôt en *bénéfice*, c'est-à-dire en viager. Cette dernière pratique ne l'a emporté que tardivement, quand des expériences répétées ont montré au seigneur que le sentiment d'indépendance qui naît de la propriété étouffe vite chez l'obligé celui de la reconnaissance. A ce stade le lien vassalique est essentiellement *personnel* et non *réel*.

Si les rois s'étaient réservé le monopole du séniorat, n'eut-il pas constitué pour eux un indestructible instrument de pouvoir? Non! ce monopole était impossible à monopoliser. A trop étendre le séniorat on eût rendu vain l'élément personnel, affectif, qui seul lui conférait une valeur. Il semble cependant que Charlemagne ait eu un instant cette idée, car, devenu empereur, il exigea de tous ses sujets majeurs un serment de fidélité dont les termes rappellent ceux du serment du vassal à son seigneur. La suite des événements montre, au surplus, que ce dessein, s'il l'eut vraiment, était parfaitement irréalisable.

Le procédé consistant à précipiter par persuasion (car il n'y eut jamais injonction) dans le séniorat des grands fonctionnaires la masse des hommes libres était seul pratique. Il recélait cependant un danger terrible. Evidemment l'homme libre, pour être devenu vassal d'un comte ou d'un personnage puissant, laïque ou non, ne cesse pas d'être le sujet du roi : il l'est même plus effectivement, puisque son seigneur, responsable de ses délits et de ses défaillances, le contraint à se rendre à l'armée ou au plaid de canton. Mais si ce seigneur est rebelle, quel parti prendra le vassal? Il n'est que trop évident que dans ce conflit des devoirs, le roi n'aura pas la préférence. Le choix du vassal est vite fixé : il obéit à celui dont dépend sa vie quotidienne, à celui avec qui il est lié par le sentiment aussi bien que par l'intérêt. Que lui importe un souverain lointain, dont l'autorité, de plus en plus disputée, ne lui confère aucun avantage, — puisqu'il n'existe aucun service public dans cet Etat —, qui n'est même pas en mesure d'assurer l'ordre et la paix.

Chose bien plus grave encore, les vassaux royaux eux-mêmes, établis hors de la portée du roi, en viennent dès le début du Xe siècle à reconnaître, de gré ou de force, l'autorité du pouvoir local.

Le sort de la monarchie dépend donc de l'obéissance des seigneurs, des vassaux, plus particulièrement des plus puissants d'entre eux, les comtes. Théoriquement ce sont des fonctionnaires et ils sont amovibles, les rois les nommant, les déplaçant, les révoquant à volonté. En fait l'aristocratie gallo-franque, depuis la fin du VIe siècle, entend que les hautes fonctions de l'Etat lui soient réservées. Elle admet la royauté. Elle ne conçoit même pas qu'il puisse exister une société sans roi. Seulement le souverain (maire, roi, empereur, il n'importe) n'est que l'administrateur d'un grand domaine, le *Regnum*, dont les avantages appartiennent aux gens bien nés. Chaque grande maison possède un droit naturel aux faveurs du prince. Pendant la période d'ascension de la dynastie, les exigences de l'aristocratie ne s'attachent pas à tel ou tel coin de terre. Bien au contraire, des conquêtes offrent de telles perspectives de gain que les nobles austrasiens se déracinent à plaisir et on les retrouve dans tous les oins de l'Empire, de la Gascogne à la Saxe, de la marche de Bretagne au cour de l'Italie. Mais, à mesure que le terrain se rétrécit, par suite des partages de l'Empire, l'horizon se ferme. Alors, effrayée, l'aristocratie se cramponne au sol natal. Théoriquement le roi garde la disposition des fonctions publiques, des *honneurs*, comme on dit. De fait elles tendent à devenir héréditaires. Le roi ne peut plus ni révoquer, ni même déplacer un comte. Un exemple, entre beaucoup. En 865 le roi Charles enlève ses bénéfices à un certain Effroy. Pour le dédommager il lui donne le comté de Bourges. Mais le comté a un titulaire, Gérard, qui refuse de se laisser évincer. Ses partisans saisissent le nouveau comte et le mettent à mort. Le roi arrive avec une force armée ; malgré ses dévastations, il ne peut venir à bout de la résistance de la population, et Gérard demeure maître de son comté.

L'idée chemine qu'il convient que le fils succède au père au lieu même où celui-ci a exercé ses fonctions. Et l'Eglise pousse dans cette voie pour éviter des compétitions sanglantes. A l'article 9 du célèbre capitulaire de Quierzy-sur-Oise, de juin 877, véritable ordonnance pour l'administration du royaume pendant son expédition en Italie, Charles le Chauve envisage diverses éventualités pour l'administration d'un comté qui viendrait à vaquer au cours de son absence, celle-ci entre autres : un comte décède dans le voyage d'Italie laissant un fils en bas âge ; ce fils conservera la fonction sous la tutelle des officiers (*ministeriales*) du comté et de l'évêque diocésain. Si ce comte n'a pas de fils, Louis, fils de l'empereur, nommera un administrateur qui remplira sa fonction de concert avec les *ministeriales* et l'évêque. Tout cela est provisoire et l'empereur prendra la mesure définitive à son retour. Le droit du souverain est donc maintenu et l'assemblée approuve ces dispositions, si bien qu'on ne s'explique pas l'aberration de nos vieux historiens qui voyaient là l'institution de la féodalité. Tout de même une phrase est inquiétante pour l'avenir : « Que personne ne s'irrite si nous donnons la charge à qui nous plaît et non à l'administrateur provisoire. » De moins en moins le souverain pourra disposer librement des fonctions publiques (*honores*).

Au reste, l'opinion les assimile aux « bénéfices », c'est-à-dire à ces concessions de biens-fonds qui, par la force des choses, deviennent peu à peu des viagères héréditaires. Un *honneur* est le « bienfait » par excellence. En priver le titulaire, c'est le ruiner. C'est, en même temps, porter atteinte à son honneur — les contemporains font le jeu de mot — par suite justifier sa rébellion. On peut dire que, vers la fin du IXe siècle, les « honneurs » sont devenus de fait héréditaires.

Cependant le glissement du pouvoir entre les mains des comtes ne s'est pas opéré d'une manière foudroyante. L'usurpation des droits régaliens s'est produite insensiblement. C'est au nom du roi que le comte, héréditaire de fait, mais jamais de droit, juge et administre, lève les contingents armés, administre la justice, perçoit les amendes, lève les droits de péages et de tonlieu, bat monnaie, etc. Petit à petit il prend l'habitude de garder pour lui les profits pécuniaires de l'autorité exercée au nom du souverain et de détourner vers ses propres querelles la force publique. C'est insensiblement que, au cours du Xe siècle, le tribunal public du comté se transforme en cour féodale composée des vassaux du comte. Les contemporains ne se sont certainement pas aperçu de la transformation.

De leur côté les autorités ecclésiastiques ont recueilli les dépouilles royales, mais ici la concession joue un rôle plus grand que l'usurpation. Déjà les évêchés et monastères de Gaule vivaient en vase clos, par suite de la concession d'un diplôme d'immunité. Déjà ils exerçaient le droit de justice sur d'énormes territoires. Depuis la fin du Ixe siècle on voit des évêchés obtenir le droit de battre monnaie, de percevoir les tonlieux, de posséder les remparts des « cités ». Les rois sentant leur échapper la libre disposition des prérogatives régaliennes sur le monde laïque, les concèdent au monde ecclésiastique où l'hérédité personnelle ne peut exister.

Malgré tout, si le roi avait en affaire isolément aux 150 ou 160 comtes du royaume de France, il eût pu exercer une certaine autorité. Il n'en fut pas ainsi. Il eut à compter avec de grandes maisons, en petit nombre et d'autant plus redoutables.

La constitution de ces maisons, génératrices de nationalités provinciales, ne découle pas exclusivement de la pratique de la vassalité, elle fut imposée par les circonstances historiques. Aux extrémités du royaume, les duchés de Bretagne et de Gascogne, mal soumis, demeurèrent à l'écart. L'Aquitaine fit toujours bande à part. De même le marquisat ou comté de Toulouse et le duché de Gothie. La marche d'Espagne, bien qu'elle n'ait cessé de reconnaître le roi de France jusqu'au XIIe siècle, dut se replier fatalement sur elle-même. La constitution de la Normandie fut imposée par la force. Pour faire face au royaume dit de Bourgogne ou de Vienne, fabriqué par Boson en 879, il fallut constituer en duché les débris de la Bourgogne demeurés au roi de France. C'est peut-être pour une nécessité analogue qu'on laissa le gendre de Charles le Chauve, Baudouin, et surtout sa descendance, agrandir jusqu'aux proportions d'une « marche » ses domaines de Flandre. Enfin, pour tenir tête aux Normands de la Loire, qui parurent longtemps les plus dangereux, on constitue la marche de Neustrie, dont le centre fut Angers, à partir de 851. Le premier titulaire, Robert le Fort, fut la tige de la dynastie qui devait se substituer à celles des Carolingiens.

Vers le début du Xe siècle il s'opère une nouvelle contraction. Il est reçu que le royaume de France se compose de trois parties : la France, la Bourgogne, l'Aquitaine. A la tête de chacune est un duc. La « France » va du cours inférieur de la Loire à la Meuse et à l'Escaut. La Bourgogne s'étend de Mâcon à Troyes. L'Aquitaine englobe aussi Gascogne, Toulousain, Gothie. Aussi le but du Robertien, duc des Francs, est-il de se faire concéder par le roi cette triple dignité qui lui donnera le pouvoir effectif sur l'ensemble du royaume. Hugues le Grand et son fils, sous Louis IV et Lothaire, arracheront à la faiblesse de ces rois ces concessions. Mais ils ne pourront la rendre effective sur l'Aquitaine où le titre ducal reste à la maison des comtes de Poitiers à partir de 963. Plus heureux du côté de la Bourgogne, Hugues le Grand la léguera à son deuxième fils, Henri.

En dépit de son titre, il s'en faut que le duc des Francs exerce une prééminence réelle sur l'ensemble des magnats de « France ». Le marquis de Flandre et le comte de Vermandois, tous deux des Carolingiens par leur ascendance maternelle, n'ont certainement jamais été ses vassaux. Encore moins le nouveau « duc et marquis » des Normands. Pas davantage le duc de Bretagne, au reste bien déchu depuis l'occupation de son pays par les Danois.

Malgré tout, le duc des Francs jouit d'une autorité incontestable, hors de pair. Il est un véritable vice-roi, parfois le roi, finalement le seul roi.

Le véritable sens de l'événement de 987 c'est de faire disparaître la dualité monarchique qui durait depuis un siècle exactement. Le changement de dynastie ne modifia en rien le principe monarchique, et c'est à peine s'il fortifia l'exercice du pouvoir royal.

C'est que, à leur tour, les Robertiens étaient victimes de l'insubordination de certains de leurs grands vassaux. Dès le début du Xe siècle ils cessèrent de résider sur le cours inférieur de la Loire et se fixèrent à Orléans et à Paris. Ils firent administrer l'Anjou, la Touraine, le Dunois, Chartres, Blois, par les vicomtes. Soumis pendant la première partie du siècle, ces personnages, qui n'avaient pas tardé à prendre le titre comtal, deviennent intraitables dès la mort de Hugues le Grand. Vis-à-vis de Hugues Capet duc ils pratiquent cette politique d'intimidation et de chantage dont usait le duc lui-même vis-à-vis du roi. Les derniers Carolingiens s'en étaient parfaitement rendu compte et en avaient fait leur profit.

LE CHANGEMENT DE DYNASTIE. LES QUATRE PREMIERS CAPÉTIENS

Hugues Capet, C. De Steuben, 1837

1

HUGUES CAPET

Hugues fut reconnu roi sans réelle difficulté. Il rencontra l'opposition de l'archevêque de Sens et aussi d'Albert de Vermandois, de sang carolingien. Il en vint facilement à bout. La mort le débarrassa aussitôt d'un autre carolingien, Arnoul II de Flandre. Son accession avait été appuyée par son frère le duc de Bourgogne, Henri, et aussi par les ducs d'Aquitaine et de Normandie avec, qui il avait noué des alliances de famille. Mais d'appuis solides dans son propre domaine, Hugues Capet n'en trouva pas. Or il en eut grand besoin. Moins d'un an après son couronnement, il apprit que l'oncle du dernier roi carolingien Louis V, Charles de Lorraine, venait de mettre la main sur la cité royale carolingienne, Laon, et attirait des partisans. Hugues et son fils Robert, qu'il avait associé au trône, le 25 décembre précédent, entamèrent un siège qui se termina pour eux par un désastre. Hugues usa de diplomatie. L'évêché de Reims étant venu à vaquer, par suite de la mort d'Adalbéron, le roi crut habile de le donner au fils naturel du feu roi Lothaire, Arnoul. Mais celui-ci passa du côté de son oncle Charles. Seule la trahison put dénouer la situation au profit du Capétien : l'évêque de Laon, Ascelin, livra la ville avec la personne et la famille du prétendant dans la nuit du 29 au 30 mars 991.

L'extrême faiblesse de la dynastie n'en éclate pas moins. Eudes I, comte de Blois et de Chartres, enlève au roi Melun. Pour s'assurer des appuis indispensables, Hugues cède Dreux à ce vassal impudent. Il investit Bouchard de Vendôme, de Corbeil, de l'abbaye de Saint-Maur-des-Fossés, enfin du comté de Paris. Il semble que la nouvelle dynastie va périr d'inanition dès le berceau.

Une fois maître de la personne du prétendant, Hugues Capet n'est pas au bout de ses peines. Il a fait dégrader au concile de Saint-Basle de Verry (991) le traître Arnoul, et Gerbert reçoit l'archevêché de Reims. Mais la papauté en la personne de Jean XV intervient et proteste, d'accord avec la cour de Germanie.

Il s'ensuit une querelle d'une violence inouïe. Les partisans et les obligés du roi dressent contre la cour de Rome un acte d'accusation. Gerbert, qui ne se doute pas qu'il sera pape (Silvestre II), entasse les arguments contre la primauté de Saint Pierre. Le règne s'acheva sans que l'affaire fût réglée.

La trahison rôdait autour du roi. Le bruit courut en 993 que le même évêque de Laon, qui avait livré Charles de Lorraine à Hugues, voulait livrer Hugues à la cour impériale, de connivence avec le comte de Blois et de Chartres. Pour prix de leurs services les conjurés auraient eu, Ascelin l'archevêché de Reims, Eudes le titre de duc des Francs. Otton III, maître de la France, eut ressuscité l'Empire de Charlemagne. Ces rêveries s'évanouirent en fumée. Elles eussent peut-être pris corps quelques années plus tard, lorsque Gerbert, fuyant Reims, eut été porté au trône pontifical (999) par le jeune empereur, son disciple, sur l'esprit duquel il exerçait une influence puissante. Gerbert, bien que né en Aquitaine, n'avait aucun sentiment « français ». Il était, comme tant de grands prélats de ce temps, partisan de l'unité du monde chrétien sous la direction d'un seul souverain, l'empereur. Petit-fils d'une princesse italienne, sa grand'mère Adélaïde, descendant d'empereurs romains d'Orient, par sa mère Théophano, pénétré d'idées romaines, grâce à son précepteur Gerbert, Otton III était tout désigné, semblait-il, pour ce rôle d'empereur « romain ». S'il avait pu faire revivre Charlemagne, c'eût été un Charlemagne soumis à la papauté, car le nom de Silvestre II que prit Gerbert est révélateur de ses visées : c'est à Silvestre Ier que le premier empereur chrétien, Constantin, avait, selon une « Constitution » fabriquée à Rome dans la seconde moitié du VIIIe siècle, abandonné le pouvoir sur tout l'Occident! Mais l'accession de Gerbert à la papauté s'opéra trop tard et l'élève et le maître disparurent prématurément (1002 et 1003). Jamais plus l'occasion ne se retrouvera de faire de la France avec l'Allemagne, l'Italie, la Bourgogne (royale), un des membres du « Saint-Empire romain », qui n'eût pas été, en ce cas, nécessairement « de nation germanique ».

2

LA POLITIQUE CAPÉTIENNE

On a défini en termes excellents la royauté du XIᵉ siècle « un mélange singulier de misère et de grandeur, le contraste de l'impuissance réelle avec l'éclat du titre et le prestige de la fonction ».

Les premiers Capétiens pendant un demi-siècle environ ont l'illusion que le titre royal leur confère une autorité effective. Ils se posent en successeurs des Carolingiens, presque en rivaux des empereurs germaniques, Henri II, Conrad, Henri III, et ceux-ci dans les quelques entrevues qu'ils ont avec eux (à Ivois en 1023, 1043, Deville-sur-Meuse), acceptent une égalité qui n'est que protocolaire. Robert II et Henri Iᵉʳ manifestent même quelques desseins velléitaires sur le royaume de Lorraine. Hugues Capet eut aussi l'idée d'aller en Espagne au secours du comte de Barcelone attaqué par les Sarrasins. Robert II pensa peut-être à accepter la couronne d'Italie.Ces chimères troublèrent un instant leur vision du réel et furent une cause de faiblesse.

Sur un point, et capital, les Capétiens ont vu juste. Depuis un siècle que le titre royal était disputé entre Carolingiens et Robertiens, la monarchie était devenue de fait élective. C'était un grave danger pour la nouvelle dynastie entourée de vassaux puissants en mesure de lui disputer la dignité royale. Très habilement les Capétiens, de Hugues Capet à Louis VII, associèrent au trône leur fils aîné de leur vivant, si bien qu'en fait cette royauté devint héréditaire. En outre, l'exiguïté même de leur domaine les obligea à rompre avec la tradition du partage égal du *Regnum* entre tous les fils au décès du père : désormais un seul, l'aîné, portera le titre royal.

3

ROBERT II

Robert II le Pieux (996-1031), seul fils légitime de Hugues Capet, était très différent de son père : instruit, pieux, doux de caractère. Sa sentimentalité lui fit commettre la faute grave d'épouser, après avoir répudié une première femme, Berthe, fille de Conrad, roi de Bourgogne, et veuve d'Eudes Ier, comte de Chartres. Berthe était sa parente au troisième degré et sa « commère ». Le roi fut excommunié par la papauté et, après une dizaine d'années de résistance, obligé de divorcer. Il épousa Constance, fille de Guillaume, comte de Provence. Elle eut le mérite de lui donner trois fils, mais elle souleva les enfants contre leur père et faillit porter un coup mortel à la dynastie par ses intrigues, au lendemain de la mort du roi.

Si attaché qu'il fût à l'église, Robert n'en maintint pas moins avec fermeté sur le clergé les prérogatives royales, même les plus abusives. C'est ainsi qu'il imposa à l'évêché métropolitain de Bourges, son frère naturel Josselin. Il réunit à Héry en Auxerrois, en 1024, un grand concile pour tenter d'établir la paix intérieure. L'assemblée n'eut aucun résultat pratique, mais l'initiative du roi est à son honneur.

Un succès indéniable fut la mainmise sur le duché de Bourgogne. Le duc Henri, frère de Hugues Capet, était mort sans enfant en 1002. Son héritage était revendiqué par son beau-fils Otte-Guillaume, d'origine étrangère. Si ce personnage eût réussi, c'en était fait de l'autorité du roi de France sur le lambeau de « Bourgogne » qui lui restait. Robert II mit plus de dix ans à s'assurer à main armée la succession de son oncle, mais il y parvint finalement (1015), à force de ténacité. Malheureusement pour la dynastie le roi ne fut pas heureux touchant la succession champenoise. Etienne de Troyes mourut vers 1020. Robert fut impuissant à s'assurer la possession des comtés du défunt, au double titre de roi et de parent. Ce fut Eudes II qui l'emporta. Ce personnage était déjà comte de Tours, de Blois, de Chartres. Maître en outre de la Champagne et de la Brie, il enserra, lui et la descendance, le domaine capétien dans un étau qui ne se relâchera que deux siècles plus tard.

Eudes II était si dangereux que le roi de France, puis son fils, le virent avec satisfaction échouer dans sa double revendication du royaume de Bourgogne et du royaume de Lorraine et périr sous les coups de l'empereur allemand Conrad II en 1037. Désormais l'Empire sera maître assuré, non seulement de la Lorraine, mais du royaume informe, dit de « Bourgogne » constitué par Boson en 879, et composé de la vallée du Rhône, de la Comté de Bourgogne (Franche-Comté), de la Suisse romande. Le roi de France mettra plus de six siècles à le reconquérir et seulement partiellement.

4

HENRI IER

La physionomie de Henri Ier nous est très mal connue. On le voit batailler sans cesse, d'abord pour s'assurer la succession de son père que lui contestait sa propre mère avec quelques brouillons. Comme son frère, Henri Ier n'avait tenu que grâce aux secours armés des ducs de Normandie, Richard II, Richard III, Robert Ier. Du reste, celui-ci se fit payer cher par la cession du Vexin français (entre l'Epte et l'Oise). L'intimité était telle que Robert le Magnifique ou le Diable confia au roi la tutelle de son fils Guillaume. L'enfant était né hors mariage, mais il en avait été de même de la plupart des ducs normands antérieurs. Sa bâtardise ne fut qu'un prétexte à un puissant parti pour se soulever. C'est au roi de France, qui écrasa la révolte au Val-des-Dunes (1041), que le futur Conquérant dut son salut. Mais bien vite l'ambition du pupille inquiéta Henri. Pour venir à bout du duc émancipé, le roi de France suscita une coalition de la plupart des grands feudataires du royaume ; ses troupes n'en furent pas moins battues à Mortemer (1054) et à Varaville (1058). A partir de ce moment la bonne entente des Capétiens avec la Normandie est rompue définitivement. La Normandie n'en souffrira guère. C'est la royauté française qui en éprouvera les plus graves dommages.

Instruit par les malheurs de son père et ne trouvant pas de princesse qui ne lui fût tant soit peu apparentée, Henri Ier chercha femme jusqu'en Russie. Il épousa Anne, fille du prince de Kiev, Iaroslav le Grand (1051). La reine donna au premier de ses fils un nom qui détonne dans l'onomastique jusque-là purement germanique des rois de France : Philippe. Pourquoi choisit-elle ce nom qui ne figure pas dans l'histoire des empereurs byzantins? Il n'est pas facile de le deviner. Songeait-elle à Philippe de Macédoine ou à l'apôtre de la Phrygie? En tout cas la vie de son fils n'eut rien d'apostolique et ne rappelle en rien celle du père d'Alexandre le Grand. Son règne de 48 ans (1060-1108) fut vite décrié.

5
PHILIPPE IER

Successeur de son père à l'âge de huit ans, Philippe vécut d'abord sous la tutelle de son oncle, le comte de Flandre, Baudouin V. En 1066, il ne put, en raison de sa jeunesse et de la connivence de Baudouin, beau-père de Guillaume le Bâtard, empêcher la conquête de l'Angleterre dont on présageait les dangers pour la royauté française. Majeur, il fut malheureux dans toutes ses entreprises militaires, soit par suite de son incapacité comme guerrier, soit en raison de la faiblesse de ses ressources. Il se fit battre par l'usurpateur du comté de Flandre (1071). Il s'enfuit près de Gerberoy devant Guillaume le Conquérant (1079). Seule la résistance de Pontoise empêcha le fils du Conquérant, Guillaume le Roux, d'enlever Paris (1098). Même un petit seigneur de la Beauce, Hugues du Puiset, le mit en déroute, lui et son cousin le duc Eudes de Bourgogne.

Sa vie privée ne fut qu'une suite de scandales. En 1092 il y mit le comble en répudiant sa femme Berthe de Hollande et en épousant, du vivant de son mari, Foulques le Réchin, comte d'Anjou, Bertrade de Montfort. Cette femme prit sur lui et sur la cour un ascendant absolu et il brava pour elle les foudres de la papauté qui les excommunia.

Il trafiquait de tout, vendait les évêchés et les abbayes, vendait même son faible secours armé, détroussait au besoin les marchands. C'est dire qu'il s'opposa de toutes ses forces à la réforme de l'Eglise et de la Société entreprise par le pape Grégoire VII et ses successeurs. Même si son âge et ses infirmités ne l'avaient empêché de prendre part à sa première croisade, il n'eût certainement pas voulu y participer.

Il faut dire à sa décharge qu'il avait conscience de sa faiblesse et qu'un incontestable bon sens le détourna des rêveries ambitieuses de son père et de son grand-père. Il comprit que le titre royal conférait de moins en moins d'autorité sur les grands feudataires qui tendaient vers l'indépendance absolue.

Seul un accroissement domanial, en élargissant la base du pouvoir royal, pouvait assurer sa stabilité. Il agit en conséquence. Ce méprisable souverain fit plus dans ce sens que ses prédécesseurs. Henri Ier s'était rendu maître de Sens qu'il partagea, du reste, avec l'archevêque. Philippe Ier se fit rétrocéder Corbie par la Flandre (1074). Dans l'immense succession de Simon de Valois, qui se retira au cloître, il cueillit le Vexin français (1077). Pour prix de son consentement à la succession du comté d'Anjou, revendiqué par Foulques, comte de Gâtinais, il se fit céder ce dernier comté (1069). A la fin de son règne il prit pied en Aquitaine en achetant Bourges et Dun au vicomte Eudes Arpin partant pour la croisade (1100). Enfin il assura le Vermandois à sa famille en mariant son frère Hugues à l'héritière du comté, Alix, fille du comte Herbert IV (1080). Mais les profits matériels que lui valurent ces habiles manœuvres furent compensées par le discrédit où il plongea la royauté. Au reste, sur son propre domaine, il ne pouvait même plus circuler sans danger. Un fourmillement de châteaux forts faisait obstacle à tout déplacement et il n'avait plus la volonté ou la force de les abattre.

L'ANARCHIE FÉODALE

Le caractère d'un prince est insuffisant pour expliquer à lui seul la décadence de la royauté. La royauté s'est affaiblie parce qu'elle s'est heurtée à des obstacles grandissants.

D'abord l'anarchie incoercible de la société. Dans le nord du royaume, les derniers hommes libres propriétaires, mais non vassaux, disparaissent. Ils sont considérés comme une survivance incompréhensible. Pour pouvoir subsister ils reconnaissent tenir leurs biens d'un voisin plus puissant : ils transforment leur bien propre, l'*alleu* en *fief de reprise*. Le féodalisme ne veut plus rien laisser subsister en dehors de lui. Or le féodalisme est une décomposition, non seulement de la souveraineté, mais de la propriété. Sur une même terre il y a deux propriétaires, l'un le seigneur, l'autre le vassal ou le censitaire ; celui-ci tenu à de simples redevances en nature ou en argent ou encore à des corvées. Le vrai propriétaire, le seul légalement, c'est le seigneur ; l'autre n'est qu'un détenteur à vie. Mais, de plus en plus, par une pente irrésistible, le détenteur se considère comme maître de transmettre son fief ou sa censive à ses descendants, de vendre même ou d'échanger sa tenure, réserve faite d'une compensation pécuniaire (*relief, lods et ventes*) au propriétaire-seigneur. Au XIᵉ siècle l'hérédité des tenures en fief ou en censive est chose faite, par la force des choses, par la volonté de l'opinion. Alors, de personnelles, comme à l'époque précédente, les relations entre les hommes deviennent *réelles*. A la hiérarchie des personnes se substitue la hiérarchie des terres. Comme il est impossible d'empêcher une même personne de recevoir des fiefs de plusieurs mains, en fait un vassal à plusieurs seigneurs, autant dire qu'il n'en a plus. Le procédé inventé à cette époque de la *ligeance*, qui cherche à dégager le principal seigneur, auquel l'obéissance est due avant tout autre, se révèle dans la pratique inopérant. L'élément affectif du régime vassalique commence à s'effacer à l'époque féodale.

Le dévouement, la déférence même, du vassal envers son seigneur tendent à disparaître et la violence des passions des hommes de cette époque ne rencontre plus de frein moral.

Au reste ce serait une complète erreur de croire que l'anarchie désole uniquement le domaine royal. Si on avait le temps d'étudier les grandes principautés dont l'histoire, plus que celle du roi, représente l' « Histoire de France » de ces temps, on s'apercevrait qu'il en va exactement de même partout.

Les grands feudataires sont, à leur tour, victimes de cette même insubordination qu'ils manifestent envers le roi. Quelle faiblesse interne du pouvoir ducal en Aquitaine, en Bourgogne, en Bretagne! Le comte de Flandre soutient des luttes très dures contre ses châtelains, le comte d'Anjou contre ses barons. Contre le duc de Normandie lui-même les révoltes sont terribles.

Et les moyens de répression de ces souverains provinciaux ne sont pas plus efficaces que ceux du roi. Un grand changement s'est opéré dans l'art de la guerre.Depuis la fin du Xe siècle l'Europe occidentale s'est hérissée de forteresses de pierre, d'une construction perfectionnée, si bien que, pour un temps, la défensive est supérieure à l'offensive. Il n'est point cependant de château qu'on ne puisse prendre à la longue, mais on n'a pas le temps nécessaire pour effectuer un siège sérieux. Les grands feudataires, tout comme le roi, n'ont droit au service militaire de leurs vassaux que pour quelques semaines, six en moyenne. Impossible de rien entreprendre de sérieux pendant une si faible durée de service. Aussi la guerre consiste à piller et à incendier les domaines de l'adversaire. Bien rares sont les batailles rangées. L'impossibilité d'obtenir une décision fait traîner les hostilités. Rejetées d'été en été, elles n'en sont que plus meurtrières, étant interminables.

Cependant, à force de ténacité et de diplomatie, la plupart des grands feudataires, le Normand, le Flamand, l'Angevin sont redevenus à peu près maîtres chez eux au début du XIIe siècle. Il était temps qu'il en fut de même chez le roi.

REDRESSEMENT DE LA ROYAUTÉ

Louis VI le Gros, M.J Blondel, 1837

LOUIS VI

L'œuvre de redressement du pouvoir royal fut entreprise par le fils de Philippe Ier et de Berthe de Hollande, Louis VI le Gros.

Aussi différent de son père que celui-ci l'était du sien, Louis VI, en dépit de l'embonpoint prématuré qui lui valut son surnom, fut avant tout un guerrier. Quand il eut triomphé des machinations de sa marâtre Bertrade, il se mit à la dure besogne de reconquérir son domaine sur ses barons. Il ne lui fallut pas moins de vingt années de campagnes menées dans toutes les directions, dans les vallées de l'Oise, de l'Aisne, au sud de Paris, au sud de la Loire, en Beauce, pour forcer dans leurs repaires les barons que les contemporains nous représentent comme de véritables bêtes fauves. Il alla même en Auvergne à deux reprises obliger le comte Guillaume VI à cesser ses attaques contre l'évêque de Clermont. Pour le siège des châteaux il dut avoir recours parfois, non seulement à sa chevalerie, mais aux contingents de paysans que lui amenaient évêques et curés. Il eut surtout la bonne fortune d'avoir pour bras droit son cousin germain, fils de Hugues et d'Alix, le comte de Vermandois, Raoul. Pour l'administration de son royaume, si le terme n'est pas trop ambitieux, il eut la sagesse de se ranger aux conseils de l'abbé de Saint-Denis, Suger.

Le nettoyage du domaine fut consolidé par l'acquisition de Corbeil et de Montlhéry, qui menaçaient les communications de Paris avec Orléans et, sur la Seine, de Mantes, sentinelle avancée contre la Normandie.

En dépit de ses défauts — cupidité puérile, confiance déplacée en des favoris indignes —, la royauté retrouva assez de force pour résister à une tentative d'invasion de l'empereur. Henri V, voulant punir le roi de France de l'appui qu'il prêtait à la papauté, partit de Metz pour s'emparer de Reims. Mais, pour la première fois, depuis les temps carolingiens, le roi put réunir une armée vraiment nationale : la plupart des grands feudataires, même le comte de Chartres, Thibaud IV, alors en conflit armé avec son souverain, envoyèrent leurs contingents à Reims. L'empereur, qui n'était sans doute pas en force, n'insista pas et rebroussa chemin (1124).

Avec son puissant vassal le duc de Normandie et roi d'Angleterre Louis VI fut moins heureux. Henri, troisième fils du conquérant, avait usurpé le trône ducal au détriment de son frère Robert Courte-Heuse (1106). Le roi de France se laissa surprendre à Brémule et dut s'enfuir (1119). Il faut dire que son armée ne se composait que de 400 chevaliers! Ce chiffre misérable en dit long sur les moyens d'action d'un roi de France à cette date.

Il échoua aussi en tentant d'imposer aux Flamands comme comte le fils de Robert Courte-Heuse, Guillaume Cliton (1128).

Malgré tout, le prestige que Louis VI avait redonné à la royauté lui valut, à la fin de sa vie, un succès inespéré. Guillaume X, duc d'Aquitaine, n'avait pas de fils. Il ne crut mieux faire qu'en fiançant sa fille et héritière, Aliénor, au prince royal Louis. Au moment où Louis VI expirait (1er août 1137), son fils venait d'épouser à Bordeaux l'héritière d'un fief qui semblait porter d'un bond l'autorité royale jusqu'aux Pyrénées. En effet, au siècle précédent les derniers ducs de Gascogne étant morts sans laisser de fils (1032), les ducs d'Aquitaine avaient occupé ce pays, en prétextant qu'il leur revenait comme descendants de Brisce, sœur des deux derniers ducs. C'était un des plus anciens exemples de l'hérédité des fiefs par parenté féminine. De revendication du duché de Gascogne par le roi Henri il n'en avait pas été question, preuve flagrante de l'impuissance de la monarchie à récupérer même les fiefs « de dignité » quand une dynastie venait à s'éteindre.

2

LOUIS VII

a) De 1137 à 1152.

L'acquisition inespérée de l'Aquitaine semblait promettre au fils de Louis VI un grand règne. Il n'en fut rien. Les quarante-trois années de son gouvernement n'avancèrent en rien l'œuvre d'extension territoriale de la monarchie. Il importe cependant de faire une distinction entre les périodes antérieure et postérieure à l'année 1152. Pendant sa jeunesse, de seize à trente ans, Louis VII paraît continuer les traditions de son père. D'abord il entend régner et écarte de la cour sa mère Alix de Savoie. Il intimide même l'indomptable Champenois Thibaud IV. Il est tellement jaloux de ses prérogatives sur les élections épiscopales qu'il s'attire l'hostilité des deux grandes puissances morales de l'époque, l'abbé de Clairvaux saint Bernard, et le pape Innocent II. C'est sa volonté qui impose aux grands, et même à l'Eglise, la deuxième croisade, rendue nécessaire par la chute d'Edesse. Mieux organisée que la première, cette croisade se termina cependant par un désastre et le roi revint presque seul. Personnellement il s'était montré vaillant chevalier et c'était une grande nouveauté qu'un roi de France fût sorti de son royaume à la tête d'une forte armée : cela ne s'était pas vu depuis le IXe siècle, depuis les temps carolingiens, depuis 877.

Quel prodigieux changement s'était opéré depuis cette date! La séparation entre Francs de l'Ouest et Francs de l'Est, à peine perceptible, s'était accentuée. Ce n'est pas que la mésintelligence entre leurs souverains respectifs fût chose sérieuse : les deux expéditions en France d'Otton II en 978 et de Henri V en 1124, n'avaient été que des démonstrations sans lendemain. Mais les Francs de l'Ouest étaient devenus des Français et les Francs de l'Est des Allemands. Quand les circonstances les mirent face à face, même dans une croisade entreprise pour une fin commune, ils s'aperçurent qu'ils ne s'entendaient plus. En

187

même temps que Louis VII le roi d'Allemagne Conrad II menait une armée allemande en Terre Sainte. Dans les occasions où les chevaliers des deux armées se rencontrèrent le désaccord éclata : les Français passaient pour orgueilleux et railleurs, les Allemands pour violents et pillards.

Au cours des deux années que dura l'éloignement du roi (1147-1149), le domaine capétien fut administré par l'abbé de Saint-Denis qui trouva moyen de rester en bons termes avec- les grands et les souverains voisins. Mais Suger mourut au début de l'année 1151 et, après lui, personne n'eut assez d'ascendant pour détourner le roi de commettre une faute politique dont les conséquences devaient peser pendant trois siècles sur la dynastie. En 1152 Louis VII se décida à répudier la reine Aliénor.

Les motifs du divorce s'expliquent par l'inconduite, réelle ou présumée, de la reine, en Terre Sainte et par sa consanguinité avec le roi. Mais la première raison a été avancée tardivement et la seconde ne fut qu'un prétexte, la parenté des deux époux étant fort lointaine. La vérité semble être que, après quinze ans de mariage, Aliénor avait donné deux filles, mais point de fils à son mari. La répudiation était une faute d'autant plus grave que lors de son mariage avec l'héritière de l'Aquitaine, Louis VII n'avait nullement annexé ce duché à son domaine propre. L'union était personnelle et Louis VII reconnut le fait loyalement en ajoutant à sa titulature de *rex Francorum* celle de *dux Aquitanorum*. En mariant sa fille au futur roi de France le dernier duc d'Aquitaine avait certainement espéré que son gendre aurait plusieurs fils, dont l'un, le puîné, aurait le duché d'Aquitaine. Louis VII n'eut pas de fils d'Aliénor, mais deux filles, il escomptait gouverner l'Aquitaine sous leur nom.

C'était de sa part une grande naïveté que de penser que la reine répudiée ne chercherait pas à se remarier. Eloignée de la cour, elle fut guettée comme une proie par les prétendants et se jeta dans les bras du jeune prince Henri Plantegenêt qui l'épousa à Poitiers en mai, deux mois après le prononcé du divorce (1152).

La situation devint subitement très grave pour Louis VII. Henri Plantegenêt était comte d'Anjou et du Maine. Il venait d'hériter de la Normandie sur laquelle son père, Geoffroy le Bel, avait réussi à mettre la main.

Le mariage était illégal au point de vue du droit et Louis VII obtint de sa cour la condamnation du coupable. Restait à exécuter la sentence. C'était chose facile. Henri comptait une multitude d'ennemis en Normandie et en Aquitaine, et le roi réussit à nouer contre lui une formidable coalition des grands féodaux de France. Mais la conduite des opérations fut menée mollement par Louis, alors que le Plantegenêt malgré sa jeunesse, — il avait vingt ans, déployait une activité et l'esprit de décision qui devaient le caractériser. En 1154 le roi de France signa une paix de résignation. Pour comble de malheur le jeune et puissant vassal devenait, à la mort d'Eustache de Boulogne, roi d'Angleterre. L' « Empire angevin », allant de l'Ecosse aux Pyrénées, couvrant en France un territoire vingt fois plus considérable que le chétif domaine du royal suzerain, était fondé.

A partir de ce moment l'avenir de la dynastie capétienne est sérieusement menacé. La royauté était victime de la coutume féodale qui, insidieusement, après avoir établi l'hérédité des fiefs, puis des « honneurs » (duchés, marquisats, comtés) par filiation masculine, l'imposait en lignée féminine, même en ligne collatérale. Le droit privé, seul accessible à des esprits frustes, avait tué tout concept de droit public. Aux siècles suivants le droit féodal favorisera les Capétiens et leur permettra de belles réunions de provinces au domaine, mais après avoir failli les faire périr.

Seulement il importe de remarquer que si la dynastie fut en péril, la France ne le fut à aucun moment. Il était indifférent à ses destinées que la dignité royale fût conservée dans la famille des descendants de Robert le Fort ou qu'elle passât à une dynastie de princes français régnant à Angers, à Bordeaux, à Rouen. Il ne faut jamais oublier, en effet, que, pour les Angevins, l'Angleterre fut, pendant cette période, une sorte de colonie où ils résidèrent le moins possible. La culture de la cour angevine était toute française et la littérature en langue vulgaire y fleurit un siècle avant qu'elle fût appréciée à la cour de France. Ces rois d'Angleterre n'avaient rien d'anglais et ignoraient même, semble-t-il, la langue de leurs sujets. Avant la fin du XIVe siècle nul d'entre eux n'eut dans les veines une goutte de sang anglais. Si, par hypothèse, Henri II avait détrôné Louis VII, rien n'eût été changé d'essentiel dans les destinées du royaume de France. Henri II se serait installé à Paris. A sa mort son fils aîné eût été roi de France, le puîné roi d'Angleterre et voilà tout. Quant à parler de lutte de l'Angleterre et de la France à propos des conflits de deux dynasties aussi françaises l'une que l'autre, c'est commettre une méprise attestant qu'on est étranger aux idées de ce temps. Ce sera seulement au XIVe siècle, à partir de l'avènement des Valois, que l'on perçoit autre chose que des compétitions dynastiques.

b) De 1152 à 1180.

A un adversaire de la trempe de Henri II, dont la puissance prenait un développement prodigieux, Louis VII était incapable de résister. L'Angevin soumettait l'Ecosse, faisait opérer la conquête de l'Irlande. Sur le continent il obligeait le dernier comte de Bretagne, Conan IV, à donner sa fille et son comté à un de ses fils, Geoffroy ; il dominait le grand comté de Toulouse. D'autre part, pour la première fois, l'Empire, en la personne de Frédéric Barberousse, se posait en suzerain des autres royaumes chrétiens, et les grands feudataires de l'Est (comte de Champagne, duc de Bourgogne) branlaient dans leur fidélité au roi de France. Pour comble de malheur Henri et Frédéric entament des projets d'alliance. Vers 1158-1160 la dynastie capétienne semble à bout de souffle.

Elle est sauvée par un concours de circonstances fort imprévues. Le choix d'un antipape, Victor IV, par Barberousse, inquiéta le roi d'Angleterre. Henri II et Louis VII étaient attachés à l'obédience du pape Alexandre III. Celui-ci résida en France longtemps et soumit Louis VII à sa forte personnalité. Mais aussi il lui valut le renom de protecteur de l'Eglise. L'asile que Louis VII donna pendant plusieurs années (1164-1170) à l'archevêque de Canterbury, Thomas Becket, en violent conflit avec le roi d'Angleterre, pouvait passer pour une grosse imprudence et, en fait, il valut au Capétien une guerre. Mais, quand Becket fut tombé sous les coups d'assassins (29 décembre 1170), l'opinion du monde chrétien se souleva contre Henri II qui dut s'humilier et faire pénitence. Par contraste la physionomie douce et pieuse de son suzerain s'en trouva grandie.

En même temps la naissance d'un fils (1165), qui assurait l'avenir de la dynastie, fut accueillie avec des transports de joie par la population du domaine royal. Louis VII s'était remarié, en troisièmes noces, avec Alix, fille de Thibaud IV, comte de Champagne et de Blois. Cette union lui assura l'appui de cette puissante maison dont les possessions (Champagne et Brie, Blois et Chartres, Sancerre) enveloppaient le domaine royal.

Le prestige de la royauté semble reprendre vigueur. Le roi intervient à chaque instant hors de son domaine propre. En Bourgogne il dépossède le comte de Chalon. Il reçoit l'hommage de grands du centre du royaume, qui jusqu'alors avaient négligé de le rendre, le comte de Forez, le sire de Beaujeu, l'évêque de Mende. En Languedoc, la vicomtesse de Narbonne proteste de sa soumission et il l'autorise à user du droit coutumier du Nord et non du droit romain. Mais c'est surtout avec les églises situées hors de son domaine propre que le roi entretient des relations : en Aquitaine, en Auvergne, en Languedoc. A leurs protestations de dévouement il répond par des concessions de faveurs de toute espèce.

Cependant la politique impérialiste de Henri II s'annonce très menaçante. En qualité de duc d'Aquitaine il veut soumettre Toulouse à la suzeraineté de ce duché, confié à son jeune fils Richard, et il y réussit. Ses vues vont loin : il se mêle aux affaires de l'Italie du Nord, il marie sa fille Aliénor à Alfonse VIII de Castille. Mais, en 1173, coup de tonnerre! Deux de ses fils, Richard, Jean, se révoltent et s'enfuient auprès du roi de France ; leur mère elle-même trempe dans la révolte. Sur le continent c'est un soulèvement général dans les domaines de la dynastie angevine. En Grande-Bretagne l'Ecosse attaque l'Angleterre. Si Louis VII avait eu une parcelle de l'énergie que développera son fils, Henri II était perdu. Mais le roi de France montra la plus complète incapacité et même de la pusillanimité. Son puissant adversaire triompha partout. Le 30 septembre 1174, à Nonancourt, les fils se réconcilièrent avec leur père et Aliénor fut emprisonnée. Henri chargea même Richard de mater la révolte des Aquitains contre sa dynastie. Le malheureux Louis VII se trouva alors dans une situation à peu près désespérée. Il en fut tiré par le pape Alexandre III qui imposa la paix aux deux adversaires en leur assignant comme but une croisade menée en commun (21 septembre 1177).

Deux ans après. Louis VII se sentant très atteint, fit sacrer son fils à Reims par l'archevêque Guillaume « aux Blanches mains », oncle du jeune Philippe.- Henri II, si puissant fut-il, s'avouait vassal du roi de France par ses possessions continentales. Il se fit représenter par son aîné, Henri le Jeune, porteur de riches présents (1er novembre 1179). Louis VII, paralysé, n'assista pas à la cérémonie. Il avait, en réalité, cessé de régner et mourut le 18 septembre 1180.

PHILIPPE AUGUSTE ET LOUIS VIII

Philippe II, F. Amiel, 1837

1

PHILIPPE AUGUSTE

a) De 1180 à 1199.

Lors de son couronnement l'héritier du trône Philippe II (auquel on n'a donné que fort tard le surnom d' « auguste») était un adolescent de quinze ans. Tout semblait indiquer qu'il subirait d'abord l'influence de sa mère Alix et de la maison de Champagne. Il n'en fut rien. Le jeune roi redoutait cette tutelle. Il s'appuya sur le comte de Flandre, Philippe d'Alsace, et épousa sa nièce Isabelle, fille de Baudouin V, comte de Hainaut, malgré l'opposition des Champenois (avril 1180). Le comte n'avait pas d'enfant et il promettait comme dot de sa nièce Arras et Saint-Omer. La fureur de la reine-mère est telle qu'elle se réfugie auprès de Henri II. Le Plantegenêt peut écraser le petit roi que sa famille même désavoue. Il n'en fait rien et à Gisors, en juin, il se réconcilie avec le Capétien.

Mais cette réconciliation inquiète les barons et, au lendemain de la mort de Louis VII, une formidable coalition se noue contre le roi enfant : elle comprend les Champenois, le duc de Bourgogne, le comte de Nevers, même le comte de Flandre, qui regrette sa promesse concernant l'Artois. On y attire aussi des comtes d'Empire (Hainaut, Namur, Louvain) ; on sollicite l'empereur Frédéric Ier. Habilement Philippe réussit à détacher les Champenois de la coalition et à la disloquer. C'est contre le comte de Flandre qu'il porte son effort. Celui-ci, par son mariage avec Isabelle de Vermandois, avait étendu son autorité sur le Vermandois, le Valois, Amiens, Péronne, Montdidier, etc. Mais Isabelle mourut sans enfants en 1182. Son héritage légalement échappait au comte de Flandre et revenait à Aenor, sœur de la défunte. Philippe Auguste prit parti pour Aenor quand le comte de Flandre prétendit s'approprier la succession. Après trois années de luttes le roi emporta comme prix de son intervention, au traité de Boves, en juillet 1185, l'expectative de l'Artois, Amiens, Montdidier, Roye, plus l'expectative du Vermandois, laissé au comte de Flandre, et celle du Valois, abandonné à Aenor.

Philippe Auguste se retourna ensuite contre Henri II. Conduite téméraire seulement en apparence. Il savait le Plantegenêt vieilli et malade et il eut l'art de dresser contre Henri ses propres enfants, Geoffroy de Bretagne, après la mort de Henri le jeune (1183), puis Richard d'Aquitaine, après la mort de Geoffroy (1186). De plus il s'assura la neutralité de l'Empire dans une entrevue sur la Meuse avec Barberousse (1187). Un instant la papauté parvint à imposer la paix entre les rois de France et d'Angleterre (Gisors, 21 janvier 1188). Jérusalem venait d'être enlevée aux chrétiens par Saladin (2 octobre 1187) et le Saint-Siège unit un instant dans un projet de croisade les trois plus grands rois de la chrétienté, l'empereur, le roi de France, le Plantegenêt.

Puis, comme la guerre se rallumait sous un prétexte, le pape (Clément III) imposa de nouveau la paix (à Bonmoulins, 18 novembre 1188). Mais, au cours même de l'entrevue, Richard d'Aquitaine, trahissant son père, passait du côté de Philippe Auguste auquel l'unissait une illusoire amitié. Les deux jeunes princes menèrent contre Henri II, presque mourant, une campagne acharnée. Le moribond s'enfuit du Mans, accepta tout ce qu'on voulut à Azay en Touraine et mourut à Chinon le 6 juin 1189, désespéré de la trahison de ses fils : il avait cinquante-six ans.

Cette fin misérable du puissant ennemi de sa dynastie a dû réjouir le roi de France qui n'oubliait pas les humiliations qu'avait endurées son père. La disparition prématurée du grand Angevin devait avoir, dans la réalité, des suites très graves pour le Capétien, en substituant comme adversaire à un homme assagi et vieilli un guerrier fougueux et implacable, son prétendu ami Richard d'Aquitaine.

L'antipathie réciproque de Philippe et de Richard se manifesta bien vite, au cours de la croisade entreprise en commun, car il leur fallut bien s'exécuter, d'autant que la situation des Allemands et de l'empereur Frédéric, partis les premiers, et par la voie de terre, n'était pas brillante en Asie Mineure l'empereur se noya au passage du Salef en Cilicie, le 11 juin 1190. Partis par mer, Philippe et Richard étaient déjà brouillés à Messine où ils relâchèrent. Richard refusait d'épouser la sœur de Philippe, Alix, prétendant qu'elle avait été séduite par son père Henri II. En Terre Sainte la mésintelligence ne fit qu'empirer. Les opérations militaires se concentraient autour du siège de Saint-Jean d'Acre où les Musulmans s'étaient enfermés. Quand la ville se fut rendue aux croisés (13 juillet 1191) Philippe n'eut qu'une idée : rentrer en France. Le comte de Flandre venait d'être emporté par la peste au siège de cette ville et le roi de France s'inquiétait de sa succession. Laissant la conduite de ses forces au duc de Bourgogne, il repartit et célébra la Noël de 1191 à Fontainebleau.

Avant de quitter la Terre Sainte Philippe avait juré à Richard de ne rien entreprendre contre lui. Le roi de France se contenta d'abord d'intrigues obscures et de calomnies contre son rival. Il était d'ailleurs très occupé à recueillir dans l'héritage du comte de Flandre l'Artois pour son fils Louis et une partie du Vermandois (traité d'Arras), quand, dès octobre, il apprit que, sur le chemin du retour, Richard avait été fait prisonnier par le duc d'Autriche qu'il avait offensé au siège d'Acre, puis livré à l'empereur Henri VI (février 1193). Philippe crut l'occasion favorable de dépecer l'empire angevin, de connivence avec le dernier fils de Henri II, Jean Sans Terre. Mais, un an après, Richard fut remis en liberté par Henri VI moyennant une énorme rançon.

Alors s'engagea une guerre de cinq années au cours de laquelle le roi de France eut constamment le dessous. Vaincu à Fréteval, en Vendômois, il perdit dans la bataille son trésor et ses archives (3 juillet 1194). Cependant, au traité de Gaillon, Philippe put s'assurer Gisors, le Vexin normand, la suzeraineté sur l'Auvergne. Mais, en 1197, Richard noua une coalition puissante contre Philippe avec le comte de Flandre, Baudouin IX, le comte de Boulogne, Renaud de Dammartin, le comte de Blois, Louis, le comte de Toulouse, Raimond VI et même le candidat à l'Empire, Otton de Brunswick, neveu de Richard. Philippe est cerné près d'Ypres et ne s'en tire qu'avec des promesses au Flamand, promesses qu'il ne tint pas. L'année suivante il est surpris près de Gisors, à Courcelles, par Richard et mis en fuite (28 septembre 1198). A la fin de l'année il apparaît comme une bête traquée. Il est sauvé par l'intervention du pape Innocent III qui impose une trêve (à Vernon) aux belligérants. Le roi de France perd ses conquêtes en Normandie, s'engage à marier son fils, le prince Louis, à Blanche de Castille, nièce de Richard, enfin à soutenir la candidature à l'Empire d'Otton de Brunswick (Vernon, janvier 1199). Un an après, le 2 janvier 1200, au traité de Péronne, Philippe doit céder à Baudouin IX Douai, Saint-Omer, Béthune.

Mais entre ces deux traités un tour de roue de la fortune a délivré le roi de France d'un adversaire jusque-là invincible : le 6 avril 1199 expirait, d'une blessure reçue au siège de Châlus en Limousin, celui auquel les chroniques postérieures ont donné le surnom de *Cœur de Lion*.

b) De 1199 à 1214.

Une question de succession se posa aussitôt. Richard ne laissait pas d'enfant. Qui devait hériter, le plus jeune frère du défunt Jean Sans Terre, ou Artur, fils de Geoffroy de Bretagne, frère aîné de Jean? Le droit public n'existant pas à cette époque, l'affaire devait être réglée comme un héritage de particulier. Comme chaque province de l'empire angevin avait sa coutume, seule la force pouvait créer le droit.

Philippe se retourna contre son ancien allié et complice et tenta de faire accepter le jeune Artur par les barons des domaines continentaux des Plantegenêt. Il allait réussir quand il fut arrêté par l'absurde affaire de son divorce. Il avait épousé par intérêt une jeune princesse danoise, Ingehorge. L'ayant prise instantanément en aversion, il venait de la répudier pour épouser Agnès de Méran. La victime ayant porté plainte à la seule puissance morale du temps, Innocent III avait lancé l'interdit sur les Etats du royal bigame. Philippe dut céder. Dans une entrevue tenue au Goulet (près des Andelys), le 22 mai 1200. il s'accommoda avec Jean, puis lui fit une splendide réception à Paris même. Moins de deux ans après, s'étant rencontré avec le pape, le roi de France eut, encore au Goulet, une entrevue avec Jean (25 mai 1202). Cette fois il le prit de haut avec son vassal. Non seulement il lui reprocha de n'avoir pas exécuté ses engagements envers Artur, mais il l'ajourna à sa cour, à Paris, pour répondre des plaintes portées contre lui par des barons aquitains, entre autres par Hugues le Brun, fils du comte de la Marche, auquel Jean avait enlevé sa fiancée deux ans auparavant. Ce n'était qu'un prétexte pour justifier la dépossession des domaines continentaux du Plantegenêt par une sentence légale. Jean fit défaut naturellement et Philippe obtint aisément sa condamnation par la cour de France.

Restait à exécuter la sentence. Un demi-siècle auparavant le pauvre Louis VII avait été impuissant à exécuter l'arrêt condamnant le père de Jean. Philippe envahit la Normandie, mais un désastre l'arrêta un instant. Le 30 juillet 1202, Artur, enveloppé par les forces de Jean, fut fait prisonnier, sous Mirebeau, en Poitou, avec les plus notables de ses partisans aquitains, et envoyé sous bonne garde au château de Falaise.

La cruauté de Jean, qui maltraitait ses prisonniers et projeta d'aveugler son neveu, amena un soulèvement de tout l'ouest de la France. Inquiet, Jean transféra son neveu dans la grosse tour de Rouen. Pendant longtemps on ne sût au juste ce que le jeune prince était devenu, puis le bruit courut qu'Artur avait été assassiné de la main même de son oncle. Toujours est-il qu'Artur cessa de vivre au cours de l'année 1203. Quelques années après on imagina que Jean avait été condamné à la perte de ses fiefs à cause du meurtre d'Artur. C'était donner à la sentence de la cour de France, rendue en réalité un an auparavant, une justification éclatante.

Cependant Philippe reprenait la conquête de la Normandie. L'obstacle était le château, bâti à grands frais par Richard, sur le modèle des forteresses élevées par les Francs en Syrie. Il dressait au-dessus des Andelys, au lieudit la Roche, la masse formidable qui lui valut le surnom de « Château-Gaillard ». Il fallut huit mois de siège pour l'emporter (avril 1204). Parmi les villes de Normandie, seule Rouen fit une belle résistance, mais finit par se rendre (juin 1204). Au cours des hostilités Jean n'avait pas réagi et s'était mis en sûreté en passant en Angleterre (décembre 1203).

L'année suivante Philippe mit la main sur la Touraine et le Poitou, puis se montra dans cette Bretagne qui n'avait pas vu de roi de France depuis de longs siècles.

Cependant une réaction était inévitable. Si les barons Aquitains haïssaient Jean, ils redoutaient plus encore peut-être l'autorité du roi Philippe. Débarqué à La Rochelle, Jean vit accourir à lui la noblesse du pays et résista dans Thouars aux assauts de Philippe, mais, menacé du côté de la Gascogne par Alfonse VIII de Castille, il retourna en Angleterre. L'année suivante le Poitou retomba au pouvoir du roi de France (1208), mais le pays demeura sourdement hostile. Il ne sera vraiment soumis, ainsi que la Saintonge, que par le successeur de Philippe, Louis VIII, en 1224.

La dynastie des Plantegenêt n'était pas expulsée de France puisqu'elle conservait le sud de l'Aquitaine (Guyenne) et la Gascogne, mais l'empire angevin était détruit.

Toutefois les contemporains n'eurent pas l'impression d'un fait irréparable.

Les deux adversaires sentaient que tout n'était pas dit. Ils se cherchèrent des alliés. Le roi de France montra tout d'abord une grande habileté diplomatique. Contre le prétendant guelfe à l'Empire, Otton de Brunswick, parent des Plantegenêts (il était petit-fils de Henri II par sa mère Mathilde), il soutint les Hohenstaufen, d'abord Philippe de Souabe, frère de Henri VI (mort en 1197), puis Frédéric Roger, fils de Henri VI, qu'il aida à payer les frais de son élection (19 novembre 1212). Les fautes du roi Jean offrirent même à Philippe l'occasion de mener à bien une affaire incomparable, la mainmise sur l'Angleterre. Le Plantegenêt s'était aliéné le baronnage et le haut clergé de son royaume. Le pape Innocent III avait jeté l'interdit sur l'Angleterre, puis délié les sujets de Jean de leur serment de fidélité. Le trône d'Angleterre était vacant. Philippe, d'accord avec une grande partie du baronnage anglo-normand et avec la papauté, fit de grands préparatifs pour passer la Manche et faire accepter son fils comme roi d'Angleterre. Les chances de succès étaient grandes. Il n'y a pas lieu de s'en étonner. La classe sociale qui mène alors l'Angleterre est, comme sur le continent, l'aristocratie et celle-ci est d'origine française. La langue et la culture françaises sont seules en honneur et il paraît tout naturel que le roi d'Angleterre n'ait rien d'anglais. Encore longtemps après, si stupéfiante que la chose puisse paraître aux esprits modernes mal informés des idées du passé, au début de la guerre de Cent Ans, Edouard III, qui est réellement Anglais, ne semble pas s'en rendre compte et se considère encore comme un prince français régnant sur l'Angleterre. C'est la guerre de Cent Ans qui engendrera une opposition entre France et Angleterre et non l'inverse. Parler de lutte de l'Angleterre et de la France à propos des compétitions entre Plantegenêts et Capétiens, aux XIIe et XIIIe siècles, c'est ne rien comprendre à ces temps.

Au moment d'embarquer (mai 1213), Philippe apprit que Jean capitulait devant Innocent III et se reconnaissait même vassal du Saint-Siège. La papauté prenait instantanément en main la cause de Jean devenu son protégé et se retournait contre le roi de France. L'affaire de la conquête de l'Angleterre sur le Plantegenêt était manquée.

Pour comble de disgrâce, Philippe voyait se nouer contre lui la plus dangereuse coalition que sa dynastie eût eu à redouter. Renaud de Dammartin, comte de Boulogne, ennemi juré du roi de France, dont il croyait avoir à se plaindre, réussit à unir le roi d'Angleterre, Otton de Brunswick, le nouveau comte de Flandre (Ferrand de Portugal) dans une alliance commune. On acheta le concours des princes de Haute et Basse-Lorraine : ducs de Lorraine, de Brabant, de Limbourg, comtes de Hainaut, de Namur, de Hollande. Le plan des coalisés est de marcher sur Paris où ils feront leur jonction, Jean venant d'Aquitaine, Otton et Ferrand venant des Pays-Bas. Les coalisés ne cachent pas leur intention de détruire la dynastie capétienne et de dépecer le royaume.

La résistance des Capétiens fut à la hauteur du péril. Le 2 juillet 1214, à la Roche-aux-Moines, en aval d'Angers, le prince Louis mit en fuite le roi Jean. Le 27 juillet 1214, à Bouvines, à mi-chemin entre Lille et Tournai, Philippe, après une lutte très dure, remporta une victoire complète sur les coalisés ; Otton prit la fuite, Ferrand et Renaud furent faits prisonniers.

On ne saurait exagérer l'importance de ces journées. Pendant deux siècles, au cours de leurs luttes contre les princes normands et angevins, les Capétiens avaient eu constamment le dessous en bataille rangée. A partir de ce moment la dynastie n'a plus rien à craindre ni des Plantegenêt, ni des empereurs. En domptant en la personne de Ferrand et de Renaud la haute féodalité, elle lui a donné un sévère avertissement. La royauté capétienne est désormais hors de pair. Elle va poursuivre à une allure accélérée sa marche vers de hautes destinées.

c) De 1214 à 1223.

Après Bouvines Philippe Auguste ne dirigea plus en personne d'entreprise militaire. Il n'en était pas besoin. La Flandre, privée de son comte, la Champagne, dirigée par une veuve, étaient à sa merci. La Bretagne était administrée par un Capétien, Pierre Mauclerc. Le duc de Bourgogne était tout obéissance.

Philippe s'en remit du soin de mener de grandes entreprises sur son fils Louis, dont, cependant, il se défiait au point de ne pas l'associer au trône.

Une nouvelle et plus favorable occasion s'offrait aux Capétiens de prendre la couronne d'Angleterre. A son retour du continent Jean avait trouvé l'Angleterre dressée contre lui. A Runnymead, près de Windsor, le 15 juin 1215, il avait dû souscrire à la *Grande charte* qui limitait étroitement les prérogatives de la royauté anglaise. Deux mois après, le pape Innocent III, sollicité par Jean, cassait la charte. Exaspéré, le baronnage anglais décida la déchéance du Plantegenêt et s'aboucha avec la cour de France. Philippe, pour ne pas s'attirer les foudres de Rome, qui déclarait que l'Angleterre était son royaume, feignit de se désintéresser de l'affaire et même de blâmer son fils qui acceptait la couronne d'Angleterre. En fait il lui fournit troupes et argent. Louis débarqua en Angleterre sans résistance, entra dans Londres où il fut acclamé. La dynastie angevine semblait perdue. Elle fut sauvée par la mort inopinée de Jean (19 oct. 1216).

Ce fut alors un revirement complet.Jean laissait un fils de neuf ans. La minorité serait longue, donc favorable aux prétentions du baronnage. Enfin le sacre de l'enfant par le légat pontifical lui rallia l'épiscopat anglo-normand. La partie était perdue pour le prince Louis qui n'eut plus que des revers et rembarqua pour la France en septembre 1217.

Eût-il réussi que les destinées de l'Angleterre et de la France n'eussent été en rien modifiées. Un de ses puînés — il eut beaucoup de fils — eût été roi d'Angleterre. Il n'eût pas manqué de se brouiller avec son aîné, roi de France, au sujet des possessions continentales du roi d'Angleterre et les choses auraient suivi leur cours, le même cours.

La grande préoccupation était la situation du grand fief du Midi, le comté de Toulouse. Détaché de l'Aquitaine, mais grossi, dès le IXe siècle, du Rouergue, du Quercy, de l'Albigeois, le marquisat ou comté de Toulouse s'était accru vers 1080 d'un autre grand fief, la Gothie, l'ancienne Septimanie, dite aussi duché de Narbonne. C'était, en apparence, un beau et grand état. Dans la réalité son chef était presque sans pouvoir. Ses vassaux, vicomtes de Béziers, de Carcassonne, de Narbonne, comtes de Foix, de Rodez, étaient intraitables.

Un instant même Raymond V avait dû s'humilier devant Richard Cœur de Lion et lui prêter hommage.

L'affaire qui devait amener la. ruine de la maison féodale de Toulouse fut l'hérésie, dite à tort des *Albigeois*. Dans la seconde moitié du XIIe siècle la France entière apparaît agitée par des tentatives de rénovation religieuse. Mais, tandis que l'Est et le Sud-Est se laissent gagner par la réforme de Pierre Vaud, qui veut rénover l'Eglise par un retour aux sources du christianisme, les Etats de Raymond sont travaillés par un mouvement qui n'a de chrétien que la terminologie. C'est en réalité, sous le nom de *Catharisme* (purification), une reviviscence venue de Bulgarie du vieux manichéisme persan, né au IIIe siècle, et longtemps rival redoutable du christianisme. On s'étonne qu'une sombre doctrine, qui condamnait la chair et le monde, ait pu séduire les populations du Midi de la France. C'est méconnaître leurs besoins de spiritualité, qu'elles manifesteront plus tard en embrassant la réforme calviniste avec passion ou en lui résistant avec la même passion. Négligées par le clergé des villes et des campagnes, qui ne semble pas s'être soucié beaucoup de leur instruction religieuse, ces populations acceptèrent avec enthousiasme la doctrine nouvelle, propagée par les « parfaits », les soi-disant évêques et prêtres cathares.

Le pouvoir comtal se révèle tellement impuissant à combattre l'hérésie que, dès 1178, Henri II et Louis VII songent à diriger contre les prosélytes du catharisme une véritable croisade. Au reste, à Albi, à Carcassonne, à Béziers, le vicomte protégeait l'hérésie. Il en fut de même du comte de Foi, enfin du nouveau comte de Toulouse, Raimond VI, qui succéda à son père en 1194.

Trente années de missions, où on utilisa de préférence les religieux de Cîteaux, à l'instigation de la papauté, n'eurent que des résultats éphémères ou nuls. Le fanatisme des adeptes de la secte en vint au point de ne plus tolérer de contradiction. Le 12 janvier 1208 le légat du pape tomba assassiné. Le coupable était un écuyer de Raymond VI. Le comte eut beau s'humilier, comme avait fait Henri II d'Angleterre, après le meurtre de Becket, le pape le déclara déchu de ses domaines et ordonna une croisade contre les hérétiques.

On s'attendait à ce que le roi de France prît la direction de l'entreprise. Philippe n'en fit rien. Il savait que le Plantegenêt méditait sa revanche et qu'il fallait surveiller l'Allemagne. Il se borna à rappeler au pape, qui disposait des terres languedociennes avec un sans-gêne incroyable, que le comté de Toulouse était sous sa suzeraineté. A défaut du roi la conduite de la croisade fut confiée au légat Arnaud Amalric. Les contingents vinrent de Normandie, de Bourgogne, d'Auvergne, de Bordeaux. La première victime fut le vicomte de Béziers et Carcassonne, Raimond-Roger, convaincu de favoriser les Cathares. Ses villes furent emportées, la population massacrée et lui-même disparut (juillet-septembre 1209). Les croisés commirent des atrocités, mais leur intervention était désintéressée : une fois l'hérétique châtié, les grands rentrèrent chez eux sans rien vouloir prendre comme territoire. Mais le légat et Simon de Montfort s'enracinèrent dans le pays. Le premier s'adjugea l'archevêché de Narbonne, le second s'attribua les vicomtés de Raimond-Roger. Il s'en prit même au comte de Toulouse que la papauté voulait ménager depuis qu'il s'était soumis et avait fait pénitence. Simon fait méthodiquement la conquête des Toulousains, bat Raimond, puis le comte de Foix, écrase et met à mort le roi d'Aragon, Pierre II, à la bataille de Muret (septembre 1213). Deux ans après il est maître de Toulouse, de Narbonne, de tout le grand fief méridional et il l'organise sur le modèle des seigneuries françaises (il est sire de Montfort-l'Amaury) et anglaises (il est comte de Leicester). Vainement Innocent III avait tenté de s'opposer aux conquêtes du terrible croisé. Le fanatisme catholique, non moins que l'ambition, armait le bras de Simon, qui savait bien qu'on ne détruit pas une doctrine ou un adversaire avec des balancements de rigueur et de mansuétude. Si Simon avait vécu, l'histoire d'Angleterre eût peut-être été changée, car l'un de ses fils, portant le même nom que lui, se fût sans doute enraciné dans le Midi et n'eût pas joué un rôle capital dans l'histoire constitutionnelle de ce pays. Mais Simon périt en assiégeant Toulouse révoltée (1218).

La situation se retourna. Amaury, fils aîné de Simon de Montfort, n'avait pas hérité des qualités paternelles. Raimond VI reprit l'avantage et la situation des croisés dans le Languedoc devint plus que critique. En 1219, le nouveau pape, Honorius III, très inquiet, sollicita l'intervention de Philippe Auguste. Le roi envoya le prince Louis. Déjà en 1215 celui-ci avait fait une apparition dans le Midi, autant par politique que par piété, pour rappeler aux belligérants les droits de la couronne de France sur le pays. De cette croisade Louis ne rapporta qu'une relique insigne, la mâchoire de saint Vincent, abandonnée par l'abbaye de Castres. En 1219, l'intervention de Louis se manifesta par des massacres dont l'atrocité rappelle ceux de 1209, mais le prince échoua au siège de Toulouse. Impuissant, Amaury de Montfort se décide alors à abandonner ses droits au roi de France. Le légat et l'épiscopat du Midi supplièrent Philippe Auguste d'accepter. Le roi se déroba une fois de plus (septembre 1222). Il se sentait malade, usé. La mort l'enleva le 14 juillet 1223.

2

LOUIS VIII

L e règne de Louis VIII ne pouvait être que la continuation de celui du
père dont il était l'instrument depuis au moins dix ans.

La première tâche fut de poursuivre la conquête du Poitou et de la
Saintonge, laissée inachevée par Philippe Auguste. La noblesse régionale,
toujours inconstante, se retournait du côté du roi de France. Le port de la
Rochelle, dont la prospérité commençait, se rendit (1226). Noblesse, clergé,
municipalités furent comblés de faveurs. L'armée royale s'empara un instant
de la rive droite de la Gironde, mais ne put s'y maintenir.

Cependant le Languedoc inquiétait l'Eglise. L'hérésie reparaissait çà et là et
le comte Raimond VII n'inspirait pas beaucoup plus de confiance que son père.
Honorius hésita longtemps, puis se décida à lancer le roi de France. Le légat
romain, cardinal de Saint-Ange, imposa au clergé de France une contribution
pécuniaire pour les frais de l'expédition. L'armée française prit par la rive
gauche du Rhône, traversant ainsi le royaume d'Arles, membre de l'Empire dit
« romain ». On voulait sans doute intimider les hérétiques de la Provence dont
Raimond possédait une partie. Aucune réclamation sérieuse n'était à craindre
de la part de l'empereur : la victoire de Bouvines avait été indirectement une
victoire pour Frédéric II auquel Philippe Auguste avait envoyé les débris de
l'aigle impériale enlevée à son rival de Brunswick. Avignon résista et ne se
rendit qu'après un siège meurtrier pour l'armée royale par suite des maladies.
La prise de cette place forte effraya les populations du Midi. Nobles et villes
s'empressèrent de faire leur soumission ; le clergé, gorgé de faveurs, servait la
politique du roi. Ce fut une promenade triomphale. Mais, au retour, Louis VIII
succomba à Montpensier en Auvergne, à une maladie peut-être contractée au
siège d'Avignon (8 novembre 1226). Comme il arrive en des cas de ce genre, les
esprits se troublèrent et attribuèrent cette fin inattendue à un empoisonnement.

SAINT LOUIS ET PHILIPPE III

Saint Louis médiateur entre le roi d'Angleterre et ses barons, G. Rouget,
1820

SAINT LOUIS

a) La Minorité.

La mort inopinée de Louis VIII pouvait remettre en question toute l'œuvre du défunt et de son père. Non pas que le royaume eût à ce moment beaucoup à craindre de l'étranger Henri III d'Angleterre était sans force réelle. Le danger vint de la noblesse française. L'étude de la minorité de Louis IX est incomparable pour pénétrer l'esprit de cette classe sociale. Elle s'annonce telle qu'elle sera à travers les siècles inconstante, cupide, perfide, traîtresse envers son roi et le royaume, avec des retours soudains de repentir, de fidélité, de dévouement. D'idée politique, pas trace. Pour être juste, il faut dire que, en Europe, cette classe sociale est partout la même. Quant à l'opinion publique, elle offre des ressemblances saisissantes avec celle de nos temps : cancanière, égarée, propageant les calomnies les plus atroces sur les gens au pouvoir, sans autre raison que de venger des rancunes, des déceptions ou même simplement par besoin de distractions.

Des nombreux fils du roi, l'aîné, Louis, n'avait que douze ans. On se hâta néanmoins de le sacrer à Reims, le 29 novembre. La régence ou plutôt — car le mot n'existait pas — la garde, le « bail » du royaume avait été confié par le roi mourant à sa femme Blanche de Castille, dont il avait éprouvé le dévouement et la résolution. Ses qualités, Blanche les tenait de ses ancêtres : par sa mère elle était petite-fille de l'Angevin Henri II, roi d'Angleterre, et de l'Aquitaine Aliénor. Cependant il est douteux qu'elle eût pu soutenir le poids bien lourd de sa tutelle sans l'appui du légat Romain Frangipani, cardinal de Saint-Ange. Ce Mazarin du XIIIe siècle guida la régente de son expérience politique et l'imposa à la mauvaise volonté du clergé de France.

Les ennemis les plus dangereux étaient de sang royal : Philippe *Hurepel*, comte de Boulogne, fils légitimé de Philippe Auguste et d'Agnès de *Méran*,

Pierre de Dreux, baillistre (régent) du comté de Bretagne, descendant de Louis VI.Parmi les barons tantôt révoltés, tantôt fidèles, la physionomie la plus caractéristique de sa classe, à cause précisément de son inconstance, fut le comte de Champagne, Thibaud IV le Posthume, amoureux de la reine qu'il célèbre dans ses chansons, sauf à la combattre, ou à l'implorer quand ses complices, exaspérés par ses revirements, veulent le châtier (1229 et 1230). Ces conjurés sont déjà des personnages dignes de la Fronde du XVIIe siècle. Il serait écœurant de retracer par le détail les manœuvres, les inconstances, les trahisons (accords avec Henri III), les exigences, les soumissions grassement payées de cette haute noblesse. Lorsque Louis IX atteignit sa majorité, le 25 avril 1234, le royaume était rentré dans l'ordre, grâce à sa mère.

Avant de repartir pour l'Italie le cardinal de Saint-Ange s'était entremis pour terminer la terrible affaire dite des « Albigeois » par une transaction qui s'avéra favorable à la couronne. Après des pourparlers tenus à Meaux, un traité fut conclu à Paris avec Raimond VII en avril 1229. Les sénéchaussées de Nîmes-Beaucaire et Béziers-Carcassonne restaient au roi : depuis vingt ans elles avaient cessé en fait d'appartenir au comte de Toulouse et, même antérieurement, il n'exerçait aucune autorité effective sur cette région. Raimond VII conservait, pour la durée de sa vie, Toulouse, avec l'Agenais, le Rouergue, une partie de l'Albigeois et du Quercy. Sa fille et héritière Jeanne épouserait un frère du jeune roi.

C'est ainsi que le Languedoc, si longtemps éloigné de l'autorité royale, se trouva rapproché, puis uni à la couronne à laquelle il demeura par la suite constamment fidèle. Dans cet événement capital le hasard joua le plus grand rôle. Philippe Auguste de ce côté ne vit pas clair et son excessive prudence aurait pu avoir comme conséquence l'éloignement du Languedoc de la couronne de France. Un autre Midi, la Provence, relevait de l'Empire. En 1234 Louis IX épousa Marguerite, fille aînée de Raimond-Bérenger IV. Ce comte n'avait que des filles et, à sa mort (1245), Louis IX fera valoir ses droits sur le comté au nom de la reine Marguerite. Il n'y renoncera qu'en faveur de son frère Charles d'Anjou, époux d'une autre fille du comte de Provence, Béatrice. A défaut du roi, la maison capétienne s'étend donc jusqu'à la Méditerranée.

b) Le règne personnel.

Majeur, Louis IX eut encore à réprimer des intrigues féodales : tentatives de Pierre Mauclerc pour conclure avec la Champagne une alliance matrimoniale dont les suites eussent été funestes à la royauté ; double soulèvement dans le Languedoc, celui de Trencavel, fils du dernier vicomte de Béziers, celui de Raimond VII de Toulouse. Le roi en vint à bout assez facilement (1242-43).

A la même époque, profitant du mécontentement de la maison de Lusignan et d'un certain nombre de barons poitevins, Henri III d'Angleterre tenta une dernière fois de récupérer la Saintonge et le Poitou. Sous les murs de Saintes la bataille était à peine engagée qu'il prit la fuite devant la chevalerie de Louis IX (27 juillet 1242). Des trêves répétées, mais aucun traité de paix, s'ensuivirent.

Enfin, en mai 1258, Louis IX crut terminer les contestations de sa maison avec celle des Plantegenêt par le traité de Paris. Moyennant l'acceptation par Henri III de la légitimité des conquêtes de Philippe Auguste, le roi de France reconnaissait au roi d'Angleterre la possession de la Guyenne et des domaines royaux dans les diocèses de Limoges, de Cahors, de Périgueux, plus l'expectative de la partie de la Saintonge au sud de la Charente, plus l'Agenais, au cas où Alfonse de Poitiers viendrait à mourir sans enfants. Le tout devrait être tenu par Henri et ses successeurs comme fief de la couronne de France.

En même temps un accord, conclu à Corbeil, devait rapprocher la couronne de France et celle d'Aragon. Jacques ou Jaime le Conquérant abandonnait ses prétentions à la suzeraineté de nombreux territoires en Languedoc et à la succession de la Provence, en échange de la possession de Montpellier. Louis IX renonçait à la suzeraineté de la couronne de France sur le Roussillon et le comté de Barcelone (la Catalogne).

Ces traités ont été très vivement critiqués et déjà par les contemporains. Saint Louis fut taxé de faiblesse. Lui-même se félicita de son œuvre. On ne comprend rien à son règne si on n'a pas toujours présent à l'esprit que la croisade en Orient a été l'idée fixe de sa vie. Il a voulu unir dans une action commune contre les Sarrasins les princes chrétiens de son temps. De là des ménagements envers les souverains voisins, envers même Frédéric II, déclaré déchu du trône au plus fort de la tension par le pape Innocent IV (1245).

Par les traités de Paris et de Corbeil Louis IX a cru assurer la paix, une paix fortifiée par des liens de parenté. Henri III et lui ayant épousé deux des filles du comte de Provence, les enfants de France et les enfants d'Angleterre étaient cousins germains. Et l'accord avec l'Aragon était scellé par le mariage d'un fils de Louis IX, Philippe, avec une fille du roi Jaime, Isabelle. Le roi de France voulut même se persuader qu'il avait fait une bonne affaire, puisque le roi d'Angleterre se reconnaissait son vassal pour le duché de Guyenne (Aquitaine). En réalité il avait préparé la guerre de Cent Ans. Vassal de la couronne de France, le duc de Guyenne devait nécessairement supporter impatiemment les charges de cette situation, notamment l'appel au Parlement de Paris des sentences de ses sénéchaux, sentences que le Parlement réformait le plus souvent. Ces blessures d'amour-propre inévitables, qui faisaient cabrer même les simples féodaux, devaient fatalement paraître intolérables à un duc qui portait en même temps la couronne d'Angleterre.

Louis, qui s'était fait une loi de réprimer les manifestations de son tempérament colérique et de fouler aux pieds tout amour-propre, ne comprit pas qu'il exigeait la même abnégation de son vassal et des successeurs de ce vassal. L'absence de sens psychologique chez lui était totale.

Moins détestable, le traité avec l'Aragon n'était pas à l'abri de tout reproche. Que le roi de France fît son deuil de la souveraineté, plus que quatre fois séculaire, de sa couronne sur le comté de Barcelone, cela se comprend. La succession à la couronne d'Aragon du comte de Barcelone, Alfonse II, en 1162, avait achevé de desserrer les liens de ce grand fief avec la France. Le concile de Tarragone de 1180 avait même entendu les rompre délibérément en interdisant de dater les actes privés et publics du nom du roi de France — prescription qui ne fut, il est vrai, obéie qu'après 1223. Mais Louis eût pu, du moins, se réserver la suzeraineté du Roussillon et il n'en fit rien. En abandonnant à Jaime Montpellier il laissa la ville dans une situation juridique ambiguë, ce qui amènera des conflits avec la France pendant un siècle. Enfin la paix fut si peu assurée de ce côté que le successeur de Louis mourra au retour d'une expédition désastreuse au delà des Pyrénées orientales.

La même absence de tact psychologique et d'esprit politique lui fit rendre des arbitrages qui ne furent pas toujours couronnés de succès. Pris comme arbitre entre Henri III et les barons d'Angleterre révoltés, Louis donna entièrement raison au premier, dont il admirait la bigoterie, par le « dit d'Amiens » (1246). Il ralluma ainsi une épouvantable guerre civile. Décidément pour assurer la paix la sainteté ne suffit pas. Ferme, énergique, Louis IX était loin d'être un sot, comme son bisaïeul Louis VII, mais la noblesse même de sa nature l'exposait à être victime des manœuvres de son entourage.

A deux reprises le saint roi put remplir le but qu'il avait assigné à sa vie, la croisade.

Jérusalem, cédé à Frédéric II par un soudan d'Egypte (en février 1229), fut emporté par les mamelouks turcs, devenus maîtres de l'Egypte, en septembre 1244. Après avoir préparé longuement son expédition, Louis, parti d'Aigues-Mortes, débarqua dans l'île de Chypre en septembre 1248. Il y perdit huit mois dans l'indécision, ne sachant s'il devait attaquer par la Syrie ou par l'Egypte. Il nourrissait l'incroyable illusion d'amener au christianisme, en lui envoyant des missionnaires, le grand Khan des Mongols Goujouk, dont la puissance faisait trembler l'Asie et l'Europe. Puis, quand il se fut décidé à débarquer à l'embouchure du Nil et eut emporté Damiette (7 juin 1249), Louis perdit encore six mois à attendre son frère Alfonse. En dépit de ces retards, de l'indiscipline de l'armée, les Français auraient fini par maîtriser les Sarrasins sans la folle témérité du frère du roi, le comte Robert d'Artois, à la Mansourah (décembre). Coupés de Damiette, leur base d'opération, les croisés souffrirent de la famine. Saint Louis fit embarquer ses troupes. Surpris le dernier, il fut fait prisonnier avec ses frères. Moyennant l'évacuation de Damiette par ses troupes et le paiement d'une lourde rançon, le roi de France recouvra sa liberté. Arrivé à Saint-Jean d'Acre il refusa de rentrer en France et passa en Terre Sainte quatre années, relevant les fortifications des places, distribuant des aumônes, espérant une revanche contre tout espoir. Même la mort de sa mère (novembre 1252) n'avait pu l'obliger à regagner son royaume au plus tôt.

Ce grave échec ne l'abattit pas. Dans le secret de son cœur il résolut de recommencer, mais il savait les siens découragés et garda le silence, laissant passer le temps. En 1266, enfin, il s'ouvrit de son dessein au pape Clément IV, mais en secret, et, l'année suivante, annonça brusquement sa résolution, comptant sur l'effet de surprise pour arracher l'adhésion de ses barons. Il l'obtint péniblement. Alors il se prépara avec le plus grand soin. Mais pourquoi décida-t-il de s'attaquer tout d'abord à Tunis? On estime d'habitude qu'il fut l'instrument de l'insatiable ambition de son frère Charles. Ayant accepté de la papauté la couronne de Naples et écrasé les derniers Staufen (1268), Charles avait repris les visées de ces derniers sur Constantinople et Jérusalem, contrariant ainsi la réunion des églises d'Orient et d'Occident qu'on négociait avec l'empereur grec Michel Paléologue. La possession de l'*Ifriqya* (Tunisie) était utile à ses desseins et il aurait détourné de ce côté la croisade de son frère. Mais il est possible également que Louis ait été victime de ses naïves illusions il a pu se persuader que le « roi de Thunes » (Tunis) abjurerait l'islam et que le christianisme pourrait refleurir dans la patrie de saint Augustin. Quoi qu'il en soit, après la prise du fort de Carthage, la peste se déclara et emporta saint Louis, le 25 août 1270. Charles d'Anjou, débarqué le lendemain de la mort du roi, ramena l'armée et les princes en France et ajourna la croisade. Seul le prince Edouard, fils de Henri III, avec l'argent fourni par son oncle saint Louis, poursuivit l'entreprise ; il ne revint de Terre Sainte que pour prendre la couronne d'Angleterre (1271).

2

PHILIPPE III

Avec le fils de saint Louis commence la série de ces Capétiens dont la physionomie est insaisissable. Comme de grandes entreprises se sont produites sous leurs règnes on est parfois tenté de leur attribuer une politique personnelle, heureuse ou néfaste, selon l'occurrence. Il semble que dans la réalité des choses Philippe III, Philippe IV et ses fils n'aient été que des fantoches, instruments d'un entourage énergique, ambitieux, souvent habile, mais aussi cupide, fourbe, violent, même parfois dément. Philippe III fut successivement le jouet de son favori, Pierre de la Broce, personnage avide et médiocre, qu'il laissa, par faiblesse, périr victime d'imputations stupides, le jouet de sa mère Marguerite de Provence, le jouet de sa seconde femme Marie de Brabant, le jouet de son oncle Charles d'Anjou.

Ce dernier fut son mauvais génie. Il manœuvra secrètement en 1272, pour faire porter au trône impérial par les électeurs allemands son royal neveu, et cela uniquement dans l'intérêt de sa politique en Italie. L'intrigue échoua heureusement.

A la fin il réussit à entraîner Philippe III dans sa politique anti-aragonaise. Charles redoutait les visées du roi d'Aragon, Pierre III, qui, du chef de sa femme, petite-fille de Frédéric II, pouvait revendiquer la Sicile. C'est ce qui ne manqua pas d'arriver, après le massacre des fonctionnaires angevins en Sicile et le couronnement de Pierre III à Palerme (1282). Effrayé d'un réveil possible de « gibelinisme » en Italie avec un représentant araganois des Staufen, le pape Martin IV lia partie avec Charles et crut faire un coup de maître en déclarant Pierre III déchu de sa couronne. Pour mettre à exécution cette sentence, si dangereuse pour les trônes, il fallait de l'argent et un bras fort. Pour avoir l'argent Martin IV qualifia l'expédition de croisade, ce qui permit de taxer le clergé, mais acheva de déconsidérer l'esprit de croisade. Pour avoir la force il eut recours au roi de France auquel il offrit les couronnes d'Aragon et de

Valence. Travaillé pendant près de deux années, Philippe III se laissa séduire. La mort rapprochée des deux tentateurs, Charles et Martin (en janvier et mars 1285) ne l'arrêta pas : il avait accumulé les approvisionnements et entra en campagne en juin. Le siège de Girone prit deux mois. La chaleur et les épidémies éprouvèrent les assiégeants. Leur ravitaillement fut rendu impossible par la destruction des navires de transport par la flotte de l'amiral catalan Roger de Loria. Malgré la prise de Girone il fallut battre en retraite. Le roi Philippe III mourut à Perpignan, le 5 octobre.

La campagne de Philippe III pour saisir l'Aragon est le premier exemple chez un roi de France d'une politique « extérieure ». Peut. être ce terme *politique* est-il flatteur pour désigner les manœuvres, instruments des ambitions incessantes, harcelantes, odieuses par les maux qu'elles entraînent, des princes capétiens ou, pour mieux dire, de tous les princes de ce temps. Sous prétexte de parenté et d'une parenté souvent douteuse, ils ne rêvent que couronnes royales, fût-ce en des régions d'eux inconnues, fût-ce en des pays de chimère. Ces princes, les cadets surtout, malgré leur nullité personnelle, veulent vivre d'une vie de roman.

La « politique » intérieure de Philippe III est, au contraire, sans éclat, mais prudente et sage. Le roi maintient fermement les prérogatives de la couronne vis-à-vis du clergé et du baronnage. mais il respecte les droits acquis, évitant même de heurter de front les abus. C'est que l'administration du royaume demeura entre les mains de gens de second plan, de « prudhommes », gardiens des traditions du règne précédent.

La grosse affaire fut la succession d'Alfonse de Poitiers. Il était mort avec sa femme Jeanne de Toulouse, au retour de Tunis. Ils n'avaient pas eu d'enfants. Poitou, Auvergne, Toulousain revenaient à la couronne, en vertu du traité de 1229. Mais il fallait prévenir un soulèvement possible et des revendications du duc de Guyenne, roi d'Angleterre. Les sénéchaux royaux agirent avec célérité et vigueur et tout se passa bien. Le duc de Guyenne reçut l'Agenais (traité d'Amiens, 1279). En terre d'Empire le comté de Venasque (comtat Venaissin), hérité de Raimond VII, fut cédé par le roi de France à la papauté : l'autorité de fait de l'empereur sur le royaume d'Arles s'était éclipsée au cours de l'interrègne (1250-1273).

Non moins importante fut la succession de Champagne. La lignée masculine des rois de Navarre s'éteignit en la personne de Sanche le Sage en 1234. La fille du défunt, Blanche, avait épousé Thibaud IV le Posthume, comte de Champagne, lequel, du chef de sa femme, devint roi de Navarre. Il mourut en 1253. Son fils, qui prit part à la croisade de Tunis, mourut au retour, en Sicile, et sa femme, Isabelle, une des filles de saint Louis, ne lui survécut que quelques jours. Sans enfant, Thibaud V eut pour successeur son frère Henri le Gros. Celui-ci mourut à Pampelune (1274) laissant une fille âgée de douze ans, Jeanne. Les Navarrais se révoltèrent mais leur sédition fut domptée par la mère de l'enfant, Blanche, nièce de saint Louis. Mais Blanche se remaria avec Edmond, deuxième fils de Henri III d'Angleterre. Pour cette raison Edmond administra, comme tuteur (baillistre), le comté de Champagne jusqu'à la majorité de Jeanne. Le roi de France lui reconnut le titre comtal, à titre provisoire.

Un Anglais comte de Champagne! Cela nous paraît surprenant. C'était chose toute naturelle dans les idées du temps. Le sentiment national existait, mais beaucoup moins intense que le sentiment vassalique. Baillistre de Champagne, le fils du roi d'Angleterre est, à ce titre, vassal de la couronne de France. D'ailleurs, ces Plantegenêt, cousins des rois de France, peuvent être des rivaux, ils ne sont pas encore des étrangers, des ennemis, des Anglais.

Parvenue à l'âge de douze ans, l'héritière de Champagne et de Navarre épousa, en 1284, le prince Philippe qui, l'année suivante, monta sur le trône de France. L'union de la Champagne et, à plus forte raison, de la Navarre, resta longtemps encore simplement personnelle. Jeanne était destinée par son père à épouser Edouard Ier. Le roi d'Angleterre eût été alors vassal du roi de France et pour la Guyenne et pour la Champagne. On en serait revenu, ou à peu près, à la situation de la royauté capétienne un siècle auparavant. Aussi la cour de Philippe III mit tout en jeu pour rompre ces fiançailles et y réussit.

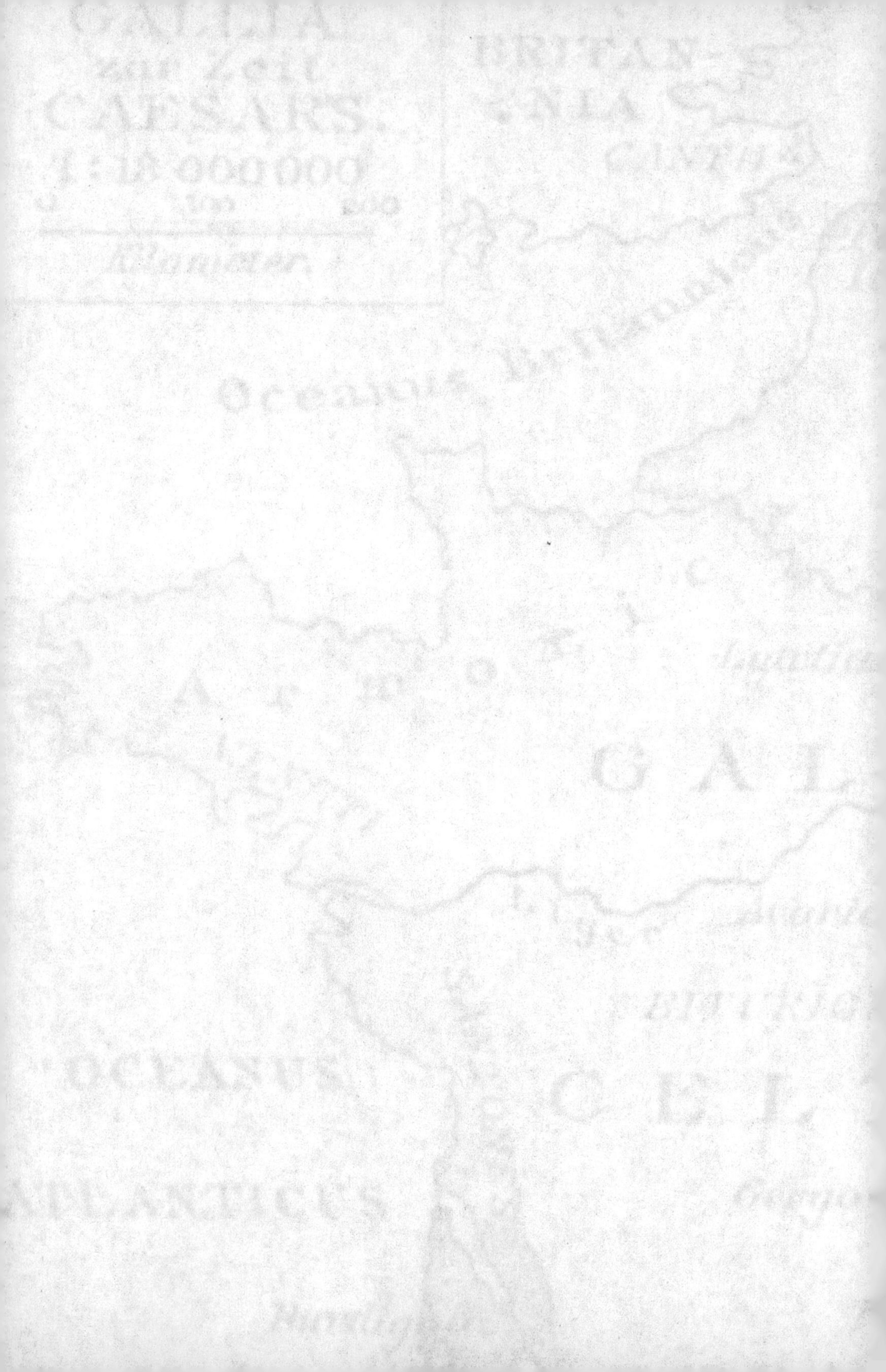

OCEANA
CAESARS.
1 : 18 000 000
Kilometer.
BRITAN-
NIA
Oceanus Britannicus
GAL
OCEANUS
ATLANTICUS

PHILIPPE IV LE BEL ET SES FILS

Philippe IV le Bel, J.L Bézard, 1837

1

PHILIPPE IV LE BEL

a) Les relations avec l'Aragon, l'Angleterre, la Flandre.

La royauté française, son aspect, sa manière dans le gouvernement se transforment étrangement sous le règne de Philippe IV. La personnalité du roi n'est pour rien dans ce grand changement. Philippe demeure mal connu de ses contemporains. Il est beau, pieux, de bonnes mœurs, silencieux, impénétrable. On l'estime de caractère très faible. Son règne prouve, du moins, qu'il n'est pas versatile : il ne retire pas aisément sa confiance, même mal placée. Il a de la continuité dans sa soumission à son entourage.

Cet entourage imprime un caractère nouveau au gouvernement. Le frère du roi, Charles de Valois, n'y est pour rien. Son ambition est sans limite : l'Empire, l'Aragon, Jérusalem. Sa médiocrité l'est également. Les maîtres de l'esprit du roi sont des gens de très petite noblesse. Pierre Flote, Guillaume de Plasian, Guillaume de Nogaret, Enguerrand de Marigny, d'autres encore. La plupart sont originaires du Languedoc et c'est déjà une originalité : jusqu'alors seuls les gens du Nord avaient été admis dans le conseil du roi. La plupart aussi ont fait des études juridiques dans le Midi. Emerveillés par la lecture des lois du Bas-Empire ils y ont puisé le concept d'un pouvoir absolutiste pour le chef de l'Etat, le roi de France, qu'ils assimilaient à l'empereur romain. Ce concept était en opposition avec la pratique d'une royauté patriarcale, respectueuse des droits acquis, marchant à petits pas, appuyée sur l'assentiment des barons et des gens d'Eglise, donc constitutionnelle. Mais, sans trop oser le dire, cette royauté souffrait de sentir ses mouvements entravés, surtout quand ses victoires, et aussi sa bonne fortune, la portèrent au premier rang en Occident. Elle était prête à accueillir avidement des théories lui permettant de libérer le despotisme que porte en lui à l'état latent tout régime monarchique.

Le premier soin du nouveau règne fut d'en finir avec l'affaire d'Aragon. La liquidation demanda plusieurs années. Finalement les deux cours se réconcilièrent.

Par contre, avec les Plantegenêt le conflit se ralluma, provoqué, semble-t-il, par les Français. Sous prétexte de rixes entre marins français et anglais, le roi de France ordonna de procéder à la saisie du duché de Guyenne. Il subissait certainement l'influence d'un parti qui regrettait pour la couronne le traité de Paris de 1258. Vainement les reines (Jeanne, femme du roi ; Marie, veuve de Philippe III), avaient-elles tenté de maintenir la concorde entre les deux couronnes. Trois campagnes, menées de 1294 à 1297, assurèrent au roi de France la majeure partie de la Guyenne. Edouard Ier finalement, rechercha des alliances du côté de l'Empire et de la Flandre. Mais le roi des Romains Adolphe de Nassau ne fit rien et le comte Gui fut battu à Fumes (1297). Le triomphe de Philippe le Bel sur les deux grands feudataires était éclatant. Et pourtant il n'en retira aucun profit. L'esprit de décision manquait aux gens de l'époque. Les opérations militaires ne duraient que quelques semaines dans l'année. Le meilleur du temps se passait à négocier des trêves, à élaborer des projets plus ou moins chimériques, à organiser des fêtes spectaculaires. Les souverains considèrent toujours que leurs différends sont des affaires de famille, qu'ils arrangent au gré de leurs convenances et de leurs sentiments particuliers, nullement dans l'intérêt de leurs sujets. Si bien que, lorsque Edouard Ier, sur l'intervention pontificale, eut épousé une sœur de Philippe le Bel et que son fils fut fiancé à la fille de ce même roi, Isabelle (1299), la nouvelle querelle des Capétiens et des Plantegenêt entra en voie d'apaisement.

Dans la réalité des choses s'agissait-il toujours de querelles de famille? Coupés du continent, auquel ils n'étaient plus rattachés que par la lointaine Guyenne, très différente de la France du Nord, les rois et la noblesse d'Angleterre, sans s'en rendre bien compte, devenaient Anglais de sentiment, même de langue, quoique le français demeurât la langue officielle de l'île. La conscience des gens du peuple pressentait de part et d'autre la réalité, l'opposition des deux peuples, devançant la conscience des hautes classes.

La cour de France laissa traîner l'affaire. La grosse défaite de Courtrai survint (1302) et, l'année suivante, les choses furent remises dans la même situation qu'avant le conflit. L'occasion de réunir la Guyenne à la couronne était manquée pour un siècle et demi et du mariage de la fille du roi de France avec le fils du roi d'Angleterre devait naître avec Edouard III, la prétention des rois d'Angleterre au trône de France, juste à l'époque où ils cessaient d'être en réalité des princes français.

A partir de l'année 1297 l'attention du conseil du roi s'était reportée sur la Flandre dont le comte, Guy de Dampierre, avait fait alliance avec Edouard Ier. Philippe le Bel usa avec le comte de Flandre de la manière forte. Abandonné par l'allié anglais quand il eut été vaincu, Guy fut détenu, ainsi que son fils, et la Flandre occupée par le roi en personne. Philippe le Bel et son conseil n'avaient pas la moindre idée que le pays était déchiré par des haines sociales farouches entre l'aristocratie commerçante des villes qui détenait l'administration, l'échevinage, et le peuple des métiers. Le gouverneur français ayant pris le parti des commerçants francophiles, partisans des fleurs de lys (*leliaerts*), une émeute éclata et les Français furent massacrés à Bruges (18 mai 1302). Le 11 juillet suivant l'armée du roi subit un désastre sans précédent à Courtrai. Pour la première fois, depuis toujours, une armée de fantassins avait osé attaquer une armée de chevaliers et la mettre en déroute. Deux ans plus tard Philippe le Bel tenta de venger cette défaite à Mons-en-Pevele (18 août 1304). L'issue du combat fut douteuse, mais le nouveau comte, Robert de Béthune, crut avantageux de se réconcilier avec le roi, au traité d'Athis-sur-Orge en juin 1305. Les conditions imposées par le roi furent très dures. Comme garantie le comte dut livrer Lille, Douai, Béthune. Ce traité n'amena aucun apaisement. Bruges refusa de l'exécuter, le comte ne put satisfaire aux exigences du roi et, au moment où Philippe le Bel mourait, la guerre avait repris avec la Flandre, guerre interminable, sans résultat durable.

b) Les revendications territoriales sur l'Empire.

Avec l'Empire il n'y eut aucune politique suivie. Entre la France et l'Empire, si l'on met à part l'épisode fugitif de 1124, il n'y avait pas eu de conflit au cours de plusieurs siècles. A Bouvines, en 1214, Philippe Auguste avait remporté une victoire moins sur l'Allemagne que sur le parti guelfe. Entre les deux Etats il a pu se produire des frictions, des échanges de propos aigres, mais point d'antagonisme véritable.

On a attribue à Philippe le Bel de grands desseins. Il aurait rêvé de porter sa domination jusqu'à la rive gauche du Rhin : ce sont des billevesées. Ce qui est vrai c'est qu'il a réuni à son royaume des parties « d'Empire ». Mais, à mieux considérer les choses, il reprenait son bien. Les « Histoires de France », qui commencent à être écrites en son temps lui apprenaient que le traité de Verdun de 843 donnait comme limites au royaume de France l'Escaut, la Meuse, la Saône, le Rhône. Or presque nulle part le royaume n'atteignait ces limites il demeurait en deçà. Profitant de la faiblesse de la France, du Xe au XIIe siècle, l' « Empire » avait rongé sur la frontière. Les opérations armées ou les négociations du roi de France rétablissent la situation légale. Ainsi le comte de Hainaut ayant acquis l'Ostrevant au XIe siècle, sans l'aveu du roi de France, est obligé de lâcher prise, de manière que le cours supérieur de l'Escaut redevienne frontière, mais, pour le Hainaut, le comte demeure d'Empire (1297).

Le comte de Bar, lui aussi, doit se reconnaître vassal du roi de France pour la partie de son comté à gauche de la Meuse, mais, pour ce qui est à droite — il reste d'Empire (1301). L'archevêque de Lyon, dont la ville tient encore presque en entier dans le cadre de la cité romaine, à gauche de la Saône, doit abandonner la situation politique ambiguë où il se complaît et se reconnaître de France il restera d'Empire au delà du Rhône (1307). Il en est de même de l'évêque de Viviers (1306).

A droite des rivières frontières la politique de la cour de France ne vise alors à aucune acquisition, ressemblant à une annexion. La « garde », passagère, de villes comme Toul ou Valenciennes n'a pas ce caractère. Et pas davantage le mariage de Philippe, deuxième fils du roi, avec l'héritière de la comté de Bourgogne (la Franche-Comté). L'union est personnelle et nul ne peut prévoir que ce Philippe montera sur le trône de France. Même alors il n'y a nullement annexion à la couronne et la comté conservera son autonomie.

L'influence de la couronne de France dans l'ancien royaume de Lorraine et dans le royaume d'Arles se manifeste par des alliances de famille, par des distributions de pensions de « fief » d'argent temporaires aux princes laïques et ecclésiastiques de ces régions. La meilleure propagande, inconsciente du reste, c'est l'éclat de la cour de France, l'agrément de ses manières, la société des dames, les fêtes répétées.

Comment les princes Capétiens auraient-ils voulu attenter sérieusement à l'Empire, puisqu'ils y aspirèrent à plusieurs reprises? Le perpétuel candidat à tout, Charles de Valois, naturellement. Les Français se refusaient à voir que l'Empire dit « romain » se réduisait presque en fait à l'Allemagne et que les autres membres de l'Empire, Italie, Arles, Lorraine, ne lui étaient plus unis que par des liens symboliques. Or, les sept électeurs, tous Allemands, éprouvaient la plus grande défiance vis-à-vis des candidats non Allemands, bien que la dignité impériale ne fût en principe le partage d'aucune nationalité. Toute tentative de la maison de France allait donc à un échec certain, et cela fut mort heureux pour elle.

Sur l'Italie le roi de France n'eut point de visée directe, mais il aida l'éternel Charles de Valois son frère dans une fâcheuse tentative pour s'emparer du royaume de Sicile.

Naturellement, pendant tout le règne, on parla de croisade en Orient. En dépit de la chute de Saint-Jean d'Acre, dernière place tenue par les chrétiens (1291), il n'y eut rien que des projets. La croisade, qu'on ne songea pas sérieusement à faire, fut prétexte à lever des taxes sur le clergé, des décimes (1289, 1294, 1297, 1299, 1304, 1312).

c) Le différend avec Boniface VIII.

Deux affaires, par contre, eurent des conséquences décisives, le « différend » avec le pape Boniface VIII, la destruction de l'ordre du Temple.

Pendant deux siècles la maison de France et la cour de Rome avaient vécu en bonne intelligence. Les brouilles n'avaient été que passagères. Le pape et le roi se savaient indispensables l'un à l'autre. Brusquement les choses se gâtèrent. Les relations se tendirent, se rompirent et aboutirent à un attentat inouï contre la personne du pontife, suivi d'une prodigieuse humiliation du Saint-Siège et de la ruine de ses visées théocratiques. Jamais les événements n'auraient pris cette tournure tragique si les circonstances n'avaient mis en présence des protagonistes anormaux. Benedetto Gaëtani, qui prit la tiare en décembre 1294 — ce fut Boniface VIII —. Il avait été mêlé aux affaires politiques de ses prédécesseurs. Sa formation juridique avait contribué à systématiser, à durcir sa pensée et la violence de son caractère croissant avec l'âge, comme il arrive parfois, donnait à ses propos et à ses écrits cette allure irritante, offensante qui, au lieu d'effrayer, révolte et provoque la riposte. Par malheur les gens qui furent amenés à lui répondre comme truchement d'une

« statue » royale dont ne sortait aucun son, les Languedociens Pierre Flote et Guillaume de Nogaret avaient, eux aussi, une formation juridique à la romaine. Vrais types de ces prétendues « âmes damnées » qui, sous couvert de dévouement, manœuvrent un fantoche princier et jouissent des réalités du pouvoir.

La première phase du conflit s'ouvrit par une protestation du pape, la décrétale *clericis laïcos infestos* (24 février 1296), par laquelle Boniface VIII interdit de lever sans sa permission des subsides sur le clergé. Protestation parfaitement fondée en droit canonique, parfaitement justifiée en fait par la perception illégale, en 1294, par Philippe le Bel, d'un décime pour la guerre contre le duc de Guyenne. Le roi riposta en interdisant l'exportation de métaux précieux. En juillet 1297 le pape céda par la bulle *etsi de statu* et autorisa la levée de subsides en cas d'urgente nécessité : il était engagé dans une lutte à mort contre le clan ennemi des Colonna et avait besoin de l'argent, voire du bras des Français. Le bon accord était rétabli. Le différend n'avait pas, en apparence, excédé les bornes des différends antérieurs et le rétablissement de la bonne harmonie valut à la France la canonisation de Louis IX. Cependant au milieu de la lutte la bulle *ineffabilis amor* (20 septembre 1296) avait témoigné de la maladroite raideur de Boniface : il rappelait à Philippe les services passés rendus à la couronne de France par la Papauté et prédisait sa chute si le secours de l'Eglise romaine venait à lui manquer. Ces menaces irritaient l'opinion en France et suscitèrent l'apparition d'une littérature antipontificale.

La première phase du différend avait été provoquée, pour et par une cause légitime et avait cependant abouti à un accord à l'amiable. La seconde phase fut provoquée par un incident fortuit et aboutit à une rupture scandaleuse. Bernard Saisset, évêque du nouveau diocèse de Pamiers, détaché de Toulouse, était un Languedocien qui n'aimait pas les gens du Nord. Après boire il tenait des propos irrévérencieux contre le roi. Il n'est pas impossible non plus qu'il ait quelque peu conspiré. Empoigné et traité sans égard, Bernard Saisset comparut à Senlis devant une assemblée tenue en présence du roi, puis fut retenu sans qu'on lui accordât la permission d'aller à Rome se faire juger par le pape. Cependant on dénia si peu la compétence du Souverain Pontife, que la cour de France lui adressa un factum, rédigé certainement par Nogaret, pour lui demander la punition du « traître ».

La réponse du pape était tracée à l'avance : il devait exiger la mise en liberté de l'accusé et sa comparution à Rome. C'est ce que fit Boniface VIII. Mais il accompagna cette très normale exigence de commentaires plus qu'inutiles, audacieux jusqu'à l'extravagance. Dans la bulle *ausculta fili carissime* il déclare que Dieu l'a établi au-dessus des rois et des royaumes pour édifier, planter, arracher, détruire, et il ajoute d'amers reproches au roi de France (5 décembre 1301). Il convoque à Rome les évêques et théologiens de France pour la réforme du royaume et la correction du roi (bulle *ante promotionem*).

Tout ce remue-ménage à propos de l'évêque de Pamiers! Les cérémonies à grand spectacle du jubilé de l'année 1300 avaient mis le comble à l'exaltation du vieillard. S'il est faux qu'il y ait fait porter devant lui « les deux glaives » et ait proféré « je suis César », il est certain que son ton vis-à-vis des princes de la terre devient agressif jusqu'à l'insulte.

Il semble que la violence des bulles pontificales ait préoccupé le conseil du roi de France. L'heure était grave.

On commença par travailler l'opinion en usant de procédés qui en leur genre rappellent ceux de certains Etats modernes. Pour rendre plus insultante et plus intolérable la bulle *ausculta, fili* on la condensa en six lignes, véritable falsification. On répandit une soi-disant réponse hautaine et insultante du roi au pape. Enfin on eut recours à une innovation capitale. L'assemblée, convoquée pour le 10 avril 1302, ne comprit pas seulement des gens d'Eglise et les hauts barons mais des gens du commun ce fut vraiment un grand conseil élargi, la première assemblée nationale de France. Le plan du roi et de son entourage réussit. L'exposé tendancieux de Pierre Flote laissa embarrassé le monde clérical, mais souleva l'indignation de la majorité, le monde laïque, nobles ou non nobles.

Les lettres de l'assemblée aux cardinaux pour leur dénoncer la conduite déraisonnable du pape, provoquèrent chez Boniface un redoublement de fureur et d'invectives, notamment contre Pierre Flote. La mort de cet ennemi, tué à la bataille de Courtrai (11 juillet 1302), sembla un châtiment du ciel et cette défaite abattit l'orgueil du roi. Au concile convoqué à Rome, en novembre 1302, quarante évêques ou abbés français comparurent. Enivré, Boniface VIII lança la bulle *unam sanctam*, considérée comme la manifestation la plus éclatante de la doctrine théocratique subordonnant toutes les puissances à l'Eglise dont la tête est le pape. En fait la doctrine de la bulle n'a rien d'original : elle est empruntée au traité *de sacramentis* de Hugues de Saint-Victor. Elle était nouvelle pour le monde laïque, qui ne s'avisait pas d'aller la chercher dans les écrits d'un mystique du XIIe siècle. Le conseil du roi semble intimidé. Il répond point par point aux reproches rapportés de Rome, en janvier. Sa réponse pouvait n'être pas satisfaisante, mais elle offrait une porte ouverte à une négociation. Boniface ne l'entendit pas ainsi : en avril 1303 il menaça, dans une lettre close, il est vrai, le roi de France d'excommunication, s'il ne venait à résipiscence.

Mais déjà un revirement s'était effectué à la cour de France. L'affaire avait été prise en main par ce personnage effrayant, Guillaume de Nogaret, qui s'intitule « chevalier », « professeur ès lois ». Dès mars il propose de convoquer un concile général qui jugera Boniface VIII qu'il faudra enfermer préalablement. En juin Guillaume de Plasian, un autre juriste, lit au Louvre une diatribe contre le pape où l'on reconnaît le style de Nogaret. On imagine de plébisciter, à la mode du temps, l'appel au concile, en envoyant des circulaires à tous les sujets de marque du roi, ecclésiastiques et laïques. On saisit de la question les cardinaux, les rois. Boniface répond en comparant Philippe le Bel à Sennachérib et à Nabuchodonosor, mais n'ose le déposer.

Cependant Nogaret préparait un grand coup : il méditait de s'emparer de la personne du pape. Il connaissait l'Italie et entretenait des relations avec la famille des Colonna, ennemie des Gaëtani. Il leva quelques centaines d'hommes prêts à tout et, le 7 septembre 1303, entra par surprise au village d'Anagni où résidait le pape. Il est faux que, mis en présence du Souverain Pontife, Sciarra Colonna l'ait souffleté, mais Nogaret, « professeur ès lois », fit lecture à Boniface d'un factum où il l'inculpait d'hérésie et l'arrêtait « en vertu des règles du droit public pour la défense de la foi de l'intérêt de notre sainte mère l'Eglise ». Nogaret n'était pas seulement un impudent, c'était un cerveau malade. Il n'avait pas réfléchi qu'il était impossible d'amener en France le prisonnier à travers une Italie soulevée et que, le coup fait, il serait obligé de relâcher le pape et de se cacher, ce qui ne manqua pas d'arriver. La mort de Boniface VIII, survenue un mois après (11 octobre), tira Nogaret et son maître d'un très mauvais pas. Les cardinaux, sous le coup de l'effroi, élirent un pape conciliant, Benoît XI, qui feignit de croire que les auteurs de l'attentat avaient agi sans l'aveu du roi de France. Il mourut empoisonné, dit-on. Après une vacance d'une année les cardinaux élurent Bertrand de Got, archevêque de Bordeaux, qui prit le nom de Clément V (5 juin 1305). Le choix de ce personnage de second plan fut dicté par le désir de complaire au roi de France auquel, par la suite, le nouveau pape n'eût rien â refuser. Effrayé par les menaces de chantage de Nogaret, Clément V ordonna d'effacer des registres de la curie les excommunications lancées par Boniface VIII et Benoît XI et déclara que, dans son différend avec le premier, le roi de France avait été animé d'un « zèle bon et juste ».

d) La destruction de l'ordre du Temple.

Dans une autre affaire, non moins effroyable, celle des Templiers, on saisit encore la main de Nogaret.

Rien ne semblait présager la ruine de l'Ordre. Sans doute la population n'aimait pas les Templiers. Elle leur reprochait leur orgueil, les richesses de leur ordre ; elle les accusait de la perte des Lieux Saints, imputation insensée, car les chevaliers avaient servi héroïquement en défendant la dernière place chrétienne, Saint-Jean d'Acre (1291). Ces mauvais bruits, et d'autres encore, ne dépassent pas le niveau ordinaire des récriminations et des calomnies qui se déversent comme un torrent de boue sur tous les gens d'Eglise, depuis le plus humble curé ou moinillon jusqu'au Souverain Pontife. D'une piété sincère, les Français du moyen âge sont animés d'un anticléricalisme haineux, parfois jusqu'à la démence.

Les origines de la conspiration contre l'ordre sont enveloppées d'obscurités impénétrables. L'affaire prit une allure foudroyante dès qu'elle fut confiée à Nogaret (22 septembre 1308). Les Templiers, sans défiance, furent arrêtés en masse et comparurent devant les Inquisiteurs — saint Louis avait laissé introduire l'Inquisition en France — qui leur arrachèrent des aveux en leur infligeant les tortures qu'autorisait la procédure inquisitoriale : les Templiers confessèrent avoir renié le Christ et s'être livrés à des pratiques abominables. Ceux qui ne succombèrent pas sous la torture rétractèrent, par la suite, leurs aveux.

Cependant la Papauté était troublée. Quelque soumis que fût Clément V, il ne pouvait laisser ainsi déshonorer un grand ordre chrétien. En 1308 il émit la prétention d'évoquer l'affaire devant lui. Il y renonça, épouvanté par une campagne d'outrages et de chantage menée à l'instigation de Nogaret. Qui plus est, le roi convoqua à Tours une nouvelle assemblée générale qui, travaillée et intimidée, déclara les Templiers dignes de mort (mai 1308).

Le pape crut habile de distinguer l'Ordre et les membres de l'Ordre. L'Ordre ne pouvait être supprimé que par un concile général dont la tenue fut fixée à Vienne pour octobre 1311. Cette distinction permit de poursuivre, de supplicier, puis de brûler quantité de Templiers comme relaps, quand ils rétractèrent des aveux arrachés par la torture. Au concile les accusations apparurent comme un tissu de fables, inventées par des témoins suspects. Mais, pour complaire au roi de France et éteindre le scandale, le pape supprima l'Ordre par la bulle *vox in excelso* (3 avril 1312). Le grand maître Jacques de Molay n'en fut pas moins supplicié, en mars 1314, à Paris, dans l'île aux Juifs. Il montra un courage héroïque qui retourna l'opinion. Comme ses bourreaux le suivirent de près dans la tombe, la légende se forma que le Grand Maître expirant avait appelé au tribunal de Dieu le pape et le roi. Si cette infâme comédie fut montée pour s'emparer des biens de l'Ordre, elle rapporta peu ou rien à ses instigateurs. Au cours de ces six années les richesses des Templiers, exagérées comme toujours quand on projette des spoliations de ce genre, avaient été dissipées. Par pudeur le Saint-Siège remit les biens des victimes à l'Ordre des Hospitaliers, triste cadeau qu'ils disputèrent pendant de longues années au fisc royal et qui, finalement, ne leur rapporta rien que des procès.

e) Les scandales de la fin du règne.

Le différend avec Boniface VIII et l'affaire des Templiers n'épuisent pas, loin de là, les mesures tragiques prises au cours du règne. On n'en finirait pas de parler des souffrances des populations du Languedoc torturées par les Inquisiteurs, du procès de Guichard, évêque de Troyes, d'une tentative de Nogaret pour perdre le comte Louis de Nevers, des spoliations des Juifs (en 1306), des marchands italiens (les Lombards) en 1311. Il faut retenir, cependant, l'affaire des brus du roi qui souilla la dernière année du règne. Philippe le Bel fit arrêter Marguerite de Bourgogne, épouse de son fils aîné Louis ; Jeanne, épouse de son deuxième fils Philippe ; Blanche, épouse de son troisième fils Charles. Les jeunes femmes étaient accusées de relations coupables avec des chevaliers de la cour. Leurs complices, réels ou prétendus — car l'emploi de la torture enlève toute valeur aux aveux — furent écorchés vifs. Marguerite et Blanche furent mises en prison. La première y mourut vite, la seconde finit au couvent. Jeanne fut mise hors de cause, grâce à sa mère Mahaut, comtesse d'Artois. On demeure stupéfié de la conduite de Philippe le Bel qui, au lieu d'étouffer cet énorme scandale, prit comme plaisir à l'étaler. Il agit, dit-on, à l'instigation de sa fille Isabelle, reine d'Angleterre, dont la méchanceté égalait la beauté : elle devait, en 1327, faire assassiner son mari, le roi Edouard II, à l'instigation de son amant, Mortimer. Ainsi jusqu'au bout Philippe le Bel devait, par faiblesse, se prêter à des mesures odieuses et scandaleuses.

L'insolence et la tyrannie de son entourage, les besoins d'argent nécessités par des entreprises sans issue contre les Flamands provoquèrent une grande réaction féodale. Partout des ligues de nobles se formèrent et, quand Philippe le Bel expira, le 29 novembre 1314, le royaume était soulevé contre lui.

Les contemporains eurent le sentiment qu'ils avaient vécu, au cours des trente années de ce règne, une vie de cauchemar. Il semblait que la vie de chacun, de haut en bas de l'échelle sociale, fût à la merci de sorciers, d'empoisonneurs, d'envoûteurs et que nul ne fût à l'abri d'une accusation d'immoralité, d'hérésie, de haute trahison. Jamais roi de France n'avait régné de la sorte, dans l'ombre et le mystère, laissant tout faire à d'étranges serviteurs à l'imagination morbide, usant d'armes mystérieuses contre lesquelles les puissances sociales et politiques, noblesse, clergé, et même papauté, se brisaient, impuissantes. Le règne de Philippe le Bel est aberrant. Il ne fut pas celui d'un roi de France selon le cœur de la France de son temps.

2
LA RÉSISTANCE À L'ABSOLUTISME : LES LIGUES ET LOUIS X.

Le soulèvement s'opéra sous la forme de ligues provinciales ligues de Bourgogne, de Champagne, du Nord (Vermandois, Beauvaisis, Artois, Pontieu), de Normandie, de Languedoc, etc.

On est frappé de l'analogie de la situation entre la France de 1314-1316 et l'Angleterre de 1214-1215. La résistance avait été organisée par les nobles, parfois (en Picardie par exemple) sous couleur d'intérêt général. Dans le Midi le consulat fut à la tête de la résistance. En Bourgogne le monde ecclésiastique s'y associa en masse : 18 abbayes, 11 chapitres.

La royauté plia. Le court règne de Louis X lut employé à donner satisfaction à ces ligues, à leur accorder des chartes. On acheva la liquidation du règne précédent, Nogaret était mort. Restait Enguerrand de Marigny qui, dans les affaires financières, avait été aussi puissant sur l'esprit du feu roi. Charles de Valois, qui domine alors le conseil et qui le haïssait, le fit pendre.

3

L'EXCLUSION DES FEMMES DE LA COURONNE DE FRANCE. PHILIPPE V ET LA RESTAURATION DE L'AUTORITÉ MONARCHIQUE.

a) L'exclusion des femmes de la couronne de France.

Le 5 juin 1316, Louis X mourut. Une crise très grave éclate alors. Le défunt ne laissait pas de fils. De sa première femme, Marguerite de Bourgogne, il avait une fille, Jeanne. Sa seconde, Clémence de Hongrie, était enceinte. Si elle mettait au monde un fils, l'enfant serait roi. Mais si c'était une fille qu'adviendrait-il de la succession au trône? Nul ne savait. En attendant une régence s'imposait. Charles de Valois et Eudes de Bourgogne, oncle de Jeanne, se la disputent. Ils sont évincés par le comte de Poitiers, Philippe le Long, deuxième fils de Philippe le Bel, le seul des Capétiens de ces temps qui donne l'impression d'un homme décidé.

Le 13 novembre 1316 la reine mit au monde un fils auquel on donna le nom de Jean. L'enfant ne vécut que cinq jours. Le 17 juillet précédent le régent avait eu la précaution de passer des conventions avec une assemblée de barons réunis à Paris, au cas où naîtrait une fille. On n'avait pas pensé à l'éventualité d'un fils qui ne vivrait pas. Tout était remis en question.

Dans les idées de l'Europe, le trône revenait à Jeanne. Depuis que la royauté avait cessé en fait d'être élective, le droit des femmes à l'héritage royal était reconnu partout, en Castille, en Aragon, en Portugal, en Navarre, en Sicile, en Angleterre, en Ecosse, en Hongrie, en Pologne. Pour les fiefs même, dont la justification est cependant le service militaire du vassal, la règle les réservant à l'héritier mâle avait fléchi dès le XIe siècle. A partir de ce moment un grand changement s'opère dans l'histoire de l'Europe. La politique — si l'on peut user de ce terme — consiste en intrigues matrimoniales. Les principautés féodales, les royaumes, s'accroissent ou se détruisent selon que leurs titulaires font on manquent un mariage avantageux. Seul l'« Empire » échappe aux femmes, parce que l'élection demeure de règle.

Mais la France n'était pas un royaume comme les autres. Son souverain s'estimait le premier prince de l'Europe, supérieur en puissance à l'empereur, bien que celui-ci fût revêtu d'un titre plus éclatant. D'ailleurs les juristes de l'époque avaient commencé à esquisser la théorie selon laquelle le roi de France est « empereur en son royaume ». Et puis jamais femme n'avait régné en France depuis la fondation de la monarchie, la plus ancienne de la chrétienté. « L'hérédité masculine était une habitude. » Ce passé pesait d'un poids formidable sur des esprits habitués à considérer le droit, public et privé, comme reposant sur les précédents.

Enfin la légitimité de la naissance de Jeanne prêtait à soupçon en raison de la condamnation de sa mère accusée d'adultère. Personne ne s'intéressait à l'enfant, sauf sa grand'mère Agnès, fille de saint Louis, et son oncle le duc de Bourgogne, Eudes IV. Mais quand Philippe le Long eut gagné à sa cause son oncle, Charles de Valois et son plus jeune frère, Charles de la Marche, il rallia les autres barons. Toutefois, au sacre, à Reims, le 9 janvier 1317, deux pairs de France seulement figurèrent, Charles de Valois et la comtesse d'Artois. Les ducs de Bretagne, de Bourgogne, de Guyenne, le comte de Flandre s'abstinrent. Mais il est à remarquer que le duc de Guyenne, roi d'Angleterre, Edouard II, n'éleva aucune revendication au trône du fait de sa femme Isabelle, fille de Philippe IV, et même s'excusa de son absence « avec une profonde douleur ».

Le 2 février suivant, le nouveau roi tint à Paris une assemblée où figurèrent non seulement le clergé et le baronnage, mais des bourgeois et des membres de l'Université acquis à l'avance. L'assemblée déclara que « femme ne succède pas au royaume de France ». A-t-elle motivé cette exclusion? On l'ignore. En tout cas on n'invoqua pas la « loi salique » oubliée depuis bien des siècles.

Exclue du trône de France, Jeanne demeurait héritière de la Navarre et du comté de Champagne, Pour la Navarre, pas de difficulté ; on la lui laissa. Mais pour garder la Champagne Philippe V conclut avec Jeanne, ou plutôt son oncle Eudes de Bourgogne, des conventions par lesquelles il la dédommageait en lui conférant les comtés de Mortain et d'Angoumois. La petite princesse épousa Louis d'Evreux, descendant de Philippe III par Marie de Brabant. Sans le vouloir elle devait se venger cruellement de son « déshéritement » en donnant naissance à Charles le Mauvais dont les intrigues et la fourberie empoisonneront les règnes de Jean II et de Charles V.

b) La restauration de l'autorité monarchique. — Philippe V.

La tâche de Philippe le Long fut de restaurer le pouvoir royal. Les ligues étaient plus redoutables en apparence qu'en réalité. La comparaison entre la France de 1314-1316 et l'Angleterre du siècle précédent, saisissante au premier abord, est illusoire. En 1215 le roi Jean se trouva en présence de l'Angleterre *une*, en 1315 le roi de France en présence de provinces rattachées à la couronne par un lien encore lâche. L'Angleterre obtint une *Grande charte*, la France vingt chartes provinciales accordées aux Bourguignons, aux Champenois, aux Picards, aux Berrichons, aux Auvergnats, aux gens des « Basses marches » (Anjou et Maine, Touraine, Poitou, Angoumois, Saintonge), aux Languedociens, aux Nivernais. Il ne fut pas très malaisé de rompre un faisceau si mal serré. Sauf la charte aux Normands, bien rédigée et dont l'effet se fera sentir jusqu'au règne de Louis XI, les autres chartes cessèrent bien vite d'être renouvelées et tombèrent en désuétude.

Leur insuccès final s'explique par l'indifférence de la masse de la population. Les nobles ne songeaient qu'à eux-mêmes et réclamaient le retour aux pires abus du passé, tel le droit de guerre privé. La population des villes et des campagnes, qui a toujours éprouvé à leur égard la plus grande méfiance, ne soutint pas les ligues, du moins longtemps, et le clergé se ressaisit très vite. Il est à remarquer aussi que le vieux domaine (Parisis, Orléanais) resta en dehors du mouvement. Il y eut toutefois chez les nobles des résistances à main armée, en Bourgogne, en Champagne, en Artois, etc., mais le roi en vint assez facilement à bout.

La mesure la plus grave pour brider le pouvoir royal avait été l'institution d'un *conseil* de vingt-quatre membres imposé à Louis X, conseil qui devait se réunir chaque mois. Les petites gens, chevaliers et clercs, tout-puissants sous le règne précédent, avaient été écartés, et ce conseil dit *étroit*, composé presque exclusivement de grands seigneurs, s'était réservé le droit de disposer des offices royaux, de distribuer les grâces, d'examiner l'« état », c'est-à-dire le budget.La royauté se trouvait mise en tutelle, et le conseil était le moteur unique de ce régime. Philippe V s'appliqua prudemment à s'y faire une majorité et y réussit dès 1319.

En dépit de la faible durée de son règne Philippe V put mener à bien quelques affaires délicates. Ainsi il réussit à pacifier la Flandre, alors que la guerre semblait devoir se rallumer. L'intervention du pape Jean XXII et la défection de Gand obligèrent le vieux comte Robert de Béthune à venir à résipiscence. Le roi de France adoucit la dureté des clauses du traité d'Athis, mais garda Lille, Douai, Béthune (1320). Avec Edouard II les conflits furent incessants, toujours à cause des affaires de Guyenne. Finalement, en 1320, le roi d'Angleterre passa l'eau et vint régler les difficultés à Amiens.

Mari de Jeanne de Bourgogne, Philippe V administrait la Franche-Comté, mais seulement au nom de sa femme. Conscient de la faiblesse de l'Empire, il songea un instant à réunir à son domaine propre la « comté ». Il faut dire que son beau-frère Othon IV avait déjà manifesté un désir d'indépendance en refusant, en 1289, de faire hommage à l'empereur. Philippe V renonça à ce dessein, sans doute pour éviter des contestations possibles avec l'Empire. Du moins il prit des dispositions pour que le pays demeurât dans sa famille. Si elles avaient pu se maintenir par la suite, la Comté, sans faire partie du royaume de France, fût demeurée dans la maison de France à titre personnel. La comté eût joué alors le rôle que joua un peu plus tard le Dauphiné et le fils aîné du roi de France eût été non pas « *dauphin* de Viennois » mais « comte de Bourgogne ».

La force d'attraction de la cour de France était grande. La maison de Luxembourg la subit. Henri VII, avant son élévation à l'Empire, avait été tout Français de culture et de langue. Son fils Jean, roi de Bohême, ne quittera pas Paris et mourra héroïquement à Crécy, en 1346, au service du roi de France.

Au reste, Philippe V, comme son père, continua à prendre à sa solde des princes de l'Empire, duc de Lorraine, comtes de Hainaut, de Bar, de Montbéliard, de Sarrebrück, de Genève, de Valentinois, dauphin de Viennois, etc. Quelques-uns ont des terres en France, mais lors même qu'ils n'en possèdent pas, ils servent, moyennant un « fief », c'est-à-dire une pension temporaire ou viagère. Ils se francisent au point que certains, tel le comte de Savoie ou le dauphin de Viennois, jouent un rôle au Conseil, tout comme s'ils étaient Français. Enfin le roi prend sous sa « garde » des villes d'Empire, telle Verdun.

Philippe V tomba malade en août 1321 et mourut le 3 janvier suivant. Si bref qu'ait été ce règne de cinq ans, il eut pour résultat de restaurer l'autorité royale en réparant les fautes des règnes précédents.

c) Charles IV le Bel. — Avènement des Valois.

Philippe V ne laissait pas de fils. La couronne revint à son frère Charles de la Marche qui, en 1316, n'avait accepté qu'à son corps défendant le principe de l'exclusion des femmes de la couronne de France. Ce troisième fils de Philippe IV est le moins connu et probablement le plus insignifiant des descendants de saint Louis. Il subit tout d'abord l'ascendant d'un autre médiocre, son oncle Charles de Valois. Après la mort de celui-ci (16 décembre 1325), on ne distingue pas dans son entourage, faute d'informations, de figure marquée : le gouvernement est aux mains de personnages obscurs, mais possédant les bonnes traditions de la monarchie capétienne. On défend les prérogatives de la couronne contre la noblesse et le clergé, mais on évite d'user de rigueur. Vis-à-vis des villes on fait preuve d'un esprit de conciliation ; on rétablit même des communes supprimées. Quant aux grands corps de l'Etat, Parlement, Chambre des Comptes, on les laisse évoluer lentement vers la spécialisation.

L'épisode le plus saillant du règne est le renouvellement de l'éternel conflit avec le roi d'Angleterre à propos des affaires de Guyenne. Après une intervention armée conduite par Charles de Valois et son fils Philippe, intervention au cours de laquelle la majeure partie du pays tomba au pouvoir des armées françaises (1324), la paix se fit en mai 1325. Elle fut tout à l'avantage du roi de France qui y gagna l'Agenais et le Bazadais. Edouard II céda ce qui lui restait de la Guyenne à son fils, le futur Edouard III, qui vint faire hommage à son oncle le roi de France (14 septembre 1325). La paix s'était faite à la requête d'Isabelle, reine d'Angleterre, dépêchée auprès du roi de France, son frère, par son mari, Edouard II, qu'elle devait faire périr peu après. Toujours la politique de famille!

La facilité relative rencontrée dans la confiscation de la Guyenne, en 1295 et 1324, devait avoir une influence néfaste en persuadant la cour de France que cette opération ne présenterait jamais à l'avenir de difficulté insurmontable.

Charles IV le Bel mourut à trente-trois ans le 1er février 1328.

Il ne laissait pas de fils, mais une fille de sa deuxième femme, Marie de Luxembourg. Sa troisième femme, Blanche d'Evreux, était enceinte. Jusqu'à sa délivrance, Philippe, fils de Charles de Valois, fut régent. Le 1er avril, Blanche mit au monde une fille. Philippe de Valois fut alors reconnu roi, puis sacré à

Reims le 29 mai 1328. Le principe de l'exclusion des femmes de la couronne de
France était désormais consacré.

LES INSTITUTIONS

1
LA MARCHE VERS L'UNITÉ : LE DOMAINE

Au moment où s'accomplit le changement de dynastie, en 987, le royaume de France existe depuis un siècle et demi, tel qu'il a été défini au traité de Verdun. L'ère des partages étant close, la physionomie de la France médiévale est arrêtée pour plusieurs siècles. Cette France présente un aspect pour nous asymétrique, puisque, à l'Est et au Sud-Est, des régions apparentées par la race, la langue et la culture lui ont été refusées ; mais pendant longtemps, il ne semble pas qu'elle en ait vraiment souffert. Dans ces limites resserrées existe-t-il du moins un sentiment d'unité?

Il ne faut pas hésiter à répondre par l'affirmative, car si ce sentiment n'avait pas été, rien n'eût pu empêcher la décomposition du pays en douze ou quinze principautés, risquant, à leur tour, de se subdiviser la féodalité laissée à elle-même est un dissolvant dont l'action est sans limite. Mais nul de ces princes, dont la puissance égalait ou dépassait celle du duc qu'ils portèrent au trône, ne songea à contester le droit à l'existence du « royaume des Francs ».

Seulement chacun entendit être maître chez lui. Sous les deux premiers Capétiens il semble que l'exercice des pouvoirs régaliens, même par les grands feudataires, se fasse encore au nom du roi. Mais cette fiction, héritage de l'ère précédente, ne peut se soutenir. Les vassaux du roi, grands et petits, agissent en souverains. Ils n'admettent plus que leurs sujets entrent en contact direct avec le roi : tout doit se faire par leur intermédiaire. Alors le roi de France se trouve bloqué dans l'étroite région où entre lui et ses sujets ne se dresse aucune puissance rivale. De hautes et infranchissables murailles le séparent de la partie de la population qui n'est pas sous sa domination directe, c'est-à-dire de l'immense majorité.

Tout de suite il apparaît que le Capétien ne règne effectivement que sur son « domaine » propre, alors que le Carolingien avait eu pour « domaine » le royaume entier au temps de sa puissance.

Le seul procédé pour régner efficacement c'est donc d'accroître le « domaine ». L'accroissement du « domaine » résume la politique des rois de France. C'est en cela surtout que consiste ce qu'on appelle l'Histoire de France. Et non sans raison, car tant que la France ne sera pas entrée dans le domaine particulier du souverain, ne se sera pas confondue avec lui, son existence sera précaire.

Dans cette entreprise de résorption du royaume dans le domaine, les Capétiens ont procédé avec lenteur et précaution, par voie d'achats, de cession à l'amiable, de mariage, n'usant de la force que lorsqu'ils ne pouvaient faire autrement. Pendant les deux premiers siècles, les Capétiens se contentent de vivre au jour le jour ; ils sont sur la défensive. C'est seulement après sa victoire sur les Plantegenêts (1204-1214) que le roi de France voit s'ouvrir l'horizon devant lui et se laisse aller à former de grands projets. La fortune souffle dans ses voiles. Elle lui vaut après la Normandie, l'Anjou et le Maine, le Poitou, le Berry, l'Auvergne, le Languedoc (1229 et 1271), la Champagne (1285). Dès lors le roi de France est hors de pair et chez lui et en Europe. Quatre grands fiefs seulement restent en dehors du « domaine », Flandre, Guyenne, Bourgogne, Bretagne. Il n'est pas douteux que Philippe le Bel et ses fils n'aient visé à la réunion au « domaine » des deux premiers ; ils l'ont même effectuée un instant, pour la Flandre en 1300-1302, pour la Guyenne en 1297 et 1324. Pour les deux autres, aux mains de dynasties d'origine capétienne, on ne saurait rien dire de leurs projets. Il faut remarquer que l'influence du roi est grande en Bourgogne et que le comte de Bretagne, créé duc et pair par faveur royale (1297), est alors sans force réelle. Ainsi, si l'unité n'est pas encore tout à fait effectuée, sous forme d'annexion au domaine propre, au moment de l'avènement des Valois, elle semble bien prêt de l'être. En tout cas la prédominance du roi sur l'ensemble de son royaume est tellement écrasante qu'on pourrait croire qu'il y a une France une et indivisible.

En réalité deux graves, obstacles se dressaient contre la constitution et le maintien de cette unité si péniblement reconquise : le système des apanages, la naissance de nationalités provinciales.

2
LES OBSTACLES À L'UNITÉ : 1° LES APANAGES

Les Capétiens cèdent à leurs puînés, pour leur entretien, pour leur assurer le pain (*apanage*), une portion du domaine. A quelle condition? Sans réserve aucune, à coup sûr, pendant les deux premiers siècles. L'« apanagiste » est un seigneur, comme un autre. Pour le comté ou la seigneurie qu'il reçoit, il devient vassal de son père ou de son frère, mais jouit aussi de toutes les prérogatives de son fief sans restriction. Il n'est donc pas, à vrai dire, un « apanagiste ».

Au XIIIe siècle les concessions se multiplient. Louis VIII eut beaucoup de fils de Blanche de Castille. Par son testament il légua à Robert l'Artois, à Charles l'Anjou et le Maine, à Alfonse le Poitou et la terre d'Auvergne. Comme ce dernier, par son mariage avec la fille de Raimond VII eut, en outre, le comté de Toulouse et ses annexes, il se trouva maître d'un territoire aussi étendu que le roi son frère.

Les aliénations de Louis IX furent moins considérables à Jean Tristan le Valois, à Pierre le comté d'Alençon, à Robert le petit comté de Clermont-en-Beauvaisis.

Philippe III donne à son deuxième fils, Charles, le Valois, devenu disponible par la mort de Jean Tristan, puis Alençon.

Philippe le Bel concède à son demi-frère Louis, né de Marie de Brabant, Evreux, Etampes, etc., à son deuxième fils, Philippe, le Poitou, au troisième, Charles, la Marche et la Bigorre.

Le domaine est dépecé et il semble que chaque roi n'ait qu'un but : gaspiller les acquisitions de son père ou les siennes propres.

Mais on commence à prendre des précautions dans l'acte constitutif de l'apanage on introduit une clause de réversion à la couronne, à défaut d'hoir *direct*. Du moins cette clause figure dans la constitution de l'apanage d'Artois.

Elle ne se trouve pas dans celles concernant Anjou-Maine et Poitou-Auvergne. Serait-elle sous-entendue?

Alfonse de Poitiers étant mort sans laisser ni fils ni fille, son apanage revint à la couronne. Encore fut-il nécessaire qu'un arrêt de la cour « en parlement » déboutât, en 1284, de ses prétentions, Charles d'Anjou, qui soutenait que l'héritage devait être partagé entre les frères du défunt. L'arrêt ne parle de retour à la couronne qu'en cas d'extinction de postérité, sans spécifier qu'elle doit être masculine.

En 1314 seulement, dans la constitution de l'apanage de Poitiers, apparaît la clause de retour à la couronne en cas d'extinction d'héritiers directs males. Mais, en cette même année, Philippe de Poitou arrive à faire supprimer cette réserve, quand son frère aîné monte sur le trône il obtient une déclaration que les filles succèdent « par raison et droit naturel ». Si, en 1322, Charles le Bel réussit à écarter de la succession ses nièces, c'est en faisant valoir que son frère Philippe V est mort en saisine du Poitou comme roi et non comme prince apanagé de ce comté. Dans la réalité des choses les femmes ne seront écartées que par l'ordonnance d'octobre 1374, laquelle déclare que les « filles de France » ne seront dotées qu'en argent, en « deniers ».

Dans le territoire apanagé le roi se réserve la « garde » des églises, la frappe des monnaies, certaines affaires pour lesquelles il institue un « juge des exemptions », enfin le droit de lever des taxes extraordinaires. Vaines précautions! Cette barrière fragile est sans cesse renversée par l'apanagiste qui sait qu'il ne risque qu'une affectueuse gronderie. Au reste, dès que l'apanage est constitué, le représentant du roi, bailli ou sénéchal, disparaît ; même le juge des exempts réside à proximité, mais non à l'intérieur de l'apanage.

Les dangers de la pratique de l'apanage n'ont pas échappé à la monarchie. Elle s'est résignée à en courir le risque. Elle l'a envisagée comme une mesure inévitable. A toutes les époques, dans tous les pays, le frère du roi est un danger public. Le laisser sans ressources, c'est l'inciter à la révolte. Mérovingiens et Carolingiens avaient cru résoudre la difficulté par le partage égal entre fils du royaume paternel, considéré comme une propriété privée. L'apanage, qui maintient l'unité du royaume et fait de l'apanagé un vassal du roi son aîné, s'il est un mal, est un moindre mal.

Et puis n'oublions pas que les concepts de gouvernement de ces temps ne sont pas les nôtres. Le roi règne en père de famille plutôt qu'en chef d'Etat ; de là des revirements, des indulgences, parfois des sévérités, pour nous surprenantes. Même quand la notion d'Etat s'imposera aux esprits, au XVIe siècle, au XVIIe siècle, l'homme qui tente de sacrifier l'intérêt public à ses préférences familiales, l'homme qui comprend le moins le bien du royaume, risque d'être le roi.

L'idéal c'est une famille unie dans l'amour et l'obéissance à l'aîné. Et le fait est que lorsque le roi est à la fois respecté ou craint de ses frères, de ses fils — c'est le cas sous saint Louis, sous Charles V —, le pouvoir donne une impression de solidité. La contre-partie c'est que, s'il y a désunion entre frères, tout s'effondre aussitôt et le royaume entre en décomposition, ainsi sous Charles VI.

Même alors la culture française subsiste. Les princes apanagés maintiennent ou introduisent dans les régions les plus éloignées du centre du pouvoir la langue, les usages, les procédés de gouvernement de la cour de France. Même lorsqu'ils tendent jusqu'à la rupture le lien qui les rattache au royaume, ils sont par leur formation et leur esprit purement Français.

Au moment où la branche des Valois monte sur le trône, le destin, qui favorisait la maison de France, voulait que la plupart des apanages eussent fait retour à la couronne, en raison même de la rapidité avec laquelle les fils de Philippe le Bel s'étaient succédé. Philippe le Long avait ramené le Poitou, Charles le Bel la Marche. Enfin Philippe de Valois ramena non seulement le Valois — c'était peu de chose — mais le Maine et l'Anjou, dot de sa femme Marguerite, petite-fille de Charles d'Anjou, et aussi Chartres et le Perche, hérités d'un frère. Il ne restait plus comme apanages que l'Artois, Alençon, Evreux, Angoulême et Mortain. Avec les quatre grands fiefs de Flandre, Bretagne, Guyenne et Bourgogne, plus quelques seigneuries (Bourbonnais, Blois, Nevers, Bar, etc.), ils représentaient la partie du territoire du royaume où l'autorité royale devait entrer en composition avec le duc ou le comte pour être effectivement obéie. Partout ailleurs le roi « contrôlait », comme nous dirions, soit son domaine propre, soit des seigneuries laïques et ecclésiastiques trop faibles pour oser lui tenir tête.

Un document précieux nous en porte témoignage. C'est une statistique, un *Estat des paroisses et des feux des baillies et sénéchaussées de France*, dressé en l'année 1328. Le total des paroisses est de 23.800 ; encore n'est-il pas tout à fait complet (il semble devoir être porté à 24.500) sur les 32.000 que comptait, semble-t-il, le royaume. Le total des feux, c'est-à-dire des ménages, est de 2.470.000 (un peu inférieur à la réalité) sur un total approximatif de 3.300.000.

En dehors des quatre grands fiefs et des apanages le roi contrôlait donc les trois quarts du royaume de France dont la superficie, sans le Béarn, était de 424.000 kilomètres carrés, les deux tiers de la Gaule (639.000 kilomètres carrés).

LES OBSTACLES À L'UNITÉ : 2° LES NATIONALITÉS PROVINCIALES

Pour que les hommes se constituent en nation, des similitudes de race, de langue, de coutumes et d'usage ne suffisent pas. Il leur faut un système nerveux central. Ce centre ne peut être, au moyen âge, que la cour d'un souverain. Qui plus est, ce centre exerce une action tellement déterminante qu'il peut donner l'impression d'une nation à des éléments hétérogènes, à une époque où la race et la langue ne jouent pas le rôle primordial qu'elles exercent dans les Etats modernes. Et c'est ce qui explique l'unité réelle, à certains moments, de la France mérovingienne, puis carolingienne.

Quand la souveraineté se décompose — c'est la caractéristique du régime dit *féodal*, — l'ensemble des sujets d'un même Etat cesse, en fait, d'entretenir des rapports suivis avec le chef nominal du royaume. Le duc, marquis, comte devient, au nom près, un vrai roi, et il se forme nécessairement plusieurs points de cristallisation. Alors s'ébauchent de véritables nationalités provinciales.

L'existence de ces nationalités, à travers le moyen âge et au delà, constitue le véritable obstacle à l'unification de la France. La nationalité provinciale coexiste ou préexiste à la nationalité « française ». Concentré sur un espace limité le pouvoir du prince local est plus fort, longtemps, que celui du roi.

Nos provinces ont pourtant quelque chose d'artificiel. Géographiquement, économiquement, linguistiquement elles sont hétérogènes. Le duché de Bretagne, formé de la péninsule armoricaine et du débouché de la Loire, habité par deux races de langue différente, Bas-Bretons et Gallots, qui se haïssent encore au XIe siècle, semble un monstre non viable : et cependant à la fin du moyen âge, il y a un nationalisme breton. De meilleure heure il y a un nationalisme normand. Et cependant qui pouvait rapprocher les populations de la vallée inférieure de la Seine et de la vallée de l'Orne de ces Danois, installés de force chez elles, après leur avoir fait subir d'épouvantables dévastations? La

Flandre est mi-partie flamande, mi-partie romane et la ville principale jusqu'à la fin du XIIe siècle est Arras, non Gand ou Bruges. Quand l'Artois et la Flandre wallone cesseront d'être du domaine royal, Arras et Lille ne seront pas moins « flamands » de sentiment que Bruges, Ypres ou Gand. La « Bourgogne » est géographiquement d'une absurdité inconcevable. Elle allait jadis, à l'époque franque, du plateau de Champagne à la Durance et passait le Jura ; à dire vrai ce n'était qu'un mot. Considérablement réduite, la Bourgogne ducale demeure hétéroclite : elle va de la vallée de l'Yonne aux abords de Lyon. L'Aquitaine, de la Loire aux Pyrénées, n'a d'unité d'aucune sorte. Le Languedoc est constitué par l'union fortuite du marquisat de Toulouse et du duché de Gothie dit aussi de Narbonne.

Même chez des populations comme celles de l'Anjou ou de la Champagne, par exemple, si proches, de toutes les manières, des gens, du « vieux domaine », Parisis, Orléanais, on trouve contre l'ingérence du pouvoir royal et les « Français de France » la même hargne que chez les Normands, les Bretons, les Flamands, les Bourguignons, les Poitevins, les Gascons, les Languedociens.

Contre ce nationalisme provincial la royauté use d'infinies précautions. Elle se hâte de confirmer solennellement les privilèges provinciaux et aussi municipaux, corporatifs ; d'ailleurs, à l'intérieur de chaque province, il y a des autonomies de tout genre et chaque classe ou chaque individu se glorifie d'obtenir un « privilège ».

Il faut remarquer que le nationalisme provincial est surtout le fait des classes privilégiées. Nous ne savons trop si la masse du peuple le partageait. Le recours au roi des faibles contre la tyrannie locale, la pire de toutes, permet d'en douter quelque peu.

Grâce à sa politique de ménagements le pouvoir central se fait accepter, du moins dans les parties du royaume annexées au « domaine » à une époque ancienne, le XIIIe siècle par exemple. Les parties unies au domaine à une époque plus récente, Gascogne, Bourgogne, Bretagne demeurent naturellement plus rétives et ne se francisent vraiment qu'au XVIe siècle. Deux provinces, par suite de vicissitudes historiques, la Flandre et l'Artois, lui échappent à la même époque. Finalement le nationalisme provincial, sans disparaître jamais entièrement, s'accommode de la nationalité française et s'y subordonne. Les guerres contre l'Angleterre, l'Empire allemand, l'Espagne, en opposant les Français à des voisins dangereux, si différents d'eux-mêmes, leur révélèrent qu'ils sont plus proches les uns des autres qu'ils ne pensaient.

4

LE GOUVERNEMENT

Parler d' « administration centrale » pour les deux premiers siècles de la monarchie capétienne c'est s'abuser. La « cour », héritière du « palais » de l'ère précédente, est un organe de gouvernement sans spécialisation, à la fois conseil politique, tribunal judiciaire, tribunal financier. Elle est, selon l'occurrence, tout ou rien. Quant aux grands officiers, le roi se défie d'eux et Philippe Auguste supprime les offices de sénéchal et même de chancelier en ne remplaçant pas les titulaires disparus. Il ne garde que l'insignifiant bouteiller, le connétable et les maréchaux, indispensables pour la guerre.

Au cours des XIIe et XIIIe siècles la « cour » subit des transformations, mais elles sont si lentes qu'on a peine à en suivre l'évolution. Il s'opère des spécialisations sans spécialistes, les mêmes personnages apparaissant au Conseil, à la justice, aux Comptes financiers. Toutefois on devine que, au-dessous, puis à côté des grands personnages, gens d'Eglise ou laïques, qui sont partout, existe un personnel technique, composé de clercs et de chevaliers, attachés au service particulier du prince, chargé d'instruire des affaires judiciaires ou d'examiner et apurer des comptes financiers : les premiers apparaissent déjà sous Louis VII et sous Louis IX.

5

LE PARLEMENT

La prérogative, qui est aussi un devoir essentiel du roi, c'est l'administration de la justice.

Par un paradoxe apparent c'est sous le règne lamentable de Louis VII qu'un courant d'affaires judiciaires se porte vers la cour royale. Cette cour, continuation du *palatium* carolingien, encore chaotique par sa composition, ses attributions, indispensable cependant, puisque depuis de longs siècles il est entendu que le roi n'a le droit de rien faire sans avoir pris l'avis des grands, avait commencé à s'organiser péniblement, obscurément vers la fin du XIIᵉ siècle. Pour les affaires courantes il y a tendance à en confier l'examen à un conseil judiciaire étroit formé des grands officiers de la couronne, le chancelier (toujours un évêque), le sénéchal, le conseiller, le connétable, aidés de quelques familiers de l'entourage du roi, clercs et chevaliers, que le souverain commence, sous Louis VII, à qualifier « mes juges» ; ils, sont les lointains précurseurs des « gens de parlement » du XIVᵉ siècle.

Pour les affaires importantes la présence des grands feudataires est indispensable. Mais il est plusieurs d'entre eux qui, depuis la seconde moitié du XVᵉ siècle, ne paraissent jamais pour ainsi dire, duc de Normandie, duc d'Aquitaine, comte d'Anjou, comte de Bretagne, comte de Toulouse — ce sont les plus puissants ou les plus lointains. Mais il en est d'autres, duc de Bourgogne, comte de Nevers, comte de Flandre, sans compter naturellement la moyenne féodalité des vallées de la Seine, de la Somme, de l'Oise, qui, continuent d'y paraître. Même le duc de Bourgogne ne récuse pas le jugement de la cour.

Un petit courant d'affaires, portées surtout par des pouvoirs ecclésiastiques, se dessine en *appel* et c'est là un symptôme très important, car la fonction du Parlement de Paris sera essentiellement une fonction d'appel, attirant à Paris des plaideurs de toutes les parties du royaume. Le rôle de Paris grandit en même temps : c'est là que se tiennent la plupart des assemblées judiciaires dès le mie siècle. Orléans, résidence préférée des trois premiers Capétiens, est éclipsé définitivement par Paris, considéré déjà sous Louis VI comme la tête du royaume.

A noter aussi que, vers la fin de son règne, Louis VII commence à se dispenser de présider toutes les séances de l'assemblée judiciaire c'est donc qu'elle tend à prendre un caractère régulier, technique. En même temps la procédure de la cour du roi s'est dépouillée de formes archaïques et barbares, telles les *ordalies*. Le duel judiciaire n'a pas disparu, mais on n'y a recours qu'en désespoir de cause. Les moyens de preuve sont le témoignage et l'écrit.

Ce mouvement spontané vers le roi et sa cour ne peut trouver que des explications psychologiques. Sans doute le roi, « cet homme à la simplicité de colombe », comme dit un contemporain, est faible et sot, mais c'est presque un saint : il annonce son descendant Louis IX par sa piété et son équité. De tout temps les hommes ont eu soif de justice. Au XII\ :sup:`e` siècle ce n'est certes pas à la cour de Henri II ou d'un quelconque des grands féodaux de l'époque qu'on eût pu concevoir l'idée folle de rencontrer cette déesse insaisissable, l'équité. Des gens, de plus en plus nombreux, ont eu l'espérance, illusoire ou non, de la trouver à la cour du roi de France.

De prétendus paradoxes ont des causes impondérables.

Pour les affaires judiciaires ce personnel technique devient indispensable, quand, vers le milieu du XIII\ :sup:`e` siècle, saint Louis substitue la procédure d'enquête, inspirée du droit canonique, à la procédure par gages de bataille. Ces enquêteurs ont besoin de posséder une science juridique que les grands ne se soucient pas d'acquérir. Pour les « comptes » également il faut un personnel. Le Trésor est déposé à Paris au Temple et un chevalier de l'Ordre en a la garde. Mais l'examen des pièces comptables, avant d'être soumis à la cour siégeant « en comptes », a besoin d'être préparé par quelques clercs du roi.

Le Parlement de Paris n'existe pas encore sous saint Louis, mais la « Cour en parlement » a désormais sa physionomie distincte. Elle tient des sessions régulières et à Paris seulement. Elle a son greffe qui conserve les dossiers, reliant ainsi une session judiciaire à une autre session. Enfin elle commence à recevoir des règlements, preuve qu'elle tend à l'individualité. Le règlement de 1278 montre déjà dessinés les futurs organes du Parlement véritable : *grand chambre*, celle qui juge, *chambre des enquêtes*, *chambre des requêtes* : ces deux dernières n'auront, du reste, d'existence permanente qu'au début du siècle suivant.

Sous Philippe le Bel il n'existe pas encore un personnel stable, spécialisé uniquement dans les affaires judiciaires, pourvu de gages réguliers et à vie. Ces conditions nécessaires pour une institution autonome ne seront réalisées que par l'ordonnance du 11 mars 1345, date à partir de laquelle il n'y a plus de *Cour* au sens archaïque, mais une *Cour de Parlement*, le célèbre Parlement de Paris.

La composition de la cour siégeant en justice reste confuse jusqu'alors. Pour toute affaire d'importance le roi appelle pour juger « en parlement» les plus grands seigneurs ecclésiastiques et laïques. Mesure très sage : cette aristocratie

246

intraitable n'eût pas supporté que l'administration de la justice fût accaparée par des fonctionnaires aux ordres du roi. La chose ne se fera que petit à petit. Au reste, pour les procès où un des douze *pairs* (l'expression n'apparaît qu'en 1216) est en cause, la règle se maintiendra que dans le tribunal figurent toujours des pairs.

C'est ce qui explique que l'esprit de la cour judiciaire demeure très indépendant : les empiétements des « officiers » (fonctionnaires) du roi sont souvent contrariés, et cela même sous Philippe le Bel. Le droit coutumier, le seul que puisse connaître la noblesse, est toujours en faveur. Certains des conseillers du roi, les « légistes », comme nous disons, ont étudié le droit romain, ce qui a pu contribuer à aiguiser leur sens juridique et aussi à déformer leur esprit politique, mais ce droit n'a pas, n'aura jamais cours au Parlement de Paris.

Une vraie révolution s'opère dans la seconde partie du règne de Louis IX, la *procédure d'appel*. Brusquement la cour en parlement voit affluer des recours contre les sentences rendues par les tribunaux non seulement du domaine royal, mais des grandes et petites seigneuries. Des coins les plus éloignés du royaume, de ces coins d'où l'autorité royale n'apparaissait que comme une lumière lointaine et indécise, on fait appel au tribunal suprême. La réputation de justice de saint Louis explique sans doute cet afflux de causes portées à Paris. La rage d'obtenir la révision d'une sentence, même juste, inhérente au cœur de tout plaideur, se déchaîne. Les plus grands seigneurs commencent à entretenir à Paris, pour se défendre, des avocats. Ils s'y rendent pour surveiller leurs affaires, non moins que pour « faire leur cour » au roi. Comtes, évêques, abbés, s'y bâtissent des maisons, des « hôtels » dont les noms resteront pendant des siècles : hôtels de Bourgogne, de Flandre, de Soissons, de Nesles, de Sens, de Cluny, etc. Alors naît la vie procédurière de l'Ancien Régime où tout le monde est en procès contre tout le monde, à propos de tout et de rien. Alors naît le monde de la robe : juges, procureurs, avocats, greffiers, huissiers, clercs.

Le vieux palais des empereurs, des rois francs, des premiers Capétiens s'avère insuffisant. Philippe le Bel le fait reconstruire et y loge sa cour. Le commerce s'installe dans les galeries. L'encombrement devient intolérable. Le propriétaire, le roi, le quittera sous Charles V, l'abandonnant aux gens de justice. Il est déjà notre *Palais de justice*.

Dès le XIVe siècle le Palais est devenu le cour de la France. Le droit d'appel au Parlement devient le symbole de la nationalité française. A la fin du moyen âge, quand on cesse, de gré ou de force, d'en appeler au Parlement, c'est qu'on n'est plus Français.

6

LA CHAMBRE DES COMPTES

L'institution d'une chambre des comptes pour apurer la gestion des agents maniant les deniers de l'Etat s'est achevée plus tôt que celle du Parlement. L'examen des comptes a l'allure d'un procès : tout comptable est en posture d'accusé tant que ses pièces n'ont pas été apurées et qu'il n'a pas obtenu *décharge*. Il comparaît donc devant un tribunal d'ordre financier trois fois, puis (depuis 1296) deux fois par an et ce tribunal est formé par la cour ou une commission de la cour (*curia in compotis*), où figurent de grands personnages, qui l'acquitte ou le condamne. Toutefois il est évident que ce n'est pas durant la courte durée de ces sessions que le travail d'examen pouvait être exécuté sérieusement. Il devait l'être probablement par des techniciens familiarisés avec la comptabilité du temps. Ces techniciens, appelés *maîtres* déjà sous saint Louis, sont les ancêtres des Conseillers de la Cour des Comptes. Il n'apparaît pas qu'ils aient formé corps avant 1304, date à laquelle le roi les installe au nouveau Palais qu'il construit et dans une « chambre » (appartement) qui leur est réservée, d'où le nom de *Chambre des Comptes* que prend la commission des comptes. Désormais elle forme corps et, bien que les non-spécialistes n'aient jamais été entièrement éliminés, son caractère technique est accusé plus tôt que celui de la « Cour en parlement ».

La période archaïque se termine aussi plus tôt, par l'ordonnance du Vivier-en-Brie (janvier 1320) que la Chambre regardera jusqu'à la fin comme sa charte constitutive.

Le rôle de la Chambre est tout de comptabilité, de contentieux, d'exécution. Elle n'est en aucune manière un organe financier. La direction des finances, comme celle de la politique, appartient au Conseil du roi.

De même les *trésoriers*, au nombre de deux ou trois, que le roi institue quand il a transféré son *Trésor* du Temple au Louvre (1303) gèrent la caisse,

jugent au contentieux, mais n'ordonnancent aucune dépense : c'est là l'affaire
du Conseil.

7
LE CONSEIL

Par sa composition et ses attributions le Conseil demeure longtemps indistinct. Il peut se confondre avec la Cour, il peut être une commission formée de gens de cour. Il peut se réduire à un groupe d'intimes du souverain. Il peut, au contraire, prendre une extension démesurée et se confondre avec le pays légal, comme nous dirions : les premiers Etats Généraux, — pour user d'un terme inexact à cette époque — de 1302, 1303, 1308, etc., ne sont que le conseil élargi, tout comme le Parlement anglais à la même époque.

Les grands personnages y tiennent la place d'honneur, cela va de soi, mais des officiers royaux, de simples chevaliers, de simples clercs peuvent y être admis.

Cependant, vers la fin du règne de saint Louis, il apparaît que parmi les gens de cour le roi fait un choix : il en *retient* quelques-uns et leur donne des gages : les gens de *retenue* sont les conseillers ordinaires du roi.

Le Conseil étant le moteur unique de la machine gouvernementale, on s'explique que la réaction féodale de 1314-1316 impose à Louis X un conseil d'où sont expulsés les favoris du feu roi et où entrent de grands personnages, au nombre de vingt-quatre seulement, le *Conseil étroit* : il est identique au *Grand conseil*, qui doit sa qualification à l'importance des affaires qui y sont traitées. Il est identique au *Conseil du mois*, qui doit son nom à la périodicité instituée pour enlever au pouvoir royal la tentation de ne plus réunir le conseil.

On a vu que Philippe le Long réussit à reprendre en main la direction de ce conseil qui eût réduit à l'impuissance le pouvoir royal. A partir de 1320 le roi compose le conseil comme il lui plaît, le réunit quand il veut. Le personnel est flottant. Toutefois un noyau de clercs et de chevaliers maintient les traditions et assure le courant des affaires. Dans la période qui nous intéresse on ne perçoit encore aucune division du personnel selon qu'on traite d'affaires politiques, administratives, financières, judiciaires.

8
L'HÔTEL DU ROI

Les services publics, comme nous disons, ne sont pas encore séparés nettement du service particulier du roi. Les gens de justice, de finances, de conseil font partie de sa maison, de son *hôtel*. Attaché à la personne du roi ils logent et mangent en « chambre ».

L'hôtel c'est l'ancien *palatium* mérovingien et carolingien, réduit à des proportions fort modestes aux XIe et XIIe siècles. Il se grossit, à partir de Philippe Auguste et de saint Louis, et, dès les premiers Valois, est jugé trop peuplé et trop dispendieux.

Le personnel comprend, outre les grands officiers honorifiques (chambrier, bouteiller, connétable), le grand Echanson, le Maître de l'Hôtel, le premier Chambellan, le grand Panetier, le grand Queux (cuisinier) ; leurs charges, comme celles des grands officiers, deviendront honorifiques au XIVe siècle.

Le service est divisé en *Métiers* (*ministeria*) au nombre de six. La Chambre du roi s'en détache (en 1261), en raison de son importance : elle comprend des chambellans, des écuyers de chambre, des sommeliers avec valets et clercs. On y rattache les chapelains et gardes du corps. Les métiers sont la Paneterie, l'Echansonnerie, la Cuisine, l'Ecurie, la Fourrière. Jour et nuit ils sont surveillés par les Maîtres de l'hôtel.

L'effectif total atteindrait 500 sous Philippe V, mais les gens de l'hôtel ne servent pas tous à la fois. Ceux qui « mangent en cour » ne dépassent pas le chiffre de 160.

La reine aussi a son hôtel, moins garni de personnel.

Longtemps l'entretien de l'hôtel du roi a absorbé les recettes de la monarchie capétienne, ce qui est naturel puisque l'Hôtel et l'Etat se confondent. Cependant une distinction significative apparaît sous saint Louis : l'hôtel a une caisse particulière, appelée (à partir de 1303) la *Chambre aux deniers*. Le « maître » de cette chambre puise les fonds au *Trésor* (au Temple, puis au

Louvre) et rend compte de sa gestion aux « Gens de compte » (Chambre des comptes). Cette distinction montre à l'évidence que l'on commence à avoir conscience que les besoins de l'Etat ne sont plus identiques à ceux de l'Hôtel.

En 1315, un service se détache des métiers, celui de l'*Argenterie*. L'argenterie doit pourvoir la maison du roi de tout ce qui est nécessaire pour l'habillement et l'ameublement du souverain, de la reine, de la famille royale. L'argenterie est aussi un garde-meubles et un dépôt de bijoux. L'assimilation de l'*argentier* à un ministre des finances que l'on rencontre parfois en des écrits modernes n'a aucun sens. Le successeur de l'argentier aujourd'hui est le conservateur du garde-meubles national.

Au moment où la branche des Valois va prendre le pouvoir, le personnel de gouvernement dans l'ensemble de l'Hôtel n'arrive qu'à un chiffre modeste. 1° La *Chancellerie* : le chancelier (rétabli) avec 35 notaires (expéditionnaires) et 3 clercs du secret (secrétaires particuliers du roi) ; 2° les *Gens de Parlement* : un premier maître (président), 27 juges lais (laïques), 75 juges clercs ; 3° La *Chambre des Comptes* : 2 chevaliers, 2 bourgeois, 4 clercs, 16 petits clercs ; 4° Les *Trésoriers* : 2 ou 3 trésoriers, plus un changeur ; 5° *Administration forestière* : 8 « maîtres » et 5 « mesureurs ». En tout, 185 personnes.

9
L'ADMINISTRATION LOCALE

On use de cette expression, mais en avertissant qu'elle ne présente que des analogies lointaines avec ce qui existe à l'époque moderne. Aux XIe et XIIe siècles il n'y a plus d'administration locale réelle, puisque, dès la fin du Xe siècle, il n'existe plus de géographie administrative. La circonscription fondamentale de l'ère précédente, le *pagus* (d'où le français « pays »), administré par un fonctionnaire, le comte, a disparu. De même sa subdivision en vigueries (*vicariae*). Comme étendue le *pagus* moyen serait représenté par un de nos arrondissements d'avant 1926 et la viguerie par un canton. Le particularisme féodal a tout émietté. L'insécurité ayant nécessité la construction d'une multitude de châteaux, une nouvelle circonscription, la *châtellenie*, apparaît : c'est le territoire sur lequel on estime que s'étend la protection d'une place forte.

D'autre part, comme l'impôt public a disparu depuis longtemps, il ne reste d'autre ressource au roi, comme aux ducs et aux comtes, que le revenu de leurs propriétés particulières et le produit des taxes indirectes. Ces ressources sont de nature diverse ; elles sont disséminées à la ville et à la campagne. Pour les recueillir et les amener à leur caisse, à leur Trésor, les souverains instituent des *prévôts* (*praepositi*). S'apercevant que ces personnages sont exigeants et ont tendance, comme tout le monde à cette époque, à rendre leur charge héréditaire, ils s'avisent, à partir du XIIe siècle, pour le moins, de mettre aux enchères, de « bailler à ferme » la prévôté. Le prévôt n'est donc pas un fonctionnaire à proprement parler : il est tantôt un intendant domanial, tantôt un fermier de taxes. La contenance et la valeur de la prévôté varient beaucoup : tantôt une ville (Paris, Orléans, Etampes, Amiens), tantôt (en Orléanais) un simple village. On s'explique qu'il serait parfaitement vain de tenter une géographie prévôtale. Ce serait aussi chimérique que de faire la géographie de la fortune d'un particulier ayant ferme en Brie, vigne en Bordelais, prairie en Normandie, fabrique dans le Nord, chute d'eau dans les Alpes.

Domaniale et fiscale par essence, la charge du prévôt a aussi un aspect judiciaire, administratif, militaire. Le souverain, trop pauvre pour payer des fonctionnaires, trouve commode et économique d'user du prévôt pour juger les petites gens de son « domaine» propre, pour leur transmettre ses ordres, et même pour convoquer et amener à son armée, à son *ost*, les « sergents » non-nobles de la prévôté, au besoin les petits seigneurs, chevaliers ou écuyers. Mais les grands et moyens vassaux se refusent à recevoir les ordres de personnages d'une condition sociale aussi modeste que celle de la plupart des prévôts.

Le nombre des prévôts croît naturellement avec l'extension du domaine. Les premiers Capétiens n'en ont eu certainement qu'un très petit nombre. Philippe Auguste en trouva 47 en 1180. Il augmente ce chiffre de 21 de 1185 à 1202, si bien que, au moment d'entamer sa lutte contre Jean Sans Terre, il avait 68 prévôtés. Mais il en était de si petites que la nécessité s'imposait de concentrer plusieurs prévôtés en une seule main, ce qui fait qu'il n'y avait alors pas plus d'une cinquantaine de prévôts.

La gestion des prévôts soulevait des plaintes, et puis ils étaient vraiment de trop chétifs représentants d'une royauté prenant conscience de son avenir. Par une innovation hardie Philippe Auguste institua au-dessus d'eux les *baillis*. Ils apparaissent soudain, en 1190, dans ce qu'on appelle à tort le *testament* de Philippe Auguste, en réalité une ordonnance pour 1e gouvernement du royaume pendant la croisade du roi. Ce sont tout d'abord des délégués de la cour, détachés dans les principaux sièges de prévôtés pour surveiller les prévôts et instituer une justice d'appel. A cet effet les baillis, plusieurs fois par an, tiennent des *assises* où peuvent se rendre les plaignants et le siège des assises change chaque fois pour faciliter l'appel des sujets du roi. On suppose avec vraisemblance que Philippe II s'est inspiré du statut de Northampton, de janvier 1176, par lequel Henri II divisait l'Angleterre en six circonscriptions judiciaires dirigées chacune par trois juges.

La grande différence c'est que les juges du roi d'Angleterre ont pour justiciables tous ses sujets, alors que les baillis du roi de France tiennent leurs assises ambulatoires dans un territoire restreint, celui du « domaine » particulier du souverain.

Territorialement ce domaine n'est pas aisé à déterminer. Il est plus facile de dire ce qu'il ne comprend pas que ce qu'il renferme. Entre Normandie, Flandre, Champagne et Brie, Bourbonnais, Blésois, Chartrain il y a un morceau du royaume de France où le souverain, tout en n'étant pas seul à avoir des vassaux et des censitaires, ne rencontre en face de lui que des seigneuries dont les titulaires n'ont pas la force de lui tenir tête, même s'ils ont titre de comte. Sur ce territoire indécis les baillis pourront opérer sans rencontrer d'opposition sérieuse. D'autant qu'ils ne se présentent pas en maîtres ils se bornent à présider les assises dont les juges temporaires sont recrutés sur place parmi les personnages en vue du pays, qualifiés « assesseurs », « juges du seigneur roi ».

Ces commissions ambulatoires tenant des assises n'ont pas de circonscriptions fixes, autrement dit il y a des *baillis*, mais pas encore de *bailliages*. Cette indétermination subsiste jusqu'au milieu du XIIIe siècle.

Le bailli n'est pas seulement un juge, il a des attributions de finances. Il doit surveiller la gestion des prévôts. Il en détache, pour le percevoir directement, tout ce qui a un caractère occasionnel, casuel. Dans le domaine financier pour des nécessités pratiques, il apparaît que, dès 1202, pour le moins, il existe des sièges fixes où les baillis, un à un et non conjointement (deux, trois, quatre) comme dans les assises judiciaires, exercent leur autorité. Enfin, sous le règne de saint Louis, les circonscriptions, dites *baillies*, *bailliages*, sont bien déterminées et les baillis en prennent le nom.

Les régions unies au domaine à partir de 1204 avaient toute la même organisation : elles étaient dirigées par des sénéchaux. Le roi connaissait ce personnage : il l'avait supprimé chez lui en 1191. Il le supprima également dans la Normandie qu'il fit diriger par quatre ou cinq baillis. Il le maintint ailleurs. C'était commode. La circonscription où s'exerçait l'autorité du sénéchal était fixée depuis fort longtemps, alors que le bailli devait péniblement, et au prix de luttes obscures, créer sa circonscription, sa baillie.

En instituant les baillis, en s'appropriant la nomination des sénéchaux, le roi de France a fait quelque chose de neuf, d'efficace. C'est un tournant dans l'histoire du pouvoir royal.

Mais il faudrait se garder de considérer l'institution avec des idées modernes. Superposée aux prévôtés l'institution bailliagère participe de la nature économique de celles-ci. Elle ne constitue pas une vraie géographie administrative et on ne saurait dresser une carte précise des baillies. L'action financière, judiciaire, militaire du bailli ne s'exerce pas sur un territoire continu. Elle s'arrête à la porte d'un évêché, d'une abbaye, d'une seigneurie, d'une communauté urbaine, ou bien elle n'y pénètre qu'au prix de mille difficultés. Rien de plus incertain, de plus soumis aux circonstances, que le *ressort* d'une baillie.

D'autre part, le bailli jouit d'un énorme prestige. Même s'il est de médiocre naissance, et c'est le cas souvent au XIIIe siècle, le fait qu'il appartient à la cour, qu'il représente le roi, lui confère une grande autorité : « Là où est le bailli, là est le roi. » La désobéissance au bailli prend donc l'allure d'une haute trahison avec les graves conséquences qu'elle entraîne.

C'est ainsi qu'on peut s'expliquer l'action rongeante, irrésistible, des baillis et des sénéchaux sur les seigneuries laïques et ecclésiastiques voisines du domaine royal. Leurs possesseurs laissent attirer aux assises du bailli ou sénéchal leurs propres sujets. Eux-mêmes acceptent que ce personnage leur intime l'ordre de se rendre à l'armée ou de verser une « aide » pécuniaire au souverain. C'est que, très au-dessus de l'humble prévôt, le bailli est un homme de guerre, non moins qu'un administrateur financier et un juge.

Le pouvoir connaît si bien la crainte inspirée par son agent, que, sous Philippe le Bel, il veut, à l'occasion, étendre le ressort bailliager même sur les grands fiefs. Les baillis de Vermandois et d'Amiens se permettent d'intervenir dans les affaires du comté de Flandre, les baillis de Sens et de Mâcon dans celles du duché de Bourgogne, les baillis de Coutances et de Tours dans celles du duché de Bretagne, les sénéchaux de Saintonge ou de Poitou dans celles du duché de Guyenne. On le voit, chacun de ces quatre grands fiefs est comme investi. Mais ces visées étaient prématurées et demeurèrent vaines le plus souvent.

La multiplicité des attributions du bailli était une charge accablante. A l'extrême fin du XIIIe siècle on commence à lui donner des auxiliaires. Des *receveurs* sont chargés de recueillir les recettes et de les porter à Paris, deux fois par an. Pour l'administration de la justice, aux sénéchaux sont substitués des *juges mages* dans le Midi, vers le milieu du même siècle. Dans les bailliages les lieutenants généraux ou particuliers n'apparaissent que beaucoup plus tard.

Pour la défense militaire du royaume une ordonnance de mars 1317 institue des *capitaines* dans chaque « bonne ville » et un *capitaine général* dans chaque bailliage. La mesure ne fut pas appliquée.

10

ÉTENDUE DU DOMAINE ROYAL

Au moment où s'éteint la lignée directe de Philippe le Bel, l'*Estat des paroisses et des feux* de 1328 nous énumère les baillies et sénéchaussées de France. Elles sont au nombre de 34.

a) 24 baillies :

1° Les anciennes, celles de France : Paris (vicomté), Orléans, Senlis, Vermandois, Amiens, Sens, Tours, Bourges, Mâcon, Valois ; 2° une nouvelle : Lille ; 3° les cinq baillies de Normandie : Caux, Rouen, Caen, Coutances, Gisors ; 4° les quatre de Champagne : Troyes, Meaux et Provins, Vitry, Chaumont ; 5° Anjou ; 6° Maine ; 7° Auvergne ; 8° Montagnes d'Auvergne.

b) 10 sénéchaussées :

Poitou, Saintonge, Limousin, Périgord avec Cahors, Agenais, Rouergue, Bigorre, Toulouse, Carcassonne, Beaucaire avec Nîmes.

L'ensemble renferme 23.800 paroisses avec 2.470.000 feux (ménages). Comme on a dit plus haut on tient la preuve que le roi contrôle par ses baillis et sénéchaux près des trois quarts de l'étendue de son royaume.

11

LES ENQUÊTEURS

La toute-puissance des baillis et sénéchaux présentait un danger. Il y eut des plaintes contre eux et même contre leur maître, le roi. La conscience de saint Louis s'en émut. Au moment de partir pour la croisade, en 1247, il institua des *enquêteurs* pour examiner les plaintes des sujets et, le cas échéant, châtier les coupables. Les premiers enquêteurs, des moines mendiants, accueillirent les réclamations sans distinction de ce qu'elles pouvaient avoir de puéril ou même d'odieux. A la fin du règne les enquêtes, confiées à des clercs et chevaliers de la cour, furent conduites plus intelligemment. Elles se poursuivirent dans le même esprit sous Philippe le Hardi. Sauf de rares exceptions, elles ne révèlent rien de sérieux contre les baillis et sénéchaux : les abus viennent surtout des subordonnés, prévôts, bayles, viguiers, sergents, etc. Sous Philippe IV et ses fils un glissement s'opère. Les enquêteurs se préoccupent aussi des réclamations du roi sur les mauvais payeurs, et les détenteurs de biens de la couronne. Néanmoins les populations tiennent à ces enquêtes et Louis X, en 1315, dut promettre de les ordonner régulièrement. Il est douteux que cet engagement ait été tenu par la suite.

12

RESSOURCES FINANCIÈRES DE
LA ROYAUTÉ

Pécuniairement le roi avait cessé de tirer quoi que ce fût de l'ensemble de son royaume dès la fin du IXe siècle. Il vivait du produit de ses domaines ruraux, de droits indirects sur les transports et les ventes aux marchés, de taxes judiciaires, de dons de ses sujets, et encore sur la partie de son Etat de plus en plus restreinte où il exerçait le pouvoir ou une ombre de pouvoir. On a vu que les premiers Capétiens, à cet égard, n'étaient pas dans une situation beaucoup plus brillante que les derniers Carolingiens.

Le concept d'impôt personnel ou foncier avait disparu dès la fin de l'ère mérovingienne. Mais le don au prince, sous forme volontaire, était chose honorable. C'était même un devoir d'*aider* son « seigneur » en certaines circonstances : fête de la majorité du fils aîné, mariage de la fille aînée, captivité, enfin croisade. En tout autre circonstance le chef, roi, duc, comte ou simple baron, ne pouvait exiger, mais simplement *requérir aide*, et cette aide pouvait être refusée. C'est sur cette base de l'aide consentie ou repoussée que se sont édifiées toutes les libertés de l'Europe moderne.

Le principe que le seigneur est le vrai propriétaire du fief qu'il concède à un vassal ne s'obscurcit jamais. Quand le détenteur du fief vient à mourir, son successeur doit « relever » le fief en payant au seigneur la faveur de l'obtenir : c'est le *relief*. Quand le détenteur le vend, il faut acheter la permission (*lods*) du propriétaire-seigneur, lui payer donc un droit de *lods et vente*. Il en va de même pour les détenteurs de biens non-nobles, de *censives*. Ces droits peuvent être occasionnellement d'un bon rapport, mais ils ont un caractère essentiellement casuel. Leur exercice n'est pas toujours aisé. Quand le roi est en guerre avec un haut baron, ce qui est à peu près constant, il n'en tire rien naturellement. Dans la vie courante le seigneur, même s'il est roi, vit en propriétaire du produit de ses terres, et aussi, de péages, de droits sur les marchés, sur les monnaies. En outre il a le droit de *gîte et de procuration*, c'est-à-dire le droit de loger et de se faire nourrir, lui et sa suite, du moins dans son domaine. Il a des monopoles, le *banvin*, le moulin banal, le four banal. Il vend le droit d'exercer un commerce ou une industrie. Il « taille » de temps à autre les non-libres, c'est-à-dire qu'il leur impose collectivement une contribution qui sous le nom de *quête* (requête) est en réalité forcée.

D'autre part, ses besoins sont modestes. L'armée, qui dévore les ressources des Etats, ne lui coûte rien, puisque les hommes libres lui doivent à leurs frais le service militaire. Il n'a à payer qu'une garde personnelle, peu nombreuse, quelques arbalétriers et ingénieurs, et c'est longtemps peu de chose. Dans la réalité des choses, seuls les nobles font un vrai service militaire et ils s'arrangent de manière à en réduire la durée à six semaines et à n'amener que des contingents dérisoires. L'impuissance des souverains des XIe et XIIe siècles — et il ne s'agit pas seulement des rois de France — fait pitié.

De l'Eglise le roi ne tire rien que lors du décès de l'évêque. Il a le droit de s'approprier ses meubles et son argent, mais il renonce de bonne heure à cette coutume sauvage. Par contre il tient à exercer sa prérogative de roi, sa *régale* : pendant la vacance du siège épiscopal il perçoit les revenus de l'évêché.

Heureusement pour lui le Capétien a réussi à conserver sous son autorité directe 25 à 26 évêchés, soit le tiers de ceux que renferme son royaume. Aucun des grands feudataires n'en a un aussi grand nombre.

Le roi a un droit de regard sur tous les monastères qui sont de fondation royale : Saint-Denis, Saint-Germain-des-Prés, Saint-Maur-des-Fossés, Sainte-Geneviève, Montmartre, Saint-Victor, Corbie, etc. Il y en a deux douzaines, au moins. Il en tire des secours armés ou des taxes de remplacement en argent.

Enfin il tire les mêmes ressources des «communes » constituées avec son autorisation, non seulement dans le domaine royal, mais sur terre d'église, évêché ou abbaye. Ces villes, au début du XIIIe siècle, sont au nombre d'une trentaine.

Ces ressources convenaient à une monarchie dont le champ d'action était limité. Elle s'avèrent nettement insuffisantes, même avec l'accroissement du domaine, quand la monarchie entend développer son action au dedans et au dehors.

On eut recours à des moyens qualifiés « extraordinaires » par les contemporains.

1° Le plus simple est l'*emprunt*. On en use fréquemment à partir du règne de Philippe le Bel. On dresse des listes de gens susceptibles de prêter de l'argent au roi et on les sollicite « doucement ». Ce prêt n'est pas susceptible de porter intérêt : l'intérêt est considéré comme usure par l'Eglise. Le roi commettrait donc un péché en versant un intérêt à ses prêteurs.

2° Le *don* gratuit. Le roi sollicite des dons en argent des communes, des hommes de son domaine. Comme ces communes n'ont pu se constituer qu'avec sa tolérance et ne sauraient subsister sans sa permission, les bourgeois n'osent refuser de donner. Tous les rois du XIIIe siècle, y compris saint Louis, usent et abusent de ces demandes impératives.

3° De l'Eglise on ne tire rien légalement en dehors des charges féodales dues à raison du temporel. C'est seulement pour le bien de l'Eglise universelle, notamment la délivrance des Lieux Saints, que le roi peut lever des subsides, et seulement avec l'autorisation du Saint-Siège. On a vu que la transgression de ce principe par Philippe le Bel fut la cause du conflit de la royauté française et de la papauté. Après son triomphe le roi continue de demander des subsides à l'Eglise de France, tantôt en prétextant une croisade, tantôt en usant d'autres subterfuges. Le taux du subside est le 10ᵉ du revenu, d'où le nom de *décime* donné à cette taxe. Mais il s'agit du revenu net qu'il est aisé de sous-estimer en grossissant les charges. La perception est entravée par la résistance des contribuables et leur mauvaise foi. Il faut entrer en composition, accorder des remises, des délais. Finalement les décimes ne sont pas d'un gros rapport.

4° *Juifs et Lombards.* — Les Juifs sont taillables et corvéables à merci. On les considère comme partie du *domaine* du roi et on afferme le produit des taxes énormes qui leur sont imposées. Leur expulsion, au XIVᵉ siècle, tarit cette source de revenu.

Les Italiens, les Lombards, qui fréquentent les foires et marchés de France, et ils sont nombreux, sont exploités, eux aussi. Beaucoup sont naturalisés et s'installent à Paris dans la rue commerçante qui a retenu leur nom : rue des Lombards (Cf. Lombard street à Londres).

5° *La taxe de remplacement du service militaire.* — Une vieille tradition remontant à l'époque franque voulait que tout homme libre dût à ses frais le service militaire au roi. L'inobservance de cette règle était punie d'une lourde amende. A l'époque féodale les seuls guerriers effectifs étant les nobles combattant à cheval, élite peu nombreuse, la taxe de remplacement était d'un produit infime. Mais, au cours du XIIᵉ siècle, la population des villes ayant acquis la pleine liberté fut soumise à la règle. Les bonnes villes durent fournir des fantassins, des *sergents*. Si elles n'envoyaient pas leur contingent elles payaient. Quelquefois c'est le roi qui préfère l'argent au service armé et l'exige. Il a ce droit. Philippe Auguste et ses successeurs en usent fréquemment.

Toutefois ce n'est que lorsque la masse de la population se sera élevée jusqu'à la liberté, et ce ne sera pas avant la fin du XIIIᵉ et au XIVᵉ siècle, que ce principe pourra fournir au roi des ressources réelles. Encore faudra-t-il qu'il arrive à posséder l'arrière-ban universel, c'est-à-dire le droit de convoquer à l'armée tous ses sujets, sans distinction de vassaux directs ou indirects, de nobles ou de non-nobles, ou à requérir d'eux une indemnité. On n'en est pas encore là au XIIIᵉ siècle.

Ce qu'il faut retenir c'est que la taxe de remplacement du service militaire est le fondement juridique de l'impôt. Et c'est ce qui explique que jusqu'au XVIᵉ siècle l'impôt est qualifié *l'extraordinaire* : il ne doit être levé qu'en temps de guerre.

6° *La Monnaie.* — L'ensemble des ressources précédentes est d'un produit peu élevé. Il est absolument insuffisant pour soutenir le train de vie de la monarchie à partir de Philippe le Bel. Un expédient dangereux, mais fructueux, fut utilisé, l'altération des monnaies. Le droit de fixer le poids, le titre et le cours de la monnaie est une prérogative royale, héritée des temps romains. Il est vrai que ce droit, comme tous les autres, a été usurpé au cours du Xᵉ siècle, par les grands feudataires. Respectueux des droits acquis, saint Louis ne supprime pas l'abus, mais il exige (1263) que sa monnaie ait cours obligatoirement dans tout son royaume, les monnaies baronnales n'ont cours que dans les limites de la baronnie. En 1300 Philippe IV se réserve même le droit de suspendre la frappe de la monnaie, au moins temporairement, même chez un grand feudataire.

Quel intérêt le roi a-t-il à se réserver la frappe des monnaies? Celui de percevoir, à cette occasion, un profit, dit *seigneuriage*. D'un lingot de métal ou d'un tas de pièces à fondre pouvant fournir 60 pièces, le roi rendra 55 et gardera 5 pour ses frais et son profit. En temps ordinaire la frappe est peu active. Pour forcer le public à apporter son numéraire aux ateliers royaux qu'il s'agit de faire travailler on opère une *mutation*. Le roi fait publier que, à partir de telle date, dans les transactions, tel type monétaire cessera d'avoir cours pour tant de sous et de deniers et aura un autre cours, ou encore que, si cette pièce garde le même cours, son poids de métal fin sera diminué, ou parfois augmenté, ou enfin que le titre, la proportion du métal fin à l'alliage sera modifié. Remarquer à cette occasion que jamais avant l'époque moderne une pièce de monnaie n'a porté inscrite sa valeur. Alors que nous avons des pièces de 1, 2, 5, 10, 20 francs, dans l'ancienne France, on avait comme monnaie d'argent des gros, comme monnaie d'or des *agnels*, des *moutons*, des *écus*, des *florins*. Selon l'occurrence le gros vaudra un sou (12 deniers) ou un sou et demi (18 deniers), etc., l'agnel 10, 12, 15 sous, etc.

A la mutation s'ajoute le *décri*, c'est-à-dire l'interdiction de faire circuler les pièces d'ancien type. Le public sera donc forcé d'apporter son numéraire aux ateliers du roi qui le lui rendront, après perception du profit. Et ce profit est considérable. En 1298-1299 les 3/5 des recettes proviennent du monnayage.

Quant à l'accusation de fausse monnaie lancée contre Philippe le Bel elle ne tient pas debout. Chaque fois que le roi opère une mutation il fait connaître à cor et à cri le titre et le poids de la nouvelle monnaie et l'analyse de pièces émises par lui qui nous ont été conservées ne révèle pas d'altération. Ces mutations ont un aspect légal, la monnaie étant du *domaine*. Les manipulations monétaires des Etats modernes nous rendent indulgents, aujourd'hui, pour les expédients monétaires du passé.

7° L règne de Philippe le Bel se caractérise comme une préparation à l'impôt. L'impôt, sous quelque forme que ce soit, ne mérite ce nom que s'il est exigible de l'ensemble des sujets d'un Etat. Il requiert en conséquence le développement de l'autorité royale, et à un point qu'on ne peut atteindre avant la fin du XIIIe siècle. C'est en alléguant ses besoins financiers à propos de ses luttes contre le roi d'Angleterre, duc de Guyenne, et les Flamands que le roi parvint à faire admettre divers procédés pour se procurer des fonds. Encore ne réussit-il auprès de ses barons qu'en les associant au bénéfice de l'opération, en en cédant la moitié aux plus gros, moins aux autres.

a) *La maltôte*. — C'est un prélèvement sur les transactions passées aux marchés, à raison du « denier pour livre », c'est-à-dire du 120e de la valeur de la dernière mise en vente. Institué en 1291 le denier pour livre n'a pas eu longue vie.

b) En mars 1295 on s'avise de percevoir le denier, non plus sur la vente, mais sur les stocks de marchandise. Le cri est si fort que le roi retire son ordonnance et revient (1296) au « denier pour livre » dont la fortune ou l'infortune se poursuivra.

e) En juin 1295, après l'échec du denier sur les stocks, on s'avise de prélever un 100e, puis un 50e, sur la fortune de tous les non-nobles, fortune évaluée par des procédés fort grossiers. Le rendement est faible.

Aussi, en novembre 1303 et janvier 1304, on impose non le capital, mais le revenu, plus facile à estimer, et on fait contribuer également le noble.

On frappe non l'individu, mais la famille ou *feu*, d'où le nom de *fouage*, donné à ce système quand il s'applique aux non-nobles. Son caractère d'impôt de répartition lui vaut aussi le nom de *taille*.

De 1305 à 1313 ces taxes cessent d'être levées. Elles avaient un caractère d'improvisation, d'expédient et n'avaient pas réussi. Du moins ces expédients habituèrent les populations au concept, effacé depuis six siècles environ, que l'ensemble des habitants d'un Etat doit contribuer au maintien et à la sécurité de cet Etat.

13
L'ARMÉE ROYALE

Que l'effectif des armées dans l'Antiquité et aussi dans la période dite pré-moyen âge ait été très faible, c'est chose connue. A l'époque féodale le nombre des combattants devient insignifiant. La seule arme de choc est la cavalerie et elle n'admet que des nobles suffisamment riches pour s'entretenir à leurs frais, eux et leur suite.

L'infanterie n'a d'autre rôle que de couvrir la cavalerie contre l'ennemi avant l'attaque, après aussi, si la charge n'a pas réussi : pour ce faire elle se forme en carré ou en cercle, croisant la pique et lançant des traits d'arbalète, pendant que la cavalerie souffle et se reforme derrière ce rideau. Ne sachant pas manœuvrer, — elle a perdu cette science depuis la fin des temps romains, — l'infanterie doit rester immobile, confinée dans le rôle indispensable, mais passif, qui lui est assigné. Elle n'a donc pas besoin d'être nombreuse et elle ne l'est pas.

N'est-il plus d'armée nationale après les Carolingiens? Non, en fait, oui théoriquement. Les feudataires reconnaissent qu'ils doivent se rendre à l'*ost* du roi. Mais la coutume leur permet de n'amener que des forces insignifiantes. Même au XIIIe siècle, quand le pouvoir royal fait sérieusement sentir son action, les plus grands feudataires (Flandre, Bourgogne, Bretagne, etc.) sont quittes de leur devoir militaire en amenant 50 à 60 chevaliers, soit le dixième environ de ce que leur fournit leur comté ou leur duché. Encore ce contingent est-il rarement fourni en raison de l'insubordination de ces grands personnages. Les ressources du roi se réduisent en fait aux contingents de son petit domaine. Nous savons que Louis VI et Louis VII combattent les Plantegenêts avec 300 à 400 chevaliers. L'infanterie est surtout composée de « sergents » fournis par les gens des communes : un peu plus de 5.000 en 1194, un peu moins de 8.000 en 1203.

Même après les grandes annexions de 1204 à 1208 le roi de France n'a pas une grosse armée. En 1214 il confie au prince Louis contre Jean d'Angleterre 800 chevaliers, 1.200 sergents à cheval (cavalerie légère), 7.000 fantassins. Lui-même, à Bouvines, n'a pas beaucoup plus : 1.000 à 1.200 chevaliers, 2.000 sergents à cheval, 8 à 10.000 fantassins.

Saint Louis n'a pas davantage. Un projet de transport de 1268 prévoit pour sa seconde croisade l'embarquement de 4.000 chevaux et de 10.000 hommes, y comprit les non-combattants, serviteurs et pages. Philippe III, Philippe le Bel et ses fils n'auront également que de petites armées. En 1272, dans une grande expédition contre le comte de Foix, Philippe III dispose de 650 chevaliers. En admettant un nombre double de sergents à cheval, c'est à peine 2.000 cavaliers. A la célèbre bataille de Courtrai (1302) où l'infanterie flamande, disposée en phalange, osa, pour la première fois depuis l'Antiquité, charger la cavalerie, l'étendue du front d'attaque (1.000 mètres ou même seulement 600 mètres) ne permet pas d'évaluer l'effectif de la chevalerie française à plus de 2.500 combattants au maximum (au lieu de 7.500 qu'on lui attribue).

La tactique était, en effet, la charge, non en escadron — elle ne sera prati-quée en France qu'au XVIe siècle — mais « en haie », c'est-à-dire sur une seule ligne, appuyée en arrière par une deuxième ligne et parfois une troisième. Sur un front de 1.000 mètres on ne peut faire charger que 7 à 800 cavaliers, au plus. Que dire sur un front possible de 600. De leur côté les Flamands, bien que serrés en phalange, pouvaient difficilement atteindre le chiffre de 13.000 ; ce nombre est sans doute exagéré.

L'ensemble des chevaliers convoqués à Paris et à Mâcon par Philippe V en 1317 ne va pas au delà de 2.585, dont un millier fourni par les princes étran-gers. Une autre convocation à Paris appelle 2.076 chevaliers, tous régnicoles, cette fois.

A la médiocrité numérique des contingents s'ajoutait comme cause de faiblesse la courte durée du service militaire. Légalement il était réduit à trois mois pour les sergents à pied, à six semaines pour les chevaliers. Impossible d'entreprendre aucune opération de grande envergure ni même d'assiéger un de ces châteaux que les progrès de la castramétation rendaient inexpugnables. La campagne consistait donc en « chevauchées » où l'on dévastait les terres de l'adversaire. Les rencontres armées étaient rares, et, dans ces rencontres, on cherchait à faire, à la suite d'un combat singulier, un prisonnier de marque pour le mettre à rançon. L'emploi de mercenaires ne remédiait que très impar-faitement à ces inconvénients. Ils étaient coûteux, d'où leur faible effectif (quelques centaines) et aussi dangereux aux sujets du roi qu'à ses ennemis, n'étant, au fond, que des brigands soldés.

Au cours du XIIIe siècle, pour retenir nu service ses barons, le roi, devenu riche, s'avise de les payer, au bout de 40 jours, puis dès le premier jour de leur service. Pour les croisades c'était une nécessité : Philippe Auguste et Louis IX ont entretenu leurs compagnons. A la fin du XIIIe siècle il semble bien que cette pratique soit devenue courante. En même temps le roi de France solde pour la durée d'une campagne des princes d'entre Meuse et Rhin ou du royaume d'Arles. Il solde également des arbalétriers étrangers, Génois surtout, car la tactique se modifie et l'arbalétrier remplace le simple fantassin armé de la pique. Ces soldes commencent à peser lourdement sur le budget du roi de France. Leur poids explique la nécessité des expédients financiers qui se montrent à partir de Philippe IV, et aussi la médiocrité numérique des armées

le royaume n'a pas assez de ressources pour entretenir un gros chiffre de combattants. Et cependant, avec des contingents armés qui ne dépassent pas 10 à 12.000 hommes, tout compris, le roi de France apparaît comme le prince le plus puissant de l'Europe sous les derniers Capétiens directs.

L'ÉGLISE EN FRANCE DU XIE AU XIVE SIÈCLE

Abaissement et redressement de l'Eglise.

La pièce maîtresse de l'Eglise c'est l'épiscopat. On a vu la multiplicité des attributions, des droits, des devoirs de l'évêque à l'époque précédente. Son pouvoir temporel touche à son apogée lorsque triomphe l'esprit d'indépendance et de particularisme caractéristique du régime dit *féodal*. Administrateur d'une grosse fortune territoriale, patron de nombreux obligés qui sont devenus des vassaux armés, l'évêque s'est transformé, par la force même des circonstances, en prince féodal.

Mais cette puissance terrestre est achetée très cher, au prix de la valeur spirituelle et morale de l'épiscopat. Cette déchéance n'est pas due seulement à la féodalité. Elle est le produit d'une pratique abusive, d'un vice séculaire, invétéré, dans le recrutement de l'épiscopat. Régulièrement, « canoniquement », le prélat devait être élu par le clergé et le peuple, entendez les prêtres et les habitants de la «cité». En fait, les rois francs s'étaient arrogé le droit de disposer des évêchés. Les Capétiens firent de même et, trop souvent, ils en gratifièrent leurs enfants illégitimes et leurs créatures. Parfois même, des princes besogneux, tel Philippe Ier, vendaient l'épiscopat au plus fort enchérisseur. Nous avons vu que les rois disposaient du tiers des évêchés du royaume.

Dans le domaine des grands feudataires ce fut pire. En Normandie les premiers ducs considéraient les évêchés comme chose due à leur famille.En Bretagne les comtes de Cornouaille et de Nantes prennent pour eux l'épiscopat et 1c transmettent à leur fils. En Gascogne la famille des ducs groupe en un seul fief héréditaire huit évêchés. En Languedoc l'épiscopat est considéré comme le fief d'une famille qui, à la mort du titulaire, est partagé ou reste dans l'indivision. On imagine ce qu'était la vie des invraisemblables prélats de ce type qu'on rencontre, au XIe siècle, du Nord au Midi. Quelques belles figures, telles, à Chartres, celle de Fulbert au début du siècle, celle d'Yves à la fin, et quelques grands évêques nommés par Guillaume le Conquérant, sauvent l'honneur de l'institution.

L'état du clergé dit régulier, c'est-à-dire du monachisme, n'apparaît pas moins lamentable.

Dans la seconde moitié du Xe siècle un mouvement de réaction se dessine en faveur du retour à l'observance régulière qui veut, conformément à la règle de saint Benoît, que l'abbé soit nommé par les religieux. De saints personnages, tels Gérard de Broigne, réussissent à persuader les grands du siècle à cesser d'usurper le titre abbatial : le comte de Flandre renonce à être abbé de Saint-Pierre de Gand, le duc de Normandie de Saint-Ouen de Rouen, le duc d'Aquitaine de Saint-Hilaire de Poitiers, le duc des Francs abbé de Saint-Denis, mais il restera le recteur de Saint-Martin de Tours jusqu'à la fin de la monarchie.

Ce n'est pas le lieu de retracer, même sommairement, l'œuvre des grands papes réformateurs clunisiens et les querelles du Sacerdoce et de l'Empire. Sous Henri Ier le pape Léon IX, présidant un concile à Reims, en 1049, avait fait condamner la simonie, l'intrusion des pouvoirs laïques dans la nomination des évêques, le mariage des prêtres. Il avait même fait déposer quelques évêques et abbés indignes. Sous les pontificats de Victor II et d'Alexandre II l'intervention de la curie romaine dans les scandales de l'Eglise de France est constante. L'intrusion de Grégoire VII et de ses légats dans les affaires de France, celle, plus fréquente encore, d'un Clunisien, le pape Urbain II (1085-1099), faillirent gâter les choses. Il faut dire que la conduite du roi de France Philippe Ier, adultère et simoniaque, justifiait la véhémence des réprimandes et les condamnations pontificales.

Malgré la résistance de Philippe Ier (1103), la nécessité de gagner l'appui de la cour de France contre le parti impérial d'Allemagne et d'Italie amena un accommodement. Cet accord fut tacite. C'est peut-être qu'il n'était pas besoin en France de définir rigoureusement, comme dans l'Empire, le sens de l'investiture conférée par le pouvoir laïque à l'évêque. Comme le disait Yves de Chartres :

« la forme de l'investiture est chose indifférente en soi, parce que les rois en la conférant [par la crosse et l'anneau, symboles cependant spirituels] ne s'imaginent pas et ne peuvent s'imaginer qu'ils confèrent un avantage spirituel ».

Pour calmer les scrupules des réformateurs rigoristes le roi de France renonça à exiger l'hommage des évêques (sauf plus tard des évêchés-pairies) et se contenta d'un simple serment de fidélité, du moins le plus souvent. Dans les évêchés des grands feudataires les résistances furent plus tenaces.

Si le roi de France ne s'obstine pas à réclamer une forme de soumission de symbolisme féodal, c'est que son autorité sur le haut clergé s'exerça avec autant de force que précédemment.

La règle que l'évêque devait être élu par le corps des chanoines de la cathédrale, préconisée depuis la fin du XIe siècle environ, fut tournée constamment. Le souverain ne renonça jamais à la candidature officielle et, en cas d'échec de son protégé, il refusait d'agréer l'élu et de lui faire remise de son temporel (mainlevée des régales).

Décadence du pouvoir épiscopal.

L'épuration de l'épiscopat aurait dû régénérer, fortifier le pouvoir épiscopal. Il n'en fut rien. Dès le début du XIIe siècle, pour le moins, il est visible que l'épiscopat est battu en brèche de toutes parts. On vient de dire que le pouvoir royal en France n'avait rien perdu de sa réalité à la querelle des investitures, sauf un vain formalisme. Seule la papauté avait réussi à tirer la majorité des évêchés de l'abîme du féodalisme. Elle ne l'oubliera pas et désormais fera sentir son pouvoir à tout propos.

A l'intérieur du diocèse le prélat voit saper son autorité. Le partage des revenus de l'évêché s'était opéré parallèlement à celui de la fortune des monastères. Peu à peu les prêtres desservant la cathédrale, les chanoines, avaient obtenu leur part, la « mense canoniale », sur laquelle le prélat n'avait plus rien à réclamer. Groupés en une congrégation de vie quasi monastique par saint Chrodegang, au VIIIe siècle, les chanoines réussirent, vers la fin du XIe siècle, à vivre dans une maison particulière, quoique l'ensemble de ces demeures demeurât contigu et formât une petite cité dans la cité. En outre, la fortune cesse d'être indivise : chacun a sa part, sa *prébende*, alimentée par un revenu déterminé. Ce chapitre plein d'orgueil, animé d'un esprit d'insoumission querelleuse, fait le désespoir du prélat avec qui il vit sur le pied de la paix armée.

Un auxiliaire, l'archidiacre, longtemps fidèle, devient, à son tour, intraitable. Sa fonction essentielle consistait à assister le prélat dans l'administration du temporel du diocèse et la surveillance des établissements charitables et des paroisses rurales. Au XIIe siècle l'archidiacre, ou plutôt les archidiacres, — car chaque diocèse en comporte, depuis le Xe siècle environ, deux, trois ou quatre — en viennent à se considérer comme l'intermédiaire obligé entre l'épiscopat et l'ensemble du clergé diocésain, y compris le chapitre cathédral. Ils s'arrogent, en conséquence, un pouvoir juridictionnel. La lutte entre évêques et archidiacres prend un caractère aigu au siècle suivant, et il faudra beaucoup de temps et d'efforts pour que l'épiscopat ressaisisse ses droits.

La réforme tentée par la Papauté, au cours de la seconde moitié du XIe siècle dans l'intérêt du clergé des campagnes, contribua plus à affaiblir qu'à fortifier l'autorité épiscopale.

L'entretien de l'église rurale et du desservant était assuré depuis l'ère carolingienne par une part de la dîme des récoltes de la paroisse. Le monde féodal avait mis la main sur ces dîmes et même sur les oblations de l'autel. Les légats pontificaux réussirent, péniblement et partiellement, à faire rendre gorge aux usurpateurs. L'évêque n'y gagna rien. Ce n'est pas à lui qu'on remit le soin de disposer des restitutions, mais aux monastères. Le droit de patronage subsistait. Les descendants du fondateur de l'église paroissiale désignaient le curé de village que l'évêque consacrait. Les monastères réformés multiplièrent les fondations d'églises rurales ou le patronage d'églises anciennes leur fut confié, même par les évêques entraînés par l'exemple.

L'ère capétienne acheva la ruine de l'autorité épiscopale sur le clergé monastique dit « régulier ». Cette autorité, intacte au début de l'ère mérovingienne, laissait à l'évêque la nomination de l'abbé, la surveillance des religieux, l'administration du temporel, le droit d'entrer comme bon lui semblait dans le monastère. Elle avait été ébranlée au cours du VIIe siècle, sous diverses influences (règle de saint Benoît, monachisme irlandais), par la concession de privilèges « d'exemption » qui limitaient fortement les droits de l'évêque sur les monastères de son diocèse. A partir des Xe et XIe siècles les abbayes n'ont qu'un but, échapper à « l'ordinaire » en se rattachant directement à la curie romaine. Elles parviennent à leur fin, soit en obtenant des Souverains Pontifes des privilèges authentiques, soit en en fabriquant. Désormais l'évêque n'a plus aucun pouvoir, même de surveillance, sur le temporel des monastères, sur la nomination de l'abbé. Il n'a plus le droit de convoquer les abbés et religieux au synode provincial, d'exiger d'eux aucune redevance en argent. Son entrée au cloître, même pour des cérémonies religieuses, est strictement limitée. Impossible d'enlever au prélat l'ordination de l'abbé, la consécration des religieux voulant obtenir le diaconat et la prêtrise, mais, dans la pratique, le droit d'examen avec le pouvoir de récusation lui est refusé. Enfin il perd, le plus souvent, le droit d'excommunier religieux et religieuses, même en état de rébellion contre leur pasteur.

Somme toute, à partir du XIIe siècle, l'évêque voit son pouvoir limité de tous côtés. A chaque pas il se heurte à une exemption, à un privilège, à une usurpation, et cela dans un monde, le monde ecclésiastique, qui devait, semble-t-il, ne professer que dévouement et soumission à son pasteur, successeur des apôtres.

Enfin, dans sa propre demeure, la *cité*, l'évêque cesse d'être le maître. Au cours de la période franque il s'était emparé du territoire, au reste minuscule, du chef-lieu du diocèse. La population urbaine tout entière vivait de ses bienfaits, de ses commandes : elle était tombée sous son entière dépendance, économique et juridique aussi lien que spirituelle. C'est précisément l'excès de ces pouvoirs qui fit de l'évêque la bête noire des populations urbaines quand, vers la fin du XIe siècle, elles trouvèrent intolérable une puissance exercée sous des formes archaïques, stériles, incompatibles avec l'essor de la vie économique. Au Nord les communes, au Midi les consulats, s'établirent aux dépens de l'épiscopat qui, le plus souvent, ne comprit rien aux aspirations nouvelles et ne vit dans les négociants et artisans que des serfs révoltés.

La situation ne fut pas meilleure dans les villes d'Empire de langue française ; Cambrai, partie en guerre, la première, peut-être dès le milieu du Xe siècle, ne put, il est vrai, malgré des luttes terribles, se constituer en commune, mais obtint de l'évêque un « échevinage » en 1227, comme Reims l'avait obtenu de son archevêque en 1180. A Metz le pouvoir épiscopal est miné par l'aristocratie bourgeoise des « parages » qui s'empare de la direction réelle de la cité au milieu du XIIIe siècle : l'évêque finit par prendre en horreur sa ville et se retire à Vic. II ne met les pieds à Metz que pour célébrer — étroitement surveillé — les grandes fêtes de l'année et repart bien vite. A Besançon l'archevêque semble encore tout-puissant à la fin du XIIe siècle, mais les habitants, les « citains », n'arrivent pas moins à former une communauté qui finira (1290) par obtenir du roi des Romains, Rodolphe de Habsbourg, des franchises si étendues que l'autorité épiscopale se trouve de fait éliminée. Et il en va de même des cités de langue germanique. Ainsi à Strasbourg l'évêque, maître absolu encore au XIIe siècle, apparaît, à la date de 1263, soumis au patriciat urbain ; dès 1226 ses pouvoirs n'étaient plus que fiction.

Au XIIIe siècle l'épiscopat n'a plus seulement à lutter contre les empiétements et déprédations du monde féodal, — qui ne cessent pas, — à défendre les débris de son autorité sur le monde diocésain et le monde urbain, il voit se dresser contre lui deux protecteurs, la Papauté, la Royauté, d'autant plus redoutables que leur protection s'unit et se ligue le plus souvent dans une commune offensive contre son indépendance et contre sa bourse.

L'intervention pontificale dans les élections épiscopales, justifiée au XIe siècle, par des scandales de tout genre, se produit par la suite à tout propos litige électoral, transfert d'un siège épiscopal à un autre — et cela au détriment des métropolitains. L'évêque élu et consacré est tenu par une coutume, transformée en loi par Boniface VIII, d'aller se faire instituer à Rome et cela moyennant finances. Il prête serment de fidélité au Saint-Siège. Il commence à se dire (XIVe siècle) « évêque par la grâce de Dieu et du Saint-Siège apostolique ». Quand l'un d'eux meurt en cour de Rome, le pape dispose de son siège et des bénéfices qui y sont attachés (1265). A dire vrai, par un empiétement continuel, irrésistible, au cours du XIIIe siècle, la curie romaine en vient à se considérer comme la vraie propriétaire des évêchés, abbayes, prieurés, collégiales, prébendes, bénéfices de tout genre de l'ensemble de la Chrétienté, et elle tend à en disposer à son gré. Innocent IV (1243-54) s'arroge même le pouvoir de disposer à l'avance des bénéfices non-vacants. Pour les bénéfices mineurs le pape tourne les règles en enjoignant au collateur légitime de nommer la personne qu'il lui désigne ou encore de concéder à un bénéficier signalé à l'avance le premier bénéfice qui viendra à vaquer : c'est ce qu'on appelle *grâces expectatives*. Tout cela naturellement moyennant finances versées par le bénéficier présent ou futur. Enfin les revenus de la première année d'un bénéfice quelconque sont réservés à la curie romaine sous le nom d'*annates*.

Ces mesures, qui énervent ou même détruisent la discipline ecclésiastique, sont provoquées par les immenses besoins d'argent de la politique pontificale. Elles sont loin cependant de suffire à emplir la caisse. Aussi le Saint-Siège, à partir de Grégoire IX (1227-1246) surtout, se met-il à taxer les églises et abbayes sous toutes sortes de prétextes, même fallacieux. Ces exigences, qui se multiplient à mesure qu'on avance dans le XIIIe siècle, paraissent d'autant plus intolérables que la curie romaine se fait verser le produit éventuel de ces subsides par des banquiers italiens qui viennent en France lever des taxes pour se rembourser de leurs avances.

On s'étonne que le roi ait pu tolérer des pratiques qui faisaient des évêques de France les serviteurs du Saint-Siège et, en appauvrissant son clergé, lui portaient un réel préjudice. C'est que lui-même avait besoin de l'appui pontifical, d'abord pour sa lutte contre le Plantegenêt (sous Philippe Auguste et Louis VIII), ensuite pour ses croisades (Louis IX), pour ses ambitions au delà des Pyrénées (Philippe III), pour les entreprises de la maison d'Anjou à Naples et en Sicile, pour ses campagnes armées contre le duc de Guyenne roi d'Angleterre, et contre les Flamands (Philippe le Bel et ses fils). Dépourvu de finances régulières, le roi avait besoin d'avoir recours à la fortune du clergé et il ne pouvait sans l'autorisation du pape lever des « décimes ». C'est ce qui explique que, malgré la violence de ses protestations, l'épiscopat se soit trouvé désarmé contre la coalition du roi et du pape. Si, parfois, l'un ou l'autre des deux tyrans a semblé donner raison aux plaintes du clergé de France, celui-ci devinait fort bien que ce n'était qu'une manœuvre et qu'il serait cyniquement sacrifié à la première occasion.

Enfin, sur le terrain des juridictions le clergé, notamment l'épiscopat, subit les défaites les plus cuisantes. L'évêque, le chapitre, l'abbé, l'abbesse, à titre de seigneurs temporels exerçaient les droits de haute et basse justice. Nul n'eût trouvé à y redire si, trop souvent, excipant de leur caractère clérical, ils n'avaient cherché à esquiver l'appel des sentences de leurs cours à celles du roi.

Mais quand la royauté reprit conscience de ses devoirs et de ses droits elle trouva intolérable l'extension qu'avait prise la justice ecclésiastique. L'évêque était juge régulier des clercs du diocèse, c'était chose entendue depuis des temps immémoriaux. Seulement le titre de clerc était libéralement accordé à une foule de gens menant une vie fort peu cléricale, mariés, exerçant des métiers, mais prétendant échapper aux charges publiques ; prétendant échapper aussi aux conséquences de leurs méfaits ou de leurs crimes pour lesquels les tribunaux d'église manifestaient une indulgence estimée scandaleuse.

Canoniquement l'Eglise était juge des affaires où pouvaient être impliqués veuves et orphelins. L'usage s'était introduit de ne faire aucun testament sans y insérer une disposition charitable en faveur d'un établissement ecclésiastique. Par ce détour l'Eglise entendait se réserver la décision de toute difficulté testamentaire.

Depuis l'institution des officialités épiscopales (vers 1180), auxquelles est attribuée une chancellerie qui recueille les actes de juridiction gracieuse, l'habitude se répand avec rapidité de ne plus conclure de convention qui ne soit scellée du sceau de l'officialité épiscopale. Cette pratique, l'insertion dans l'acte d'une clause remettant à cette cour le soin de trancher tout conflit ultérieur, en cas de désaccord, enfin la prestation d'un serment à ce propos, rendaient le contrat justiciable de la cour d'église selon la gent cléricale. Par ces biais on eût enlevé aux cours séculières le jugement de n'importe quel litige. D'une manière générale les gens d'Eglise dans leurs rapports avec le monde laïque font preuve d'une raideur insupportable et défendent avec intransigeance des droits même douteux. Mais ils ont affaire à forte partie. Baillis et sénéchaux et leurs subordonnés ne se laissent nullement intimider et, ce dont on s'étonne, c'est de la rudesse avec laquelle, même sous saint Louis, ils s'opposent aux empiétements du clergé. Sous Philippe le Bel, c'est de brutalité qu'il faut parler. Dans le domaine judiciaire les plaintes, justifiées ou non, des évêques sont écartées sans ménagement aucun.

Cependant cette lutte de fait ne pouvait se poursuivre indéfiniment sans qu'on tentât de dégager une doctrine sur les rapports et les limites des deux juridictions. Tel fut le but d'une conférence réunie à Vincennes en 1329. Les deux principes furent défendus, le laïque par un conseiller au Parlement, le clérical par deux savants prélats, dont l'un sera plus tard le pape Clément VI. On ne parvint pas à s'entendre. Ce ne fut qu'une dizaine d'années après que, par l'introduction du principe de l'appel « comme d'abus », des sentences des tribunaux épiscopaux au Parlement on commencera à saper la juridiction d'église.

La royauté française mettait à l'honneur individuellement les gens d'Eglise. Elle en emplissait le Conseil, le Parlement, la Chambre des Comptes. Elle employait les prélats aux missions intérieures ou extérieures les plus délicates. Mais, si elle les comblait de faveurs, c'était pour utiliser leur savoir-faire pour sa propre utilité. Elle voulait un clergé, notamment un épiscopat, soumis. Elle parvint à ses fins. Trop bien sans doute. Le spectacle de la défaillance morale de l'Eglise de France pendant la querelle avec Boniface VIII et au cours du scandaleux procès contre les Templiers, n'a rien d'édifiant.

Toutefois une condamnation sommaire de l'épiscopat français de ces temps serait une injustice. L'étude particulière de la vie de ces personnages montre une foule de prélats distingués, pieux, instruits, excellents administrateurs. La plus belle manifestation de leur zèle ce fut la reconstruction des églises cathédrales. Ils y consacrèrent les ressources de leur évêché et leur fortune personnelle avec une énergie inlassable. En même temps l'expansion foudroyante du style ogival témoigne de leur bon goût artistique. Certains d'entre eux ont pu avoir des défauts de caractère ou des écarts de conduite, il suffira de contempler les édifices qu'ils nous ont légués pour qu'il leur soit beaucoup pardonné.

Le Clergé régulier.

Au cours de la longue période que nous parcourons d'un pas si rapide le clergé régulier n'accuse, lui, aucune décadence : quand une branche se dessèche il en pousse à côté une autre, fraîche et vigoureuse. La fortune de l'ordre clunisien devait fatalement avoir un terme, en raison même de sa prodigieuse extension. Pierre le Vénérable (mort en 1156), une des plus hautes figures de son temps, arrive encore à suffire à une tâche écrasante, mais il devient évident que la direction d'un monde monastique aussi complexe excède les forces humaines. Et puis les Clunisiens sont devenus trop riches. En dépit des services qu'ils rendent pour l'instruction et pour l'entretien des pauvres, pour l'hospitalisation des voyageurs, et surtout pour la réforme générale de l'Eglise, certains estiment que la spiritualité se retire des « moines noirs ». Un Champenois, Robert, abbé de Molesmes, désireux de restaurer dans sa pureté la règle de saint Benoît et n'y pouvant parvenir, vint fonder avec quelques compagnons un modeste établissement dans un coin désert et marécageux de la Bourgogne, à Cîteaux (*Cistercium*), le 21 mars 1098, fête de saint Benoît. L'établissement prospéra rapidement, en raison même de la rigueur imposée aux religieux, rigueur qui émerveilla les contemporains. Le nombre des religieux s'accrut tellement que, en 1115, le nouvel abbé, l'Anglais Etienne Harding, sollicité par le comte de Troyes, Hugues Ier, envoyait une partie de ses « moines blancs » jeter les fondements d'une filiale à Clairvaux, sur les bords de l'Aube. Bien inspiré, il confiait la direction de la petite colonie de douze moines à un jeune profès qui n'était à Cîteaux que depuis deux ans : c'était Bernard, saint Bernard, en qui l'on s'accorde à voir la personnalité religieuse la plus forte peut-être de la chrétienté occidentale depuis saint Augustin.

Parallèlement à Cîteaux et à Clairvaux, d'autres créations attestaient le besoin d'une rénovation de la vie ascétique.

Bruno de Cologne (mort en 1106) fonde un monastère dans un désert à dix lieues de Grenoble, au lieu dit Chartreuse. Robert d'Arbrissel (mort en 1117) fonde deux monastères à Fontevrault en Anjou, un de femmes et un d'hommes, dirigés par une seule autorité, celle de l'abbesse. L'Allemand Norbert (mort en 1134) fonde à Prémontré, en Laonnais, un établissement de chanoines réguliers. C'est un corps de religieux voués particulièrement à l'étude qu'établit en 1113 sous le nom de chanoines l'évêque de Paris Guillaume de Champeaux, à Saint-Victor sous Paris. Un laïque auvergnat Etienne de Muret (mort en 1124), fonde en Limousin un ordre dont les membres ne veulent être qualifiés ni chanoines, ni moines, ni même ermites, mais « bonnes gens » : ce sont les « bons hommes » de Grandmont.

Ces créations raniment la vie spirituelle, mais elles n'exercent qu'une faible action sur le siècle. On le vit bien dans l'impuissance de tous ces ordres, y compris celui de Cîteaux, à lutter contre les hérésies des Vaudois et des Cathares. C'est que ces religieux, cherchant avant tout la solitude propice à la méditation, sont étrangers au peuple des villes travaillé par les hérésies.

Saint Bernard, par défiance de Cluny, trop civilisé, détourne les Cisterciens des préoccupations intellectuelles et artistiques. Il les confine dans le travail manuel et la vie rurale. Ces religieux ne prennent que trop de goût à l'agriculture. Au XIII siècle, leurs belles exploitations rurales, leurs « granges », sont la fierté et le bonheur de ces excellents propriétaires fonciers qui administrent et font travailler les frères convers. Mais la spiritualité cistercienne s'endort dans les greniers, les étables et les celliers.

Heureusement pour l'Eglise, deux ordres d'un caractère entièrement nouveau naissent à un moment critique, les Franciscains et les Dominicains.

Saint François ne vise ni à fonder un ordre ni à convertir. Il n'est pas clerc. C'est un fils de marchand qui entend revenir à la simplicité évangélique. Il renonce à la richesse, à la propriété il vivra d'aumônes, lui et les « petits frères », ses disciples. S'il prêche, c'est avant tout d'exemple. C'était par la simplicité et la pureté de leur vie que les disciples de l'hérétique lyonnais Pierre Vaud avaient conquis le cœur des populations. Les mêmes vertus font le succès des Franciscains ou « frères mineurs » auprès de la population des villes, non seulement en Italie, mais en France (1219) et dans l'Europe entière. Sans grande culture théologique, sans ambition aucune, François n'innove pas et demeure fils soumis de l'Eglise catholique. La papauté sans inquiétude se déclare protectrice de l'ordre nouveau en 1227, au lendemain de la mort de François, qu'elle canonisera bientôt.

Le succès même de l'entreprise de François avait obligé de constituer en

« ordre » les multitudes d'hommes et de femmes qui voulaient embrasser la vie évangélique, sous peine de voir le mouvement s'égarer en tous sens. Sans renoncer à être des « mendiants » les mineurs durent accepter de bâtir des couvents pour prier, pour célébrer les saints offices — car certains d'entre eux commencent à recevoir les ordres sacrés, pour se loger et vivre en commun. Un demi-siècle après la mort de François (1226), point de ville qui n'ait son couvent de frères « mineurs » : leur nombre a passé de douze en 1209 à environ 30.000, en plus d'un millier d'établissements.

Les Franciscains ont régénéré la spiritualité chrétienne dans les masses. Les Dominicains ont réussi à extirper l'hérésie cathare, ce que n'avaient pu faire ni les prédications des Cisterciens, ni le fer des croisés et la valeur de Simon de Montfort. C'est par hasard que le Castillan Dominique, sous-prieur d'Osma, passant en Languedoc en 1206, eut l'idée de convertir les hérétiques par la prédication, d'où le nom de « frères prêcheurs » donné à la petite congrégation qu'il constitua. Dominique ne vit pas tout d'abord la voie où il fallait s'engager : il donna à sa petite troupe la règle des chanoines dite de « Saint Augustin » ; il accepta des dons de terres pour le monastère qu'il fonda à Prouille (Aude). Ce fut, semble-t-il, l'exemple de saint François qui lui ouvrit les yeux. Il comprit que seule la pauvreté absolue pouvait assurer le succès de son œuvre et la préserver à l'avenir de la décadence qu'avait entraînée la richesse foncière pour les ordres antérieurs. Alors il fit de son ordre un ordre mendiant. Mais, contrairement à François, il en fit aussi un ordre savant. Il était impossible de défendre l'orthodoxie contre l'hérétique, et aussi contre un ennemi plus dangereux peut-être, l'aristotélisme, renaissance de la pensée antique et païenne, sans l'aide de fortes études théologiques et philosophiques. Les Dominicains ont été et sont demeurés la colonne solide sur laquelle l'Eglise romaine peut s'appuyer en toute sécurité. Aussi la papauté les a-t-elle soutenus et imposés à la jalousie de l'Université de Paris. A Toulouse elle leur attribue, dès 1229, l'ensemble des chaires de théologie.

Contre l'hérésie des cathares le prêche et la science se révélèrent impuissants. La papauté eut l'idée de confier aux Frères prêcheurs, plusieurs années après la mort de saint Dominique (1224), la « recherche de la méchanceté hérétique » (*inquisitio hereticae pravitatis*), l'Inquisition. Canoniquement ce soin incombait à l'évêque de chaque diocèse. En fait l'évêque était mal armé pour cette tâche. Le Saint-Siège pesa sur lui pour qu'il se chargeât de ce soin sur les commissaires désignés par lui à cet effet. L'Eglise ne peut prononcer des sentences de mort, mais elle livre les coupables au « bras séculier », dont c'est le devoir de faire exécuter les endurcis. En Angleterre, en Castille, les pouvoirs publics refusèrent d'accueillir les inquisiteurs. En Allemagne Frédéric II, par politique, en France saint Louis, par piété, mirent la force armée à la disposition des « commissaires », en grande majorité dominicains. Alors (1233) les inquisiteurs commencèrent en France les exploits qui ont laissé une réputation sinistre. La caractéristique de l'Inquisition c'est moins la cruauté de la répression, si affreuse soit-elle (la mort par le feu), que la procédure : c'est la procédure inquisitoriale renouvelée du Bas-Empire, secrète et arbitraire. L'accusé ne sait ni qui l'accuse, ni même au juste de quoi on l'accuse. Les dénonciations sont accueillies sans discernement. L'inculpé et les témoins sont soumis à la « question ». La torture morale s'ajoute à la torture physique. Cet arbitraire sans frein est délétère pour l'inquisiteur. Il crée ou développe la folie homicide. Robert le Bougre en France, Conrad de Marbourg en Allemagne, qui se font un plaisir d'envoyer tout le monde au bûcher, représentent des types pathologiques bien connus des psychiatres. Même chez ceux des inquisiteurs qui ne versèrent pas dans la démence totale, l'intelligence est obnubilée : leur esprit se refuse à comprendre que, avec les procédés dont ils usent, n'importe qui peut avouer n'importe quoi et qu'eux-mêmes, soumis aux tortures qu'ils infligent, s'avoueraient coupables d'hérésie.

Une oppression méthodique et prolongée vient à bout de toute résistance. L'Inquisition, quand elle eut exterminé l'hérésie, du Midi jusqu'au Nord, perdit de sa violence comme un feu sans aliment. Malheureusement sa malfaisance se propagea sur un autre terrain la pratique inquisitoriale s'introduisit dans les tribunaux laïques et durant cinq siècles empoisonna, au criminel, l'exercice de la justice.

Jugement final.

Il serait inconsidéré de juger en bloc l'Eglise de France du XIe au XIVe siècle. Elle ne présente aucune unité. Elle offre le spectacle de dissentiments internes qui ne connaissent aucune trêve et prennent trop souvent un caractère de violence furieuse. Tout le monde, évêques, chanoines, réguliers, séculiers, abbés, moines, nonnes, dignitaires de toute espère, est en lutte contre tout le monde. Dans ces conditions peut-on parler d'Eglise de France?

Les abus et vices du clergé, tant « régulier » que séculier, sont signalés et flétris dans une multitude d'écrits, traités de morale et satires, ainsi le *Livre des Manières* d'Etienne de Fougères, évêque de Rennes (mort en 1178) ; la *Bible*, composée par Guiot de Provins vers 1206 ; *Carité et Miserere* par un reclus anonyme vivant à Molliens (Amiénois) au début du règne de saint Louis ; au siècle suivant les *Lamentations* de Gilles li Muisis, abbé de Saint-Martin de Tournai ; poèmes de jongleurs, tel Huon le Roi ou Rutebeuf ; récits burlesques, tels les *Fableaux*, etc.

Rien de tout cela n'est probant. Les moralistes blâment de parti pris le présent qu'ils opposent au passé, âge d'or dont ils ne savent rien ; leurs satires ne sont, le plus souvent, qu'un ennuyeux rabâchage. Les attaques des ménestrels n'ont aucune portée : elles traduisent le dépit de pauvres hères à qui l'on a refusé un secours. Les fableaux sont des contes à rire : bien sot qui les prendrait au sérieux.

Seuls sont probants les statuts synodaux et les journaux de visites pastorales des évêques. Mais ils nous renseignent presque uniquement sur le bas-clergé des campagnes : en dépit des réformes voulues par le pape Grégoire VII et les conciles, ces curés de campagne sont trop souvent ignorants, cupides, débauchés ; c'est que ce pauvre et grossier clergé rural est recruté par le seigneur local parmi des paysans qui n'ont reçu aucune instruction réelle : il n'y a pas de séminaires avant les XVIe et XVIIe siècles.

L'anticléricalisme de nos ancêtres, qu'on rencontre dans toutes les classes de la société, et très vif, uni à une grande dévotion, ne répond donc pas seulement aux nécessités organiques de la nature humaine qui, pour supporter l'ennui de l'existence, a besoin de jalouser, de haïr, de médire, même sans raison, il s'alimente aussi de faits et d'abus réels.

Toutefois s'arrêter au spectacle extérieur des querelles qui déchirent l'Eglise, ne voir que ses tares et ses maladies serait se condamner à ne rien comprendre à la vie secrète qui l'anime et la soutient en dépit de la vétusté de ses formes et des fautes de ses membres. Sous cette écorce squameuse circule une sève féconde de spiritualité.

Aux heures les plus sombres, aux moments les plus désespérés, il y a eu, abritées en des cellules monastiques, des âmes qui ont voulu la régénération de 1'Eglise. D'autres se sont réfugiées dans le domaine inaccessible du mysticisme. Mais le meilleur ou plutôt le seul moyen d'entrer en contact direct avec la Divinité, c'est la pratique de l'ascétisme. La spiritualité chrétienne ne peut donc naître et fleurir que dans le cloître. Liée à l'ascétisme, elle meurt quand la sévérité de la règle fléchit ou plutôt elle émigre vers des lieux plus austères et mieux cachés.

La spiritualité chrétienne, qui a existé de tout temps, n'affleure et n'arrive à notre connaissance que lorsque les mystiques éprouvent le besoin de communiquer leurs expériences, leurs révélations. Les écrits de ce genre ne sont pas antérieurs, en Occident, au XIIe siècle, mais, auparavant, des traités de morale religieuse, des règles ou des exhortations aux pratiques de l'ascèse, révèlent un état mystique. La liturgie même, chère aux moines bénédictins, pousse à la vie spirituelle.

A partir du Xe siècle cette âme a pour corps l'ordre de Cluny. Depuis la fin du XIe siècle la spiritualité gagne aussi les Chartreux, moitié moines, moitié ermites, et les chanoines de Prémontré. Une spiritualité spéculative dérivant du platonisme augustinien et du Pseudo-Denis l'Aréopagite, fleurit au couvent des chanoines de Saint-Victor sous Paris, fondé en 1113, et s'illustre des noms de Hugues et de Richard dits de « Saint-Victor ». Mais, en ce siècle, la mystique brille d'un éclat incomparable à Clairvaux, grâce à saint Bernard (mort en 1153). en qui l'on reconnaît le mystique à l'état pur. Sa dévotion à l'humanité du Christ dirigera la spiritualité des siècles suivants. Elle conduit à l'imitation du Christ. Elle imprime sa marque même à la simple pratique : depuis saint Bernard Christ a paru plus proche de l'homme, plus familier, plus secourable.

Dès le début du siècle suivant l'esprit cistercien est en profonde décadence. C'est chez les ordres mendiants que se réfugie la spiritualité. Mais en France aucune personnalité franciscaine n'est à comparer à saint François d'Assise et à saint Bonaventure. Les mystiques dominicains d'origine française sont nombreux en ce même siècle. Au XIVe siècle les grands noms appartiennent à l'Allemagne et aux Pays-Bas.

LES CLASSES SOCIALES : LA NOBLESSE ; LES GENS DE LA VILLE ; LES GENS DE LA CAMPAGNE

1
LA NOBLESSE

Si le clergé a la prééminence d'honneur, la noblesse mène le monde. En France, pas de classe intermédiaire entre la classe noble et les classes non-nobles, sauf peut-être en Normandie (les vavasseurs). Au XIIIe siècle la classe noble tend visiblement à se constituer en caste.

Il n'en avait pas été toujours ainsi. A l'époque franque il y avait des riches et des pauvres, des forts et des faibles, donc une aristocratie, mais, juridiquement, pas de privilèges héréditaires pour une classe sociale quelconque. La noblesse de l'ère féodale est formée des descendants d'une partie des hommes libres de l'époque carolingienne, ceux qui avaient conservé le goût de la guerre et les moyens de combattre à cheval. Ce service militaire étant dispendieux et requérant un exercice continu depuis l'adolescence, ne pouvait guère être effectué que par des gens ayant reçu un fief en qualité de vassaux d'un seigneur. C'est ce qui explique que Vassalité et Noblesse en vinrent à se confondre au XIe siècle, par un renversement du concept antérieur de la vassalité. A cette date la classe « noble » n'est pas fermée. Un non-noble peut devenir noble, soit en acquérant un fief, par achat ou héritage, soit en recevant la « chevalerie », c'est-à-dire l'attestation par un geste symbolique qu'il est digne par sa valeur d'être un guerrier, attestation qui ne peut être donnée que par un autre chevalier.

Le noble est, en effet, essentiellement un homme de guerre. A ce titre il a droit à des privilèges. Le premier est de ne verser aucun impôt direct ou indirect : il paye de sa personne. Il a droit à être honoré des non-nobles. Pour les dettes, pour la procédure il jouit de certaines prérogatives judiciaires. Enfin et surtout la condition de noble est héréditaire : la patrimonialité du fief, qui devient la règle au XIe siècle, rend, par contre-coup, héréditaire la qualité du détenteur du fief.

Une ligne de démarcation profonde s'est donc creusée depuis le passé carolingien entre les hommes libres. Le noble, le vassal, à plus forte raison le seigneur, s'estime supérieur aux autres libres. Il considère même que lui seul est vraiment « franc homme ».

Au fond les privilèges du noble, contre-balancés par de lourdes charges, sont plus apparents que réels. Il n'y tient que davantage puisque seuls ces privilèges le séparent du troupeau des humains.

Mais voici que, au XIIᵉ siècle, encore plus au siècle suivant, le nombre des hommes libres augmente, qu'il se constitue des fortunes à la ville, parfois même aux champs, alors que les vieilles familles nobles s'endettent et s'appauvrissent.Des « bourgeois », des « vilains » mêmes, héritent de fiefs, car un « gentilhomme » peut épouser une non-noble, et une « gentillefemme » un non-noble. S'il « sert le fief », il n'y a pas de raison pour que le bourgeois ou le vilain n'entre pas dans la noblesse.Mais la noblesse n'y consent pas, tant le sentiment de « classe » la domine. Interdiction au vilain d'acquérir un fief, défense de lui conférer la chevalerie. Mais la cérémonie d'entrée en chevalerie est devenue ruineuse, et les gentilshommes très pauvres ne se font plus « chevaliers ». Cesseront-ils d'être nobles? Non. La naissance suffit à conférer la noblesse et la qualification d'*écuyer* suffit désormais à l'attester. C'est là un phénomène général en Europe.

Le roi s'interpose à la fin du XIIIᵉ siècle : il vendra le droit d'acquérir un fief (droit de *franc-fief* institué en 1275) ; il se réserve de créer des nobles, à beaux deniers comptants, par lettres patentes (vers 1280). Ces mesures mêmes soulignent le caractère de caste qu'a pris la noblesse, car le paiement même du droit de franc-fief donne à l'acquéreur le fief, non la noblesse. Tout de même la vie est plus forte : à partir du XIVᵉ siècle la possession d'un fief ou d'une charge royale entraîne, en fait, puis en droit, la noblesse, sinon pour le premier acquéreur, du moins pour ses enfants ou ses petits-enfants. Toutefois la noblesse ne s'ouvrira jamais aux nouveaux venus, porte grande ouverte, mais seulement porte entrebâillée

Entre nobles les différences de situation sont considérables. Quoi de commun entre un duc ou un comte, un roi, au nom près, et un petit seigneur de village, de hameau, si pauvre qu'il se contente du titre d'écuyer, et, pour nourrir sa famille, fréquente les tournois dans le but de gagner quelque prix avantageux. Cependant, en France, tous ont le sentiment d'appartenir à un corps spécial. Un chevalier ou écuyer anglais pourra accepter de siéger dans les « Commons » avec les représentants des bourgs (*boroughs*). Un simple et pauvre noble français ne siégera jamais avec les gens du « Tiers» comme on dira au XVᵉ siècle. La divergence dans l'évolution constitutionnelle des deux pays tient dans ce seul fait.

La titulature des nobles n'est pas encore fixée. Au sommet serait le duc, puis le marquis, puis le comte. En fait, le titre de marquis disparaît (fin XIIᵉ siècle) devant celui de comte pour la Flandre et le Toulousain. Le souverain breton, un instant qualifié roi (fin IXᵉ siècle), puis duc (dans la deuxième moitié du Xᵉ siècle), n'est plus que comte jusqu'au moment (1297) où le roi de France le fait « duc et pair ». Le titre vicomtal désigne deux catégories très différentes de personnages : le vrai vicomte, subordonné au comte, mais aussi (en Aquitaine, en Gascogne, en Languedoc) des nobles exerçant le pouvoir comtal sans en avoir le titre, parce que leur suzerain (comte de Poitou, comte de Toulouse, etc.), se le réserve. Parmi ces grands personnages une distinction dont l'origine demeure mystérieuse, apparaît vers la fin du règne de Philippe II. Six d'entre eux sont qualifiés *pairs de France* : ce sont les ducs de Normandie, d'Aquitaine, de Bourgogne, les comtes de Flandre, de Champagne, de Toulouse. Il y a en outre six pairs ecclésiastiques, l'archevêque de Reims, les évêques de Langres, de Laon, de Châlons, de Beauvais, de Noyon. Sur les six pairs laïques trois ont disparu à la fin du XIIIe siècle par suite d'union à la couronne (Normandie, Toulouse, Champagne). En 1297 on s'avise de compléter le nombre en érigeant en pairie la Bretagne, l'Anjou, l'Artois, puis on ajoute Evreux (1317), Bourbon (1327). A la même époque le roi de France s'arroge le droit de changer la titulature traditionnelle des fiefs : il érige en duché la Bretagne (1297), en duché une seigneurie, Bourbon (1327). Plus tard, sous Charles V et Charles VII, Anjou, Touraine, Alençon, etc., seront titrés duchés.

Au-dessous de ces souverains, on distingue dans la foule des nobles ceux qui, sans être titrés comtes ou ducs, sont maîtres d'une forteresse importante, d'un *château* : on les appelle *châtelains* et ils possèdent un groupe plus ou moins considérable de villages. Certains d'entre eux ont une puissance réelle égale, au nom près, à celle d'un comte.

L'ensemble des grands et moyens est encore qualifié *barons*. Ce n'est que tard que ce terme s'entendra seulement d'un seigneur inférieur à un comte ou vicomte, supérieur à un simple seigneur de village.

Au bas enfin la masse assez hétérogène de simples seigneurs de groupes de village ou d'un village, ou même d'une fraction de village.

Grands et petits n'ont qu'une passion, la guerre. Elle est pour eux comme l'état normal de la condition humaine. Un suzerain qui garde trop longtemps la paix est méprisé et les jeunes nobles, les « bacheliers » de sa cour l'abandonnent pour chercher fortune ailleurs. Nulle mesure n'est plus impopulaire chez les nobles que l'interdiction par le roi des guerres privées et des tournois. Là est le grief principal des ligueurs de 1314-1316.

Cette conception nous paraît d'autant plus étrange que les luttes nationales sont rarissimes : en dehors de l'invasion d'Henri V en 1124, de la coalition dissipée à Bouvines en 1214, de la campagne contre l'Aragon en 1285, on ne voit rien à signaler au cours de trois siècles, avant la guerre de Cent Ans. On ne saurait, en effet, considérer comme des guerres étrangères les luttes contre le duc de Guyenne parce qu'il est en même temps roi d'Angleterre ou contre les Flamands.

La guerre habituelle c'est la guerre du roi contre ses grands et petits vassaux, ou de ceux-ci contre le roi ; c'est la guerre de feudataire à feudataire, de seigneurie à seigneurie, de famille à famille. Les croisades, pendant près de deux siècles, alimentent aussi ce besoin d'aventures. Il suffit de lire l'histoire de n'importe quelle famille noble pour se rendre compte que le voyage armé en Terre Sainte est considéré comme aussi indispensable pour le grand seigneur que le pèlerinage à la Mecque pour le musulman pieux.

Sans la guerre l'existence est fade. A défaut d'elle un ennui intolérable s'abat sur cette société féodale qui n'a aucune occupation, qui ne sait de quoi alimenter sa vie. Les *cours* tenues par les suzerains aux grandes fêtes religieuses de l'année, cours auxquelles se rendent ses vassaux et les dames, ne suffisent pas à distraire cette société. Toute rurale en France, la noblesse, sauf peut-être au bas de l'échelle, ne semble pas cependant s'intéresser à la terre. Elle vit de la part qu'elle prélève sur le travail des paysans, ses censitaires et ses corvéables, voilà tout.

La paix revient, quoi qu'on fasse, et avec elle l'ennui. Alors, en France, au cours du XIe siècle, on invente le *tournoi*, dit aussi *cembel* et *assemblée*, la guerre simulée ; à peine simulée, car longtemps le corps à corps est brutal et entraîne blessure ou mort. C'est un spectacle alléchant, d'autant que l'habitude se prend d'y faire assister les femmes nobles, les dames : leur présence excite les chevaliers « tournoyeurs ».

La vie morale du noble a subi de profondes transformations depuis l'Antiquité ou même l'époque précédente. L'insécurité a rendu nécessaire depuis le Xe siècle la construction de lieux de refuge (châteaux, châtillons, fertés, plessis), d'abord en bois, puis en pierre. L'architecture militaire fait d'énormes progrès. C'est au point que le siège d'un château devient une opération difficile, longue, souvent infructueuse : le roi lui-même s'y casse les dents. La certitude, l'illusion parfois, d'être inexpugnable dans leur tour, développe chez certains un sentiment d'indépendance allant jusqu'à l'ébranlement cérébral, ce que les contemporains appellent la *desmesure*. Le baron en vient à se considérer comme au-dessus des lois, en dehors de la société et se permet tous les excès. De là un anarchisme qui rend vain le système féodal, lequel en étageant les classes du bas de la société jusqu'au trône, vise à la construction d'un édifice harmonieux.

Mais ces orgueilleux sont aussi parfois des instables. On en voit qui, passant d'un extrême à l'autre, abandonnent tout et entrent au cloître.

Sans se porter à ces extrémités la masse des nobles a un très vif sentiment de sa dignité, de ce qui lui est dû, même par le roi. Son amour-propre s'émeut facilement. Le gentilhomme défend, les armes à la main au besoin, toute atteinte portée à son honneur. L'*honneur*, concept nouveau, inconnu aux Anciens, aux Orientaux, sauf aux Japonais qui ont vécu dans un état social analogue à notre moyen âge. Ses excès, ses ridicules mêmes, ne doivent pas faire perdre de vue que là est l'obstacle qui empêchera le retour en France d'un despotisme dégradant comme, dans le passé, celui du Bas-Empire romain. De la noblesse ce concept pénétrera, plus ou moins lentement, dans les autres classes de la société.

Le désir de faire bande à part, de se tenir au-dessus du vulgaire, a certains effets heureux. Ces nobles, guerriers intraitables et souvent cruels, ne sont nullement des êtres barbares. Il s'en faut du tout au tout. Leur tenue est soignée, leur langage châtié : on fuit les expressions grossières, les propos de rustres. Leur politesse est raffinée, artificielle même, faite de formules et de gestes conventionnels. Les cours royales et seigneuriales sont considérées comme le lieu où l'on s'instruit des belles manières et le terme de courtoisie en porte encore témoignage.

La vie affective est loin d'être absente de cette société.

Elle se manifeste dans le *compagnonnage*. C'est un sentiment puissant entre nobles, même de fortune inégale, issu d'un double courant, l'amitié, considérée par les Anciens comme une vertu, la fraternité symbolique, d'origine germanique.

Une fraternité se noue même entre inconnus, pourvu qu'ils aient effectué la prise d'armes solennelle qui fait le « chevalier », le guerrier par excellence. La chevalerie devint au XIIIe siècle une sorte de *confrérie*. Et cette confrérie ne se limite pas nécessairement au royaume de France. Le sentiment monarchique est faible, le dévouement vassalique en conflit trop souvent avec l'« honneur » blessé, le patriotisme est intermittent. La « chevalerie » finit pour certains par primer tout, sans distinction aucune de race et de langue. C'est une internationale, l'internationale des braves.

Enfin, c'est dans la société féodale que naît l'*Amour courtois*. Certes, c'est chose fort imprévue. Le système vassalique qui subordonne tout au service armé du vassal, paraissait devoir, plus que jamais, courber la femme sous le joug brutal de l'homme. Mais la vassalité a entraîné l'obtention d'un fief, le fief, par une force irrésistible, est devenu héréditaire ; de même les grandes charges de l'Etat assimilées au fief. Que dans un de ces fiefs la ligne masculine vienne à se perdre, la terre reviendra-t-elle au roi ou au duc ou au comte? Non, s'il reste une fille ou des filles. Un sentiment s'est ancré dans l'Europe occidentale, qui veut que la terre fasse corps avec la famille qui l'a possédée, même à titre vassalique. La fille ne peut faire le service militaire dû par le fief, mais son mari le fera à sa place. Ce mari peut être un voisin puissant ou un personnage de second plan, il n'importe. Il est un prince consort, un administrateur (*baillistre*) du fief de sa femme ; à la majorité de son fils aîné il cessera ses fonctions. Ainsi, même mariée, l'héritière demeure la vraie maîtresse de la terre, et vassaux ou censitaires lui doivent les mêmes devoirs, le même respect qu'à un « seigneur » (*dominus*) : elle est leur suzeraine, leur « dame » (*domina*).

Quand naît la poésie lyrique en langue vulgaire, tout d'abord dans le Centre et le Midi de la France, où précisément la succession féminine aux fiefs apparaît en premier lieu, il est donc naturel que, pour célébrer ces hautes et puissantes dames, le poète puise dans le vocabulaire de son temps. La châtelaine est dépeinte comme une souveraine, le poète est devant elle en attitude de vassal ; il lui rend hommage ; il lui baise les mains, il se met à ses pieds. Le langage de la politesse garde encore aujourd'hui ce vocabulaire comme une pièce usée. Le pouvoir étant aux mains d'une femme, c'est la beauté et non la force qui sera célébrée dans le poème. Un élément sentimental est inévitable. Sentiment conventionnel tenu de prendre une forme discrète. Des précautions sont nécessaires. Le poème est récité, ou plutôt chanté avec accompagnement de harpe, devant la dame, devant la cour, devant le mari qui, s'il pouvait soupçonner le troubadour d'être sérieux dans son sentiment, le ferait aussitôt supplicier.

Puis, sur le modèle de ces chants, qui ne sont qu'en apparence des chants d'amour, on compose en Aquitaine et dans la France du Nord des poèmes plus sincères. Mais désormais le langage, l'attitude de l'amoureux sont arrêtés : il est en posture d'inférieur devant la bien-aimée. Il la pare de toutes les vertus. Il accepte, il proclame que seuls ses exploits et sa soumission peuvent lui mériter ses faveurs. Mais, d'autre part, s'il s'est conduit en bon et vaillant vassal, elle est ingrate si elle se refuse.

Ni l'Antiquité ni l'Orient n'ont rien connu de semblable.

En résumé, si la classe noble de France — et c'est partout la même chose — n'a montré aucun sens politique au cours de son histoire, elle a introduit dans le monde des sentiments nouveaux d'une rare qualité.

Enfin sa vaillance semble faire d'elle la sauvegarde du royaume. Un proche avenir va révéler sur le terrain militaire des tares profondes qui ébranleront un instant et gravement son prestige.

2

LES GENS DE LA VILLE

1° Les Constitutions urbaines.

Au XIIe siècle la ville sort d'une léthargie sept ou huit fois séculaire. La reprise des affaires a eu naturellement son contrecoup sur la condition sociale de la population.

Le contraste avec le passé est saisissant. Dans les villes épiscopales et abbatiales la population est en effervescence. Le pouvoir, la vie même de l'évêque et de l'abbé sont menacés. Des sociétés de gens liés par un serment mutuel, dites *conjurations* ou *communes* sont nées. Elles veulent échapper à l'exploitation seigneuriale. Elles veulent pour leurs membres la liberté personnelle — perdue au cours des âges, sans qu'on sache pourquoi. Elles veulent leur part dans l'administration de la justice locale.

Pourquoi ce changement? On l'attribue à la renaissance du commerce qui enrichit les villes elle donne aux habitants un sentiment plus vif de dignité ; elle leur rend plus sensible les entraves que le régime féodal apporte à leurs personnes et à leurs intérêts. La renaissance commerciale n'a pu se produire, en effet, sans que la condition du *négociant* fût relevée et son trafic protégé.

Quelle que soit sa naissance, le marchand est présumé libre. Ses déplacements sont facilités par une protection spéciale du pouvoir, par une *paix*, même hors la ville. Le trafic est délivré des entraves de la procédure féodale (gages de batailles, *ordalies*, etc.) et les délais de paiement modifiés. Il s'est constitué un droit des marchands, né aux foires de Champagne et de Brie, les plus fréquentées de l'Europe dès le XIIe siècle.

Cette raison est certainement juste. Est-elle la seule ou même la principale? On n'oserait l'affirmer. L'affaissement du pouvoir épiscopal se manifeste même en des cités qui ne participent que fort peu ou point du tout à la reprise des affaires. Et puis cette reprise ne s'est pas opérée en un jour ; elle se produit au cours d'une évolution de durée çà et là considérable. Or le mouvement d'affranchissement présente un caractère de soudaineté qui est le contraire d'une évolution. Il est probable qu'il se préparait dans l'ombre, échappant aux contemporains qui notent simplement l'explosion et n'y comprennent rien.

Réduits à leurs seules forces les seigneurs ecclésiastiques seraient incapables de résister longtemps aux insurgés. Mais ils ont des protecteurs, avant tout le roi. Le souverain s'interpose. Si l'insurrection a pris un caractère de violence allant jusqu'au meurtre de l'évêque (à Laon) ou de l'abbé (à Saint-Pierre près de Sens, ou à Vezelay), le pouvoir intervient et châtie les meurtriers. Le plus souvent le roi impose un accord. Il oblige évêque ou abbé à faire des concessions consignées dans un acte écrit, la *charte*, garantie par lui à prix d'argent.

Les seigneurs laïques répugnent moins aux concessions que les seigneurs ecclésiastiques. C'est que l'Eglise a horreur des marchands dont les gains lui paraissent un péché, alors que les laïques, toujours à court d'argent, ont surtout égard aux profits qu'ils tirent d'une ville qui, s'enrichissant, les enrichit. Et puis les villes constituées en *communes* représentent une force militaire qui n'est pas à dédaigner. Aussi les Plantegenêts accordent-ils des « établissements » aux villes de leur domaine, normandes, angevines, poitevines, gasconnes.

Quant au roi de France il adapte sa politique aux circonstances. Dans les résidences royales, Paris, Orléans, Bourges, il ne souffre aucune commune. Il accorde, au contraire, une charte aux villes situées aux extrémités de son domaine (Mantes, Sens, Compiègne, Monneuil, etc.), pour s'assurer la fidélité des habitants. D'une façon générale la royauté capétienne est plutôt favorable à l'établissement des communes, parce que la *charte* comporte une garantie qui entraîne un droit d'intervention en des villes où jusque-là le souverain n'avait pas d'autorité effective : Noyon, Beauvais, Soissons, Amiens, Arras, Tournai, Corbie, etc. Ce droit de regard de la royauté sur la vie de la commune se traduit vite par des demandes de secours pécuniaires auxquelles il est moralement impossible d'opposer une fin de non-recevoir. Au XIIIe siècle la royauté en vient à considérer que toute commune, même constituée en dehors du « domaine », relève de son autorité.

La charte de commune, toujours succincte, ne règle que les points litigieux. Il s'en faut qu'elle accorde à la ville une grande indépendance. Elle l'associe à l'élection de ses magistrats, appelés *jurés* (ou *pairs*), présidés par un maire ; mais la juridiction exercée par eux ne comporte que la basse justice, sorte de justice de police et de juge de paix, la haute demeurant l'apanage du seigneur.

La caractéristique de la *commune* c'est que ses membres sont liés par un serment mutuel d'assistance et de participation aux charges de l'association. Le droit qui régit l'association est dur : celui qui a lésé un des « communiers » ou trahi les intérêts de la commune voit sa maison abattue ou incendiée et lui-même est frappé de lourdes amendes ou banni. La commune forme corps. Elle est une personnalité civile, une manière de seigneurie. Aussi a-t-elle un sceau, une « maison de ville », avec tour (beffroi) et cloches. Essentiellement marchande et industrielle, l'association n'admet parmi elle, ni les nobles, ni les clercs : elle est exclusivement bourgeoise.

Il en va tout autrement d'autres associations, les *consulats*, nés dans le Midi, en Languedoc et, hors du royaume, en Provence. Le consulat existe déjà à Marseille en 1128, à Arles en 1131, à Avignon en 1136, à Nice en 1144, à Béziers en 1131, à Montpellier en 1141, à Narbonne en 1148.

Leur origine est toute différente de celle des communes. Les consulats sont nés d'une imitation pure et simple du consulat des villes d'Italie, que Provençaux et Languedociens connaissaient bien par leurs relations d'affaires. En Italie les *consulats* semblent bien n'être autre chose que la consolidation en organes permanents des délégations occasionnelles et temporaires des habitants auprès du pouvoir épiscopal. Ce pouvoir est en déroute encore plus tôt qu'en France, et les conquêtes de la population au détriment des évêques sont bien plus considérables et durables. En outre, trait qui oppose le Midi et le Nord, c'est que dans le Midi il y avait encore quantité de nobles qui résidaient en ville et qu'ils ont pris part au mouvement d'émancipation, même ils l'ont suscité et entretenu. Le *consulat* d'Italie et du Midi de la France donne donc un aspect plus aristocratique, plus guerrier aux villes.

Le mouvement d'émancipation n'est pas moins brutal que dans le Nord, et peut-être même l'est-il davantage : Avignon fait disparaître son vicomte, Marseille l'exclut de toutes les charges, Béziers l'assassine, Nîmes fait subir le même sort au viguier ; Saint-Gilles se soulève contre l'abbé, Arles contre l'archevêque, Mende contre l'évêque.

Libérées de gré ou de force, ces villes constituent de véritables seigneuries. Elles sont administrées par un directoire, formé de deux à douze consuls, selon les localités. Ces consuls sont recrutés surtout parmi les nobles. Ce caractère aristocratique des *consulats* du Midi les fait de bonne heure haïr du bas peuple et des gens de la campagne. Aussi ces villes vivent-elles d'une vie agitée. Elles s'avisent, en Provence, d'imiter l'institution italienne du *podestat*, étranger délégué pour une année à l'administration d'une cité que ses déchirements internes rendent ingouvernable.

Les institutions des villes du Midi de la France nous sont mieux connues que celles du Nord. Les consulats prennent soin de consigner les règles de la vie civile et économique. Grâce à cette précaution nous possédons quantité de ces précieux petits codes municipaux.

En dehors des communes et des consulats nombre de villes jouissent de prérogatives considérables, aussi considérables, mais avec cette différence que les habitants ne sont pas liés entre eux, ne forment pas corps.La ville privilégiée est une communauté de fait, non de droit : en conséquence elle n'a pas de sceau ; elle n'est pas une seigneurie. Le souverain, non content d'accorder des privilèges d'ordre économique aux habitants, les administre et les juge au moyen d'un conseil d'*échevins* qu'il prend parmi eux : d'où le nom de villes d'*échevinage* qu'on donne aux localités de ce type. En dehors de Saint-Omer les célèbres villes flamandes, Gand, Ypres, Bruges, Lille, Douai, Arras, ne sont pas juridiquement des communes à l'origine, mais des villes d'échevinage. Mais leurs échevins, pris nécessairement dans la classe des marchands, embrassent les intérêts de cette classe et non ceux du comte de Flandre. Ce dernier, de 1209 à 1241, est même dans l'obligation d'abandonner le choix des échevins à la population, si bien que les villes de Flandre se trouvent de fait aussi libres que les villes de commune.

La liberté du choix des échevins par les habitants avait été déjà concédée par l'archevêque Guillaume aux Blanches Mains dans la charte qu'il accorda, en 1180, aux Rémois de son « ban ». La même année (1182) il concéda des prérogatives très étendues à la petite ville de Beaumont-en-Argonne. Dans ce type le seigneur se réserve la haute-justice, l'appel des jugements de la municipalité, le droit de nommer ou de confirmer le maire. La ville n'a pas de sceau, ne constituant pas une communauté légale. Néanmoins les avantages de la loi de Beaumont sont tels que plus de 500 localités les sollicitèrent et les obtinrent en Champagne et, hors du royaume, en Lorraine et en Luxembourg.

Les villes de Normandie, de l'Ouest, du Sud-Ouest, dotées par les Plantegenêts des « établissements » dits de Rouen et qualifiées du nom, alors recherché, de «commune», n'ont pas plus de pouvoir réel que les villes d'échevinage. Ce sont de fausses communes (sauf Bordeaux).

Au-dessous des villes d'échevinage pourvues d'un droit de juridiction étendu, il existe un type de « franchise » inférieur, celui qui donne aux habitants une municipalité élective, composée de représentants aux noms variés (prudhommes, élus, jurés, procureurs, syndics, conseillers, etc.), mais sans juridiction, sauf de simple police. Encore l'élection des prudhommes doit-elle être soumise à l'agrément du seigneur ou même être partagée avec lui. Les villes de ce type pullulent en Orléanais, Blésois, Chartrain, Anjou, Marche, Poitou et aussi en Lyonnais et en Dauphiné.

Plus bas encore sont les villes de *prévôté*. Elles n'ont aucune juridiction et sont administrées par l'officier royal, le prévôt. Leur « franchise » consiste en privilèges d'ordre civil (liberté personnelle), d'ordre économique (suppression des corvées, rachat des tailles), juridiques (adoucissement des amendes, réforme de la procédure, tribunal local), militaire (le service limité à un jour ou deux).

Les concessions de franchises de cet ordre se multiplient dans le domaine royal au cours de la seconde partie du XIIe siècle. Une centaine de localités obtiennent des privilèges calqués sur ceux de Lorris-en-Gâtinais. Et les nombreuses *Villeneuve, Villefranche, Bastide, Salvetat*, etc., fondées au XIIIe siècle, n'ont pas de « franchises » supérieures.

Toutes ces localités sont très humbles. Ce sont des villages. Et cependant les villes les plus imposantes du « domaine », Paris, Orléans, Bourges, n'ont pas de franchises plus étendues : elles sont administrées par les prévôts du roi. Mais, à Paris, le prévôt du roi rencontre au XIIIe siècle un rival en la personne du prévôt des marchands.

La *hanse des marchand de l'eau*, organe essentiel du commerce parisien, exerce une juridiction sur ses membres, sur le commerce effectué par la Seine et ses affluents, sur les rives et quais du fleuve, sur le transport et débarquement du vin, du sel, des bois, du blé. Au XIVe siècle son tribunal, le *Parloir aux bourgeois* (le futur *Hôtel de Ville*) est devenu le tribunal de commerce du trafic parisien. Quand la royauté « taille » Paris, la Hanse est consultée sur la répartition et la levée de l'impôt. Elle s'est transformée en municipalité de Paris. Ses organes, le prévôt des marchands et les échevins, sont devenus une puissance avec laquelle le pouvoir doit compter. Déjà en 1190, dans le conseil de gouvernement institué par Philippe Auguste partant pour la croisade, figurent quatre bourgeois de Paris.

L'importance économique et le rôle politique d'une ville n'ont donc pas de rapport nécessaire avec la forme (commune, échevinage, consulat, etc.) de la vie municipale.

Le pouvoir n'a pas égard, au surplus, à partir de Philippe le Bel, aux distinctions juridiques. Lors des grandes consultations nationales, dites *Etats généraux*, on convoque quantité de localités non seulement du domaine, mais des grands fiefs, sans égard à ces distinctions : toutes sont des *bonnes villes*.

C'est que dans la pratique les distinctions se sont effacées ou atténuées avec la décadence des villes de commune et de consulat.

Les privilèges dont elles jouissent sont réservés en fait à une partie des habitants, la classe des marchands, du moins au Nord. C'est elle qui administre la ville et qui l'administre mal, toute oligarchie commettant fatalement des abus. Pour être équitable il faut dire aussi que les finances urbaines sont obérées par suite des incessantes demandes de prêts ou de dons d'argent émanées de la royauté. Dès 1256 saint Louis interdit aux bonnes villes du domaine de prêter ou donner sans sa permission et les soumet à une vérification annuelle de leurs comptes ; c'est déjà l'embryon de la tutelle administrative. En 1283 le juriste Beaumanoir compare la ville à l'enfant « sous-âgé » (mineur). Sur le terrain judiciaire, législatif (règlements de police et de métiers), militaire, les prérogatives de ces villes sont battues en brèche par le bailli ou le sénéchal.

Enfin c'est en s'autorisant de la mauvaise gestion financière et judiciaire des magistrats que la royauté en arrive à supprimer des communes, ainsi Senlis en 1320, un peu plus tard Laon, Tournai. Quelquefois la ville, succombant sous les dettes, renonce, telle Soissons en 1325, à ses prérogatives et demande à passer directement sous la main du roi qui la fera administrer par un prévôt. De même dans le Midi, nombre de petites localités renoncent au consulat.

Hors du royaume, il en va de même. Les villes s'affaissent sous le poids de leurs fautes en Provence. De 1222 à 1227 Brignoles, Apt, Grasse, Tarascon se donnent au comte. Plus tard (1252) Avignon, Arles, Marseille, Nice n'opposent pas de résistance sérieuse à Charles d'Anjou.

Au contraire, certaines villes d'Empire de langue française, Metz, Toul, Verdun, Besançon, et parfois Cambrai et Liége, consolideront et développeront leurs franchises au point de devenir à peu près autonomes. C'est que ici le pouvoir royal n'est plus que l'ombre de lui-même après la mort de Frédéric II en 1250. Mais, à dire vrai, leurs libertés n'intéressent que l'aristocratie bourgeoise des *lignages*, une faible minorité de la population.

Entre les habitants de la ville il n'existe aucune unité morale. Dans le Nord, clergé et noblesse y sont un corps étranger, écarté des affaires. Même parmi les habitants ou bourgeois existe une distinction tranchée : marchands d'un côté, artisans de l'autre. Par marchands il faut entendre les négociants en gros, car les revendeurs ou regrattiers exerçant le commerce de détail et les courtiers sont suspects, méprisés, au bas de l'échelle. Par artisans il faut entendre l'ensemble des gens de métiers, patrons comme ouvriers, longtemps mal distingués.

Le monde des artisans dépend du monde des marchands pour une raison majeure : c'est le marchand qui va chercher les matières premières, c'est lui qui écoule dans les foires les produits de l'industrie. L'industrie est donc à la remorque du commerce et demeurera dans cet état jusqu'au XXe siècle.

C'est aux marchands que revient le mérite de la reprise de l'activité économique. C'est eux qui ont donné le signal de l'émancipation de la ville sous toutes ses formes. C'est eux, tout naturellement, qui détiennent les leviers de commande de la ville affranchie, quelles que soient les modalités de cet affranchissement. Partout ils se rendent maîtres de l'administration de la ville et s'y perpétuent aisément, car en ce temps le recrutement des administrateurs s'opère non par l'élection, mais par des opérations de filtrage fort compliquées, ou encore par la cooptation.

Au commerce des denrées et des produits manufacturés se joint le commerce de l'argent, indispensable en raison du nombre et de la variété des monnaies, et aussi de leur instabilité. Le banquier est amené à être un prêteur, et un prêteur à intérêt, en dépit des foudres de l'Eglise. Ses prêts visent surtout dans les ports au développement du grand trafic maritime, par la pratique de la *commandite* imitée de l'Italie et qui procure de grands bénéfices. L'esprit d'entreprise, caractéristique du *capitalisme*, s'accuse d'une manière indiscutable dès le milieu ou la fin du XIIe siècle.

Aux siècles suivants il se trouve déjà une classe de rentiers, d'*oiseux* (oisifs), qui, enrichis par le trafic paternel, ne pratiquent plus le commerce, vivant du profit des rentes qu'ils ont achetées sur des immeubles (héritages). Aussi sont-ils appelés les gens *héritables*. Ce ne sont pas deux classes, mais deux aspects d'une même classe.

Cette classe de gros marchands et de rentiers a rendu à la ville des services incontestables. Elle a lutté contre l'Eglise, les nobles, les princes avec une énergie indomptable. La puissance de l'argent explique en grande partie son succès.

Elle a constitué les bases de l'administration et de la justice municipales qui se poursuivront à travers les âges. Elle a exécuté des travaux considérables, notamment élevé les remparts nouveaux. Elle a une face charitable : elle a fondé hospices, hôpitaux, collèges. Elle a eu au plus haut degré l'orgueil de la petite patrie, la ville : on lui doit les beaux hôtels de ville, dans le Nord notamment. Elle n'a pas été mesquine et il y a de la grandeur dans son histoire.

Mais cette classe se ferme de plus en plus. Elle tourne à la ploutocratie. Les mêmes familles ou *lignages* ou *parages* se perpétuent dans les fonctions publiques, ce qui entraîne les abus les plus criants. A la dilapidation, à la gabegie s'ajoutent les dénis de justice. Les artisans exploités, sans participation au pouvoir, ne peuvent obtenir satisfaction, l'administration de la justice étant aux mains de ceux-là mêmes qui les oppriment.

Dès le milieu du XIIIe siècle des révoltes éclatent, d'abord, naturellement, dans les régions les plus industrielles, comme la Flandre, l'Artois, mais aussi à Rouen, à Sens. A Paris la présence du roi paralyse l'agitation. Néanmoins les gens des six grands métiers — (drapiers, épiciers, changeurs, merciers, pelletiers, orfèvres) finiront par se faire place dans le gouvernement de la ville à côté des gens de la Hanse.

L'attitude de la royauté est ambiguë. Tantôt elle semble pencher du côté des petits, tantôt du côté des grands bourgeois. En Flandre elle prend ce dernier parti. Aussi les marchands flamands sont pour le roi dans sa lutte contre le comte : ils sont pour les fleurs de lys, ils sont *leliaerts*.

Les gens de métier, qui arrivent parfois au XIVe siècle à se faire place à côté des marchands dans la direction des affaires de la ville, sont, à leur tour, divisés entre eux. La lutte n'est pas alors entre patrons et ouvriers, mais entre métiers, et elle est âpre : dans la draperie, tisserands, teinturiers et foulons se détestent et se battent. Entre tailleurs et fripiers, boulangers et pâtissiers, lormiers et bourreliers, cordonniers et savetiers, les procès n'en finissent plus et s'éternisent à travers les siècles. L'ensemble des artisans de la ville ne souffre aucune concurrence des gens de la campagne et interdit l'industrie rurale.

L'esprit de liberté est étranger à toutes les classes de la société. Seul le *privilège* est estimé et recherché.

En dépit des fautes et des tares du régime municipal, en dépit de l'oppression corporative des associations de commerce et d'industrie, la renaissance de la vie économique et de la vie urbaine marque un tournant décisif dans l'histoire de la France et de l'Europe. Le développement d'une civilisation est lié intimement à la vie urbaine. Une civilisation purement rurale n'est capable d'aucun progrès ; elle est simplement végétative.

La révolution du XIIe siècle, en donnant naissance à une classe sociale nouvelle, la *bourgeoisie*, en ranimant, ou plutôt en suscitant l'esprit d'entreprise, autrement dit le capitalisme, a eu d'immenses conséquences dont l'effet n'est pas encore épuisé aujourd'hui.

3

LES GENS DE LA CAMPAGNE

La condition juridique du monde agricole s'est transformée : les paysans ont acquis la liberté.

Leur condition semblait tout d'abord s'être aggravée. Au IXe siècle les paysans sont encore en majorité des colons, c'est-à-dire des hommes attachés à la culture d'un sol qu'il ne leur est pas permis de délaisser, mais ils ne sont pas légalement des serfs, mais des libres. Au Xe siècle le terme « colon » disparaît. Les gens de la campagne sont appelés sans distinction « hommes de corps », « mainmortables », « questeurs », « vilains », etc., ou tout simplement « hommes ». Il semble que les colons et les serfs chasés (pourvus d'une tenure) se soient confondus. Mais peut-être n'est-ce qu'une apparence. Peut-être, au contraire, les colons se sont-ils élevés à la pleine liberté, car, dès le XIe siècle, on ne trouve que des libres à la campagne, en Normandie, en Flandre, en Poitou, en Auvergne, dans la vallée de la Garonne, en Languedoc et, hors du royaume, en Provence et Dauphiné. En ces régions il n'y a pas de serfs ou fort peu. Il est vrai qu'il en existe bon nombre dans la région parisienne, mais ils ne sont pas la majorité, car si les affranchissements collectifs, qui se multiplient dans la seconde moitié du XIIIe siècle, n'embrassent en chaque localité, sauf de rares exceptions, que la moindre partie du village, c'est que le reste, la majorité, était déjà libre. Ainsi, de 1258 à 1260, on affranchit 712 serfs et serves dans 41 villages de la châtellenie du Laonnais : il est évident que ces 712 chefs de famille, représentant au plus 3.000 têtes, ne sont qu'une petite part de la population paysanne de ces 41 villages. Et l'insuccès des mesures prises pour affranchir de force, à prix d'argent, les paysans du domaine royal en 1302, 1315, 1318, s'explique aisément : la masse était « franche ».

Les seules régions où les paysans serfs aient été nombreux, sans qu'on sache pourquoi, sont la Bourgogne et le Nivernais, la Champagne, le Berry, plus, hors du royaume, la Comté de Bourgogne et la Lorraine.

L'affranchissement est concédé à prix d'argent. L'acte maintient les charges d'ordre économique auxquelles sont soumis les paysans, si bien qu'on a pu estimer qu'ils achètent plutôt l'idée de liberté que la liberté. Mais la « franchise » leur vaut la suppression de la *poursuite*, donc le droit d'aller où leur plaît, la suppression du *formariage*, donc le droit d'épouser une femme d'un autre village, de la *mainmorte*, donc la liberté testamentaire ; enfin ils cessent d'être assujettis à la *taille*, c'est-à-dire à l'impôt seigneurial, du moins d'une manière arbitraire. Si la dépendance économique est à peine, ou même pas du tout atténuée par l'acte de franchise, la condition sociale du paysan est relevée à ses yeux et aux yeux de ses voisins francs. Cette condition honorable, il n'hésite pas à faire des sacrifices pour l'obtenir, car l'affranchissement est coûteux.

D'autre part, on a vu que la tenure paysanne s'est consolidée depuis l'ère précédente. Le paysan n'a pas la propriété, au sens romain, de sa tenure, pas plus, au surplus, que le vassal noble ne l'a de son fief. Mais une tenure qu'on peut transmettre à ses enfants, qu'on peut vendre ou échanger, sauf indemnité modérée au seigneur, ressemble à s'y méprendre à la « propriété » moderne grevée envers l'Etat de charges plus lourdes que la tenure du moyen âge envers le seigneur. On peut dire, sans craindre de se tromper, que dans la majeure partie de la France, la petite propriété existe dès le XIIIᵉ siècle, et tout aussi développée que de nos jours. Parmi ces paysans certains s'enrichissent au cours des XIIIᵉ et XIVᵉ siècles ; la minorité évidemment, mais cela même est à retenir.

Entre ces gens de village règne une étroite solidarité, imposée par l'exploitation agraire qui exige que les labours, les semailles, les récoltes s'effectuent de concert.

La vie religieuse contribue aussi à lier entre eux les gens de villages. C'est la fréquentation de la même église, c'est la nécessité de pourvoir à l'entretien des bâtiments et du desservant de cette église, le curé, qui a fait des tenanciers une communauté, qui a transformé le « domaine » seigneurial en paroisse.

A quelque point de vue qu'on se place, économique, juridique, religieux, la vie des paysans accuse un progrès indéniable à partir du XIIIᵉ siècle.

Il s'en faut pourtant que le paysan se relève dans l'opinion des classes supérieures, des clercs et des nobles. Chaque fois que la littérature du temps, latine ou française, daigne s'occuper de lui, c'est pour s'en moquer ou l'insulter. Le paysan est ladre, couard, ingrat, haineux, impie. On le décrit comme font certains romans modernes et l'acception péjorative qu'ont pris les termes *vilains, vilenie* suffit à marquer l'état d'esprit à son égard du monde des clercs, des gentilshommes, des bourgeois aussi.

Les « vilains » n'ayant rien écrit — et pour cause — nous ne savons pas directement ce qu'ils pensaient des autres classes sociales. Mais des anecdotes nous montrent qu'ils haïssaient la « gentillesse » (la noblesse) et, malgré la pratique de dévotions superstitieuses, qu'ils éprouvaient un véritable anticléricalisme à l'égard des gens d'Eglise. Quant aux gens de la ville il est impossible qu'ils ne les aient pas détestés puisqu'ils les détestent toujours.

LA VIE ÉCONOMIQUE

1
L'AGRICULTURE

La Technique agraire.

L'agriculture est naturellement la base et le soutien de la société.

La technique agricole n'est pas demeurée stagnante depuis l'époque romaine et l'époque franque, mais ses progrès nous sont mal connus. Ils sont réels cependant puisque le rendement des céréales est un peu supérieur à celui de l'Antiquité romaine. La charrue s'est perfectionnée elle avait, du reste, été inventée par les Gaulois, alors que le monde méditerranéen ne connaissait que l'araire.

La culture de la vigne s'est étendue partout : on la trouve en des régions où elle est inconcevable de nos jours : dans la Normandie, à Calais. Le défrichement des forêts et des landes a été considérable aux XIIᵉ et XIIIᵉ siècles. Le roi, les princes, les églises s'y appliquent avec un zèle inlassable. Dans le Nord, surtout, en Flandre, en Picardie, en Normandie, en Bretagne, etc., les superficies gagnées par l'agriculture sont énormes. Hors de France, mais près du royaume, l'épaisse Forêt Charbonnière, barrière infranchissable depuis l'Antiquité la plus reculée, tombe sous la hache. Les abbayes cisterciennes se distinguent dans cette œuvre. Il faudra s'arrêter, non seulement parce que la chasse, sport cher à l'aristocratie, serait menacée de disparaître, mais parce que la forêt est indispensable à la vie économique du temps. Elle engraisse les porcs, dont la chair est la nourriture de la population pauvre. Elle fournit le bois de construction pour les maisons des villes, bâties en majorité en bois, dans le Nord. Elle donne aussi le bois de chauffage.

La Flandre lutte contre l'invasion de la mer du Nord en élevant des digues en arrière du littoral. Les riverains de la Loire se défendent par des « levées » contre les inondations du fleuve.

Une invention fait son apparition, le *moulin à vent*, qu'on rencontre pour la

première fois en Normandie à la fin du XIIe siècle, et qui gagne ensuite les
Pays-Bas, puis l'Europe. Sans supplanter le *moulin à eau*, dont l'emploi, à partir
du Bas-Empire et de l'ère mérovingienne, marque un immense progrès, il lui
fait concurrence, ou plutôt devient son auxiliaire.

Le procédé d'exploitation du sol arable se continue tel qu'il était en France
peut-être de toute Antiquité. Ce sol arable est divisé en trois zones dites *quartiers* ou *soles* ; la première année un tiers porte une culture forte, blé ou seigle,
le deuxième tiers une culture moins épuisante, le troisième est laissé en jachère.
La deuxième année c'est le premier tiers qui se repose et le troisième qui est
ensemencé de blé, puis c'est le deuxième tiers et ainsi de suite. C'est ce qu'on
appelle l'*assolement triennal*. Chaque tenure de paysans a droit à sa part des
trois soles et, dans chacune d'elles, cette part a la forme d'un rectangle très
allongé, à la mesure du train de charrue attelé d'une paire de bœufs. Ce
système s'applique seulement dans les régions où les champs ne sont pas
clôturés et il exige une étroite solidarité entre les villages forcément obligés de
labourer, semer, herser, récolter en même temps. La récolte faite, les champs
redeviennent libres pour la vaine pâture et aussi pour la chasse. Dans les
régions où la nature du sol rend utile et possible une clôture des champs, l'indépendance du paysan dans l'exploitation est beaucoup plus grande.

Le Régime des terres.

Le régime d'exploitation de la terre a subi de profondes transformations
entre le IXe et le XIVe siècle. Le *manse*, cette unité d'exploitation incessible, insé-
cable, s'est émietté en tenures plus modestes dites *quartiers*, *courtils*. D'autres
formes de tenures sont nées ou se sont développées : *bordelages*, *bachelleries*,
allergements, *hostises*, etc. Sur ces tenures le seigneur continue à percevoir des
droits divers dont la loi ne lui permet pas d'augmenter le taux et d'exiger des
corvées et mains-d'œuvre, mais, en fait, le tenancier, s'il est de condition libre
ou s'il est affranchi, est sinon le propriétaire, du moins le possesseur héréditaire de sa tenure. Le serf l'est également s'il a une famille vivant avec lui. Dans
la réalité des choses la petite propriété paysanne est déjà née.

Le seigneur n'est vraiment maître que de la portion du village qui constitue
sa *réserve*, à savoir la totalité de la forêt ou de la prairie, mais la moindre partie
(un quart et même beaucoup moins) des terres labourables et des prés.

Comment exploiter cette réserve? L'esclavage a disparu depuis de longs
siècles. Les ouvriers agricoles sont encore rares et, malgré la modicité de leurs
salaires, d'un emploi dispendieux pour le seigneur de village qui, en règle
générale, est pauvre. Heureusement il a droit aux corvées et mains-d'œuvre
gratuites des tenanciers. Mais combien les devoirs de ces derniers se sont
adoucis depuis l'époque franque! L'obligation de travailler la réserve seigneuriale est tombée de deux ou trois jours par semaine à cinq ou six par an. C'est
encore trop. Les paysans commencent, au XIIIe siècle, à racheter à prix d'argent
ces corvées ou les exécutent avec négligence. Alors le seigneur n'a plus d'autre
ressource que d'exploiter sa réserve par l'amodiation : *métayage*, *accensement*,
fermage. Mais le fermage au sens moderne exige du fermier un capital que le

paysan ne possède pas, et ce mode d'exploitation n'apparaît que sporadiquement et rarement aux XIIIe-XIVe siècles dans les régions où l'agriculture est la plus avancée : Normandie, Flandre. Partout ailleurs il ne sera vraiment usité qu'au XVIe et même au XVIIe siècle. Le métayage, bien qu'on n'en connaisse pas alors d'exemples nombreux, existe certainement. Une variété de métayage importante est le *complant* qui s'utilise pour la construction de vignes. Mais le mode d'exploitation le plus fréquent jusqu'au XVIe siècle sera le *bail à cens* : c'est un bail de durée perpétuelle, tant que le cens en numéraire est versé par le censitaire au seigneur-censier. Ce cens est toujours peu élevé. Le seigneur se trouve donc perdre la disposition de sa réserve pour un revenu des plus modiques.

Il reste au seigneur les *banalités* : les villageois sont tenus de faire moudre leur grain au *moulin* seigneurial, de faire cuire le pain à son *four*, de fouler le raisin à son *pressoir*, de faire leur bière à sa *brasserie*. Ce monopole commence à peine être racheté aux XIIIe et XIVe siècles. Tout au plus peut-on noter que, dans les pays à vigne le vigneron est parfois autorisé à avoir un pressoir particulier.

2

LE COMMERCE ET L'INDUSTRIE

Depuis le IIIe siècle la ville en Occident avait vécu d'une vie diminuée économiquement et, jusqu'au milieu du XIe siècle, son étendue exiguë ne s'était pas accrue. Politiquement son rôle était nul. Juridiquement elle avait cessé d'exister dès l'époque mérovingienne : on ne saisit aucune trace d'une vie municipale et il est évident que le comte ou l'évêque l'administrait, et ce n'était pas une tâche écrasante.

Tant que l'Europe fut dévastée par les Scandinaves qui rendaient impossibles les communications de pays à pays, de ville à ville, le commerce demeura dans une situation forcée. Il ne faut pas croire que la cession de la « Normandie » à Rollon ait mis fin aux pilleries des Danois. Pendant tout le Xe siècle les Normands se livrent à des incursions sur les régions voisines. A deux reprises (959 et 1013) leurs ducs appellent des bandes nouvelles du Danemark. Les Normands de la Loire font la conquête de la Bretagne en 919 et s'y maintiennent jusqu'à 936. Les pirates écument l'Atlantique jusque vers le milieu du siècle suivant. Les Maures rendent impossible la navigation dans la Méditerranée. Et puis il y a les raids des cavaliers hongrois qui dévastent Champagne et Bourgogne. Et puis il y a la constitution du régime féodal au milieu de convulsions de tout genre.

Vraiment, ce n'est pas avant le milieu du XIe siècle que la France jouit d'une tranquillité, au reste fort relative. Alors seulement un mouvement de reprise des affaires, parti d'Orient au IXe siècle, de Bagdad et de Constantinople, gagnant ensuite Venise, la Lombardie, la Toscane, peut atteindre la France.

La conquête de l'Angleterre par les Normands favorise les relations entre l'île et le continent. La mer du Nord, uniquement sillonnée par les pirates danois et norvégiens depuis le VIIIe siècle, voit naître un trafic entre les pays scandinaves, les Pays-Bas et l'Angleterre. La Baltique même s'ouvre au commerce occidental. Enfin la fondation d'un Etat chrétien en Palestine ranime le trafic de la Méditerranée.

Le commerce renaissant s'effectue surtout par la voie de mer. Il ne faut donc pas s'étonner que les premières villes florissantes soient des ports, ports de mer ou ports fluviaux en communication facile avec la mer.

Sur la Méditerranée le royaume n'a qu'un front de mer étroit, en Languedoc. L'antique Narbonne que l'Aude abandonnera et dont le *grau* s'ensable, est entré en décadence. Au XIIe siècle le port le plus actif semble être Saint-Gilles, sur une branche du Rhône alors accessible aux navires. Une ville nouvelle, Montpellier, se développe rapidement et entretient un commerce actif, surtout avec l'Espagne et l'Afrique du Nord. Mais elle n'a d'autre port que l'îlot minuscule de Maguelonne ou le *grau* de *Lattes*. Le roi de France n'a, du reste, qu'une autorité indirecte sur cette ville dont les seigneurs sont l'évêque de Maguelonne et le roi d'Aragon, héritier des sires de Montpellier depuis 1204. Louis IX se construit (1246) un port à lui, sur un terrain marécageux acheté à l'abbaye de Psalmody et y construit une puissante forteresse, reliée à la mer voisine par des chenaux.Mais Aigues-Mortes, destinée surtout à l'embarquement des croisés et pèlerins, n'eut jamais d'importance commerciale réelle.

Marseille est hors du royaume, mais elle devient capétienne avec Charles d'Anjou. Au XIIIe siècle elle sort du long sommeil où elle était plongée depuis l'époque carolingienne. Toutefois son activité ne saurait se comparer à celle des cités italiennes, Pise, Gênes surtout, dont l'hégémonie est écrasante dans la Méditerranée occidentale du XIe au XIVe siècle. Sous Charles d'Anjou Marseille est un port surtout militaire.

Le mouvement gagne les villes de l'intérieur. La reprise du commerce entraîne l'augmentation de la population. La ville fait craquer l'enceinte exiguë où elle se concentrait depuis la fin du IIIe siècle. L'ampleur de cette renaissance des affaires aux XIIe et au XIIIe siècles est attestée par des témoignages irrécusables : l'expansion des villes anciennes hors de l'enceinte antique, la naissance de villes nouvelles.

La population s'est tellement accrue que l'on refait les enceintes pour y englober les faubourgs : Troyes vers 1150, Poitiers entre 1135 et 1152, Tours peu après 1165, Le Mans en 1217, Tournai en 1054-90, puis à partir de 1204, etc. Il se fonde des villes de commerce nouvelles : Montpellier, La Rochelle, Provins, Gand, Bruges, Ypres, Calais, sans parler d'une multitude de *villeneuves* et des *bastides* de caractère surtout rural, et ces villes s'entourent de remparts.

A dire vrai, toutes les localités sont nouvelles, car la partie vivante des villes d'origine romaine est l'agglomération récente, alors que la cité demeure stagnante et le demeurera à travers les siècles. Le vrai Tours c'est la ville née autour de la basilique de Saint-Martin, le vrai Limoges c'est le « château » de Saint-Martial, le vrai Arras c'est le bourg Saint-Vaast et le vrai Paris c'est la ville entièrement nouvelle bâtie sur les marais de la rive droite depuis la fin du XIe siècle. Habitant une localité nouvelle, bourg ou forbourg (faubourg), la population en prend le nom ; *bourgeois*, alors que ceux de la vieille *cité* à demi morte sont dits les *citains*. Il n'est pas douteux que les gens de cette époque ont eu le sentiment qu'un avenir de prospérité s'ouvrait devant eux. Parfois ils ont vu trop grand. Pierre de Courtenay en donnant aux enceintes nouvelles de ses villes d'Auxerre (vers 1166) et de Nevers (vers 1190) une étendue sept à huit fois plus considérable s'exagérait leur avenir. Provins même n'a jamais rempli son enceinte de cent hectares. Et partout c'est la même chose : Cologne ne remplira qu'au XIXe siècle son enceinte du XIIIe et Louvain ne la remplit pas encore aujourd'hui.

Pour la France l'exemple le plus éclatant est la croissance de sa capitale. Sous le Bas-Empire et à l'époque franque Paris c'est la *Cité*, la petite île de neuf hectares de superficie et rien de plus. Mais au XIe siècle son commerce fluvial sa développe tellement, grâce à la corporation ou *hanse* des « marchands de l'eau », qu'on commence à construire sur les terrains marécageux de la rive droite des maisons le long de la rivière, de Saint-Gervais à Saint-Germain l'Auxerrois. Des rues remplacent les chaussées conduisant à Saint-Denis et à Saint-Martin-des-Champs, coupées bientôt de voies parallèles à la Seine. Sur la rive gauche les clos de vigne et les champs de blé de la montagne Sainte-Geneviève font place à des maisons pour loger la population subitement accrue des écoliers ou étudiants. Philippe Auguste enveloppe le tout d'une enceinte, celle de la rive droite, construite de 1190 à 1210, celle de la rive gauche de 1211 à 1220. La présence du Palais du roi devenu le Palais de Justice empêche longtemps la *Cité* de dépérir. Néanmoins le vrai Paris est une ville double entièrement nouvelle. Le Paris de Philippe Auguste couvre 252 hectares. L'*Estat des feux* de 1328 lui attribue 61.000 feux (avec le faubourg Saint-Marceau), c'est-à-dire une population voisine de 200.000 habitants. Paris est devenu en un siècle ou un siècle et demi la ville la plus peuplée de l'Europe occidentale.

Ce n'est pas qu'elle soit un centre de grosse industrie : pour la draperie elle le cède aux villes de Flandre, mais le nombre et la variété de ses métiers sont incroyables : une centaine de métiers subdivisés en 450 spécialités, à la date de 1300. Les *halles*, qui n'abritent pas encore de denrées comestibles, sont un énorme entrepôt de marchandises.

Le séjour d'une royauté de plus en plus forte et d'une cour brillante et fastueuse expliquent aussi cette étonnante réussite.

En même temps que le commerce et l'industrie, de nouvelles formes de contrats se créent ou se développent dans les villes. En constituant une *rente* perpétuelle sur son immeuble un commerçant se procure aisément les fonds dont il a besoin pour ses affaires. Un bourgeois enrichi, au lieu de thésauriser stérilement, achète une rente perpétuelle sur un immeuble.

La comptabilité financière est déjà perfectionnée. Ce qui subsiste des archives financières de la royauté montre que sous Philippe Auguste on sait déjà opérer des virements compliqués. Les mandats de paiement sont des sortes de chèques. Grâce à la multiplicité de leurs établissements en Europe et en Asie et à la sécurité qu'y trouvent les dépôts d'argent, les Templiers deviennent les banquiers des souverains et des grands.

Les Italiens (Vénitiens, Génois, Lombards, Toscans) sont à la tête du commerce européen. Ce sont eux qui trouvent ou pratiquent le mieux les nouveaux instruments de crédit et manifestent le génie des affaires. Aussi voit-on, dès le milieu du XIIIe siècle, les marchands et financiers italiens pulluler en

France, en Angleterre, aux Pays-Bas, y introduisant des méthodes nouvelles. Malheureusement l'ingéniosité de leur esprit s'exerce aussi sur les matières fiscales. Beaucoup se fixent en France, notamment à Paris où ils obtiennent des lettres de naturalité. Leur séjour est encore rappelé par la rue des Lombards (cf. Lombard street à Londres).

La ville véritable est un marché permanent, mais le rayonnement de ce marché est limité. Le commerce est aux mains de marchands groupés en associations ou *guildes*, fédérées en *hanses*. Au lieu de se transporter de ville en ville les marchands imaginent de se rencontrer une ou plusieurs fois par an en un lieu détermine où se tiendra une *foire*, dont la date coïncidera avec une fête religieuse.

Aux XIIe et XIIIe siècles les foires les plus célèbres de l'Europe sont celles de Champagne et de Brie. Elles se succèdent pendant toute l'année à Lagny, Bar-sur-Aube, Provins (deux fois), Troyes. Les plus importantes sont les deux foires de Provins (juin et septembre) et la foire « chaude » (septembre) de Troyes. Bien qu'il s'y rende des marchands d'Allemagne et d'Espagne, les commerçants les plus actifs viennent d'Italie et des Pays-Bas. C'est que la Champagne est le lieu de passage le plus commode à cette époque entre l'Italie et les pays du Nord (Pays-Bas, Angleterre). A la fin du XIIIe siècle les foires de Champagne entrent en décadence, sans qu'on en puisse expliquer vraiment la raison. Cette décadence est précipitée aux premières années du XIVe siècle, quand des navires de commerce italiens se hasardent sur l'océan Atlantique, substituant à la voie de terre la voie de mer, pour les relations entre l'Italie et le Nord. Dans le midi du royaume, Beaucaire joue longtemps un rôle analogue à celui de Provins ou de Troyes.

La prospérité des foires est sans rapport aucun avec le développement des villes. Il est remarquable que les grandes villes ne sont pas sièges de foires importantes et que les petites, sièges de foires, ne deviennent pas de grandes villes. La foire est quelque chose d'extra-urbain, presque d'anti-urbain.

On ne saurait exagérer son importance sur le développement d'un instrument de paiement — et par suite de crédit — nouveau, la lettre de change, ou plutôt son ancêtre (car la clause *à son ordre* n'existe pas encore), le billet à ordre, la promesse par écrit de payer une somme ailleurs qu'au lieu où la promesse a été consignée. Au XIIIe siècle les obligations de paiement contractées n'importe où, en France et ailleurs, en viennent à effectuer aux dates des foires de Champagne et de Brie, ce qui ne veut pas dire, comme on l'a cru, qu'on se transporte aux lieux de ces foires pour les opérer.

La renaissance du commerce entraîne le développement de l'industrie urbaine réduite à peu de chose au Xe siècle. Elle fait une concurrence victorieuse à l'industrie rurale des grands domaines. L'industrie fondamentale du moyen âge, c'est la *draperie*. Dans le royaume de France elle prospère en Flandre dès le XIe siècle, continuant des traditions locales remontant jusqu'à l'époque gauloise. Le tissage, le foulage, la teinturerie des laines occupent une nombreuse population. Le tissage du lin et du chanvre, le tissage de la soie (importée d'Asie Mineure), la préparation des cuirs, l'armurerie l'orfèvrerie et l'émaillerie viennent ensuite. Les associations, conformément aux idées ou aux nécessités des temps, obtiennent des privilèges du pouvoir, ainsi le monopole de tel trafic avec telle ou telle région. Mais l'industrie, même en Flandre, reste subordonnée au commerce. Elle ne travaille que sur les commandes que lui passent les négociants exportateurs.

Et le monde des industries n'occupe vis-à-vis des gens de commerce qu'une situation subordonnée. Le travail s'exécute dans de petits ateliers où le patron se distingue peu des artisans, en très petit nombre, qu'il emploie et avec qui il travaille. Le « compagnon » ou *valet*, peut encore devenir maître sans grande difficulté et l'apprenti devenir compagnon. Patrons et valets, d'après la nature de leurs professions, se groupent en *métiers* dont le nombre est plus ou moins grand selon l'importance de la ville. L'exercice de la profession est soumis à des statuts et règlements sévères et minutieux. Par crainte de la fraude, le travail doit s'exercer en boutique ouverte, sous les yeux du public. Naturellement les gens de métier tentent d'entraver l'entrée dans la profession et d'obtenir des monopoles.

Une autre forme de l'association, la *Confrérie*, a un caractère religieux. Sous l'invocation d'un saint, protecteur du métier, c'est une société de secours mutuel, parfois aussi une société secrète.

L'ENSEIGNEMENT : LES UNIVERSITÉS

1

L'ENSEIGNEMENT. MATIÈRE ET MÉTHODE

L'importance de l'enseignement est capitale à une époque où il est le principal, presque le seul procédé de transmission du savoir. C'est que le livre est rare et on le tient enchaîné. Pour s'instruire il faut venir consulter un captif. Les connaissances se transmettent dans la pratique par l'enseignement oral. On suit des cours et on en suit du matin au soir. La forme de l'enseignement est toujours la même. Le maître lit les œuvres antiques où l'on estime que tout le savoir humain est inclus. Il les commente mot par mot, sans jamais en dégager des idées générales. Asservi au texte, lui aussi est un prisonnier.

C'est toujours l'Eglise qui assume la tâche de transmettre le savoir dans ses écoles épiscopales et monastiques. Il s'agit, en effet, avant tout de former des clercs, bien que la fréquentation de ces écoles soit ouverte aussi aux enfants de la noblesse et aussi aux fils de roi.

Le retour à un calme relatif augmente le nombre des centres d'étude. Parmi les écoles épiscopales Reims, Chartres, Angers, Paris, Laon, Orléans, parmi les monastiques Saint-Benoît-sur-Loire, Saint-Martin de Tours, Bourgueil, Marmoutier, Saint-Denis, Saint-Germain-des-Prés, Saint-Ouen de Rouen, Jumièges, Saint-Wandrille, Le Bec, Fécamp, Saint-Riquier, Saint-Bénigne de Dijon, Cluny, etc., jouissent d'une grande renommée. Au sud de la Loire le nombre des écoles est faible. Peu touchés par la renaissance carolingienne l'Aquitaine, le Toulousain, la vallée du Rhône demeurent arriérés.

Le caractère de l'enseignement reste le même. La distinction entre enseignement secondaire et supérieur, qui nous est familière, n'existe pas, pas plus que dans l'Antiquité. L'école, au fond, n'enseigne qu'une chose : l'interprétation des textes où est consigné le savoir des ancêtres. Ce savoir, depuis le Ve siècle, a été réparti en deux catégories, *Trivium, Quadrivium*. Dans la première sont rangées la Grammaire, la Rhétorique, la Dialectique ; dans la deuxième l'Arith-

313

métique, la Géométrie, la Musique, l'Astronomie. On remarquera l'absence du droit, de la médecine, de la théologie dans le programme régulier des études. C'est que le droit se confond avec la « coutume » qui s'enseigne par la pratique. Il en va de même de la médecine qui n'est guère qu'une collection de recettes. Cependant en un petit nombre de centres monastiques on lit les traductions latines des traités d'Hippocrate et de Galien.

Quant à la théologie, en dehors et au-dessus des Sept Arts, elle n'est qu'une préparation aux fonctions sacerdotales consistant dans la lecture de la Bible, des Pères de langue latine, de quelques décrétales et canons, comme à l'époque carolingienne.

Chacun des sept arts représente moins une science qu'un cycle de connaissances. La *Grammaire* ne consiste pas seulement à apprendre le latin, et le seul latin, car aucun enseignement du français n'a existé avant le XVIIIe siècle, — mais aussi la prosodie et la métrique, en vue de fabriquer des vers latins. La *Rhétorique* comprend la lecture des prosateurs, l'art de composer des dissertations, de prononcer des déclamations. Un semblant d'histoire s'y rattache par le fil ténu d'« exemples » à développer.

Sous le nom de *Dialectique* on entend l'ensemble des œuvres philosophiques héritées de l'Antiquité et c'est assez peu de chose. Comme la connaissance du grec en Occident s'est perdue au cours du Ve siècle, on ne connaît de la philosophie grecque que quelques écrits traduits en latin et des abrégés.

Le *Quadrivium* correspond en apparence à un enseignement élémentaire des sciences. En réalité cet enseignement n'a rien de scientifique. L'*Arithmétique* repose sur la traduction latine par Boëce (VIe siècle) du traité grec de Nicomaque, mais avec suppression des preuves. De même la *Géométrie* d'Euclide est réduite aux propositions sans les démonstrations. La *Musique*, n'a aucun rapport avec ce que nous appelons ainsi. C'est la théorie des intervalles et des modes ; c'est une branche des mathématiques, non la technique d'un art. L'*Astronomie* se sépare mal de l'Astrologie. Elle est cultivée en raison de son utilité pour la fixation des fêtes mobiles de l'année ecclésiastique, le *comput*.

Il s'en faut que l'ensemble des sept arts soit enseigné partout. Rares sont les maîtres qui, à l'exemple de Gerbert (qui devint le pape Sylvestre II, mort en 1003), les possèdent tous à fond. Mais rien ne décourage le zèle des écoliers : ils se transportent d'école en école pour compléter leurs connaissances. La renommée de chacune d'elles tient à la présence du maître qui, à lui seul, doit tout enseigner. Et c'est ce qui explique que la fortune de ces écoles soit sujette à de brusques éclipses; quand un professeur réputé quitte l'une d'elles, elle peut voir disparaître tout d'un coup sa renommée.

An XIIe siècle un grand changement s'opère. Les écoles monastiques se ferment aux écoliers du dehors. L'éclat même des écoles épiscopales pâlit devant celui de l'école cathédrale de Paris, longtemps sans gloire. Il n'est pas douteux que l'attrait exercé par Paris, qui devient une grande ville et la capitale du royaume, ne soit pour beaucoup dans cette fortune. Mais aussi ce qui attire les étudiants de tous les pays, c'est le soudain développement que prend l'enseignement de la dialectique.

A la fin du XIe siècle on assiste à une vraie fermentation philosophique. Le problème qui passionne les esprits réfléchis de l'époque est celui des *universaux*, des idées « générales ». Ces idées correspondent-elles à une réalité, comme le soutiennent les *réalistes*, ne sont-elles que des mots, des noms, comme le pensent les *nominalistes*, ou encore ne sont-elles qu'un rapport établi entre les choses par une conception de l'esprit humain, explication des *conceptualistes*? Tel est le problème fondamental de l'intellect. Sa solution n'est pas sans conséquence pour le dogme chrétien. Aussi les têtes les plus fortes de l'Eglise l'ont-ils scruté avec passion. Saint Anselme (1033-1109), écolâtre au Bec, puis archevêque de Canterbury, soutient le réalisme dans ses traités de philosophie religieuse, écrits sous forme de dialogues. Il en est de même de Guillaume de Champeaux, écolâtre de Paris (1060-1121), d'Anselme de Laon (10501117) et de quantité d'autres. Au contraire, le nominalisme trouve un disciple convaincu en la personne de Roscelin (mort peu après 1121). Quant au conceptualisme il a son plus illustre représentant en la personne d'Abélard (1079-1142).

Abélard rénove, on pourrait même dire fonde, l'enseignement de la théologie. Jusqu'à lui on mettait des textes bout à bout et, quand ils n'étaient pas d'accord, on laissait à la perspicacité du lecteur le soin de décider. Abélard veut arriver par l'utilisation de la philosophie à une solution qui s'impose. Dans son traité *Oui et non* (*Sic et non*) il met en présence nettement les opinions divergentes des Pères de l'Eglise dans leurs commentaires des Saintes Ecritures et entreprend de démontrer rationnellement que ces antinomies ne sont qu'apparentes. Il entend préciser et consolider le dogme chrétien en ayant recours à des procédés de raisonnement inspirés de la philosophie profane de l'Antiquité. La Foi et la Raison ne s'opposent pas, ne peuvent pas s'opposer. A l'exemple de plus d'un précurseur, il croit même que par la seule raison on peut pénétrer les saints mystères et arriver à la Foi, une foi d'ailleurs d'un mérite inférieur. En outre, dialecticien d'origine et de tempérament, Abélard applique dans son enseignement l'exercice dialectique, la *dispute*, à l'examen des problèmes théologiques, nouveauté qui fit scandale.

En même temps (vers 1125) il juxtapose aux compilations, aux livres de *Sentences* des traités raisonnés sur les mystères, les sacrements de l'Eglise, de manière à donner sous le nom de *Somme* (*summae*) les premiers traités de théologie. Sa méthode est immédiatement appliquée (avant 1152) en France et en Italie, ainsi par le théologien mystique Hugues de Saint-Victor (de Paris), par Pierre Lombard dans son manuel de théologie, par Gratien, dans son traité de droit canonique, intitulé *Decretum*.

Ces préoccupations théologiques et philosophiques, et ces méthodes nouvelles exercent un tel attrait sur l'esprit de la jeunesse que la renaissance littéraire du XIe siècle en pâtit. Elle se fane rapidement. Dans la seconde moitié du XIIe siècle elle achève d'expirer. L'attrait des spéculations philosophiques est d'autant plus irrésistible que la connaissance des livres philosophiques de l'Antiquité s'enrichit brusquement. Ce que l'on savait d'Aristote et de Platon était peu de chose, la grande majorité de leurs écrits étant perdue en Occident depuis le VIe siècle. Mais ils étaient connus des philosophes musulmans et juifs qui, aux VIIIe et IXe siècles les avaient traduits du grec en arabe. Et voici qu'un grand prélat, Raymond, archevêque d'une ville encore à moitié arabe de langue, Tolède, s'avise, à partir de 1150, de faire traduire en latin les écrits d'Aristote. Enfin la prise de Constantinople par les Latins (1204) incite quelques religieux à apprendre le grec et à traduire directement du grec en latin l'œuvre d'Aristote qui finit par être connue dans son ensemble vers le début du XIIIe siècle.

La philosophie aristotélicienne connaît alors une vogue extraordinaire. L'autorité ecclésiastique s'en inquiète. L'évêque de Paris est hostile à son enseignement et le légat pontifical va même jusqu'a l'interdire (1215).

Quant aux grands mystiques du XIIe et du XIIIe siècle ils ont en horreur cette sagesse antique dont ils sentent bien qu'elle n'a rien de commun, au fond, avec l'esprit du christianisme. Vaines proscriptions! Alors la Papauté se résigne. La raison, selon les Pères, est un don de Dieu. Ne peut-on s'en servir pour affirmer le dogme en l'explicitant? La raison n'est-elle pas, d'ailleurs, une arme indispensable contre les infidèles et les hérétiques? Réconcilier la raison et la foi ou plutôt car leur opposition ne peut être qu'une illusion — utiliser la philosophie, produit de la sagesse profane, en vue de la foi, montrer qu'elle tend au même but, tel est le programme que la Papauté assigne, à partir de 1231 environ, au grand corps ecclésiastique qui vient de naître, l'Université de Paris.

2
L'UNIVERSITÉ DE PARIS

L'Université de Paris est à proprement parler une corporation, un syndicat d'enseignement comprenant les maîtres et les « écoliers » (on embrasse sous ce terme écoliers et étudiants) de cette ville, doté de privilèges par le roi, par l'évêque et surtout par le Souverain Pontife. Elle n'est pleinement organisée qu'au cours du règne de saint Louis, mais ses assises se sont constituées au cours du règne de Louis VII.

Le succès des maîtres de l'école épiscopale de Paris et celui d'Abélard avaient attiré une foule d'auditeurs venus de France et de l'étranger. La Cité n'était plus suffisante pour contenir cette foule d' « écoliers » qui logeaient chez les ecclésiastiques de l'île et aussi sur le Petit-Pont. A la fin du XIIᵉ siècle ce monde déborde sur la rive gauche de la Seine dont les clos de vigne, les champs de blé et les prés cèdent la place à des maisons. Cet exode offre, en outre, l'avantage d'échapper à la tutelle du « chancelier » de la cathédrale, qui a la haute main sur les « écoles », car la « montagne » de la rive gauche appartient à l'abbaye Sainte-Geneviève. Jusqu'alors le jeune public studieux était un assemblage de séminaristes. Sur la « Montagne » qui devient un vrai « quartier latin », naît un type nouveau, l'étudiant, un clerc naturellement, mais singulièrement émancipé. La masse se compose de très jeunes gens, d'enfants mêmes, car on peut commencer au sortir des petites écoles, à treize ou quatorze ans, les études universitaires. Ils étudient tout d'abord pendant plusieurs années ce qu'on appelle les *Arts*, c'est-à-dire le trivium, le quadrivium, et surtout dans les *Arts* la dialectique qui les passionne.

Leur nombre a obligé depuis longtemps le chancelier à confier l'enseignement à des auxiliaires auxquels, après examen de leur savoir, il confère la licence, c'est-à-dire la permission d'enseigner (*licentia docendi*). Ces professeurs, dont le nombre se multiplie, sont jeunes. Beaucoup sont en même temps des étudiants, car, tout en enseignant les *arts*, ils se préparent à devenir des théologiens, des canonistes, enfin, mais, rarement, des médecins.

Les *Artiens*, écoliers et maîtres, sont de beaucoup les plus nombreux et leur jeunesse explique leur turbulence. Elle leur vaut l'animadversion du prévôt royal et des bourgeois de Paris, si bien que, en l'année 1200, Philippe Auguste décida que les écoliers ne seraient justiciables que des autorités ecclésiastiques.

Maîtres et étudiants sont en effet des clercs ou des aspirants à la « clergie », qui désirent embrasser une carrière ecclésiastique. Leurs adversaires sont non seulement le prévôt, mais la vieille autorité surannée, le chancelier. Pour leur résister et conquérir leur place au soleil l'association est une force indispensable. Soyons sûrs qu'ils se sont associés de bonne heure, qu'ils ont formé une conjuration, une *universitas*, tout comme les gens des villes formaient des « communes » contre l'oppression féodale. De bonne heure les écoliers s'étaient groupés en *nations*, selon leur origine (France, Normandie, Picardie, Angleterre), et chacune était représentée par un *procureur*. On ne sait au juste à quelle date (1200 peut-être) les quatre nations en se fédérant constituèrent une *faculté* ayant à sa tête un *recteur*. En tout cas, à la date de 1221, l'*université*, c'est-à-dire le syndicat des maîtres et des écoliers, est constitué corporativement et légalement, puisqu'il a un sceau. De même que les gens de commune recherchent l'appui du roi contre leur seigneur, les clercs de l'université recherchent l'appui de la Papauté contre les autres pouvoirs. Ils l'obtiennent par la bulle *Parens scientiarum* du pape Grégoire IX en 1231. Elle reconnaît leur corporation, les autorise à voter des statuts et à y astreindre ses membres. Elle leur reconnaît aussi, au cas où ses privilèges seraient menacés, le droit de cesser l'enseignement, autrement dit le droit de grève. Elle limite, au point de les rendre à peu près honorifiques, les prérogatives du chancelier.

A partir de ce moment l'« Université de Paris » est considérée comme une des maîtresses pièces de l'Eglise catholique. Elle est, par ce côté, extérieure à l'histoire de France. Elle a, en effet, un caractère international qu'elle ne perdra qu'au cours de la guerre de Cent Ans. Si la grande majorité des étudiants est régnicole, les maîtres les plus illustres sont des étrangers : Alexandre de Hales, Anglais; Albert le Grand, Allemand; Thomas d'Aquin et Bonaventure, Italiens, pour ne rappeler que quelques noms. Nul ne prêtait à ce fait la moindre attention : les productions de ces grands esprits appartiennent à la pensée européenne. Il suffit à la gloire de Paris d'être le centre où ils se sont formés ou affirmés.

La force de la corporation enseignante de Paris résidait dans la jeunesse de la Faculté des Arts, qui menait les autres, et aussi dans sa pauvreté, qui était totale : elle n'avait aucune fortune, pas même un local qui lui fût propre. Les maîtres-ès-arts vivaient des rétributions des écoliers et ceux-ci vivaient, soit des secours de leur famille, soit de la charité publique. Le sort des écoliers-ès-arts pauvres — la majorité naturellement — était lamentable. Des enfants — car ils entraient à la Faculté dès l'âge de treize à quatorze ans — logés dans des taudis, exposés aux dangers de la rue. Singulière préparation aux fonctions ecclésiastiques! Le sort de beaucoup de jeunes maîtres était aussi fort critique.

On se préoccupa, au cours du XIIIe siècle, d'une situation aussi anormale.

Des âmes pieuses achetèrent des maisons, des « hôtels », pour y loger les « pauvres écoliers » et affectèrent des rentes à leur entretien. L'Anglais Josse, de Londres fonde dès 1180 un « hôtel » pour dix-huit écoliers. Le chapelain de saint Louis, Robert de Sorbon, fonde en 1257 un hôtel pour seize pauvres maîtres-ès-arts aspirants au doctorat en théologie. Des cardinaux, des archevêques, font de même et leur nom reste attaché à leur fondation : Chollet, Lemoine, Montaigne, Plessis, etc. Jeanne de Navarre, femme de Philippe le Bel, bâtit la maison qui garda le nom de Navarre, etc. Au XIVe siècle le nombre de ces hôtels atteindra le chiffre de cinquante.

Les boursiers sont les bénéficiaires de la fondation. Ils forment *collège* et ce nom passe au local où ils habitent. Dans ce local il y a de la place. Les boursiers, dirigés par leur « principal », louent des chambres à des écoliers non-boursiers, parfois des laïques auxquels leur famille désire donner de l'instruction. Il reste aussi de la place pour une ou plusieurs salles de cours. Aussi, au même siècle, les maîtres, au lieu de louer un local rue du Fouarre, la plus fréquentée, reçoivent l'hospitalité dans un collège. Les conséquences lointaines seront graves : confinés au « collège », les Arts, c'est-à-dire les lettres, les sciences, la philosophie, prendront de plus en plus un caractère scolaire et aboutiront chez nous à l'enseignement secondaire et non à l'enseignement supérieur.

Les études de théologie se font plus spécialement en quelques collèges, celui de Sorbon (la Sorbonne), celui de Navarre, et aussi dans les couvents que les ordres nouveaux, Dominicains et Franciscains, fondent à Paris, malgré l'opposition syndicale de l'Université.

Quant à l'enseignement du droit il végète à Paris depuis que la Papauté y a interdit (1219) le droit romain pour réserver l'attention de l'étudiant au seul droit d'Eglise, le droit canon, le *décret* (du nom du manuel de Gratien). A la fin du siècle suivant, Orléans sera l'asile des deux droits.

Quant à la Médecine elle ne jette alors aucun éclat à Paris. Elle est comme l'apanage de l'école de Montpellier, constituée officiellement en université en 1285 seulement, mais, en fait, célèbre dès le début du siècle.

LA VIE INTELLECTUELLE

1

LA LITTÉRATURE ET LA PENSÉE
EN LATIN

La littérature en Latin.

Il ne peut venir alors à l'idée d'un homme cultivé, ayant le respect de sa plume, d'écrire autrement qu'en latin. Depuis la fin du VIIIe siècle l'orthographe et la prononciation du latin ont été l'objet d'une réforme profonde. Mais, si désormais on écrit en un latin correct, si on est en état de comprendre la lettre des écrits profanes de l'antiquité, il s'en faut qu'on en pénètre l'esprit. Bien rares encore sont les auteurs à l'époque carolingienne et au début de la période capétienne, qui ont le sens de l'antiquité latine, la seule qui leur soit accessible. Or c'est cette, sensation esthétique qui constitue, à vrai dire, une « renaissance », nullement la connaissance des œuvres en elle-même, laquelle n'avait jamais entièrement disparu.

A la fin du XIe et pendant la première moitié du XIIe siècle, il existe, surtout au nord-ouest de la France, une société de clercs instruits qui sentent, en artistes l'Antiquité et s'efforcent d'imiter les grands modèles. Ces clercs, qui deviendront évêques, Hildebert de Lavardin, Marbeuf, Baudry de Bourgueil et bien d'autres, sont des humanistes consommés et certaines de leurs compositions poétiques ont une tournure antique qui peut tromper sur leur âge.

Mais, il faut bien l'avouer, les sujets de ces pastiches sont d'une extrême futilité et l'on comprend que la jeunesse des écoles se soit détournée de ces exercices. L'Anglo-Normand Jean de Salisbury (mort en 1180) et un autre Anglo-Normand, Pierre de Blois, son disciple (mort vers 1200), sont les derniers des humanistes.

Bien plus vivante, assurée d'une plus longue durée est la poésie latine en vers rythmiques et rimés, née de l'usage d'interpoler les textes sacrés de *tropes* ou de *séquences*. Adam de Saint-Victor, dans la seconde moitié du XIIe siècle, a laissé en ce genre une œuvre réputée.

C'est à la poésie syllabique et rimée, que se rattachent les chants satiriques et licencieux des « Goliards », écoliers menant la vie de bohème au quartier latin. Même quand ils sont devenus de graves dignitaires d'Eglise, ils continuent parfois à se livrer à ce jeu. C'est un jeu scolaire, ainsi que la prétendue comédie latine (sous forme de distique élégiaque), composition dialoguée fort licencieuse où se délassent même de graves prélats.

Le genre épistolaire se continue avec succès. Il est cultivé dans les écoles épiscopales et à l'Université. C'est que la connaissance des formules est un gagne-pain pour les clercs employés comme notaires (rédacteurs) dans les chancelleries ecclésiastiques ou comme secrétaires de princes laïques.

Les sermonnaires du XIIe et du XIIIe siècles ne sont pas sans mérite. Ils sont trop nombreux pour qu'il puisse être question de les passer en revue.

Les chroniques et annales en prose sont en dehors de la littérature à cette époque. Il est donc inutile d'en parler ici.

Pas davantage on n'a à signaler les innombrables traités théologiques et philosophiques de l'époque. Ils relèvent de l'histoire de la religion chrétienne et de celle de la philosophie, nullement de la littérature.

La pensée.

Séduits par la métaphysique aristotélicienne, les esprits se posent le problème de l'*Etre* et se persuadent qu'on peut le résoudre par la distinction de la « matière » et de la « forme ». Ils mettent les connaissances et les problèmes en *propositions* ou *thèses* et les discutent à coup de syllogismes, s'imaginant que la logique formelle en donnera l'explication, alors que la logique est un instrument de contrôle, nullement de recherche. Seuls quelques bons. esprits du XIIIe siècle, en Angleterre, l'évêque de Lincoln, Robert Grossetête et son admirateur, le moine franciscain Roger Bacon, ont eu l'intuition que la science a pour fondements l'observation et l'expérimentation, non le raisonnement abstrait et la dispute publique à coups de syllogismes. Mais l'Université de Paris n'en conviendra pas avant la fin du XVIIe siècle.

Peut-être est-on en droit de se demander si la méthode dite *scolastique*, perfectionnée, sinon inventée par Abélard, a servi la pensée chrétienne. La conciliation du dogme chrétien et de l'aristotélisme, effectuée par Albert le Grand et plus encore par saint Thomas d'Aquin, a été jugée valable par l'Eglise romaine, et le « thomisme » demeure la pierre angulaire de l'enseignement théologique des universités et séminaires catholiques. L'œuvre de saint Thomas cependant n'avait pas été bien accueillie par les contemporains. L'évêque de Paris, l'archevêque de Canterbury en avaient extrait des centaines de passages qu'ils avaient condamnés. Les mystiques du temps se détournaient avec réprobation de l'aristotélisme. Se rattachant à saint Augustin, ils croyaient que la révélation nous donne une *connaissance* du monde et même la seule véritable. Enfin, la traduction d'arabe en latin des écrits du pur aristotélicien d'Espagne Ibn Rochd (Averroès) avait excité un tel bouillonnement chez les étudiants de l'Université de Paris, dans le troisième tiers du XIIIe siècle, qu'on peut estimer que la foi chrétienne aurait été menacée chez ces jeunes esprits, si Thomas d'Aquin n'avait présenté une conciliation admissible, séduisante, pour cette période de l'histoire de la pensée.

Mais il ne faut se dissimuler que cette fermentation intellectuelle, intense à partir du XIIe siècle, est restée confinée dans le monde des clercs. Il n'apparaît pas que rien de cette agitation ait passé dans le monde des laïques.

Par contre, une chose a exercé une grande influence, à partir du règne de saint Louis, le procédé de l'*allégorie* qui s'introduit dans la littérature en langue française. Depuis saint Augustin l'idée s'était ancrée que derrière le sens littéral ou historique des Ecritures se cachait un sens plus profond, le sens *allégorique*, que seuls des esprits subtils pouvaient découvrir et transmettre à leurs disciples. Des livres saints la manie de chercher partout un sens secret s'étendit à tous les écrits, au grand détriment du sens littéral qu'elle amoindrit ou détruit. Il est à peine besoin de signaler tout ce que cette pseudo-science a eu de délétère pour l'esprit humain.

A l'allégorie se rattache la *personnification* qui a infecté la littérature française pendant trois siècles pour le moins.

<h1 style="text-align:center">2
LA LITTÉRATURE EN LANGUE VULGAIRE</h1>

Il était impossible qu'une littérature en langue vulgaire se constituât tant que les esprits n'avaient pas conscience qu'un abîme s'était creusé entre le latin écrit s'efforçant de se conformer aux règles d'une langue très vieille sortant de l'usage et le latin parlé chaque jour.

L'autorisation donnée aux prêtres par les conciles de 813 de prononcer le sermon en langue vulgaire est un aveu que les fidèles ne comprennent plus le latin à cette date et certainement longtemps auparavant. Il est possible qu'il existât déjà une littérature lyrique et épique en langue « romane», mais nul clerc n'aurait daigné alors la mettre en écrit. Cet honneur fut réservé uniquement à des poésies pieuses destinées à l'édification des fidèles. La cantilène de *Sainte Eulalie*, qui est une « séquence », de la fin du IXe siècle, au Xe siècle le *Saint Léger*, la *Passion*, le *Boèce, Sainte Foi* ; au milieu du XIe siècle, la *Vie de saint Alexis*, représentent quelques spécimens de cette production édifiante, où il serait inconsidéré de chercher une manifestation à proprement parler « littéraire ».

Les Chansons de geste et d'antiquité.

La littérature française commence avec les *Chansons de geste*. Les contemporains appelaient ainsi des poèmes qui avaient pour objet de retracer les exploits (*gestes*) de héros du passé. Ces poèmes étant chantés, ou plutôt psalmodiés, sont dits chansons. Ils ont la prétention d'être de l'histoire, l'histoire guerrière des temps précédents, de l'ère carolingienne.

Ces poèmes représentent-ils des remaniement de compositions nées aux VIIIe, IXe, Xe siècles, transmises et déformées de bouche en bouche jusqu'aux XIe-XIIe siècles — ou bien sont-ils le produit de ce génie nouveau qui bouillonne au XIIe siècle et renouvelle la société? On en dispute encore.

Quoi qu'il en soit, les plus anciennes de ces « chansons », *la Chanson de Roland*, la *Chanson de Guillaume, Gormond et Isembart,* qu'elles soient de la fin du XIe ou du début du XIIe siècle, témoignent d'un incontestable talent littéraire. Pas de poésie, au sens moderne pas de psychologie, mais une force dramatique impressionnante. On trouve même parfois un sens averti de la composition : la *Chanson de Roland* est bâtie comme une tragédie classique. L'esprit qui les anime est essentiellement celui de la guerre sainte, menée contre l'infidèle, identifié au Sarrasin. S'il s'agit de sauver la chrétienté, il s'agit aussi de sauver l'honneur de « douce France » à laquelle la divinité a confié la mission de défendre 1'Eglise. Dans le *Roland* cette France n'est pas tout à fait notre France. C'est tantôt plus, tantôt moins : tantôt c'est l'empire de Charlemagne, tantôt c'est la région, spécifiquement franque, qui va du Mont-Saint-Michel au Rhin et au Jura. Quant aux Français ils sont tantôt les sujets de l'empereur (exception faite, semble-t-il, des Lombards et des Saxons), tantôt ce sont des Français « de France », habitants de la région qui va de la Basse-Loire à la Meuse. Il n'est pas douteux que la popularité de la *Chanson de Roland*, qui fut grande et dans toutes les classes de la société, n'ait contribué à maintenir un sentiment d'unité spirituelle en France au cours des XIe et XIIe siècles, alors que le particularisme inhérent au système féodal menaçait le royaume d'une totale dissolution.

Au XIIe siècle d'autres poèmes, de formation plus artificielle, le *Couronnement de Louis*, le *Charroi de Nîmes, Raoul de Cambrai, Girart de Roussillon, Ogier le Danois* et bien d'autres, tels *Garin le Lorrain* ou *Renaud de Montauban*, vrais romans en vers, sont animés d'un autre esprit. Le héros est en état de révolte perpétuelle contre le souverain, ingrat et injuste à son égard. Mais il passe le but : sa « desmesure » le perdrait si, à la fin, touché de la grâce, il n'entrait au cloître. Si l'on veut vraiment comprendre l'esprit féodal, il faut lire ces beaux poèmes, tout frémissants des passions de ces temps.

Au XIIIe siècle la vogue des récits épiques se soutient, mais, après le règne de Philippe Auguste, il n'y a plus de composition nouvelle. On délaye interminablement les poèmes du siècle précédent déjà trop copieux à notre goût. Au XIVe siècle, on les met en prose et on les lit. Seul le peuple, pour qui ils n'avaient pas été faits, continue à prendre plaisir à l'audition qu'en donnent des ménestrels attardés.

Au milieu du XIIe siècle une tendance nouvelle se fait jour. Des clercs imitent en vers, pour un public restreint de seigneurs et de dames, curieux des choses du passé, des œuvres célèbres : entre 1155 et 1165 paraissent le *Roman de Thèbes*, fondé sur la *Thébaïde* de Stace, l'*Eneas*, imité de Virgile, le *Roman de Troie* d'après des écrits apocryphes attribués à Darès, troyen, et Dictys, grec ; ce dernier dédié à la reine Aliénor. Les noms et les faits sont tirés des auteurs antiques. L'inspiration est toute médiévale. Incapables de se représenter la société antique ces clercs transforment les héros grecs et latins en « chevaliers » tout imbus de sentiments et de manières de cour féodale. Identiques, les situations se présentent sous un tout autre éclairage.

A la même époque une autre influence va transformer la littérature française, celle des contes bretons. Les Bretons, ceux de notre Bretagne, et ceux de l'île, les Gallois et les Cornouaillais, étaient renommés pour les mélodies qu'ils exécutaient sur la harpe celtique (la *chrotta* ou *rote*). Chaque composition musicale, ou *lai*, était consacrée à célébrer un événement d'ordre merveilleux ou sentimental. Comme prélude le chanteur rappelait le sujet de l'événement. C'est seulement vers 1170 qu'une dame, une religieuse sans doute, Marie de France, résidant en Angleterre, eut l'idée de mettre en vers ces sortes de « livrets », parlés, puis de composer des *lais* de fantaisie sur ce modèle.

Vers le même temps, ou même antérieurement, un inconnu résidant dans la Cornouaille insulaire recueillait des traditions locales où il était question d'un roi mythique du pays, Marc, qui, ayant épousé Iseut, fille d'un roi danois d'Irlande, avait été trahi par son neveu Tristan. Entre ses mains l'histoire de la vie et de la mort des amants devint un des contes les plus émouvants qu'ait connu la littérature. Son récit fut remanié, également en Angleterre, à la fin du siècle, et en des sens différents, par Thomas et Béroul. Sur le continent la « matière de Bretagne » dut sa vogue et sa gloire au clerc champenois Chrétien de Troyes, écrivant pour d'illustres protecteurs et protectrices, le comte de Flandre, la comtesse de Champagne. De 1160 à 1190, ou environ, il compose ses poèmes : *Cligès*, *Erec*, *Lancelot* ou le *Chevalier à la charrette*, *Ivain* ou le *Chevalier au lion*, *Perceval* ou la *Queste du saint Graal*.

La scène, les personnages, les aventures, l'inspiration, tout s'oppose aux chansons de geste. La scène, la cour du roi Arthur, un roi de légende, d'opéra, n'est qu'un centre de ralliement où reviennent les héros, compagnons de la « Table ronde », après avoir accompli des exploits fabuleux, et dont ils repartent pour des exploits nouveaux. L'adversaire n'est plus l'infidèle ou le roi tyrannique ou un prince rival, mais un chevalier discourtois, persécuteur de dames, un géant, un nain, un enchanteur. Mais le bon chevalier a des secours : fées, ermites. L'action, très lâche à dessein, l'« aventure » pour mieux dire, se déroule dans un paysage de rêve : landes, forêts. On rencontre des fontaines merveilleuses dont l'eau, si on la trouble, provoque la tempête, des châteaux magiques, des jardins défendus par une muraille d'air infranchissable. Le chevalier errant trouve au *Château du graal* le roi « mehaigné» (blessé), la lance qui saigne, le saint graal (plat), et c'est la plus mystérieuse de ses rencontres.

La psychologie de ces héros est très différente de celle des preux des chansons de geste. Elle est toute sentimentale. La femme est au centre de ces romans en vers. Elle est l'inspiratrice. C'est pour mériter son amour que les chevaliers de la Table ronde accomplissent leurs prouesses insensées. Dames et chevaliers s'observent et analysent leurs sentiments : ils font de l'introspection psychologique.

Chrétien de Troyes a-t-il bien compris la vraie nature des contes celtiques — et autres — qu'il utilisait? C'est fort douteux. Il a adapté des thèmes sauvages, païens, à la société courtoise où il vivait. Néanmoins, en puisant à la source enchantée du monde celtique, il a introduit dans les lettres, sans trop le savoir, ni le vouloir, le sens du mystère et du rêve sans lequel il n'est point de vraie poésie.

Sa langue aussi a ravi ses contemporains. Sa réputation — une réputation de cénacle, — bien entendu, a été immense dans les cercles princiers. Pour la première fois il semble qu'on ait eu le sentiment qu'on pouvait être un grand écrivain autrement qu'en latin. A cet égard on peut dire que Chrétien de Troyes est le premier en date des hommes de lettres français.

Chrétien a eu des émules et des successeurs. Le *Conte de la Charrette*, laissé par lui inachevé, a été poursuivi par des inconnus. Mais tout s'efface devant une œuvre aujourd'hui encore mal appréciée, le roman en prose de *Lancelot du Lac*. Un inconnu, certainement un Champenois, a terminé vers l'année 1230 cette immense composition :

Le sujet, c'est l'histoire d'un jeune compagnon de la Table ronde que ses exploits, dus moins à sa force physique qu'à ses qualités morales, ont fait le premier chevalier du monde. A lui seul paraît réservé d'achever la plus mystérieuse et la plus haute des « aventures », la conquête du saint *graal*, vase sacré où « nostre sire Jésus Christ mangea l'agneau le jour de Pâques avec ses disciples en la maison de Simon le lépreux ». Malheureusement Lancelot s'est souillé d'un péché irréparable, son adultère avec la reine Guenièvre, femme du plus grand des rois, Arthur, qui règne sur la Grande-Bretagne. Esclave de la femme, Lancelot ne sera pas le héros de la conquête du graal. Mais Dieu lui fera la grâce d'accorder cette suprême faveur au fils, né de relations où la volonté n'a pas eu de part, avec la fille du roi Pêcheur, gardien du saint graal, Galaad. La *Quête* du saint graal par le héros pur et parfait, Galaad, fait suite aux exploits de *Lancelot*. Mais l'histoire ne saurait s'arrêter à la fin surnaturelle de Galaad qui a vu ce que nul homme ne peut voir, Dieu lui-même. Lancelot et Guenièvre doivent être punis de leurs longs égarements. Leur châtiment c'est d'être dans l'arrière-saison de leur existence la cause involontaire des discordes finales qui déchirent la cour d'Arthur et font périr les compagnons de la Table ronde dans une lutte fratricide où succomba leur maître à tous, l'incomparable Arthur. Après avoir vengé sur Mordret le héros qu'il a trahi de son vivant, tout en l'admirant et en l'aimant, Lancelot se fait ermite et meurt en odeur de sainteté. Avec lui et ses parents disparaît le monde chevaleresque. Alors s'évanouissent les âges dorés où les chevaliers errants, les compagnons de la Table ronde parcouraient le monde pour la défense des opprimés, à la recherche d'aventures merveilleuses au-dessus des forces de tous autres qu'eux-mêmes. Le *Lancelot*, dont la *Quête* ne saurait se détacher, suivi de l'épisode tragique de la *Mort d'Arthur*, ce crépuscule des héros, précédé, comme d'un portique, de l'*Estoire du graal*, où les destinées antiques du vase sacré sont retracées, se dresse comme un édifice grandiose, le plus grand de la littérature européenne avant la *Divina commedia* de Dante.

Le *Lancelot* a été mal compris. Par la suite les imitateurs ont laissé tomber les parties mystiques pour ne retenir que l'« aventure ». Même ainsi méconnu, il demeure le premier en date des *romans de chevalerie* et le modèle du genre.

La Lyrique populaire.

La poésie lyrique est le plus naturel et le plus répandu des genres littéraires. Point de peuple qui n'ait des chants d'amour, de haine, de deuil. Il n'est pas douteux que des poèmes de cette espèce aient existé à l'époque franque, mais les clercs, qui les réprouvaient dans leurs manifestations licencieuses ou satiriques, se sont bien gardés de nous en conserver quoi que ce fût avant le XIIIe siècle. Il est à noter que les *ballettes, estampies, rondeaux, virelais*, destinés à accompagner la danse, la *carole*, sont des airs de danse. Même les *chansons d'histoire*, d'allure épique, rentrent dans cette catégorie. Ces dernières piécettes munies de refrain, de forme exquise, relatent une aventure ou une situation d'amour. Nous n'en avons conservé qu'un très petit nombre : le genre fut repris par Audefroy au XIIIe siècle, mais il s'affadit et s'éteignit.

La Lyrique de cour.

A côté de cette lyrique populaire il se constitue, vers la fin du XIe siècle — du moins nous n'avons pas de plus anciens témoignages — une lyrique d'un caractère profondément différent qui s'adresse à un public essentiellement aristocratique et même qui a pour auteurs des gens de cette classe. La région où elle se manifeste en premier lieu se place au sud de la Loire.

L'Aquitaine, peu touchée par la Renaissance carolingienne, était demeurée fort barbare. Ignorant le latin, ou n'en possédant qu'une teinture superficielle, les nobles de cette région n'hésitèrent pas à user de la langue vulgaire pour traduire leurs sentiments. Le genre s'est constitué au cours du XIe siècle. Le plus ancien exemple conservé de cette lyrique, émané du comte de Poitiers, duc d'Aquitaine, Guillaume IX (mort en 1127), montre par la perfection de sa technique que le genre préexistait. Dès son apparition il n'a rien ou plus rien de populaire.

Les produits de cet art peuvent être divisés en genres. En tête vient la *canso* (*chanson*) — pas de rapport avec la chanson moderne —, inspirée par l'amour, mais l'amour courtois qui est un culte ou plutôt un « service», imité du service féodal, rendu à une femme considérée comme darne, c'est-à-dire comme suzeraine du poète amoureux. Le *sirventès* développe des thèmes d'ordre religieux, moral, surtout politique. Le *planh* est un chant funèbre, généralement à la mémoire du protecteur de l'auteur. La *tenson* est une discussion poétique sur une question controversée de casuistique amoureuse ou sur tout autre sujet, où deux opinions contraires s'affrontent de strophe en strophe. Le *jeu parti* (*joc partit*) en est une variété. L'amour est le thème principal de la lutte poétique. L'envoi qui termine la pièce a donné lieu à la méprise concernant l'existence réelle de *cours d'amour*.

D'autres genres, en apparence populaires, rentrent dans la poésie aristocratique. La *pastourelle* dépeint la rencontre de l'auteur avec une bergère et le succès ou l'insuccès de sa requête d'amour.

L'*aube* (*alba*) expose les plaintes et regrets. des amants que le cri du veilleur engage à se séparer au point du jour. Même les chansons de *malmariée* ne sont pas vraiment populaires.

Cette poésie est encore moins simple par la forme que par le fonds. L'entrelacement des rimes, l'agencement des strophes sont compliqués et se compliquent de plus en plus. Les exigences du public imposent au poète de ne pas composer deux pièces de structure identique, ni même de les chanter sur le même air, car le versificateur doit être en même temps musicien et trouver le son. Le nom même qu'on lui donne, *troubadour* (*trouveur* dans le Nord), veut dire inventeur de *trope*, c'est-à-dire d'air musical.

On s'obstine à appeler cette poésie provençale et ses auteurs provençaux. C'est à tort : la Provence, au reste étrangère au royaume, n'a eu que la moindre part dans cette production, et les plus renommés des troubadours ne lui appartiennent pas : ainsi Guillaume IX, Bernard de Ventadour, Bertrand de Born, Marcabrun, Jaufré Rudel, Pierre Vidal, Pierre d'Auvergne, Arnaud de Mareuil, Giraud de Borneilh, Arnaud Daniel, etc. La grande majorité est originaire du centre de l'Aquitaine. La langue, forcément un peu conventionnelle, d'une poésie qui n'a pas de centre politique et linguistique, est, au début, le dialecte limousin et nous verrons pourquoi au paragraphe consacré à la *Musique*. Cette poésie devrait donc être dite *aquitaine*.

Cette brillante poésie tarit subitement à la fin du XIIIe siècle. On a incriminé la croisade des Albigeois, mais cette raison ne suffit pas, le même phénomène d'arrêt s'étant produit dans le Nord. La vraie raison n'est-elle pas qu'un genre artificiel, s'adressant à un cercle restreint, ne peut être assuré d'une longue existence? Le fonds est vite devenu d'une monotonie écœurante et la forme s'est compliquée au point de transformer le poème en rébus. Le *trobar clus* au sens caché finit par excéder le public, même méridional, qui, subitement, s'en désintéressa. Dès le début du XIIe siècle les *troubadours*, visiblement, n'ont plus rien à dire.

Si la littérature dite provençale disparaît en même temps c'est qu'elle s'était confinée presque dans la poésie courtoise. La monoculture littéraire a été funeste au Centre et au Midi.

Il est possible que dans le Nord il y ait eu des tentatives analogues à celles des troubadours, mais les chansons d'Aquitaine, dites *sons poitevins*, furent connues de bonne heure grâce à la reine Aliénor d'Aquitaine et à sa fille Marie de Champagne, et imitées étroitement. Comme au delà de la Loire, cette poésie est destinée à des cercles aristocratiques et elle est parfois, comme en Aquitaine, l'œuvre de grands seigneurs (Conon de Béthune, Huon d'Oisi, Gace Brulé, le châtelain de Coucy, le roi Richard d'Angleterre, Thibaud IV, comte de Champagne et roi de Navarre), etc.

Cependant plus originaux sont les *lais* lyriques, les *chansons de croisade* ou chansons d'*outrée* (cri de marche des pèlerins).

Les *serventois* du Nord n'ont guère que le nom de commun avec les *sirventès* d'Aquitaine; genre mal défini, il se restreint aux louanges de la Vierge.

Les *estrambots* sont des pièces satiriques. Les *rotrouenges*, chansons munies de refrain, affectent tous les caractères. Elles sont en faveur dans le Nord, à Arras, notamment, dont la société bourgeoise se plaît à la lyrique aristocratique et organise des *puis* ou concours de poésies accompagnés des parodies (*sottes chansons, fatrasies*) des chansons sérieuses.

Moins banales sont, parmi les productions des jongleurs, celles de Colin Muset et de Rutebeuf (au temps de saint Louis), où les pauvres poètes dépeignent la vie d'aventure et de misère qu'ils sont contraints de mener.

Vers la fin du XIIIe siècle tous ces genres lyriques se fanent et disparaissent. Le public semble lassé.

La lyrique de France, soit aquitanique, soit française, fut très admirée en Europe. Les premiers poètes italiens, au XIIIe siècle, en imitent la forme et l'esprit; quelques-uns même adoptent le « provençal » comme langue littéraire. En Portugal on croit deviner des influences provençales dans les *cantars*. En Allemagne, dès le XIIe siècle, la poésie des *Minnesinger* doit à la lyrique française ses thèmes, son esprit, ses formes, peut-être même sa musique.

Autres genres littéraires.

Moins exclusifs que les Aquitains, les Français du Nord étendent sans cesse le champ de leur activité littéraire. Dès le XIIe siècle tout fleurit ou tout s'ébauche : littérature scientifique, morale, satirique. On traduit en français l'Ancien Testament, les Evangiles. On traduit ou on compose des *légendes* de la Vierge, des saints, des contes dévots, des sermons.

L'école des humanistes latins, au moment où elle achève de mourir, se continue d'une certaine manière en se transformant dans le *Roman de la Rose* de Guillaume de Lorris (vers 1237). L'analyse psychologique des personnages s'exprime par des allégories : Amour, Honte, Peur, Pitié, Franchise, procédé mortel à l'expression de tout sentiment sincère et qui empoisonnera les lettres françaises pour longtemps. A l'extrême fin du siècle Jean de Meung entreprit d'achever l'œuvre de Guillaume en prenant le contre-pied de son prédécesseur, dans un esprit de dénigrement de l'Amour. Jean de Meung exhale à tout propos et hors de propos ses rancunes contre la société de son temps et déverse des connaissances indigestes puisées en des encyclopédies latines. Cette œuvre grossière, haineuse, informe, d'un cuistre sans talent eut un succès immense qui se prolongea jusqu'au XVIe siècle.

Le plaisir pris aux contes d'animaux se manifeste non seulement par la traduction des recueils latins de fables, mais par la composition d'une gigantesque épopée animale le *Roman de Renart*, qui charma nos ancêtres pendant bien des siècles. Ce roman prend vite une allure satirique et s'entend du plus noble ou du plus méchant des animaux, l'homme.

Des historiettes plaisantes traitant d'une aventure ridicule ou obscène sont mises en écrit au XIIIe siècle, sous le nom de *fableaux*.

Ils sont goûtés surtout du public bourgeois des villes. Nul doute qu'on continue à les conter aux siècles suivants, mais on cesse de les mettre en vers.

Le Théâtre.

Le moyen âge donne naissance à un théâtre qui n'a rien de commun, sinon la forme du dialogue, avec la tragédie et la comédie antiques. Le théâtre français, essentiellement religieux, dérive directement du drame liturgique en langue latine qui se constitue vers la fin du Xe et au XIe siècle. Il n'est pas concevable sans la diffusion des *tropes* et *séquences* dont on commence à user à cette époque (voir le paragraphe *Musique*). Le drame liturgique prolonge, interpole, l'office sacré. Il s'exécute devant le porche de l'église. La langue est le latin des tropes et séquences. Les acteurs ou plutôt les dialogueurs sont des clercs. Le drame liturgique français consistera simplement à substituer la langue vulgaire au latin, les laïques aux clercs. C'est chose faite vers la fin du XIIe siècle dans le *Jeu d'Adam*, le *Jeu de la Résurrection*. Le premier se divise en trois parties : la chute, la mort d'Abel (symbole du Rédempteur sacrifié.), le défilé des prophètes. Pâques forme aussi un cycle. La Résurrection se termine par un hymne chanté en chœur par les personnages. Il y a aussi le petit drame de l'*Epoux* ou des *Vierges folles*, parabole symbolisant l'arrivée du Christ pour le jugement dernier.

Vers la fin du XIIe siècle, pour le moins, on eut l'idée de mettre en scène la vie d'un saint patron ou sa mort. Ce genre, plus fécond, permet au talent et à la fantaisie d'un auteur de se déployer sans être resserré par les exigences d'un cadre liturgique. Il nous est demeuré de ce genre un spécimen des plus curieux dû au ménestrel Jean Bodel d'Arras (mort en 1210). Le miracle posthume de *saint Nicolas*, qui donne son nom au « jeu », n'est qu'un prétexte. L'auteur met en scène des croisés auxquels un ange annonce leur prochain martyre. Un puissant élément comique se mêle au tragique : les païens de la légende sont transformés en truands, en « mauvais garçons » d'Arras qui dépouillent un « prudhomme » et qui sont punis par saint Nicolas. La pièce a été exécutée soit par une confrérie d'Arras, soit par des écoliers dont Nicolas était le patron.

Au milieu du XIIIe siècle le ménestrel Rutebeuf fit jouer à Paris le *Miracle de Théophile*, qui raconte comment un clerc ambitieux vendit son âme au diable et comment la Vierge arracha au démon la charte où Théophile avait souscrit à sa damnation. Le genre se poursuivra au XIVe siècle par les représentations des *Miracles de Notre-Dame*, par des légendes comme celle de *Grisélidis*, enfin par les *Moralités*.

Ce n'est pas seulement en France, mais dans l'Angleterre normande que cette forme théâtrale a fleuri.

Par contre, les tentatives de théâtre comique n'eurent pas de lendemain. Ces tentatives sont l'œuvre d'Adam le Bossu, dit aussi de la Halle, un Artésien. Le *Jeu de la Feuillée*, représenté à Arras, vers 1276, bafoue les vices et les travers des gens de la ville, les amis de l'auteur, l'auteur lui-même. A la fin apparaissent trois fées qui prédisent qu'Adam n'ira pas à Paris. L'autre pièce, le *Jeu de Robin et de Marion*, paraît avoir été exécutée à Arras également après la mort de l'auteur.

Adam est un isolé il n'a eu ni prédécesseur, ni successeur. Cependant le *Jeu de la Feuillée* est peut-être l'ancêtre des *soties* du XVe siècle, jouées par des clercs de la Basoche réunis en compagnie de *Fols et de Sots*. Quant au *Jeu de Robin* c'est une pastourelle dialoguée, développée, mêlée de jolies chansons avec accompagnement de musique, sorte de petit opéra-comique dans la manière du XVIIIe siècle, mais avec de la fraîcheur et du charme.

L'Histoire et le Droit.

L'histoire même est jugée digne d'être contée en français. Les croisades semblent avoir donné l'impulsion au genre. Des écrits suscités par les deux premières, rien n'a été conservé. Mais la troisième a fourni le prétexte à la composition d'un immense poème en 12.000 vers de huit syllabes, dû à Ambroise, attaché à la personne de Richard Cœur de Lion. La quatrième croisade, qui aboutit à la prise de Constantinople (1204), a été racontée par un champenois, Geoffroy de Villehardouin, et un picard, Robert de Clairy. Le *Livre des saintes paroles et des bons faits* de saint Louis, par Jean de Joinville, rentre par certains côtés dans le genre de récit de croisade. Enfin le *Récit de la croisade des Albigeois*, dû à deux auteurs successifs écrivant en languedocien, n'est pas la moindre de ces compositions pour la valeur historique.

La royauté et l'aristocratie normandes eurent, au XIIe siècle, la curiosité de connaître le passé du duché et de l'Angleterre. De là des traductions de textes latins par Geoffroy Gaimar, Wace, Benoît de Sainte-More. Le passé le plus reculé, fabuleux de l'île avait été raconté (1135) dans l'*Histoire des rois bretons* de Geoffroy de Monmouth, amas de fictions dues à l'imagination de l'auteur. Ce n'en était que plus alléchant et Wace s'appliqua (1155) à mettre en vers cette pseudo-histoire, en l'intitulant *Brut*, du nom du soi-disant ancêtre des Bretons. Le succès fut immense et le *Brut* a influencé les romans consacrés à la « matière de Bretagne ».

Diffusion de la langue française.

L'élan est donné. Désormais on osera écrire en français des chroniques, des biographies de contemporains, comme celle (1173) de saint Thomas Becket, due à Gamier de Pont-Sainte-Maxence, celle de Guillaume le Maréchal, régent d'Angleterre (mort en 1219), par un inconnu, celle de saint Louis, par Joinville.

De même c'est en français qu'on commence à rédiger des coutumes et des traités de droit. On met sous le nom de saint Louis des *Etablissements* qui sont, en réalité, un double coutumier angevin, et orléanais (compilé vers 1272). On traduit (après 1248) l'ancien *Coutumier normand*, même les *Institutes* de Justinien. On écrit en français le droit tout féodal du royaume de Jérusalem, dont les *Assises* paraissent au milieu du XIIIe siècle; en français également le *Conseil* de Pierre de Fontaine, le *Livre de Justice et de plaid*, enfin les *Coutumes* de Beauvaisis, le plus célèbre traité juridique du moyen âge français, dû au bailli Philippe de Beaumanoir (1283).

La langue vulgaire avait pénétré dans les manifestations de la vie juridique, dans les contrats, dans les chartes, d'abord en Aquitaine et dans le Midi (fin XIe siècle) à cause même de l'ignorance des scribes et notaires. Dans le Nord son emploi ne commence pas avant le XIIIe siècle. Le français n'apparaît pas à la chancellerie royale avant 1254. Alors, pour la première fois, le souverain s'intitule, non plus *rex Francorum*, mais *roi de France*. L'emploi du français dans les actes de chancellerie et les mandements d'ordre administratif se développe à partir de Philippe le Bel.

Mais il s'en faut que ce soit déjà le « français de France » qui soit employé partout. Chaque province use de son dialecte. En littérature même la langue de Paris et de la cour est lente à s'imposer. C'est un fait significatif que les plus anciens textes ne sont pas en « français », mais en normand (du continent ou de l'île d'Angleterre), en champenois, en picard, en aquitain (le soi-disant « provençal »). La langue du domaine royal n'exerce longtemps aucune attraction ou elle est faible. C'est que la cour du roi est, de toutes, la moins lettrée et la moins curieuse des choses de l'art. Les Capétiens ne s'intéressent pas à la littérature en langue romane, beaucoup moins que les Plantegenêt. Les reines un peu davantage : ainsi Aliénor, mais elle patronne la poésie du Centre et du Midi. Alix de Champagne, troisième femme de Louis VII, Marie de Brabant, seconde femme de Philippe III, qui s'entoure d'un cercle lettré. Toutes sont, du reste, étrangères à la « France » proprement dite.

Si le français « de France » s'impose néanmoins à l'usage et aux écrivains, depuis la fin du XIIIe siècle, ce n'est donc pas par l'éclat des lettres écrites en ce dialecte — elles n'existent pour ainsi dire pas avant le règne de saint Louis. Il s'impose pour des raisons politiques et sociales. C'est parce que Paris est devenue la capitale du royaume et la ville la plus étendue de l'Europe occidentale.

LA VIE ARTISTIQUE

C'est dans l'art que le moyen âge français, à partir du XIIe siècle, réalise des œuvres de *style*, alors que dans le domaine des lettres il n'arrive pas à atteindre ce sommet de l'esthétique.

Et tandis que l'Antiquité, sauf en des sites rarissimes, est morte à nos yeux, l'art médiéval se prolonge sous nos regards et ses monuments chantent sa gloire encore aujourd'hui. Et la réussite a été si grande, si parfaite, que l'effort, en tous sens, des quatre derniers siècles apparaît décevant en comparaison, au moins dans le domaine de l'art religieux.

L'architecture domine l'art français pendant la période qui nous occupe. Elle s'annexe toutes les manifestations esthétiques.

I

L'ART CAROLINGIEN ET L'ART
PRÉ-ROMAN

L'art de la renaissance carolingienne était tout d'imitation : imitation des styles, antique, mérovingien, byzantin, oriental, un art d'amateur, un art de « remploi ». Le problème de la voûte lui demeure étranger, sauf pour les églises de plan octogonal imitées de Byzance et de l'Asie. La sculpture, en dehors de l'ivoirerie, demeure chose morte, la décoration superficielle, l'ornementation appauvrie.

Certaines innovations — ainsi l'église à double abside opposée — n'ont de création que l'apparence. Cependant cet art, infécond dans l'exécution, traduit, quoique imparfaitement, un goût nouveau. Il se manifeste au chevet par l'élargissement du déambulatoire avec chapelles rayonnantes. Telle est, semble-t-il, l'innovation que l'art carolingien lègue au siècle suivant.

Le Xe siècle et la première moitié du ne sont occupés par la recherche de procédés nouveaux de décoration et par le problème de la voûte. Longtemps cet art, qu'on appelle aujourd'hui « pré-roman », a échappé à l'attention parce qu'il est représenté par des monuments mal datés, en des localités nombreuses, mais souvent peu importantes, depuis la Catalogne jusqu'à l'Italie centrale, en passant par le Bas-Languedoc, la vallée du Rhône, la Provence, la Lombardie. Cet art se décèle au premier aspect par des arcatures aveugles et des bandes plates dites « lombardes » sur la façade, les côtés, l'abside. En outre, la nef de l'édifice est voûtée et le plus souvent en berceaux transversaux. Le poids de cette voûte exige l'emploi de murailles épaisses où l'on n'ose faire que de rares et étroites percées. De là l'aspect massif, mais puissant, de cette architecture. Sa forte structure évoque l'image d'édifices très anciens de Perse, de Mésopotamie, de Caucasie, sans qu'on puisse affirmer qu'il y ait imitation plutôt que coïncidence.

2

L'ART ROMAN

On a pris l'habitude d'appliquer un terme, conventionnel jusqu'à l'ineptie, *art roman*, aux édifices élevés en Europe du milieu du XIe siècle environ jusqu'au milieu du siècle suivant et même, en certaines régions (Est), jusqu'à la fin du XIIe siècle. Il s'agit moins d'un art que d'un ensemble d'efforts, selon les régions, pour faire progresser les formules héritées du passé ou en trouver de nouvelles. Dans les régions françaises la seconde moitié du XIe siècle est encore une période de tâtonnements. Soudain, dès le commencement du XIIe le succès est acquis et il est magnifique. Un demi-siècle après le roman a terminé sa vie, et cède la place au prétendu « gothique ».

On peut et on doit trouver une formule permettant de dégager l'essentiel dans les recherches des diverses écoles dites « romanes ». Cette formule c'est la solution du problème de la voûte de la nef. Elle est juste en son ensemble. Encore laisse-t-elle de côté les écoles rhénane et normande, qui se contentent de couvrir la nef de charpentes de bois et n'en élèvent pas moins, dès le XIe siècle, des édifices grandioses, les cathédrales rhénanes et les églises abbatiales de Caen, par exemple. L'école rhénane continue, somme toute, l'ère carolingienne, mais avec plus d'ampleur dans le plan et les dimensions de l'édifice ; de hautes tours des deux côtés de la façade, aux extrémités du transept, à la croisée, lui donnent beaucoup de majesté. Les édifices normands, eux aussi, flanqués de tours à la façade, se distinguent par la simplicité d'une belle ordonnance dans la construction, leur claire lumière, leur ornementation géométrique.

Pour toutes les autres écoles on peut dire que le problème de la voûte les domine.

L'école provençale lui donne une solution simple et pratique : la nef est voûtée en berceau (plein-cintre ou brisé) et les collatéraux en demi-berceaux qui appuient le mur de la nef au-dessus des impostes de la maîtresse voûte. Cette disposition donne de la robustesse à l'édifice, d'autant que la nef a généralement peu d'élévation. La rançon c'est la lourdeur et l'obscurité, la tristesse de l'intérieur. La présence de ruines antiques explique le caractère archaïque de la sculpture d'ornement.

A cette école timide s'oppose la hardiesse de l'école dite « bourguignonne ». Elle dresse des édifices spacieux, élevés, très éclairés, bien que voûtés en arêtes, même en berceau — grave imprudence que la suite réparera heureusement. L'ornementation par la pierre s'inspire parfois de modèles romains, mais surtout elle se laisse aller à une invention luxuriante : ce ne sont que feuillages, rinceaux, plissés.

Plus solides que ceux de l'école de Bourgogne, plus originaux que ceux de l'école de Provence, apparaissent les édifices de l'école d'Auvergne. Au niveau des impostes de la maîtresse voûte viennent buter les bas-côtés ou les tribunes qui les surmontent, voûtés eux-mêmes en quart de cercle. La nef est ainsi fortement consolidée, mais, quoiqu'elle soit plus élevée qu'en Provence, la lumière ne pénètre pas suffisamment à l'intérieur de l'église. Ce défaut est racheté du dehors ; la tour octogonale sur coupole qui s'élève au carré du transept est d'une élégance et d'une puissance saisissantes. Des corniches portées sur modillons décorent les murs à l'extérieur.

Les plus beaux édifices du Languedoc, tel Saint-Sernin de Toulouse, dépassent encore par leur hardiesse et leur décoration les églises d'Auvergne. Néanmoins ils s'inspirent des mêmes procédés et ne sauraient constituer une école spéciale. La coloration que donne à ces édifices l'emploi de la brique, au lieu des pierres volcaniques, noires et blanches, d'Auvergne, contribue à donner l'illusion qu'on est en présence d'un art spécial.

L'école poitevine, qu'on ferait mieux de qualifier d'école d'Aquitaine, offre des voûtes en berceau (plein cintre, puis brisé). Les bas-côtés, également voûtés, montent très haut, de manière à contrebuter la maîtresse voûte. En conséquence, ni tribunes, ni fenêtres : l'éclairage vient de percées dans les murs des collatéraux. Les voûtes sont portées sur des piliers dont la section dessine un quatrefeuille. La tour, à la croisée du transept, a la forme carrée et non octogonale, comme en Auvergne. Mais ce qui distingue du premier coup d'œil cette école c'est l'aspect étonnamment ouvragé de la façade. Le constructeur ne peut souffrir qu'il y ait le plus petit nu sur ce mur ; seulement, par une étrange inconséquence, il supprime le tympan, sacrifié aux voussures et aux arcatures richement ouvragées.

L'aire de l'école aquitanique est parsemée d'édifices où l'on trouve une solution tout autre du problème de la couverture : la voûte sur pendentifs. Périgueux, Angoulême, Saintes, Cahors, Fontevrault offrent des exemples saisissants de ce type. La nef, sans les bas-côtés, est divisée en trois ou quatre grands compartiments couverts chacun d'une coupole. Le chœur, voûté lui aussi en coupole et bien dégagé, offre un aspect majestueux. La façade est aussi richement ouvragée que dans l'école précédente.

On a attribué à l'église à coupole de l'ouest de la France une origine byzantine, mais la technique de la coupole est fort différente. D'ailleurs ces églises ne sont pas antérieures aux années 1160 à 1170 au plus tôt et leur couverture en coupoles peut être une innovation.

La région de la Loire à la Meuse est alors la plus avancée politiquement et intellectuellement. Il n'en va pas de même esthétiquement. Les édifices de la soi-disant « Ile de France » appartiennent aux deux grandes provinces ecclésiastiques de Reims et de Sens. On peut qualifier cette école d'école du « Nord ».

Cette école semble médiocre. Elle n'ose se hasarder à voûter la nef et se contente de couvrir les collatéraux ou le transept. En réalité elle cherche. Elle use de bonne heure de l'arc en tiers point dans les arcades. Quand elle ose voûter, elle emploie la voûte d'arête, les doubleaux, enfin elle use systématiquement de l'ogive dès la fin du premier tiers du XIIe siècle et révolutionne l'architecture de l'Europe. Si elle ne transmet pas de monuments *romans* aussi grandioses que ceux des écoles précédentes, c'est sans doute parce qu'elle les a tout de suite jetés à bas pour les remplacer par une merveille nouvelle.

Une des nouveautés de l'art roman c'est la sculpture, une sculpture étroitement fonction de l'architecture.

La sculpture en ronde bosse avait disparu bien avant la fin de l'Empire romain. Le bas-relief sur les sarcophages n'avait pas dépassé en Gaule le début de l'ère mérovingienne. Si le travail de la pierre se poursuivit ce fut pour l'ornementation, notamment des chapiteaux, sous forme de feuillages, de dessins géométriques, de spirales, etc. L'homme y apparaît, mais écrasé, contourné, tordu en tous sens, comme réduit à l'emploi d'un « grotesque » décoratif. Il semblait que le ciseau du sculpteur renonçait à jamais à rendre le corps et le visage humains.

Cependant l'homme reparaît en bas-relief sur le linteau de petites églises du Roussillon au début du XIe siècle. Mais la manière dont il est traité fait regretter de le revoir.

Un siècle plus tard une grande sculpture, qui s'est constituée dans l'ombre, au cours du XIe siècle, s'affirme en Languedoc, en Aquitaine, en Provence, en Bourgogne. On ne la trouve pas encore au nord de la Loire, ni surtout en Poitou-Saintonge, régions où le tympan n'existe pas ou fort peu. C'est en effet au tympan du portail qui surmonte le linteau, que se produit une manifestation sculpturale jusqu'alors inconnue, le *Jugement dernier* avec le Christ au centre, et au-dessous, sur le linteau, les apôtres et les vieillards. D'où vient ce thème? Est-il indigène ou importé d'Orient? On ne sait. On ne sait guère mieux d'où est parti ce mouvement, de l'école de Toulouse (à Moissac, à Beaulieu, à Mauriac, Conques, Clermont, Bourges), de l'école d'Arles (à Saint-Trophime, à Saint-Cilles), de l'école de Cluny (à Autun, à Avallon, à Vézelay). On semble aujourd'hui donner l'antériorité à l'école bourguignonne et abaisser les autres au milieu et même à la seconde moitié du XIIe siècle.

Si l'aspect de ces grandes décorations lithiques est saisissant, on ne saurait nier qu'il fasse ressentir un malaise. Sauf dans le Midi, à cause de l'influence, d'ailleurs tardive, de modèles antiques, la barbarie de l'exécution, notamment en Bourgogne, où le corps est démesurément allongé, déconcerte. Il faut se ressaisir pour rendre justice à la grandeur de l'intention et à la fougue, sinon à la correction, de l'exécution. Le rendu est pour quelque chose dans l'impression défavorable qu'on ressent. Ce Christ à longue barbe, aux traits durs et incorrects, dont les mains énormes semblent écarter de lui à jamais les misérables humains, ce juge terrible, est-ce lui qu'on attend au seuil du sanctuaire? Entre l'architecture romane, qui vise à une calme noblesse, et la sculpture apocalyptique il y a désaccord. Et la réputation de l'art « roman » en a longtemps souffert. On l'a cru sombre, revêche et même — contresens énorme — barbare, tout au moins arriéré. Aujourd'hui on lui rend justice. Peut-être même certains passent-ils la mesure en le préférant à l'art qui va le supplanter, le « gothique »

La sévérité des intérieurs romans est en grande partie une illusion. Les murailles étaient recouvertes de peintures aujourd'hui pour la plus grande partie disparues. La peinture a été adoptée comme art religieux dès les premiers temps du christianisme et n'a jamais cessé de l'être. De la période romane il subsiste quelques spécimens du XIIᵉ siècle dont l'un très complet, à Saint-Savin-sur-Gartempe en Poitou. La technique de la peinture murale continue celle de la période précédente influencée par Byzance. Entre la peinture murale et la peinture des manuscrits existe une étroite connexion, celle-ci servant de modèle à celle-là, autant dire que la perspective n'existe pas, pas plus que le paysage, et que le modelé du corps humain, beaucoup plus correct que dans la sculpture, demeure conventionnel. Mais la tonalité est délicate et de bon goût dans notre peinture murale. Il y a eu certainement une diversité dans le faire des écoles. La plupart des figures s'enlèvent sur fond clair (et non, comme à Byzance, sur fond bleu) ; cependant en Auvergne et ailleurs le fond est sombre. L'exécution dépend aussi des modèles, antiques ou non, qui ont inspiré le décorateur. Les sujets sont naturellement empruntés aux livres saints. Enfin, à l'exemple de Byzance, le Christ « de majesté » s'enlève, parfois colossal, sur le cul-de-four de l'abside.

De la mosaïque, en pleine décadence en France dès le IXᵉ siècle, mieux vaut ne rien dire. Mais il faut signaler que, au Mans, à Angers, les vitraux sont déjà des représentants admirables, peut-être insurpassés, d'un art qui sera une des gloires du style subséquent.

L'art roman ne saurait être revendiqué par la France seule, puisque l'art « pré-roman » qu'il transforme, mais en s'appuyant sur ses principes, se retrouve partout, et puisque l'art dit lombard et l'art rhénan lui sont apparentés. Mais certains aspects du roman de France ont été accueillis à l'étranger. Cette propagande est due à de grands ordres religieux, Cluny, Cîteaux, Prémontré. De la maison mère, située en France, relevaient une multitude d'abbayes dans l'Europe entière, et les filles demandaient souvent des conseils et des architectes à la mère. Ainsi s'explique, par Cluny, l'influence du style bourguignon en Espagne, par la Prémontré, celle du roman dit de l'Ile de France en Allemagne, par Cîteaux, celle d'un sévère style monastique en Italie.

Sévérité voulue : saint Bernard (mort en 1153) s'était déclaré ennemi de l'art et les Cisterciens avaient atténué la richesse décorative du style bourguignon. Ce faisant, réduisant l'église à une simple et pure ordonnance, ils servirent l'art, sans s'en douter, alors que certains styles, le poitevin, par exemple, risquaient de le compromettre. La profusion ornementale de ses façades touchait à l'excès : un pas de plus et on tomberait dans une sorte de *barocco*.

L'ART OGIVAL DIT GOTHIQUE

L'art *ogival*, qu'on a pris l'habitude d'appeler *gothique*, c'est-à-dire barbare, à l'imitation de ses détracteurs du XVIᵉ siècle, est un des plus originaux qu'ait vus l'histoire, peut-être le plus original. Et cependant ses éléments constitutifs préexistaient. Ce sont : l'*ogive*, c'est-à-dire deux arcs de pierre croisés sous les arêtes d'une voûte d'« arête », la brisure des arcs de plein cintre en arcs en *tiers point*, des soutiens dits *arcs-boutants*; ajoutons un renouvellement de la décoration. Or l'arc brisé — que l'ignorant appelle « ogive » par une étrange méprise — est très ancien dans la Perse qui le transmet au monde musulman, même au monde chrétien, car l'art roman le manifeste en Bourgogne et ailleurs. L'idée d'étayer un mur ou un toit de solidité douteuse par un arc extérieur à l'édifice se rencontre, par nécessité, sporadiquement un peu partout. L'avantage de la brisure c'est d'atténuer la pesée au point critique le centre de la voûte ou de l'arc en plein cintre. Enfin, élément essentiel, l'ogive, apparu dès la fin du XIᵉ siècle, par exemple eu Angleterre, est comme un véritable doubleau : le *doubleau* est une sorte de boudin de pierre, un demi-cercle, qui soutient une portion de voûte en berceau. Lorsqu'on s'est rendu compte des avantages de la voûte d'arête, formée de deux berceaux perpendiculaires de même cintre, le soutien de cette voûte a dû nécessairement se coller sous ses intersections, ses arêtes, donc affecter une forme elliptique : telle est l'*ogive*.

Mais, jusqu'aux alentours de l'année 1120, arc brisé, arc-boutant, ogive, ne sont que des moyens de fortune isolés, des expédients dont on use pour consolider une portion d'édifice. Nul n'entrevoit encore la révolution architecturale qui peut naître de leur emploi simultané, systématique. Et même, jusqu'au voisinage des années 1160-70, les premiers architectes « gothiques » ne voient pas encore clairement l'immense parti qu'ils peuvent tirer de l'arc-boutant. Au reste, ces premiers « gothiques » ne semblent nullement tendre à inaugurer un art nouveau. Ils veulent construire un édifice voûté à la fois solide et bien éclairé. L'ogive et l'arc brisé suffisaient à cette tâche, si l'édifice n'était pas de trop grandes dimensions. Et c'est ce qui explique que nos plus anciennes églises ogivales se rencontrent, de 1120 à 1140 environ, en de modestes villages et monastères et dans une région, le Nord (notamment les diocèses de Soissons et de Beauvais), où l'art roman n'avait rien donné de très satisfaisant, et précisément pour cette raison.

Les premiers édifices importants du style nouveau sont l'église abbatiale élevée par le célèbre abbé Suger, à Saint-Denis, de 1137 environ à 1145, pour le moins, et l'église archiépiscopale de Sens, datant de la même époque. La nouvelle manière est adoptée pour Noyon, pour Senlis, églises épiscopales du domaine royal. On la saisit, presque simultanément partout en Bourgogne, en Normandie, en Anjou, jusque dans le Midi. Naturellement, dans cette période de transition, qui s'étend jusqu'aux abords de l'année 1160, de nombreux souvenirs persistent de l'art précédent et dans la technique architecturale et dans la sculpture et dans l'ornementation.

Le premier style franchement ogival commence vers 1160 et s'achève vers 1270. On le qualifie, plus ou moins heureusement, de *lancéolé*. Le deuxième, qualifié de *rayonnant*, couvre un siècle. Le dernier, le *flamboyant* ou *curvilinéaire*, marque le commencement d'une décadence qui se terminera par la mort de cet art au début du XVIe siècle.

Les édifices de la fin du XIIe siècle et du début du XIIIe siècle, tels la cathédrale de Paris (1163-1208, sans les tours) ou celle de Laon, contemporaine, sont œuvres d'artistes qui ont su réaliser leur idéal de grandeur et d'harmonie. Mais l'envol de l'art nouveau se fait plus tard et ailleurs, à Chartres (1200-1220), à Reims (1211-1299, sans les tours), à Amiens (1220-1299, et XIVe siècle). Là chantent les ténors du « gothique ».

Leur coup de maître c'est d'user sans fausse honte de l'arc-boutant. Grâce à cette béquille géniale ils peuvent monter les voûtes à une hauteur vertigineuse, ouvrir dans les murs d'immenses percées où passe la lumière, une lumière surnaturelle, celle qui traverse un vitrail où la couleur joue en des personnages divins ou bienheureux. A l'intérieur tout ce qui contrarie l'élan vers la hauteur, la tribune par exemple, est aboli ; le pilier lui-même en arrivera plus tard à perdre sa signification ; il n'apparaîtra plus comme le soutien lourd, compliqué, inquiet, de la retombée des voûtes. Délivré des ressauts, des ornements, il fuse d'un jet conduisant le regard de bas en haut, jusqu'au moment où la courbure inexorable de la voûte va rabattre sur ce bas-monde le *sursum corda*, inspiré au fidèle par l'artiste non moins que par le prêtre. Mais non! L'élan passe au travers : la flèche aiguë — une nouveauté — qui surmonte les tours, est un index qui montre le ciel.

Parfois le rêve s'achève en désastre. La pesanteur bravée se venge. Le chœur de Beauvais, dont la voûte a été portée à la hauteur de 48 mètres et dont les fenêtres affectent des dimensions colossales, s'écroule le 29 novembre 1284. L'élan avait dépassé les limites assignées par la nature et par la technique du temps. L'artiste avait commis le péché de « desmesure». Tel Icare, il fut durement rabattu sur le sol.

Dans la période qui va de la fin du règne de saint Louis à la fin du règne de Charles V, l'art ogival renonce aux expériences téméraires. Il prend conscience de ses limites, mais aussi de son pouvoir. Il raffine, mais sans excéder son droit de développer logiquement le principe ogival de l'*évidement*. Ses créations, à partir de la Sainte-Chapelle de Paris, sont toujours admirables et dans les édifices nouveaux et dans les additions aux monuments antérieurs. S'il n'ose plus surélever la voûte, il développe un principe la prédominance du vide sur le plein, du moins dans les parties hautes. Dans ce but le *triforium* est ajouré ou il s'unit aux fenêtres qui le surmontent, de manière à constituer une haute baie. Mais le vide n'est pas le but cherché ; il n'est que le moyen de substituer à la pierre muette le texte parlant du vitrail. Pour amortir les baies on s'était contenté longtemps d'un arc brisé, allongé comme le fer d'une lancette d'où le nom de *lancéolé* donné au premier style ogival par les modernes. Maintenant il faut jeter à travers la baie la mince, mais solide armature des *meneaux* verticaux surmontés d'une membrure de pierre avec rayons partant d'un centre, d'où le nom de gothique *rayonnant*.

De la grande baie ronde, la *rose*, au portail et parfois au pignon des transepts, d'un petit cercle central partent des colonnettes, telles que les jantes d'une roue.

Extérieurement l'arc-boutant est affiché sans crainte : on l'orne, on l'évide même et la culée qui le supporte prend un aspect décoratif.

La Sculpture dite gothique.

C'est pendant la première période et le début de la deuxième que la sculpture française du moyen âge atteignit le sommet.

Au XIIᵉ siècle encore, dans la période de transition, le style roman semble se prolonger et même pénétrer plus avant en mettant au portail la scène du Jugement dernier que le Nord ignorait. Mais la façon de traiter ce thème est différente. Il est simplifié, adouci : le Christ dans sa « gloire » est bien le Christ et non le monstre farouche de l'âge précédent. La Vierge en majesté, portant son fils sur ses genoux, apparaît au tympan. La grande nouveauté c'est, au portail, la statue-colonne, qui apparaît tout d'abord à Saint-Denis. De par sa fonction de soutien l'homme y garde une apparence figée et morte.

Au XIIIᵉ siècle tout s'assouplit, tout s'anime. L'homme-colonne, détaché du mur, commence à vivre et à former société avec les autres « images » de pierre. A l'archivolte les menus personnages collés à la moulure à l'époque romane prennent de l'indépendance et parfois se suspendent en ex-voto. Enfin, au trumeau du portail, s'installent des « images » détachées, isolées par essence, puisqu'elles représentent le Christ ou la Vierge portant l'enfant.

Un miracle de l'art s'accomplit vers la fin de la deuxième moitié du XIIᵉ siècle. Les intentions, le mouvement de la sculpture romane ne peuvent dissimuler la misère de sa technique. Soudain, au portail de Chartres, puis de Paris, d'Amiens, de Reims, etc., apparaissent des œuvres dont l'inspiration et le faire n'ont de rivaux que dans l'art de Phidias, dix-sept siècles auparavant.

Où se sont formés ces artistes inconnus? Nul ne le sait. Mais il en va de même de toutes les grandes créations esthétiques : la gestation se fait dans l'ombre, la naissance paraît miracle.

Il ne peut être question de passer en revue les réussites de la sculpture nouvelle. Chartres offre l'ensemble incomparable de ses images au style hiératique, un peu archaïque. Amiens offre, entre autres chefs-d'œuvre, le « Christ enseignant » (le « Beau Dieu »), la plus belle statue qu'on ait taillée dans la pierre depuis l'Antiquité, le saint Firmin, la Visitation de la Vierge ; Paris offre le Couronnement de la Vierge à Notre-Dame, les Apôtres à la Sainte-Chapelle. La profusion de Reims lasse l'admiration. On y trouve tout : la noblesse, la grâce, même sur le visage d'un ange ou d'une servante de Marie, le sourire mystérieux qui reparaîtra trois siècles après sur les toiles de Léonard de Vinci. Et des qualités semblables, presque égales, vont se retrouver dans les imitations aquitaniques de Bourges, de Bordeaux, de bien d'autres monuments encore.

La réussite la plus belle c'est la subordination des détails à l'ensemble. L'artiste ne cherche pas à se mettre en avant. Ses images de pierre font corps intimement avec l'architecture. C'est que la cathédrale gothique est un monde, ou plutôt l'enseignement du monde tel que Dieu l'a formé, avec l'annonce du jour où il le détruira. Pas un membre de l'édifice qui ne soit chargé de symboles. L'interprétation allégorique des faits ou des êtres par la pierre, le vitrail, la peinture, la tapisserie est une science, la science par excellence, qui doit être mise à la portée des laïcs, pauvres ou riches, comme des clercs. La nature, l'homme, créatures de Dieu, ont aussi leur place. Le calendrier des travaux et des jours figure parfois aux soubassements. Les murs se décorent de bouquets de feuillage. Au chapiteau, plus de ces ornements géométriques ou autres, hérités de l'antiquité gréco-latine ou d'un Orient lointain. Les fleurs de nos champs les remplacent avec avantage. Du passé ne subsiste que le rinceau, traité comme la feuille et la fleur avec une verve incomparable. Enfin une touche d'humour des marmousets aux écoinçons, des démons-gargouilles, des anecdotes insérées dans les quadrilobes ou accrochées un peu partout.

Comme aux temps précédents la nudité des surfaces, à l'intérieur, parfois même à l'extérieur, est proscrite. Mais l'emploi des plaques de marbre ou de la mosaïque le cède à d'autres procédés, au reste déjà utilisés, la tapisserie, la peinture.

De la tapisserie la cathédrale d'Angers a gardé des spécimens célèbres. C'est surtout la, peinture qui fut employée. Ce qui s'est conservé ne témoigne pas, en France, de progrès très sensibles sur l'époque romane. Au reste, le style « rayonnant », qui sacrifie le mur à la baie ouverte, achève de ruiner la peinture au profit d'un art rival, le vitrail, la peinture sur verre.

Le vitrail colorié semble né en Gaule à l'époque mérovingienne et sa technique s'inspire de l'orfèvrerie cloisonnée. Dès le XIIe siècle il produit des effets surprenants avec des moyens très simples, ainsi au Mans, à Angers. Saint-Denis semble bien être l'inspirateur du vitrail gothique, mais sa patrie d'élection est Chartres où il reste encore 146 fenêtres garnies. A Paris malheureusement tout a disparu. A une date postérieure, Bourges et Saint-Urbain de Troyes offrent encore des chefs-d'œuvre.

La peinture sur verre, fresque translucide, s'adapte admirablement à la reproduction des scènes de l'Ecriture et de la vie des saints.Les personnages divins, les anges, les prophètes, les apôtres, les bienheureux y apparaissent colorés, donc substantiels, mais aussi diaphanes : ils sont vraiment des corps glorieux.

Au XIVe siècle on invente malheureusement la verrerie en grisaille. Une partie seulement de la verrière est colorée : elle représente un personnage debout, surchargé d'un dais lourd et compliqué; le reste est d'un blanc douteux. Les progrès dans la taille et l'apprêt du verre sont loin de compenser la pauvreté de ce style qui vise à l'économie. Heureusement il n'arrive à supplanter le beau vitrail que tardivement.

L'art ogival, ce bel art, que les contemporains appellent l'*art français* (*opus francigenum*), eut tout de suite une vogue inouïe et dans le royaume et hors de France.

L'Angleterre normande, qui avait failli le trouver (à Durham?), l'adopta avec passion. D'abord, comme en Normandie, elle voûta d'ogives ses églises romanes aux murs épais et aux piliers solides, puis elle construisit ses belles cathédrales de Canterbury, York, Salisbury, Chichester, Wells, Lincoln, parfois en ayant recours à un architecte français (à Canterbury). Mais elle traita avec liberté et bonheur son gothique jusqu'au moment où elle tomba dans les excès du style curvilinéaire ou flamboyant.

Les Pays-Bas (Brabant, plus tard la Hollande) sont conquis tout de suite : Sainte-Gudule de Bruxelles imite Reims.

L'Allemagne, d'abord réticente, et plus tardive, d'une manière générale, imite Laon, Soissons, Tournai, Reims, Amiens (à Cologne). De même la Bohême, le Danemark. Le constructeur d'Upsal, appelé en 1287, est Français. Au milieu du XIIIe siècle, la Hongrie attire aussi des architectes français.

En Italie l'art français, qui se heurte à de puissantes traditions contraires, produit (à Sienne, à Orvieto, à Assise, à Naples, en Sicile) des œuvres de valeur, mais pas de chef-d'œuvre.

En Espagne, au contraire, aucune résistance : des chefs-d'œuvre et qui s'inspirent, Tolède de Bourges, Burgos de Bourges également, Léon de Chartres. Rien d'étonnant, Tolède est bâtie par un architecte français. Plus tard le Portugal a N.-S. de la Batalha. Le style français se propage jusqu'en Palestine et fleurit dans l'île de Chypre.

La prédominance de la sculpture française est moins accusée. En Italie elle rencontre la concurrence de maîtres incomparables qui détachent la sculpture de l'architecture dans les chaires et les tombeaux. En Espagne, des artistes indigènes, au portail de S. Vicente d'Avila, à Compostelle, témoignent d'un talent vigoureux. L'Allemagne développe avec bonheur l'iconographie de la Vierge. En sculpture l'Angleterre normande ne vaut pas l'architecture.

Jugement final.

On a souvent institué des comparaisons entre l'art dit gothique et l'art hellénique. Rapprochement inconsidéré, qui serait écrasant pour l'art grec et parfaitement injuste, car son temple ne vise nullement à être l'*imago mundi*.

On ne retrouve un dessein aussi grandiose que dans l'art bouddhique, comme l'a vu un maître de l'archéologie. Mais, en comparaison de l'art de France, l'exécution est inférieure, ou plutôt elle échappe à toute norme : de par la nature de ses représentations l'art hindou ne saurait posséder de *style*, pas plus que le palétuvier dans le monde végétal.

Imaginons un jugement dernier de l'Humanité, chaque pays tenu de justifier son existence passée par un chef-d'œuvre en une période historique. La France médiévale, en dépit du bouillonnement de sa pensée théologique, philosophique, littéraire, ne pourra offrir d'œuvre de premier plan. Qu'elle présente sa cathédrale ogivale et l'absolution lui sera acquise.

4

L'ARCHITECTURE MILITAIRE. — L'ASPECT DE LA FRANCE

De l'architecture civile il n'y a rien à retenir pour notre époque. Il nous est demeuré trop peu de maisons ou de palais à la ville, de manoirs seigneuriaux à la campagne, pour tracer un tableau d'art. Quant aux célèbres hôtels de ville, gloire de l'Artois et de la Flandre, ils datent d'une période postérieure à celle qui nous occupe.

Mais il convient de dire un mot de l'architecture militaire. Simple tour de bois, puis de pierre, de forme ronde ou carrée (X^e-XIe siècle) elle prend, au XIIe siècle, un développement prodigieux qui s'accentue au XIVe. La tour dominante, le donjon, demeure comme défense ultime, mais elle s'entoure d'une enceinte fortifiée, crénelée, armée de tours, protégée par des avancées, des flanquements. L'aspect esthétique de ces châteaux seul nous intéresse ici. Quelle que soit la forme des murs et des tours, ou ne peut nier que l'impression ne soit puissante. Pas une hauteur qui ne soit une forteresse; la plaine même se hérisse de mottes, hauteurs artificielles. Les villes, serrées dans leur corset de pierre d'où émergent la forêt des tours, flèches, clochetons, pignons, sont comme des êtres vivants ayant une forme et un style. Cheminer à travers la France, c'est parcourir un pays de féerie, plein de surprises, de dangers, de fêtes aussi, car la ville ou le château font bel accueil au voyageur, au pèlerin, au marchand. La face de la terre présente un pittoresque sans cesse renouvelé. Les temps anciens n'avaient rien connu de tel, les temps futurs n'en concevront même pas l'existence.

5

LA PEINTURE DU LIVRE

La décoration du manuscrit à la manière carolingienne se poursuit sans changements essentiels jusqu'au XIIe siècle, du moins en apparence. En réalité les transformations sont continues, mais lentes. Les scènes à personnage se multiplient au XIIe siècle. Les couleurs sont toujours le rouge, le bleu, le vert, mais sur un fond d'or les tons s'avivent. Il va sans dire que les ateliers sont uniquement ecclésiastiques. De même qu'en architecture, la région parisienne longtemps n'a pas d'importance, puis soudain, sous l'abbatiat de Suger, Saint-Denis se hausse au premier rang. Au XIIIe siècle Paris devient le centre de confection du livre illustré. La présence de l'Université, ainsi que l'apparition d'une clientèle laïque expliquent le succès. Le mérite n'en revient guère au souverain. Pas plus qu'en littérature les rois de France ne paraissent avoir été des amateurs éclairés, avant l'avènement des Valois.

Les artistes ne sont plus seulement des moines, mais des laïques : en 1292, à Paris, il y a déjà dix-sept ateliers. C'est sans doute à la main de ces artistes laïques que sont dues les enluminures d'une élégance qui se raffine de plus en plus à mesure qu'on avance.

Dans le premier tiers du XIVe siècle une transformation s'opère, due, semble-t-il, à un grand artiste, Jean Pucelle. Au fond d'or il substitue un fond quadrillé à double couleur; il modèle les figures ; enfin il encadre le tableau d'une large bordure où se joue une décoration florale d'une fantaisie et d'un éclat incomparables.

6

L'EMAILLERIE

C'est l'art d'appliquer à chaud sur métal une substance pulvérulente vitrifiable au feu, renfermant des oxydes métalliques destinés à la colorer. Si ceux-ci n'altèrent pas la transparence de la substance vitrifiée, l'émail est dit « translucide » ; s'il l'altère, au point que la vue du métal soit cachée, il est dit « opaque ». Ce n'est pas le lieu d'étudier les procédés qui donnent des émaux ou *cloisonnés*, ou *champlevés* (en taille d'épargne), ou *transparents sur relief*, ou *peints*.

Originaire de l'Orient, de l'Iran, l'émaillerie était connue en Gaule et pratiquée par les indigènes avant la conquête romaine : les découvertes faites au Mont-Beuvray en fournissent une preuve irrécusable. Toutefois ce serait s'abuser que de croire à une filiation entre cet art indigène et les produits qu'on rencontre en Gaule à partir du VIIIe siècle environ. Ceux-ci décèlent une influence incontestablement byzantine. Cet art se concentre ensuite en deux régions, le pays de Trèves et le Limousin, poursuivant leurs destinées indépendamment l'une de l'autre.

Le Limousin (et aussi un instant le Rouergue) n'a cessé de fournir la France et l'Europe de pièces justement admirées, et cela jusqu'au XVIIIe siècle : châsses, croix, calices, crosses, pyxides, coffrets, placets de livres, plaques funéraires. Longtemps conservateur, carolingien, l'art limousin propage, depuis la fin du XIIe siècle environ, l'émaillerie sur relief qui s'allie heureusement à l'orfèvrerie polychrome.

Vers le milieu du XIVe siècle l'émaillerie cloisonnée achève de disparaître. L'émaillerie translucide règne désormais sans partage. En ce domaine le Limousin et aussi les ateliers parisiens subissent la concurrence des beaux produits des Toscans (Sienne et Florence), des Allemands aussi.

Au XVe siècle se produit une révolution, sous l'influence des verriers, l'*émaillerie sur apprêt*, qui est un émail peint. Inventé peut-être à Murano, près de Venise, le procédé est adopté dès le milieu du XVe siècle par Limoges qui s'en sert pour fabriquer des objets de piété peu coûteux, dans un but commercial. Cependant à la fin du siècle apparaissent des pièces magnifiques en émail peint montées en orfèvrerie.

7
LA MUSIQUE

La musique est un des plus beaux legs que le moyen âge ait faits au monde moderne. La musique antique n'était qu'un germe une mélodie simple, que le chœur pouvait chanter à l'unisson ou à l'octave ; des instruments (lyre, cithare, flûte) de médiocre sonorité.

La musique chrétienne n'est, au début, que la continuation de la musique gréco-latine. Mais, dès le IVᵉ siècle, Constantinople donnait de grands développements à la musique d'église par l'invention des *tropes*, qui consistent à interpoler un texte sans autorité liturgique, soutien d'une mélodie ou mélopée qui orne ou prolonge un texte sacré. Ce procédé était connu et pratiqué en Gaule au IXᵉ siècle dans certains monastères, Jumièges, Saint-Gall, Saint-Martial de Limoges et à Metz. De même la *séquence* ou *séquelle*, d'abord suite de paroles employées pour aider la mémoire des chantres exécutant des vocalises compliquées, interminables, sur la dernière voyelle du mot *alleluia* ; puis cette séquence prend une allure originale et artistique. Depuis le milieu du XIᵉ siècle environ elle adopte une nouveauté destinée à une grande fortune, la *rime*.

Certains tropes étaient sous une forme dialoguée. Tel est le noyau (Xᵉ siècle) des drames liturgiques, formant plusieurs groupes : *Noël*, les *Prophètes*, le *Daniel*, l'*Epoux*, etc., qui sont à l'origine des mystères représentés très tard en français.

Mais c'est aussi des tropes que sortent les petits vers rythmés et rimés, satiriques et licencieux, dus à la bohème cléricale du temps, les *carmina burana*.

La musique des chansons lyriques des *troubadours* d'Aquitaine et des *trouveurs* de France était due aux auteurs des paroles, et chaque poème avait sa mélodie propre. Malgré l'incertitude qui plane encore sur la rythmique — car les manuscrits ne la marquent pas par des barres de mesure — nous possédons un nombre suffisant de poèmes notés (264 mélodies d'Aquitaine, 2.000 du Nord de la France) pour nous rendre compte que ces mélodies sont tout de suite raffinées et d'une exécution malaisée, exigeant des voix exercées. Cette maturité soudaine n'a rien de mystérieux : la mélodie des chansons aristocratiques est fondée sur la connaissance du chant ecclésiastique transformé par la séquence et le trope. Au surplus, les termes *troubador, trouveur* signifient inventeur de *tropes*. Et ce ne peut être par hasard que le dialecte des premières poésies des troubadours soit celui du pays où fleurit l'abbaye Saint-Martial de Limoges, laquelle nous a conservé la plus riche collection de tropes de ces temps.

Le nombre des instruments s'augmente considérablement. Aux instruments antiques s'ajoutent l'orgue (*organum*) à soufflets. Constantinople est le centre de fabrication de cet instrument, qui, jusqu'au XIIIe siècle, demeura primitif, sans clavier, ni touches, ni pédales. On use surtout de la *harpe*, empruntée aux Anglais et aux Scandinaves, du *psaltérion* triangulaire ou rectangulaire, emprunté aux Maures, ainsi que le *luth*, la *mandore*, la *guitare*, la *citole*. Comme instruments à archet, la *vièle*, ancêtre du violon, la *gigue* ou petit violon, la *rote*, d'origine britannique, le *rebec*, d'origine arabe, la *trompette marine* ou *monocorde*. La *chifonie* (symphonia) ou *vièle à roue* était munie d'une roue enduite de résine activée par une manivelle. Innombrables étaient les instruments à vent : *cors, graisles, buisines* (trompettes longues et minces), *trompes* et *trompettes*. Quantité d'espèces de flûtes, longues ou traversières, *frestel, chalumeau ; muses* avec réservoir à sac, originaire de l'Orient, *bombarde* (ancêtre du hautbois), *dorçaine* ou *cromorne* d'origine allemande. Parmi les instruments à percussion (*cymbales, tambour, timbales*), les *cloches* ou *clochettes* assemblées deviennent les carillons mécaniques qui sont la joie et l'orgueil des cités. Naturellement il ne saurait encore être question d'*orchestre*.

La nouveauté féconde du moyen âge c'est la *polyphonie*. Au IX$_e$ siècle apparaît la musique à deux voix ou *organum*. La voix « principale » est la mélodie liturgique et la voix *organale* est ajoutée au-dessous de la première en contrepoint (note contre note). Les intervalles constitutifs sont l'octave, la quinte et la quarte. Ce procédé fut cultivé surtout en France, dans les monastères, ainsi à Chartres, à Saint-Benoît-sur-Loire, à Saint-Martial de Limoges. Un renversement des positions des voix s'opère : la mélodie liturgique passe à l'inférieur, dit *ténor* (nous dirions la *basse*) et la voix organale au-dessus, ce qui lui permet de se développer avec plus d'aisance. Aussi, dès le début du XIIe siècle, le contre-point se fait-il moins rigide. L'école de chant de Notre-Dame de Paris est le centre d'une véritable révolution dans la musique d'église, sous l'impulsion de ses chefs de chœur, Leonin, puis Perrotin (début du XIIIe siècle) : on ose des *organa* à trois et quatre voix. Si dans les pièces du *déchant* les rythmes du *ténor* (la basse) et de la partie supérieure demeurent précis et marchent de concert, dans le nouvel *organum*, le *duplum* se développe librement au-dessus du ténor, qui se meut en notes de longue tenue.

Enfin, dans le *conduit*, la partie supérieure s'édifie, non plus sur un *ténor* rituel à peu près immuable, mais sur un *ténor* de nouvelle invention.

Après avoir connu une grande vogue le *conduit* fut supplanté (vers 1230) par le *motet*. Le *motet* n'est autre chose qu'un texte (*mot*, d'où *motet*) adjoint à la musique de la voix supérieure ou *duplum*. C'est, en somme, un aide-mémoire, une sorte de trope nouveau. Puis le *triplum*, au besoin le *quadruplum*, ont aussi leur texte, parfois en langues différentes. Cet échafaudage compliqué est réservé à l'audition d'une élite, le peuple se contentant, ailleurs qu'à la messe, de ses chants simples, tel le *rondeau*.

L'indépendance de plus en plus accentuée des diverses parties du motet amènera à faire exécuter le ténor par un instrument, procédé qui ouvrira les voies à la musique moderne.

Aux XIIIe et XIVe siècles Paris demeure, comme pour la miniature, le centre où viennent s'instruire les musiciens de toute l'Europe occidentale, d'Angleterre, des Pays-Bas, d'Allemagne, d'Italie, d'Espagne. Le XIVe siècle sera dominé par la personnalité du champenois Guillaume de Machaut (fin XIIIe siècle-1377). Comme poète il nous semble froid, lourd, ennuyeux. Comme musicien il est un novateur : il invente ou amplifie des genres, il assouplit la rythmique. Il veut que la musique devienne gaie. Il le dit lui-même :

« Et musique est une science qui veut qu'on rie et chante et danse : cure n'a de mélancolie... Partout où elle est joie y porte. »

Universellement admiré, Machaut passa pour le plus grand musicien de son temps.

CONCLUSION : LA GUERRE DE CENT ANS. LA NATIONALITÉ FRANÇAISE

Le règne du premier « Valois » commença sous les plus heureux présages. Un rival dangereux, le roi d'Angleterre Edouard III, après des tergiversations, finit par prêter hommage pour ses possessions françaises (à Amiens, juin 1329). Contre les Flamands, révoltés indomptables, Philippe remporta une victoire complète à Cassel (23 août 1328). Dans son propre royaume le nouveau souverain exerçait une autorité plus grande qu'aucun de ses prédécesseurs. Une enquête qu'il fit entreprendre dès le début de son règne, dans un but fiscal, pour connaître le nombre des paroisses et des feux ou ménages du royaume, montre que sur les 32.500 paroisses que pouvait renfermer la France, avec 3.363.000 feux, pour une superficie de 424.000 kilomètres carrés, le roi administrait directement comme son « domaine » divisé en 33 bailliages et sénéchaussées ou contrôlait 24.500 paroisses avec 2.500.000 feux, sur une étendue qu'on peut estimer à 300.000 kilomètres carrés. Les six apanages conférés à des princes apanagés (comtes d'Artois, d'Alençon, de Chartres, d'Evreux, de la Marche et du Bourbonnais, d'Angoulême et Mortain), renfermaient 2.300 paroisses. Il ne restait en dehors, pour les quatre grands fiefs, que environ 4.500 paroisses, savoir 1.450 pour la Bretagne, 1.000 pour la Guyenne anglaise, 750 pour la Flandre, 1.375 pour la Bourgogne, le reste allant aux comtés de Blois, de Bar, etc. Le roi de France tenait donc en main directement près des trois quarts de son Etat. Sur les quatre grands fiefs, trois, Bourgogne, Bretagne et Flandre, ne lui donnaient pour lors aucune inquiétude, et le possesseur du quatrième, le duc de Guyenne et roi d'Angleterre, par son hommage même, reconnaissait la légitimité de l'accession au trône du Valois. Quant aux six princes apanagés ils étaient du « sang de France », ses parents et ses obligés.

Le prestige de la royauté française lui valait l'amitié et l'alliance des princes voisins : duc de Lorraine, comte de Savoie, dauphin de Viennois — tous trois avaient combattu dans ses rangs à Cassel, duc de Brabant, marquis de Juliers, comte de Gueldre ; de princes d'Eglise aussi : archevêque de Cologne, évêque de Liége. Le comte de Provence et roi de Naples était son proche parent (petit-fils de Charles d'Anjou). Le duc de Luxembourg et roi de Bohême Jean ne quitte pas la cour de France il assiste au sacre du roi ; il combat à Cassel, il mourra pour lui à Crécy. Le pape d'Avignon ne refuse à peu près rien à son royal protecteur et le collège des cardinaux est en majorité composé d'évêques de France.

Philippe de Valois apparaît donc comme un prince très puissant, le plus puissant de l'Europe. Il le sait et il a pleine conscience de sa grandeur. Il est magnifique, fastueux, de manières nobles, d'esprit chevaleresque. Sa cour est recherchée des princes étrangers aussi bien que régnicoles et il s'y donne des fêtes somptueuses. Le royaume, au reste, est prospère. Sa population augmente avec sa richesse. Le souverain a de grands desseins sur l'Italie, sur le royaume d'Arles, sur l'Empire peut-être. Mais surtout il a le sentiment de ce qu'il doit à la Chrétienté. Il reprend le projet d'une croisade qui hante l'esprit des rois de France et qui est considéré comme l'héritage sacré du saint roi Louis, leur ancêtre. Philippe de Valois prit la croix (25 juillet 1332). Il sollicita le concours des rois voisins d'Angleterre, de Hongrie, de l'empereur. Le 11 novembre 1333 le pape Jean XXII lui confie le commandement suprême de l'armée des croisés. Les préparatifs de l'expédition sont poussés. Philippe se rend à Avignon auprès du pape Benoît XII. Il y amène les rois de Navarre et de Bohême et y confère avec les rois de Naples et d'Aragon. Après quoi il se rend à Marseille pour inspecter la flotte qui le transportera. Et puis tout s'écroule. Un danger menaçant vient du Nord, d'Angleterre et de Flandre.

Excité par le comte d'Artois, faussaire et peut-être assassin, réfugié à la cour d'Angleterre, excédé des prétentions des agents du roi de France qui veulent traiter ses sujets gascons comme des ressortissants du Parlement de Paris, Edouard III médita de revendiquer le trône de France. Il trouva un appui auprès des villes flamandes dont l'industrie ne peut se soutenir qu'en obtenant les laines d'Angleterre. Il soudoya quantité de princes de la région rhénane et jusqu'à l'empereur, Louis de Bavière. De son côté Philippe VI soutenait les Ecossais. Ses agents multipliaient les appels des mécontents de Guyenne au Parlement de Paris, exaspérant ainsi le duc-roi. Finalement le roi de France fit prononcer la saisie du duché de Guyenne le 24 mai 1337. Edouard III riposta en prenant le titre de roi de France (7 octobre) et fit remettre ses lettres de défi à Philippe VI « soi-disant roi de France ». La guerre dite de Cent Ans commençait.

Cette guerre, qui devait durer jusqu'à 1453, fut désastreuse pour la France. Non seulement elle lui fut funeste sur les champs de bataille, mais elle l'appauvrit à un point inimaginable. Elle la dépeupla. Elle retarda son essor dans tous les domaines, économique, artistique, religieux. Elle sema entre deux peuples, qui jusqu'alors s'ignoraient, — en dehors du monde de la cour —, des semences de haine qui se propagèrent pendant plusieurs siècles. L'Angleterre, en dépit de grandes souffrances, en sortit grandie aux yeux du monde et, ce qui vaut mieux encore, à ses propres yeux. La France, en dépit de son redressement final, en sortit diminuée. Pour retrouver en Europe le prestige dont elle jouissait à l'avènement des Valois, il faut descendre jusqu'au règne personnel de Louis XIV.

Nul des contemporains n'eut le soupçon qu'on marchait à une catastrophe. Nul moins que le roi de France. Son royaume n'était-il pas plus grand et plus riche que celui de son rival? N'avait-il pas sous ses ordres la « chevalerie » la plus brillante de son temps. N'avait-il pas des alliés dévoués? Quelle raison aurait-il eu de redouter le petit roi d'Angleterre? Il semblait que la confiscation de ses domaines de France ne présenterait pas de difficultés sérieuses. Les deux campagnes menées en Guyenne sous Philippe le Bel et sous Charles IV avaient été, somme toute, favorables aux armes françaises. De fait, le début de la guerre de Cent Ans ne présagea nullement une lutte mortelle et décisive. La guerre traîna. Vainement Edouard III assiégea-t-il Cambrai, tenu par une garnison française (septembre 1339). En France on parla d'une descente en Angleterre. Mais, le 24 juin 1340, Edouard III et sa flotte écrasèrent la flotte française, à l'Ecluse, aux bouches de l'Escaut. Victoire brillante, mais stérile. En effet Edouard III échoua devant Tournai. Les Flamands ne demandaient qu'à travailler en paix. Une trêve d'un an fut conclue à Esplechin (25 septembre). Un congrès se tint à Arras pour faire la paix. Il échoua, mais l'incendie se serait peut-être calmé, si le feu n'avait repris ailleurs, en Bretagne.

La succession de Jean III (mort le 30 avril 1341) provoqua une guerre atroce qui devait durer vingt-trois ans et rallumer l'incendie dans toute la France. La succession fut disputée entre le frère du défunt, Jean de Montfort, et sa nièce, Jeanne, mariée à Charles de Blois. Celui-ci était neveu de Philippe VI. Le roi de France prit donc parti pour un prétendant dont les droits étaient des plus douteux. Naturellement Montfort fit appel à Edouard III qui trouva là une occasion d'intervenir (1342).

Cependant le roi d'Angleterre ne reprit son attaque contre son rival qu'en mai 1345. Comme ses ancêtres il fit attaquer par une armée anglo-gasconne partant de Guyenne. Mais aux chevauchées victorieuses du comte de Derby les Français ripostèrent vigoureusement l'année suivante. Une grosse armée française sous les ordres de l'héritier du trône, Jean, duc de Normandie, alla assiéger Aiguillon, au confluent du Lot et de la Garonne. Le siège dura jusqu'au mois d'août 1346. Il fut levé le 20 du mois. Des nouvelles incroyables venaient d'arriver : le roi de France avait subi une terrible défaite. Débarqué à Saint-Vaast-la-Hougue, le 11 juillet, le roi d'Angleterre s'était emparé de Caen et de la Basse-Normandie. Cependant, ne se croyant pas en forces, il se dérobait vers le Nord. Rattrapé à Crécy, en Picardie, le 26 juillet, il opposa à l'aveugle impétuosité de la chevalerie française une habile tactique, fondée sur l'emploi de l'arc gallois, manié par des tireurs exercés dont les flèches portant fort loin tuaient chevaux et cavaliers.

La victoire anglaise fut une stupeur. Néanmoins Edouard n'y gagna que le moyen de s'échapper et son expédition eût été finalement sans profit réel, s'il n'avait réussi à s'emparer de Calais et à le conserver, sans que Philippe VI pût l'en empêcher.

Dix ans après, la grande défaite des Français à Maupertuis, près de Poitiers (le 19 septembre 1356) n'aurait permis au vainqueur, le Prince Noir, fils aîné d'Edouard III, que de regagner Bordeaux, pour y mettre son butin à l'abri, si parmi ce butin n'avait figuré la personne même du roi Jean.

Ce qui fut grave surtout, c'est que la captivité du roi et l'indignation publique contre son inepte gouvernement provoquèrent l'explosion révolutionnaire de Paris. Le sort de la dynastie fut en péril. Non seulement Edouard III revendiquait le trône, mais le fils de Jeanne, la fille de Louis X, écartée du trône en 1316, Charles, roi de Navarre, surnommé « le Mauvais », fomentait les plus subtiles intrigues dans le dessein secret d'écarter les Valois de la couronne à son profit. Enfin la nécessité de racheter la personne du roi Jean moyennant une somme gigantesque pour l'époque, les effroyables ravages des gens de guerre, les « routiers », licenciés à la fin des guerres de Bretagne, mirent la France à l'agonie.

En octobre 1359 la guerre reprit. Edouard III débarqua à Calais. Il ne put emporter ni Reims, ville du sacre, ni Paris. En avril 1360, à Brétigny, près de Chartres, il consentit à écouter des propositions de paix. Les négociations aboutirent au traité de Calais (24 octobre 1360). Le roi d'Angleterre y gagnait l'Agenais, la Saintonge, le Poitou, le Périgord, le Limousin, etc., en pleine souveraineté. Mais, à ce prix, il renonçait à revendiquer la couronne de France et délivrait le roi Jean. Celui-ci mourut, en janvier 1364, en Angleterre, où l'avait rappelé le respect de la parole donnée, violée par un de ses fils livré comme otage. Son successeur, Charles V, héritait d'une lourde succession. Dans sa jeunesse, comme lieutenant général du royaume, pendant la captivité de son père, il avait eu à tenir tête à l'orage parisien et avait assumé la tâche comme désespérée d'administrer le royaume, ou plutôt les lambeaux qui en subsistaient. Après des fautes, amenées par son excès de dissimulation, il s'était montré diplomate habile et heureux dans le choix des hommes. Un routier breton, Bertrand Du Guesclin, avait ranimé le moral de son armée et lui avait rendu le service de le débarrasser, pour un temps, des routiers organisés en « grandes compagnies » en les emmenant guerroyer en Espagne. Mais, tant que le pays au sud de la Loire demeurerait la propriété du roi d'Angleterre, le royaume de France, ainsi mutilé, n'était pas viable. Charles V rompit le traité de Calais en feignant de croire qu'il ne lui interdisait pas de recevoir, l'appel des seigneurs gascons contre les décisions judiciaires du roi d'Angleterre (mai 1369). Aussitôt Edouard III reprit son titre de roi de France.

En huit années Charles V parvint, non pas à débarrasser la France des Anglais, mais à affaiblir considérablement leur emprise. Il dut le succès à son habile diplomatie : il s'acquit l'alliance de la Castille, la neutralité de l'empereur. Il réussit à marier son frère Philippe à l'héritière de la Flandre, ce qui écarta le danger flamand. Sa faiblesse physique le servit : incapable de faire campagne, se défiant avec raison de ses frères et des grands, il eut la sagesse de nommer connétable, c'est-à-dire chef de l'armée, Bertrand Du Guesclin, bien que celui-ci fût de très petite noblesse. Le Breton battit Anglais et Navarrais au service de Charles le Mauvais, en de petites rencontres. Mais, chaque fois que les Anglais débarquèrent en forces, la tactique du roi fut de ne plus leur livrer de bataille rangée et de les laisser parcourir le royaume de Calais à Bordeaux, en chevauchées stériles où s'épuisaient leurs petites armées, décimées par les maladies, les intempéries, les désertions. Enfin l'affaiblissement physique et la mort (1376 et 1377) de ses redoutables adversaires, le Prince Noir et son père Edouard III, expliquent aussi les succès de Charles V.

Si le roi eût vécu, sans doute eût-il terminé la guerre par un accord avec le jeune roi d'Angleterre, Richard II, et les destinées de la France auraient repris un cours normal.Mais il mourut, jeune encore, à quarante-trois ans (16 septembre 1380), laissant la couronne à un enfant de douze ans Charles VI, un débile, dont la folie, à partir de 1392, fit le jouet de ses oncles, les ducs de Bourgogne, d'Anjou, de Berry, de Bourbon, de sa femme, Isabeau de Bavière, de son frère, Louis duc de Touraine, puis d'Orléans.

Cependant les hostilités avec l'Angleterre, coupées de trêves souvent renouvelées, n'avaient pas été poussées à fond de part et d'autre depuis la mort de Charles V. On négocia, une « trêve de vingt-huit ans », équivalent à la paix. Les deux jeunes rois, Charles VI et Richard II, se rencontrèrent entre Calais et Ardres. Isabelle, fille du roi de France, épousa le roi d'Angleterre à Calais le 4 novembre 1396. Du côté de la Bretagne un mariage scella aussi l'accord. On put espérer que l'ère des discordes entre les maisons royales de France et d'Angleterre allait prendre fin.

Mais Richard II, fantasque, tyrannique, fut détrôné, en septembre 1399, par Henry de Lancastre. Bien que le nouveau roi, qui prétendait se rattacher directement à la couronne d'Angleterre par Henry III (mort en 1272), n'eût pas l'ombre d'un droit à la couronne de France, sa maison dite de *Lancastre* se posa en rivale de la maison de France. Mal affermi sur le trône, malade, Henry IV ne fut pas très dangereux, mais la situation devint très grave quand son fils, Henry V, dévoré d'ambition, bigot, hypocrite, vindicatif, très redoutable par ses talents militaires et politiques, lui succéda, en 1413.

Pour son malheur la France se trouvait dans une situation des plus tristes. Les oncles du roi s'étaient rendus de fait indépendants dans leurs apanages. Chacun avait sa politique et entendait user des ressources du royaume au profit de ses ambitions personnelles. Louis d'Anjou avait rêvé de se constituer un royaume à Naples. Le duc de Bourgogne, devenu comte de Flandre, d'Artois, de Franche-Comté, était mené par ses convoitises sur les Pays-Bas. Le duc de Berry, lieutenant général en Languedoc et dans le centre de la France, avait épuisé la moitié du royaume par ses exigences et sa tyrannie. Ces personnages avaient réprimé les séditions urbaines, provoquées par leur fiscalité oppressive, avec une cruauté sauvage. Ils avaient traité Paris en ville conquise ils avaient supprimé ses libertés et persécuté l'Université. Ils étaient haïs. Quant à la reine, légère, cupide, amie du plaisir, elle était déconsidérée. Au reste, d'accord avec les oncles de son mari, elle pillait le trésor public.

Une nouvelle génération s'annonçait pire encore. A Philippe le Hardi, encore très Français de sentiment, avait succédé (1404) son fils aîné Jean Sans Peur, dur, obstiné, sombre, impénétrable, prêt à tout sacrifier à ses ambitions et à son ressentiment. Au « Conseil » le personnage influent était devenu le frère du roi, Louis d'Orléans, léger, prodigue, attiré vers les aventures en Italie par son mariage avec Valentine Visconti de Milan. Entre ces deux princes le conflit fut immédiat et violent. Jean Sans Peur fit assassiner son rival (1407) et ce fut le début d'une longue guerre civile entre « Orléanistes » et « Bourguignons ».

La population urbaine, à Paris surtout, fut « bourguignons ». Elle avait détesté le duc d'Orléans et son antipathie devint une haine féroce quand elle se trouva livrée à la répression sauvage de Bernard, comte d'Armagnac, beau-père du jeune Charles d'Orléans, fils de la victime. Les « Armagnacs » devinrent la bête noire des Parisiens et d'une grande partie du nord du royaume.

Les deux partis recherchèrent l'alliance anglaise pour s'aider dans leurs luttes fratricides. La tentative de réforme du royaume provoquée par l'Université de Paris et dont la sage ordonnance, dite « cabochienne » par dérision, fut l'expression (1413), échoua complètement. Quand Henry V revendiqua le trône de France, il trouva un complice en la personne de Jean Sans Peur pour lors écarté du pouvoir. Le duc de Bourgogne ne vint pas au secours de la France quand Henry V débarqua à l'embouchure de la Seine, le 13 août 1415. Et l'Anglais ne rencontra à Azincourt, pour lui barrer la route, que des forces insuffisantes qu'il écrasa (25 octobre).

Il revient en 1417 et 1418 et commence la conquête méthodique de la France par la Normandie où Rouen fit une résistance héroïque (juillet 1418-janvier 1419). Ses desseins sur la couronne de France furent servis à souhait par un fait imprévu, l'assassinat de Jean Sans Peur au pont de Montereau, le 10 septembre 1419. La fureur de la population contre les Armagnacs fut portée à son comble. Paris, qui avait cruellement souffert de leurs excès, avait déjà ouvert ses portes au duc de Bourgogne jouant habilement la comédie d'ami du peuple (29 mai 1418). L'alliance entre le fils et héritier de Jean Sans Peur, Philippe le Bon, et le roi d'Angleterre s'opéra instantanément.

Comme les assassins étaient des gens de l'entourage du dauphin Charles, l'opinion publique entendit l'écarter du trône. Donner la couronne au duc de Bourgogne n'était pas possible, l'Anglais était le maître. Mais cet Anglais demandait la main de Catherine, fille de Charles VI, et il se posait en sauveur de la France. Par un traité conclu à Troyes (20-21 mai 1420), Charles VI et Isabeau désavouèrent le dauphin au profit de leur « vrai fils » Henry, qui laissa la couronne sa vie durant à son beau-père, mais avec la faculté d' « ordonner la chose publique ». Le mariage eut lieu en juin. Puis le père et le « fils » firent leur entrée à Paris. En décembre l'Université et les Etats Généraux acceptèrent le traité. Il semble bien que la grande majorité de la population, du moins au nord de la Loire, se réjouît de cet accord qui lui valait la paix et la fin du gouvernement exécré des Armagnacs. Henry V, au moment même de son débarquement, s'était posé en réformateur, venu pour redresser les abus et sauver la France. La langue officielle de l'Angleterre était toujours le français, bien que l'anglais fût de plus en plus en usage, même à la cour. De « culture anglaise » il ne pouvait être question et ce concept même était inexistant. Il va sans dire que l'idée d'imposer, d'introduire même la langue anglaise, le droit, les usages britanniques sur le continent n'a même pas traversé l'esprit d'un seul Anglais de ces temps. Par le traité de Troyes Henry V s'était, du reste, engagé à ne pas toucher aux libertés, droits, coutumes et usages du royaume de France.

L'événement de 1420 eût donc été simplement le renversement de ce qui s'était passé deux siècles auparavant, la revanche de la maison angevine des Plantegenêt, qui avaient régné à Angers, à Rouen, à Bordeaux, sur la maison des Capétiens, régnant à Paris, à Orléans, à Bourges, pas autre chose. Mais l'ironie des choses voulut que ce roi, qui se posait en fils de France, fût très Anglais. Il est le premier roi Angevin d'Angleterre qui ait eu dans les veines quelque peu de sang anglais, le premier aussi qui ait usé de l'anglais de préférence au français, du moins dans la correspondance. Tout de même, il eût peut-être fait un bon roi de France, car il était « roide justicier », ce que réclamait de son souverain l'opinion de ces temps, mais il tomba malade et mourut le 31 août 1422, à Vincennes. Le service funèbre eut lieu à Saint-Denis. Seulement le corps fut ramené en Angleterre et déposé à Westminster, comme s'il était écrit par le Destin que nul roi de France d'origine anglaise ne pourrait reposer en France.

Charles VI suivit Henry V dans la tombe la même année.

L'enfant né de Henry V et de Catherine de France avait dix mois. Allait-on l'oublier, et revenir à l'héritier naturel, le dauphin Charles? Non. Le « soi-disant dauphin » passait pour être le complice de l'assassinat du duc de Bourgogne : il était donc « armagnac » et sa personne fut englobée dans la réprobation qui s'attachait à ce parti exécré. A Paris le Parlement, l'Université, le peuple, et presque toute la France du Nord, plus, cela va de soi, les parties soumises au duc de Bourgogne, reconnurent l'enfant Henry VI comme roi de France et d'Angleterre. Seule la région au sud de la Loire resta fidèle au fils de Charles VI.

Cependant le jeune prince, que la mort prématurée de deux frères avait fait « dauphin », s'annonçait comme un des prétendants les moins séduisants qu'on pût imaginer. Physiquement chétif, moralement faible et ingrat, il était de plus dénué de courage : ses terreurs et manies étaient un héritage de la folie paternelle. Un être aussi misérable devait être le jouet de favoris indignes, ils se combattaient et s'assassinaient sous les yeux de Charles hébété et comme indifférent. Les provinces du centre où se trouvaient les deux villes principales qui lui demeuraient fidèles, Bourges et Orléans, étaient en proie à une anarchie indicible. Quant au Languedoc il était au pouvoir du comte de Foix nommé lieutenant général en cette contrée. Malgré tout, Charles VII eut, un instant, l'espoir qu'il pourrait battre les Anglais et se faire sacrer à Reims. Mais l'armée qu'il avait péniblement rassemblée subit à Verneuil une défaite aussi terrible que celle d'Azincourt, le 17 août 1424. Tout paraissait perdu. Si Bedford ne put immédiatement tirer parti de sa victoire, la faute en fut à l'agitation et à la légèreté de son frère le duc de Gloucester, qui inquiétait le duc de Bourgogne et troublait l'Angleterre. Et puis le régent perdit du temps à vouloir mettre la main sur le Maine et l'Anjou qu'il convoitait. Mais, en 1428, une campagne décisive fut entreprise. Il fut arrêté qu'on enlèverait Orléans, apanage du duc Charles, prisonnier depuis Azincourt, mais administré par le roi. Cette ville tombée, Bourges et le reste suivrait aisément. Le plan était bien conçu. Le 7 octobre le comte de Salisbury commença le siège d'Orléans avec des forces qu'il venait d'amener d'Angleterre.

La ville était bien fortifiée et la population se défendit vaillamment. Mais aucun espoir de salut n'était à attendre du dehors. Charles VII, toujours indécis et craintif, plutôt que de lutter, songeait à se réfugier en Dauphiné ou à l'étranger. Alors parut Jeanne d'Arc (février 1429).

Nous n'avons pas à conter son histoire prestigieuse. Elle est présente à l'esprit et au cœur de tous les Français, de tous les Anglais, de tous les hommes dignes de ce nom. Son sacrifice (30 mai 1431) ne suffit pas à lui seul à sauver le royaume, mais il procura à Charles VII le moyen de le sauver, grâce au sacre de Reims (17 juillet 1429) qui faisait de lui l'élu du Seigneur, sauf pour les enragés, les irréconciliables, les compromis.

Nul succès cependant n'était possible si on ne parvenait à débarrasser le roi de l'influence néfaste de Georges de la Trémoille et à le réconcilier avec le duc de Bourgogne. Le « parti breton » réussit la première opération par le meurtre. La seconde s'effectua au congrès d'Arras. Charles VII se défendit d'avoir commandé le meurtre de Jean Sans Peur et offrit d'en châtier les auteurs ; il reconnut à Philippe le Bon la pleine propriété, sans hommage sa vie durant, de ses fiefs français augmentés de Mâcon, d'Auxerre, des villes de la Somme, etc. (21 septembre 1435). Des soulèvements en Normandie, d'heureuses opérations dans l'Ile de France permirent l'entrée de Charles VII à Paris dont les Anglais furent expulsés (13 avril 1436).

Même après ce grand succès les opérations traînèrent. Des deux côté on était épuisé, ruiné. En mai 1444 fut conclue une trêve qui se prolongea sept ans. Henry VI épousa une princesse du sang de France, Marguerite d'Anjou.

Le royaume était à bout de forces. Les excès des routiers licenciés, les Ecorcheurs, dépassaient en férocité, en temps de paix, leurs dévastations des temps de guerre. Charles VII, comme sorti d'un long sommeil, se montra actif et habile. Il rendit pratiquement l'impôt permanent, ce qui lui permit de garder une armée de compagnies dites d' « ordonnance », peu nombreuse, mais solide et bien tenue en main. Aussi, lorsque la guerre reprit, en 1449, il put en un an opérer la reconquête de la Normandie, achevée par la victoire de Formigny, près de Bayeux, le 15 avril 1450. La reconquête de la Guyenne fut plus difficile. Il fallut s'y reprendre à deux fois pour venir à bout de la résistance des Anglais, et aussi des Gascons très attachés à la royauté anglaise parce qu'elle leur laissait une réelle autonomie. La victoire de Castillon (17 juillet 1453) et la soumission de Bordeaux (19 octobre) marquèrent finalement la fin de la domination des Anglais, auxquels il ne resta plus que Calais sur le continent.

La guerre de Cent Ans était terminée, mais de fait seulement, car aucun traité de paix entre la France et l'Angleterre n'intervint. On verra même des rois anglais, Edouard IV, Henry VIII, sur le point de la rallumer. Le premier débarquera à Calais en juillet 1475 et ne rembarqua que dupé à prix d'or par Louis XI. Le second enverra une armée pour prendre Paris en 1523 ; en personne il assiégera et prendra Boulogne (1544), mais pour le rendre, ou plutôt pour le vendre, à François Ier six ans plus tard. Jusqu'à la fin du XVIIIe

siècle les rois d'Angleterre, même les Tudors, même les Stuarts, même les Hanovriens continueront à se parer du titre de rois de France.

Mais ce qui persistera, malgré tout, c'est un esprit de défiance et d'hostilité entre deux peuples qui étaient restés tant de siècles sans se connaître, indifférents l'un à l'autre. Chez les Français ces sentiments hostiles, nés au cours des années 1346 et 1356, un peu assoupis à la fin du siècle, semblaient devoir se dissiper après le traité de Troyes. On a dit que le Nord, tout au moins, du royaume l'avait accueilli avec soulagement. Nobles, clercs, bourgeois, paysans, terrassés par l'infortune ne demandèrent qu'à obéir à un prince tel que Henry V. A sa mort, son frère, le duc de Bedford, régent de France, apparaît comme un homme intelligent, désireux de bien faire, très supérieur aux princes français et bourguignons de son temps. Et cependant la désaffection et la haine se firent jour assez vite et chez le peuple surtout. La domination anglaise au cours d'une guerre qui s'éternisait ne pouvait pas ne pas être coûteuse, rapace, tyrannique. Le régent employait des Français de préférence, mais aussi des Anglais et cela par la force même des choses. Ces hommes, guerriers vaillants, mais durs, mais cupides, parlant, sauf les princes, une langue incompréhensible, présentant un aspect physique différent donnèrent aux bonnes gens de France le sentiment de l'étranger et de l'*étranger chez soi*, chose jusqu'alors inconnue et intolérable à tous les peuples.

A cet égard il est exact que la guerre de Cent Ans a, sinon créé, du moins aiguisé le sentiment patriotique en France. Les gens de France se rendirent bien compte, et seulement alors, que, malgré leurs divisions intestines, malgré la diversité des dialectes et des « coutumes » ils se ressemblaient plus entre eux et s'entendaient mieux qu'ils ne ressemblaient aux gens d'Outre-Manche qu'ils ne comprenaient pas du tout.

Mais la guerre de Cent Ans eut aussi une contre-partie des plus dangereuses. Elle excita le particularisme provincial, au point que certaines provinces, ainsi la Bourgogne, ainsi la Bretagne, se désintéressèrent du sort du royaume et faillirent s'en détacher, comme ce fut le cas de la Flandre et de l'Artois. Le passé pesa lourdement sur les destinées du pays et la rivalité de François Ier et de Charles-Quint affecta, au début du moins, le caractère d'une continuation des luttes de la maison d'Orléans et de la maison de Bourgogne.

Cependant, si les fautes de Louis XI et l'ineptie de Charles VIII ne permirent pas à la France de recueillir dans la succession de Charles le Téméraire (tué sous Nancy en janvier 1477) la Flandre, l'Artois, la Franche-Comté, et de conserver le Roussillon, engagé, en 1462, par le roi jean II d'Aragon, du moins le duché de Bourgogne lui demeura et le duché de Bretagne se trouva uni à la couronne par les mariages successifs des duchesses aux rois de France. La Gascogne, si longtemps étrangère et hostile à la France du Nord, s'en rapprocha très vite : au XVIᵉ siècle les Gascons s'engagent en foule dans les armées du roi ; ils vont chercher fortune à Paris ; ils fournissent à la France un de ses premiers grands écrivains en la personne de Montaigne. Le Dauphiné, uni à la France par la seule personne du fils du roi, « le Dauphin », est en réalité administré comme une province du domaine royal à partir de 1457. La Provence, encore plus étrangère au royaume, bien que régie par des princes du sang de France depuis le milieu du XIIIe siècle, ne lui fut unie que par hasard, grâce au défaut d'héritier direct de René d'Anjou et Charles du Maine (1481 et 1486). Bien que le roi de France y soit « comte de Provence et de Forcalquier », le pays lui est profondément attaché à partir du XVIe siècle.

Sans doute, au moment où se clôt la période qu'on est convenu d'appeler *Moyen âge*, il manque encore au royaume bien des régions qui par nature doivent lui revenir la Flandre wallonne, le Hainaut, la Lorraine, la Franche-Comté, la Bresse, la Savoie, le Roussillon, le Béarn aussi. Néanmoins le reste forme un état homogène. Sa population se pénètre de plus en plus d'un sentiment de solidarité nationale, sentiment qui s'attache au trône, surtout en des circonstances tragiques.

De son côté le souverain a parfaitement conscience qu'il dépend de son peuple, qu'il ne fait qu'un avec lui. Ecoutons François Ier écrivant à ses sujets au lendemain de la catastrophe de Pavie :

« Mes amys et bons subjets, soubs la coulleur d'autres lettres j'ai eu le moyen et la liberté de vous pouvoir escryre, estant seür de vous rendre grant plesyr de savoyr de mes nouvelles, lesquelles, selon mon infortune sont bonnes, car la santé et l'onneur, Dieu mercy, me sont demeurées sains et, entre tant d'infelicitez, n'ay receü plus grant plesyr que savoir l'obeissance que vous portez à Madame [sa mère Louise de Savoie] en vous montrant bien estre vrays loyaulx subjetz et bons Françoys, la vous recommandant toujours et mes petyts enfants, qui sont les vostres et de la choze publique, vous asseürant qu'en continuant en dyligence et demonstrassion qu'avez fait jusques icy, donnerés plus grant envye à nos ennemys de me delivrer que de vous fere la guerre. L'empereur m'a ouvert quelque party pour ma delivrance et ay esperance qu'il sera raisonnable et que les choses bientôt sortyront leur effet. Et soyez seürs que, comme pour mon honneur et celluy de ma nassyon, j'ay plustot esleü l'onneste prison que l'onteuse fuyte, ne sera jamès dyt que, si je n'ay esté sy eureulx de fayre bien à mon royaulme, que, pour envye d'estre delivré, je y face mal, s'estimant bien heureulx pour la liberté de son pays, toute sa vye demeurera en prison.

Votre roy.
François. »

François Ier ne devait pas conserver longtemps cette attitude héroïque : il y avait en lui du cabotin. Il n'importe ici. La *chose publique, ma nation, la liberté de mon pays*. Quels propos nouveaux de la part d'un roi de France! Mais, quand un souverain tient ce langage, même malheureux et captif, c'est qu'il gouverne un Etat où le sentiment de la solidarité est parvenu à un tel point de maturité qu'on peut affirmer qu'une *nation* est née à la vie.